热拌沥青材料、混合料设计与施工

HOT MIX ASPHALT MATERIALS, MIXTURE DESIGN AND CONSTRUCTION

美国国家沥青研究中心
美国阿拉巴马州奥本大学 著

长沙理工大学 王 嫵 胡旭东 曹志远 译

长沙理工大学 张起森
长安大学公路学院 郝培文
海川工程科技有限公司 何唯平 审定

人民交通出版社
China Communications Press

内 容 提 要

由美国国家沥青研究中心和奥本大学共同编写的《热拌沥青材料、混合料设计与施工》一书，是继20世纪60年代之后，仅有的一本在美国出版的关于HMA的教科书。在此之前，虽然每年在美国都有大量关于这方面的学术论文，但是没有出版过系统性的书籍。本书详细地论述和总结了美国20世纪80~90年代关于沥青材料、混合料设计及施工的内容，并且结合了SHRP(美国战略公路研究)的一些成果编写而成的。

全书共分9章，涵盖了HMA的生产及应用的全部内容，包括路用沥青材料的种类、沥青的化学性质、沥青性能分级系统及集料生产、HMA拌和方法、常用的试验方法、HMA生产设备及柔性路面缺陷维修等主要内容。书中第2、3、4、6章适用于本科生的教学，第4、5、6章也同时适用于研究生的教学，例如，第2章的内容有路用沥青材料种类、沥青的化学性质、沥青的分级系统以及沥青性质评价、说明试验室材料性质与实际路面性能之间关系的试验，第3章的内容全部都是关于集料的，包括了不同种类的岩石及破碎机、筛分及拌和操作、集料矿物性质及化学性质以及这些性质对路用材料的适用性、物理性质试验和HMA生产中对集料和拌和的要求以及影响HMA的材料性质和施工的级配特点。第4章详细说明了三个最为常见的HMA混合料设计方法，即维姆、马歇尔和Superpave方法，说明了历史与技术规范或标准完善的相关性，维姆、马歇尔和Superpave方法的演变和混合料设计因素，并列举计算和分析的范例。第5章阐明了工程的常用试验方法、分析材料性质的技术、水稳定性概述及评估HMA混合料剥离可能性的试验。第6章是关于HMA拌和站、施工工艺及相关设备，包括HMA拌和站的平面布置、间隔式或滚筒式搅拌机的各项内容。第7、8、9章的内容涉及开级配HMA混合料设计、HMA道路的缺陷与路面性能及柔性路面缺陷的维修等项内容。

本书在美国高等学校中已被广泛采用，鉴于其全面、系统地介绍了HMA，因此，作为一本专业书籍，它不仅适用于大专院校，同时，对国内从事该领域的科研、设计和施工的专业人士也有一定的参考价值。

编 写 人 员

Freddy L. Roberts

Prithvi S. Kandhal

E. Ray Brown

美国国家沥青研究中心

美国阿拉巴马州奥本大学

Dah-Yinn Lee

美国爱荷华州立大学

Thomas W. Kennedy

美国得克萨斯大学

序言

随着我国经济的快速发展，公路建设得到了史无前例的发展，截至2007年底，我国公路通车总里程达357.3万公里，其中高速公路5.36万公里，有21个省区市高速公路里程超过1000公里。高速公路逐步连线成网，规模效益凸现。在已建成的高速公路、一级公路路面中沥青路面占到80%以上。随着我国沥青路面里程的增加，从事沥青道路施工和维修的人员也逐渐增多，今天这个行业对我国的经济生命力有着极大的影响。

到目前为止，我国虽有一些关于沥青路面的相关教材和著作，但这些图书并没有很系统地针对沥青路面从材料、设计、工程特性以及施工与养护技术方面进行全面的论述。这使得道路工作者在从事其工作时没有很好的参考指导书。由美国全国沥青技术中心编著的《热拌沥青材料、混合料设计与施工》一书，涵盖了那些准备进入沥青行业的工作者所需掌握的最为重要的内容。它不仅适用于本科教学，也适用于研究生教学。其宗旨在于提高该行业工程师的专业素质。

本书针对热拌沥青混合料技术，从沥青和集料的生产、HMA混合料的设计、HMA的工程特性、施工、性能及老化的HMA表层维护及修复等方面对沥青混合料进行了系统的论述。其内容不仅包含传统的沥青混合料知识，同时也包含了近年来沥青混合料技术研究的最新成果，比如沥青玛蹄脂(SMA)、Superpave性能等级(PG)沥青结合料、Superpave混合料设计及改性沥青的内容。该书将土木工程原理与机械工程紧密结合在一起，互相促进，相辅相成，浑然一体。

《热拌沥青材料、混合料设计与施工》一书是美国公路行业多年工程经验的积累总结，书中内容丰富，信息量大，是目前为止在该领域较为经典的著作。我相信本书中译本的发行，对于促进我国沥青路面修筑水平的提高有着积极的指导作用和重要的参考价值。

长安大学教授、博士生导师

于 2008 年 2 月

前　言

本书是专门为从事高等教育的人士而编写的教材，其内容全面、翔实，技术先进，图文并茂，文字简洁明了，是一本不可多得的专业教材。西方国家近半个世纪仅出过几本此类书籍，因此，这本书对国内从事土木工程的专业人士也会具有一定的参考价值。

目前，由于国家对公路建设政策的开放，我国公路建设正处在鼎盛时期，到2007年底，全国公路通车里程达188万公里，其中高速公路达4.5万公里。但是，在公路建设和维护上，我国与国外发达国家相比，还存在着不小的差距。我们在这本书的编写中采用了美国SHRP的一些研究成果，主要包括Superpave沥青胶结料、Superpave设计及沥青改性剂等内容，这些都会对我国从事公路维修的同行有一定的借鉴价值。同时，由于目前国内该类专业书籍不多，本书的出版也会对国内的公路建设起到一定的推动作用。

本书第1~6章的翻译及全书的组稿和初审由长沙理工大学王嫦副译审完成，第7~8章的翻译由曹志远硕士完成，第9章内容和第1~6章中图表的翻译由胡旭东硕士完成。全书由深圳海川工程科技有限公司何唯平先生和长沙理工大学张起森教授审阅。

书稿翻译和出版过程中得到了深圳海川工程科技有限公司董事何唯平先生的大力支持和关注，长沙理工大学公路学院田小革教授、钱国平博士、谢平博士也对本书提出了许多宝贵的修改意见。

由于翻译时间仓促，书中粗疏乃至错误之处在所难免，祈望读者不吝指正。

译　者

2008年5月28日

英文第二版前言

本书的第二版于 1996 年出版。宗旨是增加沥青玛蹄脂、Superpave 沥青胶结料性能等级(PG)、Superpave 混合料设计及沥青改性剂的内容，并对本书有必要修改的章节进行了审查和修改，每章的内容也根据最新的技术进行了更新。

第二版的修改由 E. Ray Brown 和 Prithvi S. Kandhal 完成，Jon Epps，Dale Decker 和 John Bukowski 审查了所修改的主要内容。Lois Flowers 负责排版和修改稿件，并作了必要的修正。Rajib Flowers 审查了索引。

现在进行的研究工作大多是验证战略公路研究计划，还有一些工作是评估试验室和公路车辆跟踪设备。当研究计划完成时，预计有必要再次修订本书。所以，期待今后五年出版本书第三版。

编　者

英文第一版前言

本教材是专为大学教授向工科学生传授热拌沥青知识而编写的。在过去，哪怕一小节课关于 HMA 的资料，教授们也不得不通过多种渠道去查找。许多未曾受过正式的 HMA 培训的教学人员就把这方面的内容从材料课程上完全删掉了或者缩减了这方面的内容，这就使学生无法从中受益。而该书正好有助于解决这些问题。

本书的编写涵盖了对那些准备进入 HMA 行业工作的人来说最为重要的内容。它不仅适用于本科教学，也适用于研究生教学。其宗旨在于为本科生的 HMA 教学提供所有必需的资料，从而最终提高该行业工程师的素质。全面的本科教育应使学生了解书中第 2、3、4 和 6 章的内容。当然，要在一门课中讲授所有这些内容也是不太可能的，如第 4、5 和 6 章的内容也可以用作研究生教学的基础性教材。

在一定程度上，本书对联邦公路局、交通厅、联邦航空局、工兵部队、空军、海军、农村和城市的工程师、咨询工程师和承包人等这些从事 HMA 专业的人员也是有益的。

最近，美国战略公路研究计划(SHRP)关于 HMA 主题的研究开展得较多。仅这项研究工作就花费了 5 千万美元，耗时 5 年研究沥青和沥青混合料。如果这项研究完成，那么，就应对本书的内容进行补充和修正。因此，期待今后五年里出版本书第二版。

编　者

致　谢

本书作者感谢那些支持本书编写的所有个人和组织，下列人员为本书的编写提供了大力的支持。

美国国家沥青路面协会（NAPA）教育基金为本书的编写和出版提供全部的资金。

美国国家沥青技术中心董事会和筹划指导委员会提供了大纲。

Joyce Woodfin 负责所有打字、编辑、复印和草稿工作，并且参加了原稿排版和修改工作，参与排版工作的其他人员有 Mary Kathryn Gaylor、Mary Lin 和 Helena Cross。在本书送审之前，Leigh Anne Bumgardner、Missy Bridges 和 Shannon Jones 负责本书的复印工作，并把图表插入到草稿的相应位置以便查询。

书中所有图都是在 Wally Ridgeway 指导下绘制的，他还设计了书的封页和封皮。参与此项工作的人员还有 Robert Stroud、Julia Freeman、Mike Cole 和 Hugh Smith。

许多人员从技术的角度对本书的部分或全部内容进行了审查，以下是各章的审查人员：第一章——John Gray 和 Ronald Kenyon；第二章——Woodrow Halstead、R. D. Parlovich、Claine Petersen 和 Don Beck；第三章——Truman Jones、Frank Nichols、Jr. 及 Charles Marek；第四章——Paul Teng、John Carroll、Maqbool Khatri 和 Dick Smith；第五章——Harold Von Quintus；第六章——Mike Geller、Stuart Murray、Jay Winford、Jay Gabrielson 和 Ted Rapallo；第七章——Leonard Wood 和 Charles Hughes；第八章——Fred Finn 和 Marvin Traylor；第九章——Donald Jordison 和 Mohammed Shahin。

审查了多章内容的人员有 Richard Davis、Fred Fehsenfeld、Gail Jensen、Charles Potts 及 G. E. Ramey。

特别要感谢的审查全书内容的人员有 Ronald Terrel、Jon Epps 及 Campbell Crawford，他们从本书的技术内容、组织结构和文章的可读性上都提出了宝贵的建议。

Wallace Whatley、Ann Morton、Kim Toney 及 Kristy Jones 负责语法和文字准确性的编辑工作。

感谢布朗出版社与 NCAT 人员在排版和印刷工作上的友好合作，参与人员包括 Charles McDevitt、Betsy Beale、Eddie Hudson（打字）及 Barbie Storey（设计和美术）。

还要感谢 Judy、Uma 和 Shirley 在本书编写过程中给予的支持。

Contents 目 录

第1章

概　论

1.1 背景

本书由美国HMA承包人和国家沥青路面协会组织编写，以期解决美国高校和应用技术学院教学中缺少可用的沥青技术资料的问题。其实，美国国家沥青研究中心有两个重要的教育工作：一是让美国从事土木工程教学的教授们来参加全国沥青技术中心每年举办的暑期班，为他们提供能更多地了解沥青技术的机会；二是提供适合大学教育的沥青技术方面的教科书。

书中"技术"一词意味着对主要内容做的系统性论述。本书主要内容是HMA，包括沥青和集料的生产、HMA混合料的设计、从工程性质上来说明HMA的特性、施工、性能及老化HMA表层的维护及修复。本书是专为工程人员编写的，但同样也适用于需要对书中主要内容作进一步了解的技术人员。

这是多年来第一本关于HMA的书籍，且作了全面的说明。通过对国家沥青中心图书馆的检索，这本书应该是20多年来此类教材的第一本。在此之前的一本是关于美国HMA的教材，于1967年出版，由Wallace和Martin[1]编写，书名为《沥青路面工程》。比这本书更早一点的是《道路施工沥青材料》，1962年由英国道路研究试验室人员编写。事实上，20世纪60年代是大量出版沥青材料参考书籍的时代。60年代出版的此类书籍如下。

[1] H. Abraham. 沥青与相关材料[3]（第6版），1960.

第一卷　历史回顾与天然原材料

第二卷　工业原材料

第三卷　人工制造的产品

第四卷　试验方法——第一部分　天然沥青材料

第五卷　试验方法——第二部分　人造产品

[2] R. N. Traxler. 沥青——构成、性质及应用[4]，1961.

[3] E. J. Barth. 沥青科学及技术[5]，1962.

[4] A. J. Hoiberg. 沥青、焦油及柏油[6],1965.

第一卷 沥青概论

第二卷 沥青

第三卷 焦油与柏油

以上四本/套书对于经验丰富的沥青技术人员来说是很好的参考书目,但不适合在课堂上作为教材使用。

读者不要因上述评论而认为沥青技术资料十分缺乏。因为在全国科学院的交通研究委员会所属的交通研究信息服务中,有许许多多的关于沥青技术的参考资料、论文及研究报告。事实上,每年交通研究委员会都要宣讲和出版许多论文,沥青铺面技术协会也要出版其年会的论文集,一般是 20 ~ 30 篇关于沥青技术的最新论文。此外,国际沥青路面协会每 5 年资助出版一次国际会议的论文,侧重于沥青路面的设计与性能。而且,全国沥青路面协会和沥青学院定期出版和修订有关沥青路面设计、施工、试验及一些特殊问题的出版物。但是,即便是有了这么多的资料,却没有专门为课堂编写的教材。本书是专门为这部分人编写的。因此,在编写过程中,作者从文献资料中摘录了当今最前沿的技术,把这些技术编写成适合在课堂使用的资料。

1.2 HMA 的重要性

1988 年美国道路总长度约为 400 万英里(约 6437376km),其中有 230 万英里(约 3701491km)的道路路面是用沥青或混凝土摊铺的,有 130 万英里(约 2092147km)的道路路面是用砾石、碎石或土铺筑的,还有 40 万英里(约 643738km)没有面层的道路。硬路面道路中,约有 96% 大约 220 万英里(约 3540557km)的道路有沥青面层。每年在 2 万亿车辆行驶里程中,95% 以上的交通是发生在有硬面层的道路上。

1988 年,各级政府的公路支出在 680 亿美元以上。自 1981 年以来,公路支出每年增长 35 亿美元以上。1988 年所用的 680 亿美元当中,有 320 亿美元用于资本支出,200 亿美元用于道路维修。

1998 年期间,美国生产和摊铺的 HMA 总量约为 5 亿吨,价值 105 亿美元。HMA 产业直接用工为 30 万人,间接用工为 60 万人。如果把州和联邦从事沥青路面道路施工和维修的人员加起来,今天这个行业对国家的经济生命力有着极大的影响。

此外,许多来自于沥青行业各个部门的工程师和技术人员,在州际公路早期阶段就开始从事这个行业,但现在他们的职业生涯已接近尾声。这些人的工作必须由了解沥青材料并会恰当地运用沥青来重建交通基础设施道路的工程师和技术人员来替代。

本教材的编写，旨在帮助那些从事沥青材料教学的人员，以保证未来的工程师和技术人员能更好地从事这份工作。学生应明白，本书内容是不能在其他任何一门课程中学到的，应该鼓励学生将本书作为他们永久性技术资料的一部分，在实际工作中，当面对必须解决的新的挑战和困难时，能够使用这本书。

1.3 内容概述

第2章的主题是沥青，它是HMA混合料中一个单独的组成部分，包括沥青材料的生产及应用、路面工程中使用的沥青材料种类、沥青的化学性质、沥青级配体系以及评估沥青性质和评估这些材料性质与实际性能之间关系的试验。

第3章的主题是集料处理及其影响HMA混合料质量的特性。本章内容包括不同种类适合作为集料的岩石、不同类型适于处理岩石的破碎机、筛分及拌和操作、集料的矿物性和化学性质以及作为筑路材料时集料性质的适用关系、物理性质试验和在HMA中应用的要求、满足技术规范要求的集料拌和以及影响HMA材料性质和施工的级配特点。

第4章阐述了三个最为常见的、用于HMA混合料设计的方法，包括维姆、马歇尔和Superpave方法。本章介绍了这些方法演变的历史，并说明了这些历史与技术规范或标准修改的关系；维姆、马歇尔和Superpave方法标准的演变和混合料设计因素；详细说明了这三种方法操作、试验和结果分析的每一步流程图；影响混合料设计的因素分析；说明所有计算和分析过程的全面分析范例。

如果使用第4章所述的经验方法设计HMA混合料，就要确定这些混合材料的性质，用于评估路面性能、机械-经验厚度设计方法以及路面病害事件分析。

第5章阐明了确定工程性质的常用试验方法、运用这些材料性质的分析技术、水的敏感性概述以及评估HMA混合料剥离可能性的试验。

第6章的主题是关于生产HMA所采用的设备、HMA的施工过程及其相关的设备。内容包括HMA站平面布置；间歇式或滚筒式搅拌机中每一项内容；运送HMA到工地的车辆及运输中的经济因素；摊铺机操作原则；故障问题；压实设备、方法以及影响压实的各种因素；压实技术规范的种类及其优势与劣势；介绍了以统计为基础的质量控制/质量保证工作中的统计学概念；HMA拌和站取样地点及错误的取样。

第7章涉及了前6章未涉及的特殊混合料及方法，描述了开级配HMA混合料的设计目的与设计方法，包括磨耗层、沥青玛蹄脂混合料、在试验中适用于重载道路的特殊大粒径混合料、适用于水力设施的 HMA 混合料、维护/冷混合料设计及应用、材料再生利用以及其对混合料设计与施工的影响，以及防止沥青剥离和改善沥青性质的各种添加剂（或改良剂）。

第 8 章的内容是 HMA 道路的缺陷及性能。在阐述服务能力和性能概念的同时，也陈述了测量平整度的技术以及当今许多州交通厅实行的平整度技术规范的种类，交通荷载和环境造成的 HMA 路面常见缺陷以及解决这些问题的典型技术。

使用寿命期间的 HMA 路面性能良好，但定期维护和修复是有必要的，即便是对使用情况优良的路面也要进行维护。第 9 章中详细说明了柔性路面缺陷维修的方法，比如车辙、裂缝、剥离及松散。此外，也涉及到了其他的维修方法，如喷雾封层、稀浆封层及其他各种表层处理。路面碎石化是维修及利用再生材料时清除材料的一种方法，同时还涉及了减少反射裂缝的各种技术，比如夹层的技术，大粒径开裂缓解层，开裂、破碎和稳固，锯断与密封，防止反向开裂的混凝土路面碎化，以及维护与加固路面结构的罩面技术。

参考文献

[1] Wallace, H. A., and J. R. Martin. *Asphalt Pavement Engineering*. McGraw-Hill Book Co., New York, NY, 1967.

[2] *Bituminous Materials in Road Construction*. Road Research Laboratory, Department of Scientific and Industrial Research, London: Her Majesty's Stationery Office, 1963.

[3] Abraham, H. *Asphalt and Allied Substances*. 6th Edition, D. Van Norstrand Co., Inc., Princeton, Nj, 1960:
Volume I: Historical Review and Natural Raw Materials
Volume II: Industrial Raw Materials
Volume III: Manufactured Products
Volume IV: Testing Raw Bituminous Materials
Volume V: Testing Fabricated Products.

[4] Traxler, R. N. *Asphalt-Ist Composition, Properties and Uses*. Reinhold Publishing Corporation, New York, NY, 1961.

[5] Barth, E. J. *Asphalt Science and Technology*. Gordon and Breach Science Publishers, New York, NY, 1962.

[6] Hoiberg, A. J., Editor. *Bituminous Materials: Asphalts, Tars, and Pitches*. John

Wiley and Sons, Inc. , New York, NY, 1965, Reprinted Edition 1979 by R. E. Kriger Publishing Co. , Inc. , Huntington, NY:

Volume I: General Aspects

Volume II: Asphalts

Volume III: Coal Tars and Pitches.

[7] Selected Highway Statistics and Charts 1988, Federal Highway Administration, U. S. Department of Transportation, 1988.

[8] Hotmixfax 1988. National Asphalt Pavement Association, 1988.

第2章

沥青炼制、应用及性质

2.1 历史背景及炼制

2.1.1 历史背景

沥青和焦油通常被视为沥青材料,由于外表看上去两者有相似之处且有一些相同的应用,所以这两词常常是可互换的。但是,沥青和焦油是两种完全不同的材料,其来源不同,有着不同的化学和物理特性。沥青是呈深褐色或黑色的黏性材料,可以是天然形成的,也可以是石油蒸馏时产生的。另一方面,焦油主要是由烟煤干馏产生的,有一种特殊的气味。在美国沥青主要用于路面摊铺,焦油几乎很少用于路面摊铺,原因之一是它有一些不良的物理特性,比如对高温的极度敏感性;之二是当人处在焦油的烟雾中,对健康有着极大的危害,例如对眼睛和皮肤刺激强烈。

沥青是人类最古老的工程材料。其黏性和防水性能在人类文明存在之初就被人知晓[1]。公元前6000年,闪族利用沥青使造船业兴旺起来。大约在公元前3000年在印度谷(在印度的西北部)的古代文明就采用了沥青建筑大型公共浴池或储水池,在两层烧过的砖之间放一层厚约1in(1in = 0.0254m)的沥青。早在公元前2600年,埃及人利用天然沥青来防水、做木乃伊和建造结构物。后来,在世界许多地方,人们把天然沥青作为砂浆用于建造物和混凝土路面板、造船和许多防水工程,这种做法一直沿用至今。

沥青大体上可划分成两大类[1]。

1)*天然沥青* 天然沥青沉积于地质层,在岩层矿脉里,形成了相对较软的沥青和硬而脆的黑色沥青,或渗入到各种石灰石和砂石层等。相对较软的沥青材料,近似重石油,沉积在委内瑞拉百慕大湖特里尼达岛上特里尼达湖里,在整个加拿大的西部有大量的"焦油砂"。

在特里尼达湖上开采了成千上万吨的沥青,却没有显示出任何看得见的减少迹象[2]。由于开采,地球深处的压力把更重的沉积物压到了表层,大自然仍在继续其炼制的过程。特里尼达沥青含量约为 50% ~70%，其他部分为火山的胶质土，外加一些惰性有机物质。19 世纪的后半叶，在美国和世界各地，大量利用产自特里尼达湖的沥青来建筑道路[3]。1876 年，在华盛顿特区的宾夕法尼亚大街上，人们采用特里尼达湖沥青铺设了第一条沥青路面。特里尼达沥青渗透性较低，因此，在美国，人们把沥青熔化后用于路面摊铺。通常，沥青经过炼制，其火山灰的含量在 3% ~5% 之间。

天然硬沥青，比如黑沥青，其所含的沥青是固体沥青，没有杂质（淤泥、泥土等）。黑沥青是黑色的、易脆、硬质沥青，大部分产自犹太州。

2) *石油沥青*　是原油中胶质分散的碳氢化合物，经过炼制原油产生了石油沥青。在 20 世纪初期，随着炼制工艺的开发及汽车的广泛使用，石油公司生产了大量的石油沥青，这种经过炼制的沥青逐渐地多了起来，而且质量良好。这就使天然沥青处在一个相对不重要的位置[3]。

2.1.2　沥青炼制

本节的沥青炼制内容是摘自 Corbett[4] 和 Hodgson[5] 撰写的论文。

今天几乎所有的沥青都是通过炼制原油制成的。美国许多炼油厂都坐落在靠近水源的交通便利位置，通过海底输油管道提供的原油生产沥青。因此，世界原油供应的意义要大于沥青的供给。目前美国使用的大量原油是从外国进口的。美国进口含沥青的重原油的主要国家有墨西哥、委内瑞拉、加拿大及中东。美国也生产一定量的含沥青的重原油，主要产地有海湾地区、内陆中部地区、落基山脉、西部海岸和阿拉斯加北极地区，详见图 2-1。

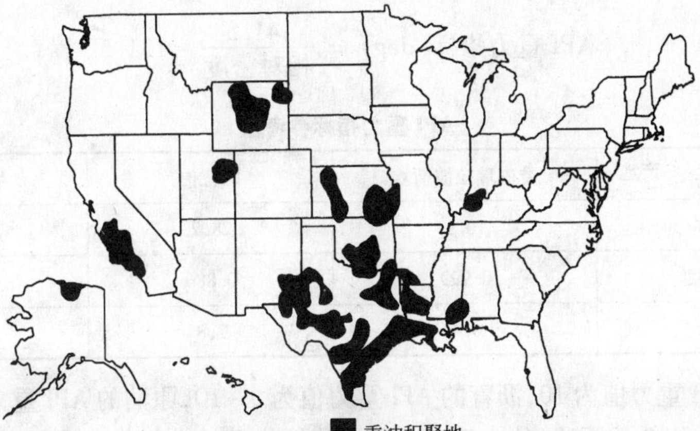

图 2-1　美国重油油田分布

2.1.2.1 原油种类

不同来源的原油成分是各不相同的，区别在于残余沥青含量和可蒸馏的部分不同。图2-2说明了三种原油含这些成分的典型体积百分比。残余沥青含量是用阴影来表示的。

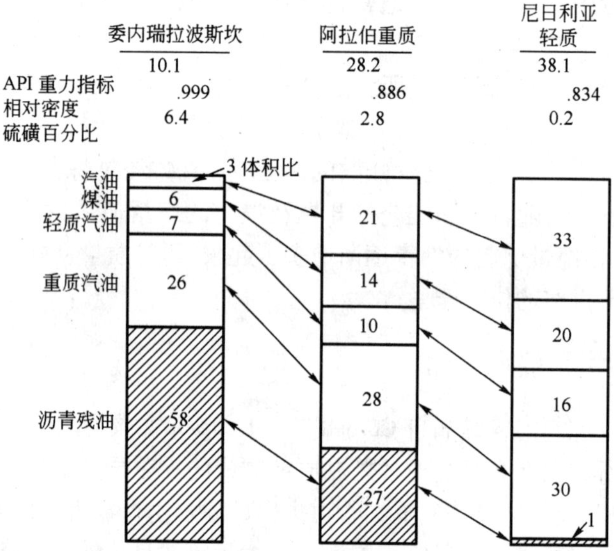

图2-2 原油的构成[4]

原油按其API(美国石油协会)重力值来分类，API重力值用于评估沥青馏分(见表2-1)。其值是材料密度或单位体积重量在60℉的表示式：

$$\text{API重力指标(deg)} = \frac{141.5}{\text{相对密度}} - 131.5$$

API重力指标参考值 表2-1

指标 \ 产地	委内瑞拉波斯坎	阿拉伯	尼日利亚
API重力指标	10.1	28.2	38.1
相对密度	0.999	0.886	0.834
硫磺(%)	6.4	2.8	0.2

水的API重力值为10，沥青的API重力值为5~10，原油的API重力值为55。

API重力值低的原油(约小于25)所含蒸馏塔顶馏分百分比相对较低且沥青百分比较高。另一方面，API重力值高的原油(约大于25)所含蒸馏塔顶馏分百分比相对较高且沥青百分比较低。API重力值低的原油在本行业中通常被称为重原油，如果这些油有较高的硫磺含量也被称为酸原油。API 重力值高的原油被称为轻原油，如果油中硫磺含量较低，则被称为是无硫原油。因此，原油炼制厂必须根据所需生产的最终产品类型和数量选择原油种类，最终产品的生产要由市场需求来决定。每种原油是通过其名称或来源及 API 重力值确定的。表 2-2 中列出了原油类型及常见的来源。

原油类型及常见来源　　表 2-2

类　型	API	来　源
A	34	沙特轻质原油
	32	科威特
B	28	美国霍斯丁
	26	委内瑞拉提亚瓜纳
C	19	哥伦比亚加棱
	18	伊朗赛勒斯
D	16	加拿大乐矣得敏斯特
	15	委内瑞拉欧巴亚
E	12	墨西哥巴奴克
	10	委内瑞拉波斯坎

2.1.2.2　蒸馏法

所有原油炼制过程中的第一步是通过蒸馏直接提炼，图 2-3 说明了蒸馏的原理，采用蒸馏的原理分离各种原油中的成分，是因为这些成分具有不同的沸点。由于沥青主要是由沸点馏分含量最高的材料构成，从真空塔出来就变成了残油（行业里称其为“渣油”）。原油在一个大炉内加热至约 650 ℉（343℃），部分成分被蒸发。

然后，再送入蒸馏塔中，最轻的成分蒸发上升到塔的顶部，再冷却凝结，取出待后续工艺加工。蒸馏塔的高度不尽相同，原油中各种成分达到燃点后，随着温度的下降，在塔内就凝结到塔盘上。取出处于塔中部的成分，可制成喷气燃料、煤油和柴油。蒸馏中的渣油则通常送入真空蒸馏装置，制成较重的汽油。真空塔的压力减小后有助于在较低温度下点燃这些油，以防止沥青出现温缩开裂，因为在沥青开裂时，沥青分子在温度变化时会开裂。通常从真空塔底部加入蒸汽，把压力从 50mmHg 进一步降到约 12mmHg，0.24psi。真空塔底部的材料是经真空处理的由蒸汽提炼出来的沥青。通过针入度或黏性可以测出沥青的品级，品级依去除重油的数量而定。所有这些都是在一个连续、不间断的操作中完成的。

图 2-3 表示常见的制成不同塔顶分馏的蒸馏温度范围。图中还说明了 800 ~ 1050 ℉（427 ~ 565℃）的切割点，此时，真空塔里，在塔顶分馏的上部沥青渣油被分馏出来。切割点即是影响分馏的大气当量的蒸汽温度。

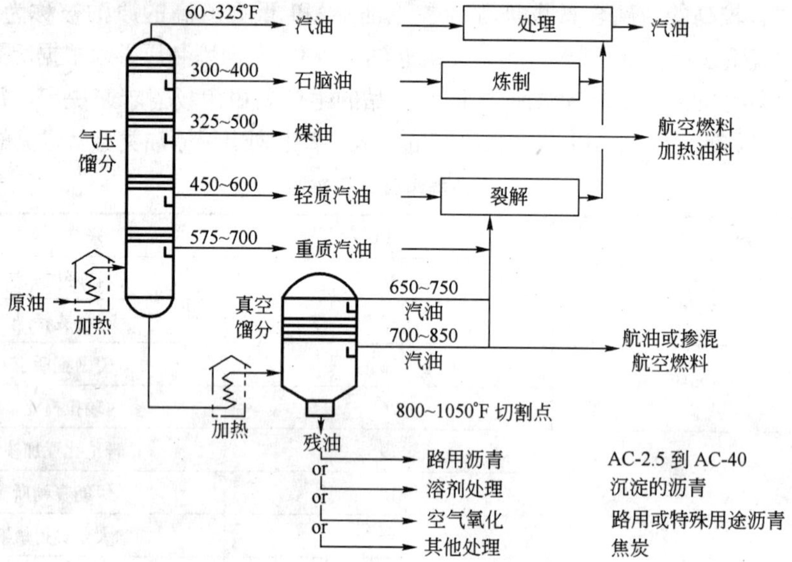

图 2-3　第一次蒸馏分离原油[4]

2.1.2.3　溶剂脱油沥青

减压渣油经过溶剂脱沥青(SDA = solvent deasphalting)来提取更多的高沸点馏分(脱沥青油),用于制造润滑油。图 2-4 说明了这个常见的工艺流程。常用的提取溶剂是丙烷和丁烷。在提炼塔里,温度为 100 ~ 150 ℉(38 ~ 66℃),以逆流方式往减压渣油里加入溶剂。生产过程中,一种高软化点的硬沥青(沉淀过的沥青)便制成了。这种硬质沥青可作为拌和材料制成道路沥青。

由于掺加过量的沉淀沥青会增强拌和沥青的温度敏感性,因此,这种做法通常是有害的。

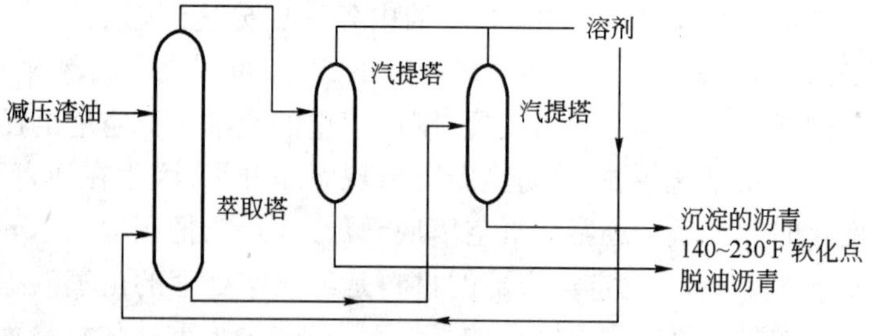

图 2-4　溶剂脱油沥青(SDA)[4]

2.1.2.4　溶剂抽取

一种较新的工艺叫做渣油超临界萃取(ROSE = residuum oil supercritical extraction),它在渣油馏特点上有着较大的灵活性。渣油超临界萃取工艺详见图 2-5。在临界条件下，在渣油中加入低燃点碳氢化合物溶剂(例如，常用的戊烷)。然后，拌好的材料按规定温度(T_1)和压力送入分离塔(SEP)，分离出一种沥青液。随后，去除材料中的溶剂回收沥青质(首次分馏)。前面工艺操作中萃取的材料再送入到第二个分离塔中，炉中设定的温度(T_2)较高，溶解性降低了，从而导致树脂(第二次分馏)的沉淀。接着，油(第三次分馏)的分离和回收也是类似的。经过渣油超临界萃取工艺制成的沥青质或树脂馏分达到了技术规范的要求，可作为生产沥青的拌和材料。

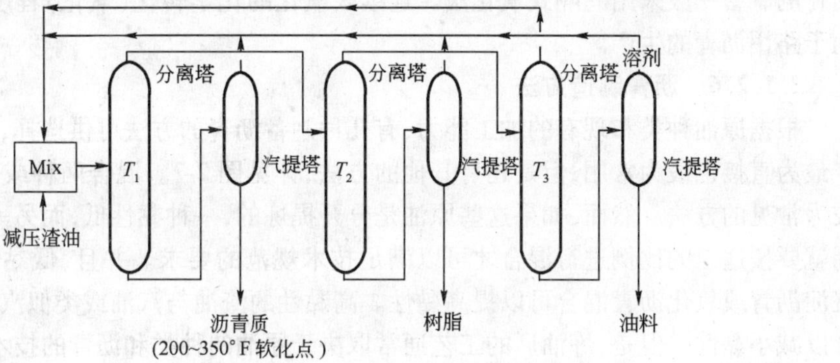

图2-5 戊烷脱沥青(ROSE)[4]

2.1.2.5 氧化法

如果必须提高渣油的黏度，如在制备建筑沥青或路用沥青需改善其温度敏感性时，通常会采用氧化法。氧化装置见图2-6。通过把加热器温度上升到450～500℉

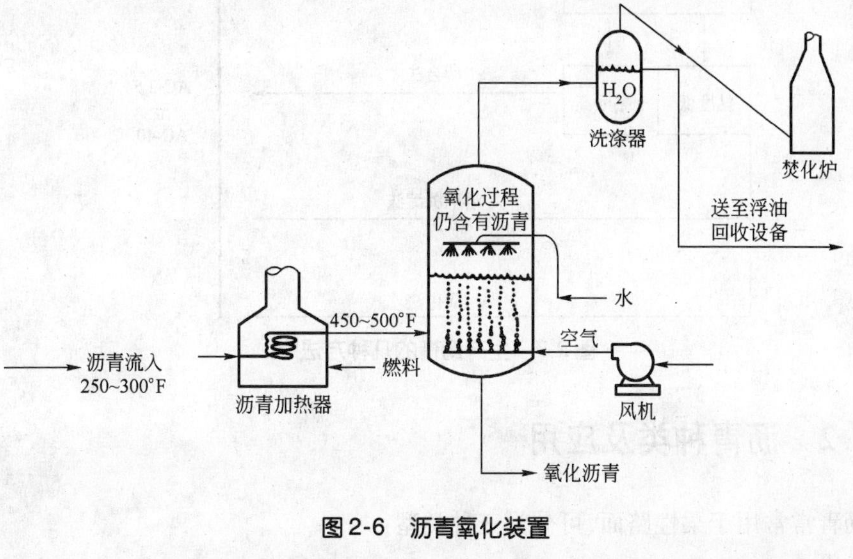

图2-6 沥青氧化装置

(232～260℃),用泵连续把渣油(流动)送到吹制塔里。从渣油底部注入空气,使其向上穿过渣油。由于这是一个放热反应(因此,会产生热量),通常会在材料表面喷洒水使沥青冷却。由于大量气泡的存在,通常情况下,在热沥青上加水会有潜在危害,反之亦然。只有在这样特殊的设计和有监控的工艺中才可采用这种方法。

从保护环境的角度出发,要求把氧化过的气体送到洗涤器里,这种洗涤器可以冷却有害气体并使油凝结。不可压缩的蒸汽,有很大的气味,所以要送入焚化炉。建筑沥青的制备一般采用间隔式氧化法。连续式氧化的化学转化(氧化)程度较低,通常用于路用沥青的生产。

2.1.2.6　沥青制造方法

根据原油种类和现有的加工能力,有几种制备沥青的方法可供选择,虽然直馏生产最为直接也最为常用,但是还有其他的方法,详见图2-7。混合两种或多种原油是较为常见的方法。然而,如果这些原油是分开提炼的,一种黏性低,而另一种较高,渣油就要按适当的比例进行混合才可以满足技术规范的要求。并且,低黏性的渣油与沉淀沥青或氧化沥青混合可以提高黏性。高黏性的渣油与汽油或类似汽油的材料混合以减小黏性。但是,炼油厂的工艺通常取决于原油的种类和沥青的技术规范要求。硬的和软的沥青也可在沥青集输终端混合以满足特殊等级的要求(见图2-7)。

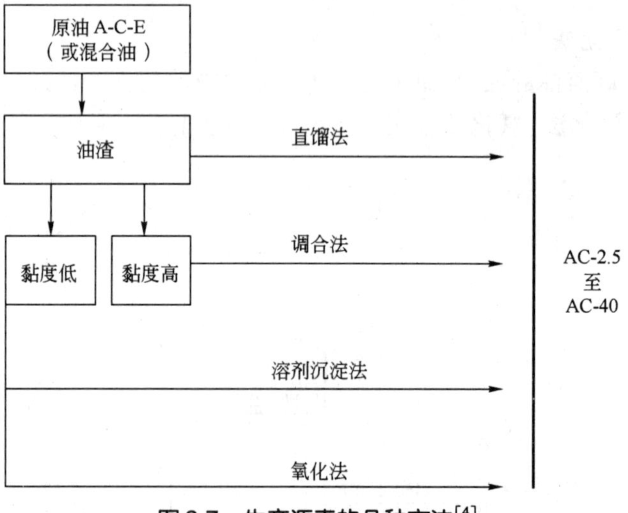

图2-7　生产沥青的几种方法[4]

2.2　沥青种类及应用

沥青常常用于柔性路面,可分为三种类型:

1)沥青;

2)乳化沥青;

3)稀释沥青。

2.2.1 沥青

如前所述,沥青是利用不同的炼制技术,通过蒸馏工艺炼制而成的。常温下沥青是黑色、胶黏的、半固体的和黏性较高的材料。这种材料坚固耐用且黏着力和防水性都很好,而且对多数酸类、碱类和盐类具有防腐性。沥青的最大用处是生产HMA,世界上主要用其建造柔性路面。通过加热熔化沥青并与集料拌和制成HMA。由于黏性较大,可与集料颗粒黏在一起,两者黏合就形成HMA。待HMA冷却至常温后,便是一种极为坚固的铺路材料,可满足重交通荷载的要求,比如州际公路和机场道路。在美国,230万英里(约3701491km)铺筑的公路中,有220万英里(约3540557km),约占96%,都是采用沥青铺筑的。

文献中,HMA有多个名称,曾被命名为沥青混凝土、地沥青混凝土、沥青水泥混凝土、沥青混合料、沥青铺路混合料等。本书中,尽可能地使用HMA这个术语。

根据沥青稠度,有几个标准等级的沥青。根据针入度、黏度或性能三种方法把沥青分成不同等级。ASTM D946规定了主要通过针入度试验确定沥青针入度。有五种标准的针入度沥青可用于铺路:40~50、60~70、85~100、120~150和200~300。针入度试验及其等级系统在本章的后续部分再作详细地说明。在此说明的针入度试验是在常温、标准时间和荷载作用的情况下,采用标准针贯入沥青试样时所得到的测量数据。很明显,针入度越高沥青就越软。因此,40~50是最硬的等级,200~300是最软的等级。

区分沥青的第二种方法是通过黏度确定,详见ASTM D3381的内容。等级的确定或根据基质沥青的黏度或在旋转薄膜烘箱(rolling thin film oven)中老化后的沥青的黏度。两种黏度都在140 ℉(60℃)温度下以泊($1P = 10^{-1}Pa \cdot S$)为单位进行测量及记录。基质沥青的黏度范围是AC-2.5、AC-5、AC-10、AC-30和AC-40。这些数值说明140 ℉(60℃)温度下的黏度达到几百泊。而沥青渣油(AR = asphalt residue)在旋转薄膜烘箱中黏度为AR-1000、AR-2000、AR-4000、AR-8000和AR-16000。这些数字说明以泊为单位在140 ℉(60℃)温度下的黏度。有关黏度试验及黏度系统详见本章的后续内容。

第三种方法是根据性能确定的,它是从美国战略公路研究规划(SHRP)中演变而来的。详见“Superpave结合料试验及技术规范”一节。

2.2.2 乳化沥青

乳化沥青(也简称为乳化液),是沥青、水及乳化剂的混合体。由于沥青无法在水中溶解,沥青和水在不同阶段的表现详见图2-8。

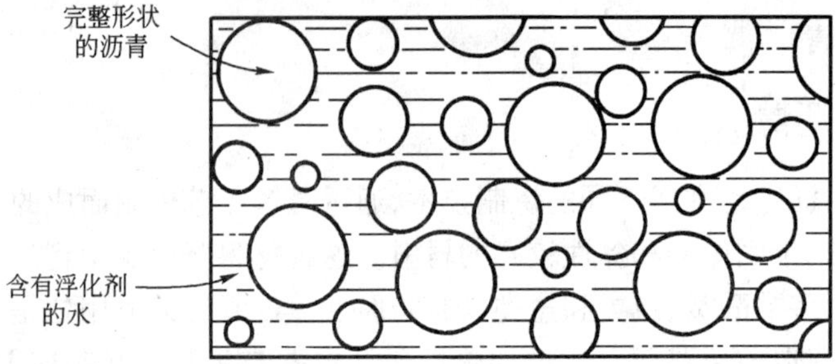

图2-8　乳化沥青

HMA和水与乳化剂(肥皂为例)在压力作用下通过胶体研磨机,便产生了极微小(5~10μm)的小球或小水滴的沥青,这些微粒可以悬浮在水面上(如图2-9所示)。乳化剂把电流传送到水滴的表面,可造成水滴相互排斥,因此,水球就不会结合在一起。乳化沥青也被归类为液体沥青,与沥青不同,在常温下,液体沥青形态为液态。乳化剂可降低黏性,适于在较低温度下使用。

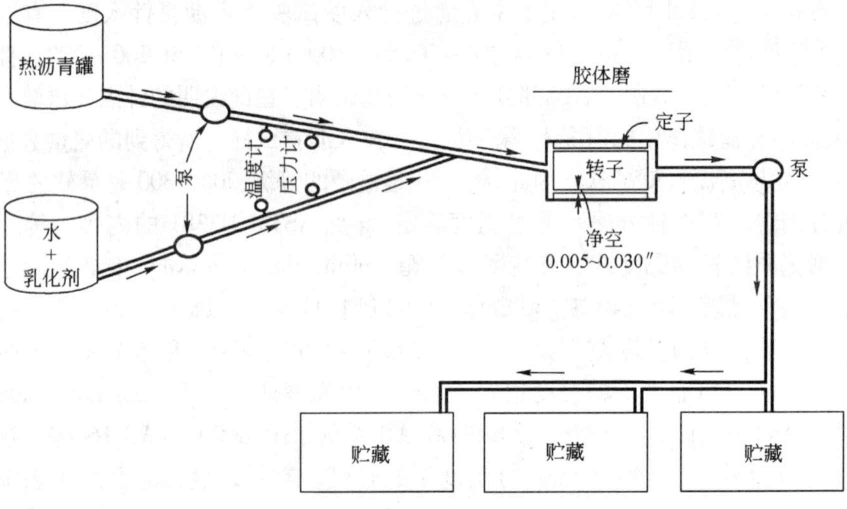

图2-9　乳化沥青的生产

在ASTM D977和ASTM D2397技术规范中有两种最为常用的乳化沥青:

1)阴离子　带负电荷的沥青微滴;

2)阳离子　带正电荷的沥青微滴。

当乳化沥青为带负电荷的离子时,沥青微滴带负电荷。如果它是带正电荷的离子时,微滴便带正电荷。

多数的矿料表面或带正电或带负电或两者兼有。大多数硅酸集料,如砂石、石英及硅酸砾石,是带负电的,因此,一般会与带正电的乳化沥青相吸。而另一方面,有些集料表面,例如石灰石,带正电荷,因此通常会与带负电荷的乳化沥青相溶。这是因为异性相吸的原理。

乳化沥青与集料拌和时,混合物或凝结或破乳,因为沥青微滴与集料表面起化学反应,结合后把两者之间的水分挤出。水分蒸发是最终使阴离子乳化沥青"分离"或"凝结"的首选方法,这样,集料或表层沥青上就会形成一个连续的膜。阳离子分离主要通过电化反应工艺完成。

根据结合程序,可对阴离子和阳离子乳化沥青作进一步的分类。阴离子乳化沥青包括了快凝(rapid setting, RS)、中凝(MS)及慢凝(SS),详见 ASTM D977 和表 2-3。根据不同类型的乳化剂和数量可以控制其凝结程序。阴离子凝结程序分为:RS-1、HFRS-2、RS-2、HFMS-2、MS-2、MS-2h、SS-1 和 SS-1h。h 表示所用乳化剂是较硬的基层沥青,HF 表示高漂浮渣油,说明乳化沥青渣油的化学胶凝程度。

选择阴离子乳化沥青的要求　　表 2-3

试验		快凝			中凝							慢凝	
		RS-1	RS-2	HFRS-2	MS-1	MS-2	MS-2h	HFMS-1	HFMS-2	HFMS-2h	HFMS-2s	SS-1	SS-1h
乳化剂试验:黏度,77 ℉赛波特黏度试验		20~100			20~100	100+	100+	20~100	100+	100+	50+	20~100	20~100
黏度,122 ℉赛波特黏度试验			75~400	75~400				20~100	100+	100+	50+	20~100	20~100
蒸馏最低渣油(%)		55	63	60	44	65	65	55	65	65	65	57	57
对蒸馏最低渣油的试验	针入度,77 ℉ 100g,5s	100~200	100~200	100~200	100~200	100~200	40~90	100~200	100~200	40~90	200+	100~200	40~90
	浮点试验,140 ℉(S)			1200				1200	1200	1200	1200		

在 ASTM D2397 和表 2-4 中,阳离子乳化沥青包括快凝(CRS)、中凝(CMS)及慢凝(CSS)。阳离子等级分为 CRS-1、CRS-2、CMS-2、CMS-2h、CSS-1 和 CSS-1h。

选择阳离子乳化沥青的要求　　表2-4

试　验	快　凝		中　凝		慢　凝	
	CRS-1	CRS-2	CMS-2	CMS-2h	CSS-1	CSS-1h
乳化剂试验:77 ℉赛波特黏度试验					20～100	20～100
122 ℉赛波特黏度试验	20～100	100～400	50～450	50～450		
蒸馏: 油蒸馏(%) 最低渣油(%)	 3 60	 3 65	 12 65	 12 65	 57	 57
蒸馏试验中渣油试验: 针入度,77 ℉,100g,5s	100～250	100～250	100～250	40～90	100～250	40～90

乳化沥青的选择及使用详见ASTM D3658。通常采用下列乳化沥青:

1)快凝乳化沥青　适用于路表层及透水碎石层的处理。

2)中凝乳化沥青　适用于开级配冷沥青集料混合物。

3)慢凝乳化沥青　适用于黏结层、沥青雾层、密级配冷沥青集料混合料及稀浆封层。

2.2.3　稀释沥青

稀释沥青是液态沥青,在沥青中加入石油溶剂(轻制)制成(石油溶剂也称为轻制油或稀释剂)。生产稀释沥青是为了减少沥青的黏性,以适于低温应用。在集料或路面中应用稀释沥青会造成溶剂在蒸发中挥发掉,这样,在路表层就只剩下沥青。根据稀释沥青的蒸发程度,可分为以下三类。

1)快凝(rapid-curing, RC)　在沥青中加入少量高黏性的稀释剂(通常是汽油或石脑油)制成。主要适用于黏结层和路表层的处理。

2)中凝(MC)　在沥青中加入中等数量的中等黏性的稀释剂(通常是煤油)制成。一般适用于基层透层、料堆修补材料及路拌施工。

3)慢凝(SC)　在沥青中加入黏性低的油(一般为柴油或其他类型的汽油),也称其为铺路油。通常适用于基层透层、修补材料混合料及作为除尘剂。

油溶沥青在市场上出售不同等级的产品(见图2-10)。尾数为30的等级为最稀,流动性最大,只在中速养护中使用。其他尾数为70、250、800和3000的等级,其数字越大说明黏性越大,所有类型均有售。这些尾数代表着某一种类的稀释沥青,在140 ℉时单位为厘斯(cSt)的最小动力黏度。关于快速养护、中速养护及慢速养护中所使用的稀释沥青规定,分别详见ASTM D2026、ASTM D2027及ASTM D2028。有关快速养护和中速养护中使用油溶沥青的要求如表2-5和表2-6所示。

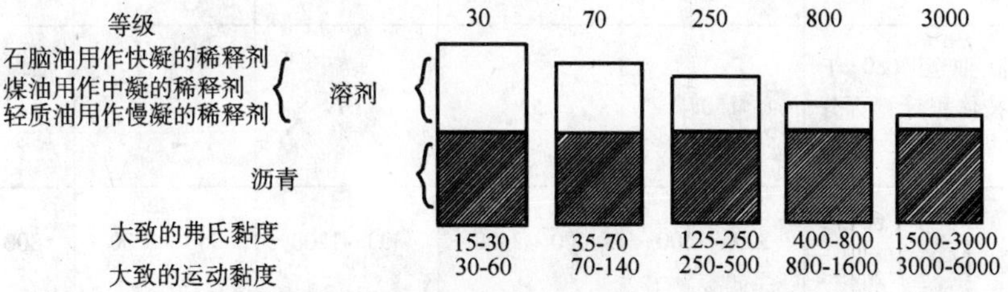

图2-10 稀释沥青的成分

乳化沥青正逐渐地替代稀释沥青,原因如下。

1)环境条件 相对于稀释沥青而言,乳化沥青没有污染。除水以外,乳化沥青挥发到大气中的有害物质的数量极少。这一点和稀释沥青不同。

2)高能产品的损耗 稀释剂属高能产品,当养护稀释沥青时,价格昂贵的稀释剂就白白地被消耗掉,进入了大气。

选择快凝(RC)稀释沥青的要求 表2-5

试验	RC-70	RC-250	RC-800	RC-3000
140 ℉(60℃)运动黏度(cSt)	70~140	250~500	800~1600	3000~6000
闪点(泰格开杯)℉(℃),最低		80(27)	80(27)	80(27)
蒸馏渣油至680 ℉(360℃),按体积计算百分比,最低	55	65	75	80
蒸馏渣油试验:140 ℉(60℃)黏度(P)	600~2400	600~2400	600~2400	600~2400
77 ℉(25℃)延度(cm),最低	100	100	100	100

选择中凝(MC)稀释沥青的要求 表2-6

试验		MC-30	MC-70	MC-250	MC-800	MC-3000
140 ℉(60℃)运动黏度(cSt)		30~60	70~140	250~500	800~1600	3000~6000
闪点(泰格开杯)[℉(℃)],最低		100(38)	100(38)	150(66)	150(66)	150(66)
蒸馏渣油至680℉(360℃),按体积计算百分比,最低		50	55	67	75	80
蒸馏渣油试验	140℉(60℃)黏度(P)	300~1200	600~2400	300~1200	300~1200	300~1200
	77℉(25℃)延度(cm),最低	100	100	100	100	100

3)安全性　使用乳化沥青较为安全。与稀释沥青相比,其危险性几乎没有,其中有些燃点较低。

4)低温应用　与稀释沥青相比,乳化沥青适用于温度相对较低的情况,因此,节约燃料成本。乳化沥青也可有效地应用于潮湿路面,而稀释沥青则要求干燥条件。

2.3　沥青物理试验

沥青物理试验可分为以下几类:稠度、耐久性、纯度、安全性等。

2.3.1　稠度

稠度是指在特定温度下沥青的流动性。由于沥青属于热塑性材料,因此其稠度会随着温度的变化而变化。因而,有必要在同样温度下测量不同沥青的稠度,并且如果作比较的话,还要测量其剪切荷载。以下是关于沥青的稠度试验。

2.3.1.1　绝对黏度

黏性简单地定义为液体流动时的阻力。沥青黏性程度取决于140℉(60℃)时所测量到的黏度。选择这个温度是因为它接近于美国夏季HMA路面表层的温度。

140℉(60℃)时采用毛细管黏度计做黏度试验。有两种黏度计较为常用:一种是坎农—曼宁真空黏度计(图2-11),一种是沥青协会真空黏度计(图2-12)。试验程序详见ASTM D2171中的试验方法。把黏度计置于用恒温机制控制的140℉(60℃)的恒温水或油浴器中。然后从粗管侧把沥青注入黏度计试管,直到沥青达到装料线为止。

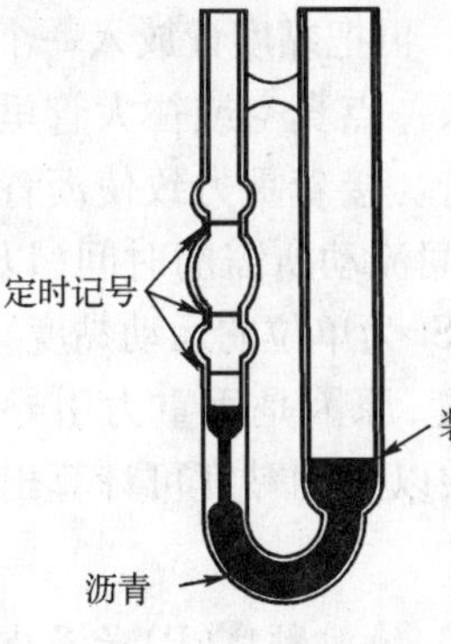

图 2-11　坎农—曼宁真空黏度计

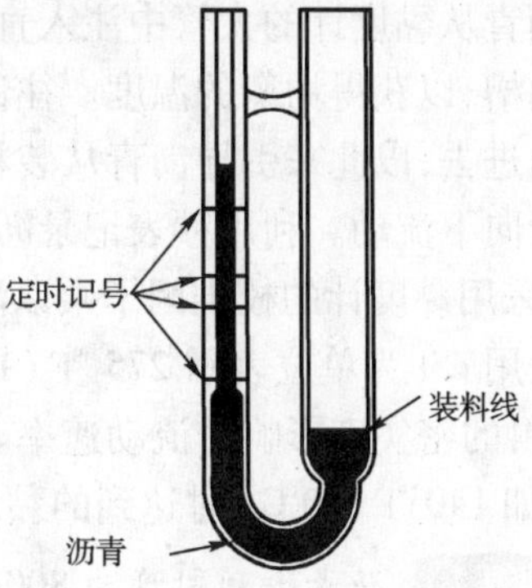

图 2-12　地沥青协会真空黏度计

注完后要使试管在恒温水浴中保持一段时间直到沥青温度达到 140 ℉(60℃),再往黏度计小管里加入部分真空空气迫使沥青流动起来。加入部分的真空空气是有必要的,因为沥青非常黏,很难流动起来。试验设备的组成部分还有真空控制设备和真空泵。

沥青流动起来之后,要测量沥青从静态到流动所需要的时间(按 s 计算)。采用校准因子乘以所测得的时间(按 s 计算)得出黏度计试管达到的以泊($1P = 10^{-1}$ pa · s)为单位的黏度值,泊是测量黏度的标准单位。生产厂商用标准油校正其黏度计试管,且每个试管都提供校准因子。

在试验一种材料黏度时,比如某种沥青,其抗剪应力与黏度计试管校准时的抗剪应力是一样的。唯一的区别在于所测到的剪切速率,是与液体通过试管所需时间成反比的。采用下列公式可得出黏度值:

$$\frac{V_2}{T_2} = \frac{V_1}{T_1} \text{ 或者 } V_2 = T_2\left(\frac{V_1}{T_1}\right)$$

式中:V_1——标准试样体积;

T_1——标准试样通过试管所需时间;

V_2——未知试样体积;

T_2——未知试样通过相同试管所需时间;

$\frac{V_1}{T_1}$——试管校准因子。

2.3.1.2　运动黏度

按 ASTM D2170 的要求,用翟富斯(Zeitfuchs)黏度计(图 2-13)测量 275 ℉(135℃)时的动力黏度。275 ℉(135℃)时,沥青就可以依靠重力在毛细管中流动起来,不必再加入真空空气。选择这个温度是因为它接近于 HMA 路面施工时拌和和摊铺的温度。

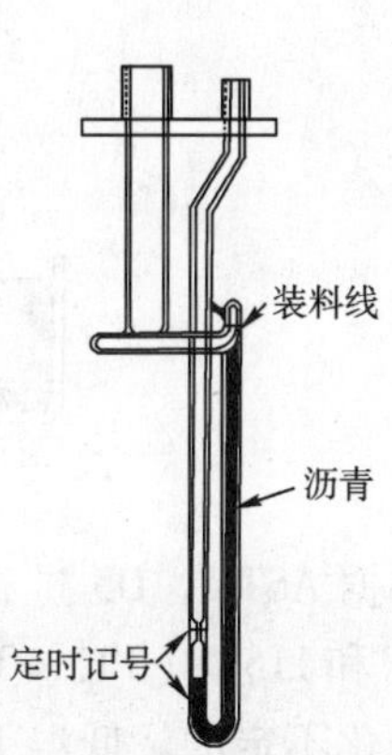

图 2-13　翟富斯横臂式黏度计

沥青从黏度计的大管中注入直至达到装料线为止。再把黏度计放入一个干净的恒温油槽，以获得均衡的温度。往试管的小管里稍加入一点真空或往大管里稍施一点压力进去，以此来引导沥青从装料线开始流过虹吸管。接着重力致使沥青从纵向毛细管向下流动。利用秒表记录沥青在两个记录点之间流动所需的时间（以秒为单位）。采用黏度计的校准因子乘以测得的时间得出以 cSt 为单位的运动黏度。

采用 cSt 为单位表示 275 ℉（135℃）时的运动黏度，原因是用重力引导沥青流动，材料的密实度影响着流动速率。采用沥青密实度乘以运动黏度可计算出绝对黏度[例如 140 ℉（60℃）时达到的黏度]。

例题 2-1 沥青运动黏度为 800cSt，相对密度为 1.03，绝对黏度（P）是多少？

解

$$1\text{St} = 100\text{cSt}$$

$$\begin{aligned}\text{绝对黏度(P)} &= \text{运动黏度(St)} \times \text{相对密度}\\ &= 8 \times 1.03\\ &= 8.24\end{aligned}$$

2.3.1.3 针入度

针入度试验是一种经验型的试验，用来测量沥青的稠度。通常针入度是在 77 ℉（25℃）时进行测量的，这也是 HMA 路面平均使用寿命的温度。该温度下，目前还没有任何简单地根据黏度可以测量到沥青稠度的试验，虽然测黏度是首选的测量方法。标准的针入度试验详见图 2-14。在恒温水槽里，沥青容器达到标准的试验温度（77 ℉或 25℃）。沥青试样放在标准针的下面，在针上加 100g 的质量，让其贯入沥青，时间为 5s。以 0.1mm（dmm）为单位，测量标准针贯入的深度，并记录为针入度数。例如，标准针插入深度为 8mm，那么，沥青的针入度则为 80。

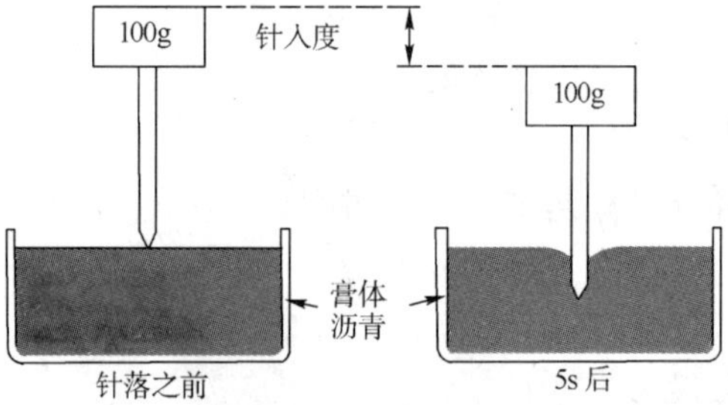

图 2-14 针入度试验

根据 ASTM D5 进行针入度试验，也可在其他温度下进行试验，比如，32 ℉、39.2 ℉和 115 ℉（0℃、4℃和 46℃）。但是，标准针质量、贯入的时间或两者均有的情况是变化不定的。低温下，比如 39.2 ℉（4℃），沥青极为坚硬，因此，如果标准针的质量是 100g 并且贯入时间为 5s 的话，其针入度会非常浅。在这种温度下，测量针入度所采用的方法应是质量200g,贯入时间60s。

2.3.1.4 软化点

根据ASTM D36采用环球法(简称R&B)测量软化点。软化点的定义,可以简单地解释为沥青无法承受一个钢球的重量而开始流动起来时的温度。测量软化点的目的是确定沥青中发生形变的温度。在欧洲最为常见的是用规定的路用沥青,而在美国,则常用于高黏度建筑沥青中。

如图2-15所示,试验是采用一个黄铜制的注满沥青的环,悬在装满水或乙烯乙二醇的烧杯中。标准尺寸和质量的钢球放置在试样的中心位置。按5℃/min的控制速度加热烧杯。沥青软化时,钢球和沥青均沉到烧杯的底部。当软化的沥青向下沉并接触到杯底时要记录此时的温度。试验是用两个相同的试样进行的,如果两个试验温度之差大于2 ℉(1.1℃),就必须重做试验。

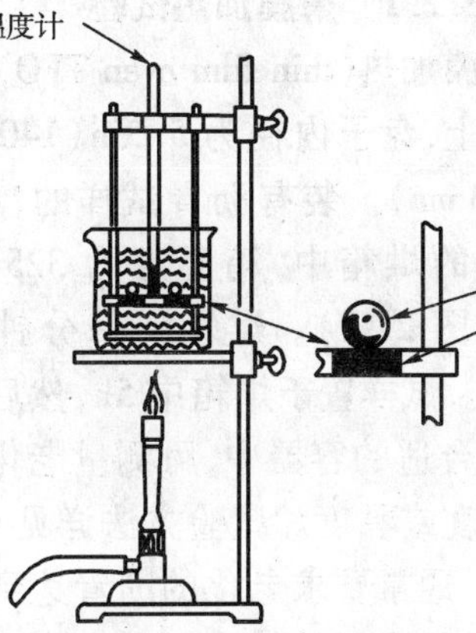

图2-15 软化点试验

2.3.1.5 延度

许多沥青铺路技术人员把延度作为沥青的一个重要性质。延度的重要性详见本章后续内容。根据ASTM D113进行延度试验,单位为cm,测量一块沥青砖在破碎前的拉伸距离(图2-16)。沥青砖的较小尺寸的横截面为1cm²。试样在恒温水槽中一直保持温度在标准的77 ℉(25℃),以5cm/min的速度拉伸试样的两端直至断裂。水的相对密度要与试样的保持一致,以防断裂试样浮起或下沉。也可在水中加入盐来提高相对密度,或加酒精减小水的相对密度。有些工程师认为在较低温度中进行延度试验,比如60 ℉和39.2 ℉(16℃和4℃),而不是在77 ℉(25℃)。当试验的温度达到39.2 ℉(4℃)时,为使试样在断裂前得到充分的拉伸,拉伸的速率通常要小于1cm/min。

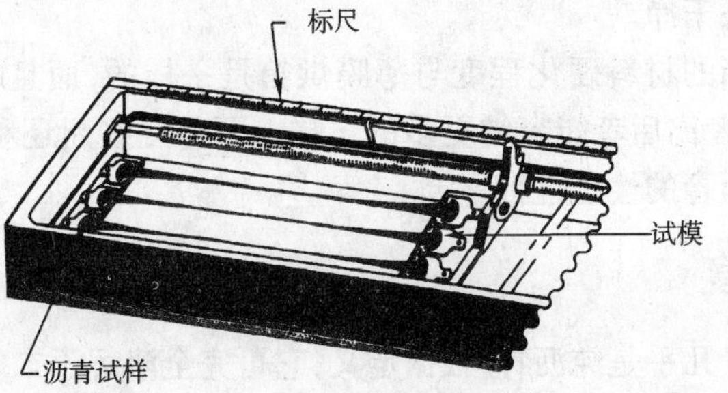

图2-16 延度试验

2.3.2 耐久性

沥青与热集料在HMA混合设备中进行拌和时,沥青会不断经受短期老化(硬化)过程。长期老化在HMA路面使用寿命中持续不断,受到环境和其他因素的影响,详见本章的后续内容。通常采用下列两种试验以粗略确定在HMA设备中发生的短期老化情况。

2.3.2.1 薄膜加热试验

薄膜加热(thin film oven TFO)试验是把一个质量为50g的沥青试样放置在圆形平底盘上,盘子内径为5.5in(140mm),盘高3/8in(9.5mm)。盘内沥青层高约为1/8in(3mm)。装有沥青试样的盘子送到通风的烘箱中,箱温度为325 ℉或163℃(图2-17)。烘箱架每分钟旋转5~6圈。试样置于烘箱中5h,然后移送到一个合适的容器中,可测量老化的沥青针入度或黏度。试验方法详见ASTM D1754。通常要求老化的沥青达到规定的、最低的残留针入度百分比或最大的黏度。本试验也可测定试样的质量损失。

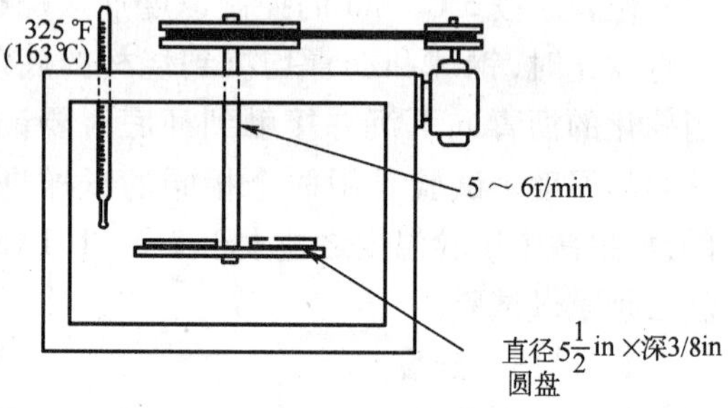

图2-17 薄膜加热试验

2.3.2.2 旋转薄膜加热试验

在美国西部,交通部门采用各种各样的薄膜烘箱,但目的都是一样的,如图2-18所示是ASTM D2872规定使用的旋转薄膜烘箱(RTFO)。把规定数量的沥青注入支架上的瓶中,烘箱温度设在325 ℉(163℃)。

支架沿水平轴按规定的速度旋转。旋转着的瓶子连续不断地把新鲜沥青暴露出来。每次旋转时,试样瓶口经过空气喷射装置,试样瓶中积聚的蒸汽被空气喷射器里加热过的空气洗涤干净。

旋转薄膜烘箱的材料硬化程度与薄膜烘箱是一样的,而且时间还要短些(只要75 min),并且,前者比后者能容纳更多的试样。西部一些州还利用试验中老化的沥青残样对其路用沥青的性能进行评定。

2.3.3 纯度

经炼制的沥青几乎是纯沥青,根据定义,它可完全溶解于二硫化碳中。一般在炼制沥青中几乎是没有杂质的。要确定沥青的纯度,可进行溶解试验(详见ASTM D2042)。把规定质量的沥青试样溶解在三氯乙烯中(不是溶解在二硫化碳中,因为它是可燃的,有危险),再用玻璃纤维盘进行过滤,清洗、干燥和称量留在盘上的未溶解材料。未被溶解的材料是沥青试样中的杂质。路用沥青的技术规范要求三氯乙烯的最低溶解性为99.0%,沥青最好是没有水分的,因为水分可导致沥青在加热超过212 ℉(100℃)时起泡沫。

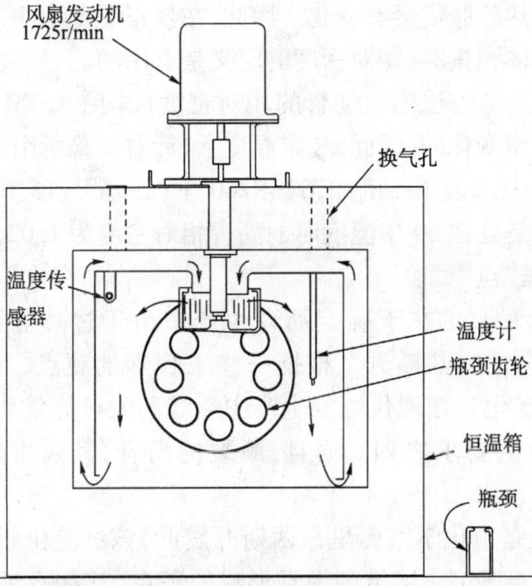

图2-18 旋转薄膜加热试验

2.3.4 安全性

如果把沥青加热到较高的温度,就会释放出大量蒸汽,遇到一点火星或明火就会突然燃烧(引燃)。燃点是指可以安全地加热沥青且沥青遇到明火不会立即燃烧的温度。火焰点是材料燃烧时的温度。燃点低于火焰点。虽然在HMA生产中路用沥青的燃点高于火焰点,但是为了安全起见,是有必要检测和控制燃点的。

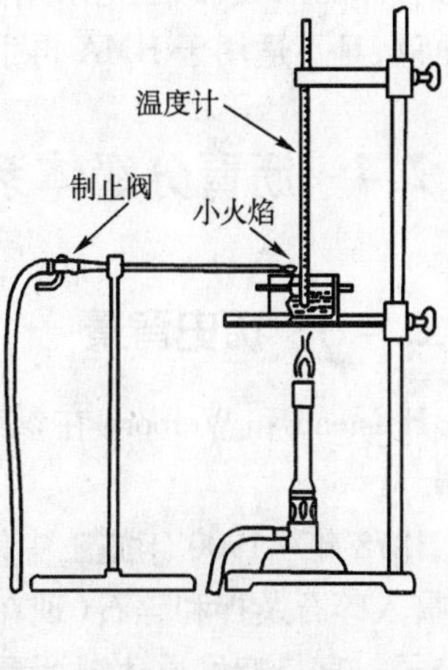

图2-19 克里夫兰开口杯燃点试验

一般人们会采用克里夫兰开口杯法(详见ASTM D92)来确定路用沥青的燃点,如图2-19所示。把装有一部分沥青的黄铜杯以规定的速率加热,在杯子的表面不时地会有小的火焰产生,当释放出的大量蒸汽导致瞬间火焰产生时的温度称为燃点。

2.3.5 其他

2.3.5.1 相对密度

相对密度定义为一定体积材料的质量与同温度下等体积水的质量的比值。沥青的相对密度在加热膨胀后会有变化。因此,在修正温度-体积关系或确定加热到规定温度下单位沥青体积重时,相对密度的定义是有用的。

采用相对密度瓶方法确定沥青的相对密度(详见 ASTM D70)。由于相对密度是随温度的变化而变化的,因此,规定温度下,针对试验所用沥青和水,试验的结果是用相对密度(Sp. Gr.)表示。例如,60 ℉/60 ℉(15.6℃/15.6℃)时的 Sp. Gr 1.02 表示当沥青和水都是处在 60 ℉温度时的沥青相对密度为 1.02。

2.3.5.2 斑"点"试验

斑"点"试验的目的在于确定沥青生产中由于过热导致开裂是否受到损坏。在开裂过程中,分子受热断开。根据一些工程师的观点,此时生产的沥青质量不好,较易风化或老化。在现代炼制生产中裂缝不太可能发生,因此,斑"点"试验通常不在技术规范的要求之列。而且,断裂的沥青,其延度较差,老化变硬的速率较高。

斑"点"试验是由化学家奥里昂西斯开发的,该试验由纸色谱法演变而来,需用视觉来评估标准溶解剂中溶解的沥青形成的斑点(比如石油脑)。在特殊过滤纸上滴一滴沥青/溶剂混合物,就可用眼观察到结果。如果形成的斑"点"是一个不均匀的褐色污点,试验记录其为负值,沥青是符合要求的。但是,若是在小点中心有一个色彩较深的区域,试验记录则为正值,沥青是不合格的。斑"点"试验的意义至今仍有争议,且不适用于 HMA 再生利用的沥青。

2.4 沥青分级体系

2.4.1 历史背景

Halstead 和 Welborn 在参考文献[6]中就沥青技术规范的发展历史作了很好的阐释。

1878 年 ~ 1900 年施工中使用的沥青,绝大多数是来自特里尼达湖,比如片状沥青、贯入碎石及拌和碎石(现在称其为沥青混凝土)。自 1878 年以来,巴波尔沥青筑路公司一直是特里尼达湖沥青的主要供货商和沥青路面建筑者。1890 年时,在委内瑞拉发现并开始使用波幕德斯沥青,直到 1901 年波幕德斯沥青都是一个主要的沥青来源。和特里尼达湖沥青一样,波幕德斯沥青也要开采,要去除水和无关的无机物和有机物。两种湖沥青的均匀度都很好。

美国第一本沥青的技术规范是根据特里尼达沥青的外观和分析性试验来确定沥青使用量(在二硫化物中溶解)及不可溶解的有机物和无机物。编制这种技术规范只是在不考虑其他材料来源时确定沥青的来源。随着HMA产业的发展及1900年左右美国开始使用石油沥青,必须去除材料中的不确定性因素,尤其要保证稠度。开采出来的沥青是固体或半固体材料,有必要添加稀释剂以降低HMA混合料中结合料的稠度。可采用标准的方法确定来源不同的结合料的稠度。

1888年,H. C. Bowen发明了波恩式贯入机——针入度仪前身,可确定沥青的稠度。在波恩发明之前,确定沥青软化点的方法则是用嘴咀嚼。即便是在有了针入度仪之后,咀嚼仍是有用的方法,虽然现在看起来有些原始。沥青从业人员通常以用嘴咀嚼确定的结果与用仪器获得的试验结果相近而感到自豪[6]。

在对针入度仪进行几次改良之后,到1910年,针入度仪就成为测量和控制77 ℉(25℃)时半固体沥青稠度的主要方式。自1901年以来公共道路局(现为联邦公路局)和自1903年以来美国试验和材料学会就致力于将针入度试验作为控制路用沥青稠度的一个标准。

1918年,公共道路局通过制订适用于不同气候条件和用途的各种针入度等级来推广针入度等级系统。美国各州公路工作者协会(AASHTO)于1931年出版了沥青的针入度等级标准技术规范。

关于沥青等级技术规范的后续变化始于20世纪60年代早期,FHWA、ASTM、AASHTO、沥青行业及许多州公路厅都想采用140 ℉(60℃)时的黏度值来对沥青进行分级。主要目的如下:①用理性、科学的黏度试验取代经验性的针入度试验;②测量140 ℉(60℃)时的沥青稠度[不是77 ℉(25℃)时的稠度],因为其温度接近美国大多数州夏季高温下沥青路表面最高的温度。制订出各种黏度等级以适应不同气候条件和用途。

在20世纪60年代早期,正是制订黏度等级系统之时,加州公路局与太平洋海岸使用者及生产者集团合作也在制订一个类似的老化渣油黏度等级系统。根据旋转薄膜加热试验的老化渣油黏度,而不是根据FHWA推荐的基质沥青黏度,制订了老化渣油黏度等级系统。加州交通厅经历了使用某些沥青出现拌和固化的问题(不稳定混合料),这些沥青在拌和站的拌和阶段,不像其他沥青那样,其黏度不会提高。因此,加州交通厅就把在旋转薄膜烘箱经过老化的沥青进行分级,这样拌和之后的所有沥青性能在施工中都是一样的。

图2-20是美国1985年沥青分级系统[7]。有些州采用不止一个分级系统。以下是关于三个分级系统的详细论述。关于战略公路研究计划(SHRP)制订的沥青结合

料分级系统的实施情况,详见本书后续章节。

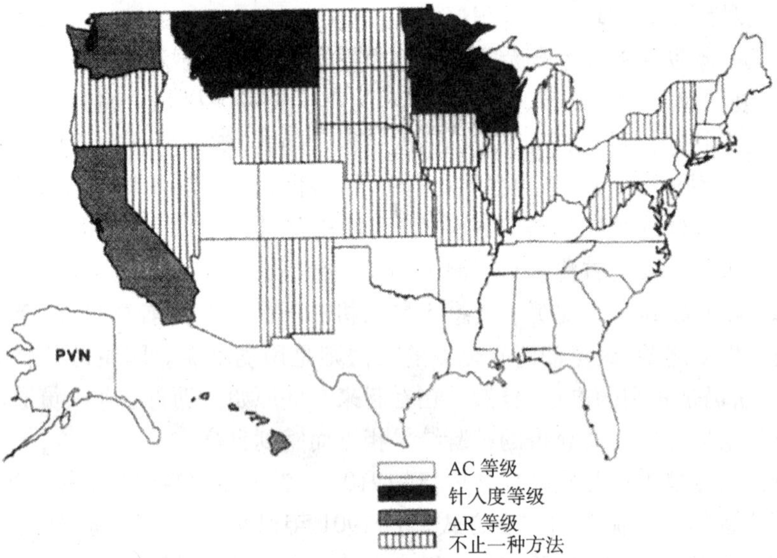

图2-20　1985 年美国各州使用的沥青分级情况[7]

有关表 2-6 中沥青针入度等级要求,详见 ASTM D946。共分五类:40~50、60~70、85~100、120~150 和 200~300。如前所述,针入度单位为 0.1 mm。针入度越低,沥青就越“硬”。最软的级别是 200~300,适用于天气较寒冷的地方,比如加拿大。60~70 和 85~100 级别在美国最为常用。其他要求,比如 77 ℉(25℃)时的延度和经过薄膜加热试验后残留针入度,也都在表 2-7 之中。

ASTM 沥青针入度分级　　表 2-7

项　目	针入度分级									
	40~50		60~70		85~100		120~150		200~300	
	最小	最大	最小	最大	最小	最大	最小	最大	最小	最大
针入度,77 ℉(25℃),100g,5s	40	50	60	70	85	100	120	150	200	300
闪点(℉),克利夫兰开口杯法	450		450		450		425		350	
77 ℉(25℃)时延度(5cm/min, cm)	100		100		100		100		100	
在三氯乙烯中的溶解度(%)	99		99		99		99		99	
旋转薄膜加热试验后针入度比(%)	55+		52+		47+		42+		37+	
薄膜加热试验后 77 ℉(25℃)时延度(5cm/min, cm)			50		75		100		100注	

注:如果 77 ℉(25℃)时的延度小于 100cm,那么在 60 ℉(15.5℃)条件下延度最小是 100cm 时的材料是可接受的。

针入度分级系统具有下列优点:

1)针入度等级是根据77 ℉(25℃)时的沥青稠度划分的,其温度接近于平均路面使用期的温度。相对黏度试验的温度140 ℉(60℃)而言,77 ℉(25℃)时的试验可以更好地说明低温性质相互间的关系。

2)试验时间相对较短。

3)针入度试验适用于现场条件。可利用它探测沥青的污染情况(通常来自于石油浓缩物或运输单位的稀释沥青)。

4)设备成本相对较低。

5)针入度试验精确度范围较为完善。

6)通过测量除了77 ℉(25℃)以外的针入度,可以确定沥青的温度敏感性(沥青稠度随着温度变化而变化)。

但针入度等级系统也有下列缺点:

1)针入度是一种凭经验做的试验,不是用基本单位比如黏度测量沥青的稠度。

2)剪切速率在试验中较高。

3)由于剪切速率取决于沥青的稠度,因此,剪切速率也是变化不定的。

4)77 ℉(25℃)时对较高和较低温度下的性能是不准确的(图2-21)。

5)尚无标准的黏度来确定拌和和压实温度。

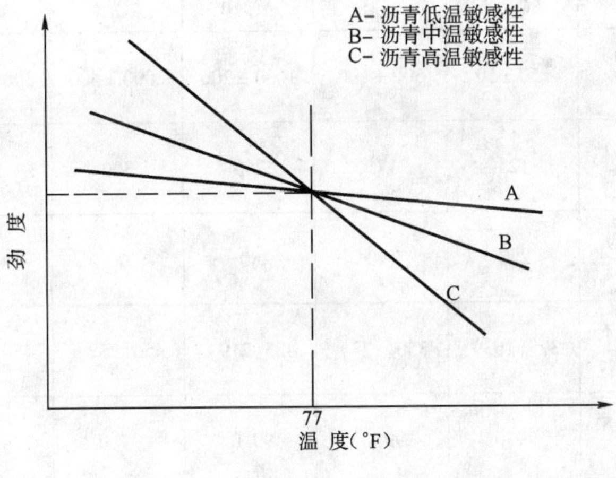

图2-21 沥青针入度分级感温性

2.4.2 黏度分级系统

根据基质沥青的黏度制订的黏度等级系统,在美国得到最为广泛的使用。表2-8为140 ℉(60℃)时的沥青黏度等级,详见ASTM D3381。ASTM 表1和表2适用于AC-2.5、AC-5、AC-10、AC-20、AC-30和AC-40。

ASTM 沥青黏度分级(D3381-83) 表 2-8a

温度为 140 ℉(60℃),沥青为基质沥青

试验	黏度分级				
	AC-2.5	AC-5	AC-10	AC-20	AC-40
黏度,140 ℉(60℃)(P)	250±50	500±100	1000±200	2000±400	4000±800
黏度,275 ℉(135℃),最小(cSt)	80	110	150	210	300
针入度,77 ℉(25℃),100g,5s,最小	200	120	70	40	20
闪点,克利夫兰开口杯法,最小[℉(℃)]	325(163)	350(177)	425(219)	450(232)	450(232)
在三氯乙烯中的溶解度,最小(%)	99.0	99.0	99.0	99.0	99.0
TFOT 后残留黏度,最大(P)	1250	2500	5000	10000	20000
TFOT 后 25℃ 延度,5cm/min,最小(cm)	100①	100	50	20	10

注:①如果延度少于 100cm,那么在 60 ℉(15.5℃)和 5cm/min 条件下,延度最小是 100cm 时材料是可接受的。

温度为 140 ℉(60℃),沥青为基质沥青 表 2-8b

试验	黏度分级					
	AC-2.5	AC-5	AC-10	AC-20	AC-30	AC-40
黏度,140 ℉(60℃)(P)	250±50	500±100	1000±200	2000±400	3000±600	4000±800
黏度,275 ℉(135℃),最小,(cSt)	125	175	250	300	350	400
针入度,77 ℉(25℃),100g,5s,最小	220	140	80	60	50	40
闪点,克利夫兰开口杯法,最小[℉(℃)]	325(163)	350(177)	425(219)	450(232)	450(232)	450(232)
在三氯乙烯中的溶解度,最小(%)	99.0	99.0	99.0	99.0	99.0	99.0
TFOT 后残留黏度,最大(P)	1250	2500	5000	10000	15000	20000
TFOT 后 25℃ 延度,5cm/min,最小(cm)	100①	100	75	50	40	25

注:①如果延度少于 100cm,那么在 60 ℉(15.5℃)和 5cm/min 条件下,延度最小是 100cm 时材料是可接受的。

温度为140 ℉(60℃),沥青为基质沥青　　表2-8c

旋转薄膜加热试验后残留试验①	黏度分级				
	AR-1000	AR-2000	AR-4000	AR-8000	AR-16000
黏度,140 ℉(60℃)(P)	1000 ±250	2000 ±500	4000 ±1000	8000 ±2000	16000 ±4000
黏度,275 ℉(135℃),最小(cSt)	140	200	275	400	550
针入度,77 ℉(25℃),100g,5s,最小	65	40	25	20	20
针入度比,77 ℉(25℃)(%),最小		40	45	50	52
25℃延度,5cm/min,最小(cm)	100②	100②	75	75	75
基质沥青闪点,克利夫兰开口杯法,最小[℉(℃)]	325(163)	350(177)	425(219)	450(232)	450(232)
基质沥青在三氯乙烯中的溶解度(%)	99.0	99.0	99.0	99.0	99.0

注:①也可以使用TFOT,但旋转薄膜加热试验是参考方法;

②如果延度少于100cm,那么在60 ℉(15.5℃)和5cm/min条件下,延度最小是100cm时材料是可接受的。

ASTM 表3适用于AR(老化渣油)黏度分级系统,详见后续章节。AASHTO的技术规范M226关于黏度等级的沥青与ASTM D3381类似,但有些细微的区别。

泊(P)是测量黏度的标准单位。P的数字越小,沥青的黏度越低。AC-2.5[140 ℉(60℃)时沥青黏度为250P]比起AC-40(相同温度下沥青的黏度为4000P)要"软"得多。AC-20等级的沥青在美国筑路中最为常用。AC-30等级的沥青是最近加到技术规范中去的,一些南方州也在使用这种材料。其他试验要求,例如,要求薄膜加热试验的渣油达到77 ℉(25℃)的针入度、275 ℉(135℃)时的黏度、140 ℉(60℃)时的延度及77 ℉(25℃)时的延度。77 ℉(25℃)时的针入度控制着接近平均使用期内温度的沥青稠度,275 ℉(135℃)时的黏度控制着接近拌和和压实温度的稠度。这些规范要求控制着沥青的温度敏感性,如图2-22所示。ASTM中表a)和表b)(表2-8中)区别在于表b)的温度敏感性较低,因为77 ℉(25℃)时规定的最小针入度值和275 ℉(135℃)时最小黏度值比表a)中的数值要高些。

黏性分级系统有下列优点:

1)黏度是材料的主要性质,而不是经验性试验,因此,与试验系统和试样尺寸是无关的。

2)适用于较大的环境范围(路面温度77~140 ℉或25~60℃)。

3)该系统是根据140 ℉(60℃)时的黏度制订的,这种温度接近于美国一般路表面的温度。在炎热的夏天,这种温度对路面性能来说是至关重要的。

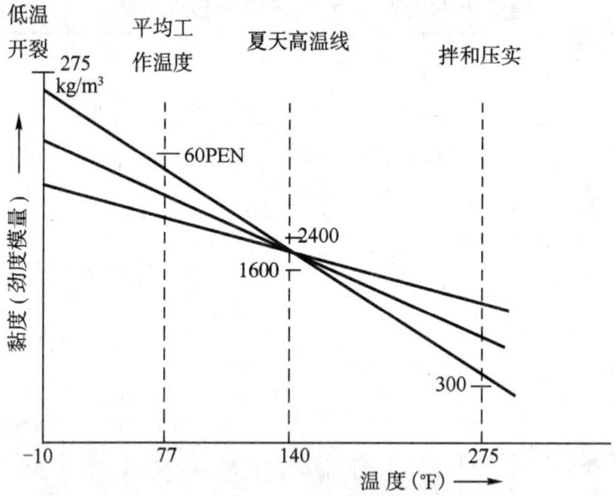

图 2-22　黏度分级沥青温度敏感性

4）在其他分级系统中有一种递减的重叠部分（图 2-23）。

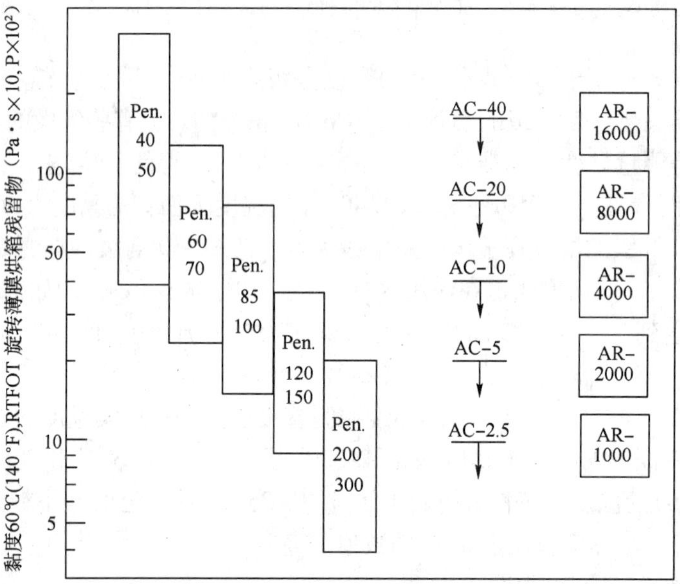

图 2-23　沥青按针入度分级与按黏度分级比较

5）试验仪器选择范围较大。

6）由于在三种温度下测量稠度，可确定沥青的温度敏感性。

7）试验标准有完善的精度范围。

黏性分级系统有下列缺点：

1)对平均或较低温度下路面性能而言,140 ℉(60℃)时分级是无意义的。

2)虽然表2-8中,表b)的技术规范要求比表a)中的要高一些,但是要保证没有低温开裂是不恰当的。

3)试验系统比针入度仪要稍微贵一点。

4)试验时间较长。

5)薄膜加热试验的渣油黏度,即便是同等级的,其黏度相差也较大。例如,两种不同来源的AC-20沥青的薄膜加热试验渣油黏度可从3500P到10000P不等。在施工前后,这些沥青可能有不同的性能。

2.4.3 老化沥青黏度分级系统

美国西部一些州采用根据旋转薄膜烘箱老化材料黏度试验制订的老化沥青(AR)黏度分级系统。表2-8中,表c)表示下列五种沥青等级的要求:AR-1000、AR-2000、AR-4000、AR-8000及AR-16000。AR-1000代表140 ℉(60℃)时老化沥青黏度为1000P。对于老化沥青而言,技术规范也要求达到77 ℉(25℃)时最小针入度和275 ℉(135℃)时的最小黏度。通过检查经过旋转薄膜加热试验之后残留针入度是否达到了规定的最低要求确定基质沥青针入度(虽然没有规定)。应注意到技术规范未对任何温度的基质沥青稠度作规定。

除了上述列出的那些黏度分级系统优点以外,老化沥青黏性分级系统还有下列优点:

1)利用HMA间歇式搅拌设备生产的HMA,其黏度分级系统说明了沥青的性能。

2)在摊铺和压实同等级别老化沥青制成的HMA时,不同来源的沥青会有较好的、一致性的性能。

以下是老化沥青黏性分级系统的不足之处:

1)区域性过强。

2)该系统需要较多的试验设备(旋转薄膜烘箱)。

3)由于先要从旋转薄膜加热试验中取得老化的沥青,因此试验的时间较长。

4)无法确定污染,因为对基质沥青没有稠度要求。

5)老化沥青与在滚筒式拌和过程中产生的硬化没有关系。

2.5 流变性质与路面性能

2.5.1 流变性质

沥青结合料影响路面性能的这种流变性质是早有定论的。由于在HMA生产过程中沥青的流变性质会变化，而且在使用寿命期间仍会有相当大的变化，因此，首先要阐述一下老化（或老化变硬）的现象。

2.5.1.1 老化硬化

沥青最初显著的硬化发生在把加热过的集料与热沥青混合的间歇式或滚筒式搅拌机里。在较短的拌和时间里，暴露于 275～325 ℉（135～163℃）温度下的沥青膜很薄，会发生大量的流变变化，比如沥青针入度的降低，混合料发生了空气氧化并失去了更多的易挥发的成分，黏度却增加了。当 HMA 经过储存，运送到铺路工地，摊铺和压实时，沥青老化一直在进行着，但是速度较慢。从 HMA 路面冷却并通车后，一直到路面达到交通限制密实度之前，在这 2～3 年的时间沥青的老化仍在持续着，不过速度依旧较慢。在这之后，老化变硬速度就更慢，需要较长时间来确认沥青的流变性质。如果 HMA 路面的间隙率比设计的要多，那么在使用寿命期间的沥青路面老化变硬就会加速，因为间隙率高，使得空气、水和光线容易进入。集料粒径周围沥青包裹得越厚，其老化变硬速度比集料周围包裹着薄沥青的老化速度要慢得越多。140 ℉条件下，延度研究所采用的六种沥青的不断变化的黏度图如图 2-24 所示[8]。

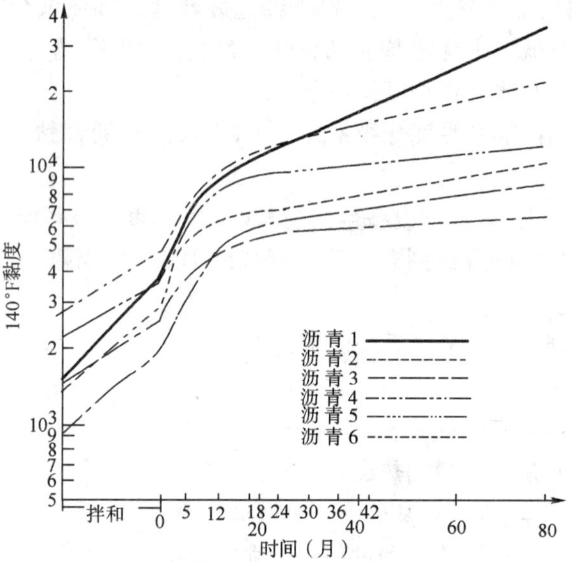

图 2-24 在 140℃时不同月份对应的黏度值

导致拌和时或在使用寿命期内沥青老化硬化的六个因素（排序不分先后）[9,10]如下：

1）氧化。

2）挥发性。

3）聚合。

4)触变。

5)脱水收缩。

6)离析。

这些因素的定义如下[9]:

1)氧化是氧气与沥青的化学反应,其速度取决于沥青和温度的特性。

2)挥发性是沥青中较轻的成分被蒸发掉,主要是温度起的作用。在路面长期老化过程中,挥发性不是一个重要的因素。

3)聚合是相似分子组成一个较大的分子,其结果是导致沥青不断硬化。没有明确证据表明,聚合是低温路面沥青老化的一种重要的因素,但文献中有这样的说法。

4)触变是由于在一定时期沥青中形成了一种新的结构所导致的硬化,可通过加热和加入材料把这种结构破坏掉。触变硬化(也称为自然老化)通常与路面交通量不多或没有交通量有关系,其硬化程度是关于沥青成分的函数。

5)脱水收缩是渗出反应,一种稀薄的油性液体渗出并流到沥青膜表面所造成的。如果清除这些油性液体,沥青就会硬化。

6) 离析指沥青的油性成分、树脂或沥青质的流失,这种现象是由于一些多孔集料吸收了这些成分而产生的。

Traxel[11]提出了另外九个因素,包括光线、水、集料的化学反应、死去的微生物及吸附在集料表面的重沥青成分的影响。

这些因素发生的速度,或者其他尚未认识到的反应发生的速度可能更为复杂,这些在文献资料中有记载。对于工程师,这些争议也许是多余的,因为每种反应都会使沥青变脆或者发生意想不到的变化,这种现象与 HMA 的延度性质较差是有关系的[10]。

许多长期的路面性能研究都涉及到定期钻芯取样和试验,用以确定沥青性质的变化和路面性能,比如 77 ℉(25℃)时的针入度、140 ℉(60℃)时的黏度和路面间隙率。研究人员认为随着时间的推移,这些特性的变化会影响路面性能,并发现这些变化是一种双曲线模型[12~14]。根据这个理论,这些物理特性的变化随时间的推移以双曲线函数方式进行,时间越长,变化就越接近限定的极限。下式表示现场沥青时效硬化关系:

$$\Delta Y = \frac{T}{a + bT} \tag{2-1}$$

$$\frac{T}{\Delta Y} = a + bT \tag{2-2}$$

式中:ΔY——随着时间 T 的推移或从起点使用寿命数值与任意重要的使用寿命数值之间的不同,试验性质的改变(如针入度和黏稠度);

T——时间；

a——常量，公式(2-2)中的截距；

b——公式(2-2)中线的斜率；

$1/b$——无穷时间下试验性质的终极变化(极限值的变化)。

老化程度可量化，用针入度(残余针入度百分比)或黏度(老化指数)表示，如下式所示：

$$残余针入度百分比 = \frac{老化沥青针入度}{原始沥青针入度} \times 100\%$$

$$老化指数 = \frac{老化沥青黏度}{原始沥青黏度}$$

人们采用残余针入度百分比和老化指数评价不同等级的或不同来源沥青的相对老化情况。

薄膜加热和旋转薄膜加热试验通常是用于模拟 HMA 在间隙式搅拌机中所产生的沥青硬化过程。在强制搅拌机拌和之后，不同来源的沥青老化也不近相同，采用薄膜加热和旋转薄膜加热试验用沥青来预测长期沥青老化或耐久性不太可靠。亟待建立一种加速沥青老化的试验室程序，它可以精密地模拟某种气候条件下路面发生的硬化过程[15]。现场观察表明，采用滚筒式 HMA 设备拌和的沥青，比采用间隙式搅拌机拌和的沥青老化速度要慢一些，这是因为拌和设备中水分蒸发了，减少了氧化。

2.5.1.2 针入度

针入度试验用于测量路用沥青的黏稠度，针入度是在已知的荷载、时间和温度条件下用标准针垂直贯入沥青试样的深度，以 1/10 mm 来表示。77 ℉(25℃)及低于此温度的[通常为60 ℉(16℃)或39 ℉(4℃)]针入度试验程序详见 ASTM D5。针入度试验是经验性试验，并且，比多数黏度试验所涉及的应力要更强，承载时间也更短。因此，必须注意应力水平或抗剪速率，或两者都要注意，才能对针入度和黏度结果进行直接的比较。77 ℉(25℃)针入度在沥青技术规范中得以广泛的应用，是因为目前没有更简便的测量 77 ℉(25℃)或更低温度下黏性的方法。沥青黏度等级技术规范也要求有 77 ℉(25℃)最小针入度值。如前所述，针入度也可用于检测沥青的温度敏感性，用针入度指数(*PI*)表示或用针入度黏度指数(*PVN*)表示。

77 ℉(25℃)针入度通常说明了接近年平均使用寿命期温度的沥青稠度，因而，对 HMA 路面的整体性能还是有些影响的，所以，建立了庞大的使用寿命期内路面老化沥青针入度的文献资料数据库[16]。人们观察到 HMA 路面的老化导致针入度持续不断地降低[17](图 2-25)。Hubbard 和 Gollomb[18]从 HMA 路面沥青硬化对裂缝形成的影响的研究中得出了下列结论：

1)当沥青[77 ℉(25℃)]针入度低于 20 时，会产生严重的裂缝。

2）当针入度为20～30之间，有些地方会产生裂缝。

3）如果混合料设计较为完善，压实较为适当，且沥青针入度在30以上，就会产生较强的抗裂性。

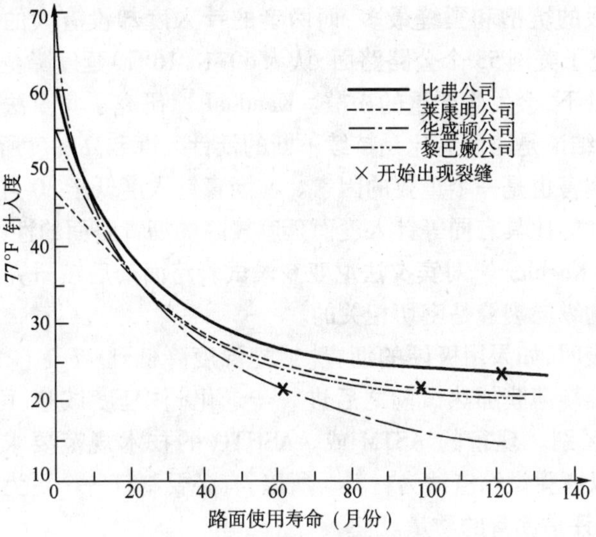

图2-25 不同月份对应的针入度

4）为确保较长的使用期限，人们应该采用尽可能软的沥青，而不会使稳定性低于通行时防止位移产生的最低要求。

多数研究[16,17]都支持上述结论。当然，其他的因素，比如沥青薄膜的厚度、沥青温度敏感性、沥青的延度、孔隙含量、路面老化、交通及气候条件也会影响到针入度与裂缝之间的关系。

2.5.1.3 延度

路用沥青的延度试验是按规定的速度和在规定的温度下把试块的两端往两边拉伸，测量从开始到断裂前的拉伸距离。ASTM D113规定了77 ℉（25℃）及77 ℉以下测量延度的程序。

由于经验性及重复性较差，延度试验作为沥青质量控制手段的争议不断，并且难以确定精确地测到了哪种性质。Kandhal[17]及Welborn等人[19]研究表明，各种沥青不考虑其来源在45 ℉（7℃）和60 ℉（16℃）时的延度与抗剪敏感性之间有良好的关系。Barth[1]认为延度是说明沥青胶质体系物理化学状态的有价值的指标。

有些研究把沥青的延度与路面性能联系起来。Doyle[20]在测量55 ℉（13℃）的延度时发现当延度低于5cm时路面出现大量的裂缝。Halstead[21]认为针入度在正常范围（30～50）以内的沥青路面是良好的，但是，如果路面的延度过低，其路面使用寿命会低于同等针入度而延度较高的沥青路面。在Zaca-Wigmorey试验路段项目报告中，Hveem 等人[22]发现大量的证据，这些证据表明使用中路面的沥青延度试验是判断路面性能的一个重要方法，且 Zaca-Wigmore 项目中不合格的沥青延度试验结果较低。Serafin[23]回顾了密西根沥青试验道路使用七年后的芯样数据资料后，认为路面中延度最低路段的坑槽和裂缝最多，而两者的针入度却没有大的差别。Vallerga 和 Halstead[24]研究了美国 53 个公路路面，认为 60 ℉(16℃)延度降至 3cm 或以下时，在寒冷的气候条件下，会发生严重的松散。Kandhal[17]研究了宾夕法尼亚州的 10 段试验路面，得出的结论是路面老化是持续不断的低针入度和高黏度所致。不过，低温延度伴随而来的病害也是一个重要的因素。在沥青针入度低于 30 且路面硬化时，低延度沥青路面的性能比具有同等针入度而延度较高的沥青路面的性能要差些。

Kandhal 和 Koehler[15]对宾夕法尼亚 6 段试验路面的后续研究表明，低延度值与荷载产生较多的纵向裂缝是密切相关的。

以上论述表明，如果用极硬的沥青[或把温度降低到 77 ℉(25℃)和/或经过薄膜加热试验或旋转薄膜加热试验之后进一步老化]作延度试验，可以更有效地分辨出不同沥青的区别。现行的 ASTM 或 AASHTO 的技术规范要求延度试验温度为 77 ℉(25℃)，以薄膜烘箱渣油为材料。所以，有必要制订一个更为基本的试验(比如抗剪敏感性)来评估沥青的质量。

2.5.1.4 黏度

在给定温度和剪切率下，黏度本质上是抗剪应力与抗剪应变之比。高温时，比如 275 ℉(135℃)，剪切应力与剪切应变之比是恒定的，沥青性能就如牛顿液体。低温时，剪切应力与剪切应变之比不是恒定的，沥青的性能就像非牛顿流体。黏度，不像针入度和延度这些经验型试验，它是一种基本的、以绝对单位表示的检测稠度的方式，通常不会受到试验配置或试样几何形状[25]的影响。标准的 ASTM 试验方法采用毛细管流变仪进行常规试验，确定 140 ℉(60℃)(ASTM D2171)和 275 ℉(135℃)(ASTM D2170)沥青的黏度。利用大型真空毛细管流变仪进行 77 ℉沥青黏度[26]试验这一方法有待进一步完善。ASTM D3205 规定采用锥板黏度仪测量黏度为 10^3 ~ 10^{10}P 的路面，因此，如果路面处于这个黏度范围以内，该仪器是适用的。剪切率会在 10^3 ~ 10^2sec′之间变动，这种方法适用于牛顿或非牛顿沥青。目前，这种方法不常用。

在炎热的夏天路面表层温度接近 140 ℉(60℃)，此时的沥青对 HMA 路面性能有一定的影响。在其他因素确定的情况下，140 ℉(60℃)低黏度可以引起路面泛油或造成车辙。对沥青含量相对较高的混合料而言，这点尤其正确。因此，必须适当地选择黏度等级和有利的气候条件。比如，与 AC-20 相比较的话，在美国南部使用 AC-10 最可能导致 HMA 路面泛油或车辙。另一方面，美国北部气温较低[比如 -20 ℉(-29℃)]，黏度(硬度)特别高，会导致与荷载无关的横向收缩裂缝。

人们早已观察到 HMA 路面的老化使黏度随着时间的推移而不断地增大，如图

2-24所示。不过,老化沥青黏度不是单独地、必然地控制着路面的性能。人们发现依据 77 ℉(25℃)黏度制定的老化指标,用于表示比较宾夕法尼亚试验路段的老化和路面性能时是较有针对性的。当老化指标超过 12 时[8],试验路面出现松散现象。

2.5.1.5 温度敏感性

沥青是一种热塑性材料,其稠度随着温度的变化而变化。温度敏感性是沥青随着温度的变化而变化的一种速率,是沥青的一个非常重要的性质。但沥青极易受到温度的影响,这也会产生许多不良后果,因为①275 ℉(135℃)黏度极低,导致压实过程中不时出现不稳定混合料;②最低温度时硬度通常是极高的,导致低温收缩开裂。目前有三个不同的方法可以确定沥青的温度敏感性。

1. 针入度指数(*PI*)

“针入度指数”这一概念是由 Pfeiffer 和 Van Doormaal 提出的,它可以量化温度敏感性。针入度指数在综合了沥青软化点(环球法)、77 ℉(25℃)针入度以及软化点的沥青针入度为 800 的假设的基础上确定的。因此,命名为 *PI*(针入度/环球法)。一些研究人员发现,大量软化点沥青的针入度与 800 相差很大,尤其是对含蜡沥青、软化点较高沥青及针入度指数较高的沥青而言。因此,在测量除 77 ℉(25℃)以外的其他温度的针入度时要慎重,不能依靠这种假定。测量两种温度的针入度可以得出针入度指数。通常根据呈线性关系的试验温度(摄氏度)来绘制针入度对数。这条直线的斜率计算见下式:

$$A = \frac{\lg Pen_1 - \lg Pen_2}{T_1 - T_2} \tag{2-3}$$

之后,再利用以下经验公式计算针入度指数,简称为 *PI*(*pen/pen*):

$$PI = \frac{20 - 500A}{1 + 50A} \tag{2-4}$$

例题 2-2 77 ℉(25℃)时沥青针入度为 120,40 ℉(4.4℃)时针入度为 10。针入度指数是多少?

解

$$A = \frac{\lg Pen_1 - \lg Pen_2}{T_1 - T_2} = \frac{\lg 120 - \lg 10}{25 - 4.4} = 0.052$$

$$PI = \frac{20 - 500A}{1 + 50A} = \frac{20 - 500 \times 0.052}{1 + 50 \times 0.052} = -1.67$$

注:公式中采用的温度是摄氏温度。

沥青 *PI* 值越低,温度敏感性越高。多数路用沥青的针入度都在 -1 ~ +1 之间。指数低于 -2 的沥青,其温度敏感性较强,通常表现为低温的易脆性,在寒冷气候里极易产生横向裂缝。

2. 针入度—黏度指数(*PVN*)

Mc Leod 提出用 *PVN* 确定沥青的温度敏感性[28]。这个指数是基于技术规范对路用沥青的要求,即 77 ℉(25℃)针入度、275 ℉(135℃)或 140 ℉(60℃)黏度,因此,有了数据就可以计算 *PVN*。采用下式计算 *PVN*:

$$PVN = \frac{L - X}{L - M}(-1.5) \tag{2-5}$$

式中:X——275 ℉(135℃)时黏度的对数;

L——*PVN* 为 0.0,275 ℉(135℃)时的黏度对数;

M——*PVN* 为 -1.5,275 ℉(135℃)时的黏度对数。

L 和 M 的黏度值可从 McLeod 绘制的"代表性的"77 ℉(25℃)针入度与 275 ℉(135℃)沥青黏度成反比的图中(图 2-26)找到。图中有两条,指定的 *PVN* 数值为 -1.5 ~ 0.0。但也可利用下式(根据最小二乘线)计算更为准确的 L 和 M 数值。

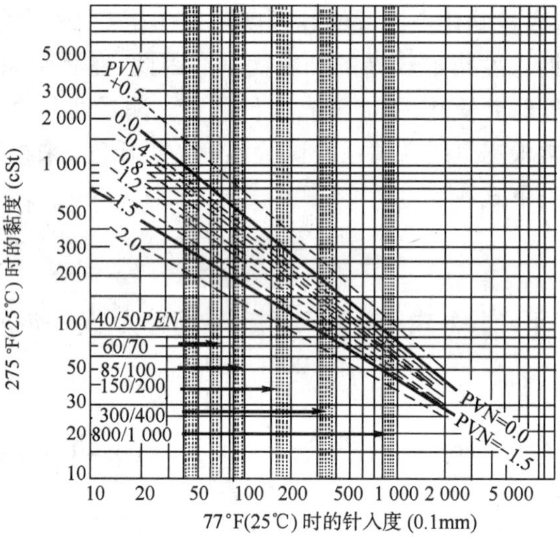

图 2-26 确定沥青 *PVN* 值的近似数值图

代表 0.0*PVN* 线的如下式所示:

$$\lg V = 4.25800 - 0.79670 \lg P \tag{2-6}$$

代表 -1.5 *PVN* 线的如下式所示:

$$\lg V = 3.46289 - 0.61094 \lg P \tag{2-7}$$

例题 2-3 某种沥青在 77 ℉(25℃)时的针入度为 100,275 ℉(135℃)时的黏度为 400cSt。*PVN* 是多少?利用迈克劳德图解题(图 2-26)。

解

$$PVN = \frac{L - X}{L - M}(-1.5)$$

$$X = \lg 400 = 2.602$$

$$L = \lg 450 = 2.653 \text{(摘自 Mcleod 绘制图表)}$$

$$M = \lg 180 = 2.255 \text{(摘自 Mcleod 绘制图表)}$$

$$PVN = \frac{2.653 - 2.602}{2.653 - 2.255} \times (-1.5) = -0.19$$

沥青 *PVN* 值越小,其温度敏感性就越高。大多数路用沥青的 *PVN* 在 +0.5 ~ +2.0之间。

虽然 *PVN* 可从技术规范规定的试验中得以确定,但是有些沥青技术人员认为,在较高温度范围内(77 ℉ ~275 ℉)取得的温度敏感性无法推断出低于 77 ℉温度的应用情况。*PI* 与 *PVN* 之间一个明显的区别在于 *PI* 随着时间(在拌和中及随后的使用中)而变化,而 *PVN* 大体上保持不变[29]。

3. 黏度—温度敏感性

单位为 cSt 的黏度双对数与以 K 为单位的绝对温度的对数(经验型的沃尔森公式)成对数关系。通常绘制的结果是直线,线的斜率与 *VTS* 相等,因而黏度—温度敏感性(*VTS*)的计算详见下式:

$$VTS = \frac{\lg\lg V_2 - \lg\lg V_1}{\lg T_1 - \lg T_2} \tag{2-8}$$

VTS 数值大,说明温度的敏感性强。一般而言,低于 140 ℉(60℃)温度的线会偏离已有的斜率,处在 140 ℉(60℃)和更高的温度之间。这是因为与剪切有关的黏度所处的温度低于 140 ℉(60℃)。不同沥青的 *VTS* 数值差别不大。在美国[30]对 52 种沥青进行取样调查,*VTS* 值为 3.36 ~3.98 不等。科技文献中很难找到 *VTS* 的应用。

2.5.1.6 剪切敏感性

高温时,大多数沥青是黏滞的流体(牛顿流体),其中剪切应变与应力是成正比的,即黏度与剪切率无关。但是,低温下或老化之后,大多数沥青为非牛顿流体或黏弹性流体,即其黏度与剪切率是有关的,且剪切率变化越快,黏度越大。黏度变化速率与剪切率的关系被视为沥青内在的剪切敏感性。剪切敏感性(或称剪切指数)是对数剪切率(x 轴)与对数黏度(y 轴)坐标图中角度的角切线,可通过不同的剪切速率试验来确定黏度。沥青的剪切敏感性数值在老化过程中会以不同的速度变大,这要由其化学成分而定[31]。

仅从剪切敏感性或仅从老化沥青的黏度不可能从根本上说明路面的性能。剪切敏感性速度加快是与 77 ℉(25℃)黏度增加相关的,这应该是影响路面性能的主要因素之一。剪切敏感性相对较低而黏度却相对增加,这是路面性能良好的一个表现。

2.5.1.7 劲度

劲度(或为劲度模量)表示应力与应变之间的关系,与加载时间和温度成函数关系。应力、应变和时间之间的关系也可理解为沥青或混合料的流变性能。在HMA的众多应用中,必须了解材料劲度,不仅要评价混合料本身的性能,而且要评价以混合料为组成部分的工程结构的性能,比如公路或机场路面[10]。理论上,对于公路路面表层而言,在高温地区不断提高沥青的劲度[温度接近140 ℉(60℃)],可以预防车辙的产生,在低温地区不断减少沥青的劲度,可以抵抗低温收缩开裂。高温下,可通过选择集料的成分和混合料设计方式提高抗车辙的能力,因为沥青的劲度不是最主要的影响因素。但是,沥青的劲度是低温地区路面开裂的主要原因。

图2-27是一张简化图,表明一定温度下加载时间与HMA劲度是相关的。加载时间较短时,可以看到劲度基本上与时间无关,这种情况下,劲度接近弹性模量。如果加载时间适中,则劲度减小,而加载时间变长。若是加载时间很长,劲度仍会减少,且以一种均匀的速度减少,则材料性质基本上是黏性的。这些情况中的劲度表明了试验混合料流动特性的范围。图2-27中,黏滞变形的特点表现为黏度牵引,说明轴应力下的性能;从图2-27中还可以看到,这种黏度牵引约为黏度的三倍,是剪切应力[10]形成流动的测量方法。

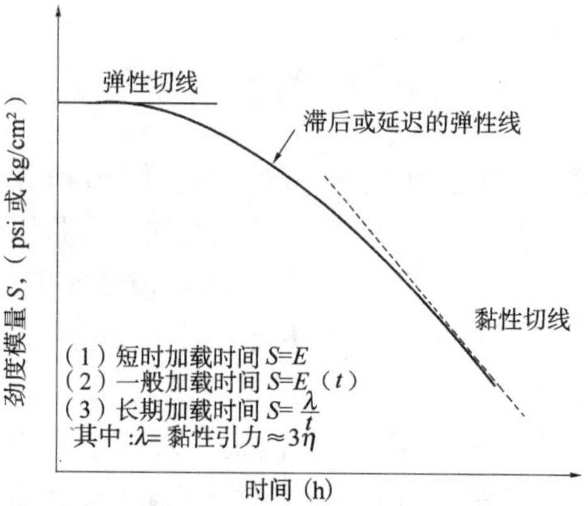

图2-27 在轴向拉力作用下沥青材料依赖其黏结性质的固结情况随时间变化的理想曲线图

对HMA路面层中由荷载造成的应力的三维系统的反应是相当复杂的。如果这种反应还要受加载的时间、速度和温度的影响,那么其特性的界定就更加困难了[10]。

1954年,Van der Poet提出集中考虑单一的应力和其所导致的应变,因为多数情况下这样做是适当和合理的[32]。他提出了单一的参数,定义为劲度(S),详见下式:

$$S(t,T)=\frac{\sigma}{\varepsilon} \tag{2-9}$$

式中:S——劲度,单位为psi或kg/cm^2;

σ——轴应力;

ε——轴应变；

t——加载时间；

T——温度。

如果在加载时间很短或温度较低的情况下，一般认为 HMA 成弹性状，劲度 S 相当于弹性模量 E(图 2-27)。若是加载时间较长且温度较高的话，劲度就表现为一种简单的关系，即施加的应力与随后产生的应变之间的关系。反之，如果劲度与假定的时间和温度相关的话，而且已知应力或应变，就可对沥青混合料[10]中产生的应变或应力作出判断。

利用以下两种方法可以确定沥青的劲度：

1) 间接方法　这些试验方法是对劲度的评估，而不是一些直接的试验室的试验方法。利用常规的沥青试验数据和诺模图评估劲度。

2) 直接方法　通过直接试验测量沥青的劲度，比如，蠕变、松弛，或通过拉伸或压缩进行匀速应变试验，也可利用动力或弯曲试验方法。

有关这两种方法的讨论如下。

1. 间接方法

Van der Poel 利用充分压实(空隙率约为 3% ~5%)的密级配 HMA 混合料做了大量的蠕变和动力试验。其试验证明混合料劲度取决于混合料中沥青的劲度和集料体积分数 C_v(图 2-28)。

$$C_v = \frac{\text{压实集料体积}}{\text{集料体积} + \text{沥青体积}} = \frac{100 - \text{矿物集料间隙率}}{100 - \text{空隙率}}$$

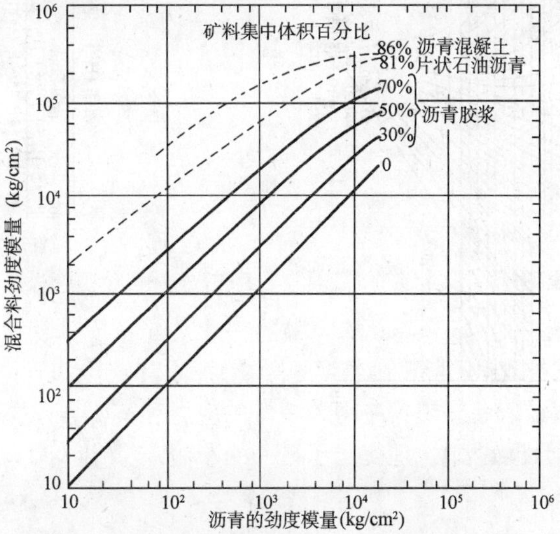

图 2-28　沥青劲度模量和混合料劲度模量的关系

根据试验结果，他绘制了诺模图(图 2-29 所示)，如果已知沥青的软化点(R&B)

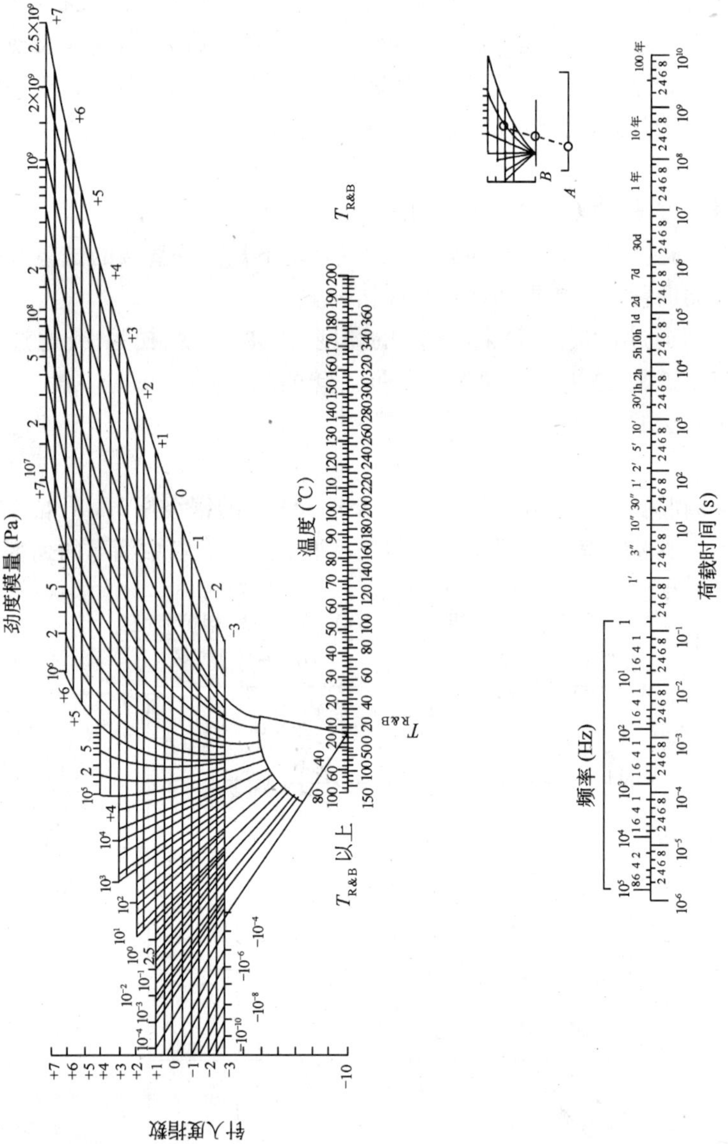

图 2-29 确定沥青劲度的诺模图 [32]

和针入度指数(*pen*/R&B),利用诺模图就可求得任意温度和任意荷载速率下的沥青劲度。这个二元因式的“准确度”已经公开报道,一些研究人员也证实了这点。一旦沥青的劲度可由诺模图求得,那么,就可以利用图 2-28 中集料的体积分数测定 HMA 的劲度。

Heukelom 和 Klomp[33] 认真研究了 Van. der. Poel 的方法,改善了沥青劲度(S_{bit})和混合料劲度(S_{mix})之间的数值关系,如图 2-30 所示。之后,Henkelom[34] 建议测量三种温度的针入度,通过把数据点汇到沥青试验数据图中(BTDC),确定了“修正”的 *PI*,并给出了 *PI*(pen/pen)和“修正”环球软化点的定义。“修正”软化点是延长针入度直线而得到的交汇点,在沥青试验数据图(BTDC)中为纵坐标大小等于 12000 泊时的点。Van. der. Poel 的诺模图采用这些“修正的”软化点是绝对必要的,因为当没有修正的软化点用于含蜡沥青时有可能出现错误的结果。

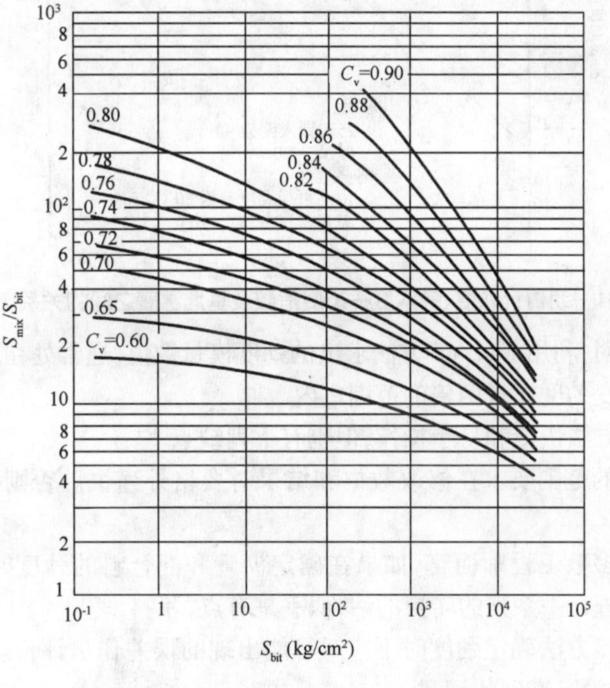

图 2-30　S_{mix}/S_{bit} 为 S_{bit} 和 C_v 的函数[33]

McLeod[28] 则更进一步地完善了确定沥青劲度的 Heukelom 方法。主要区别在 McLeod 采用针入度—黏度指数(*PVN*)取代了 Heukelom 的针入度指数 *PI*(*pen*/*pen*),利用图 2-31 和图 2-32 确定沥青劲度[28],且 McLeod 的方法要求测量沥青 77 ℉(25℃)针入度和 275 ℉(135℃)黏度。

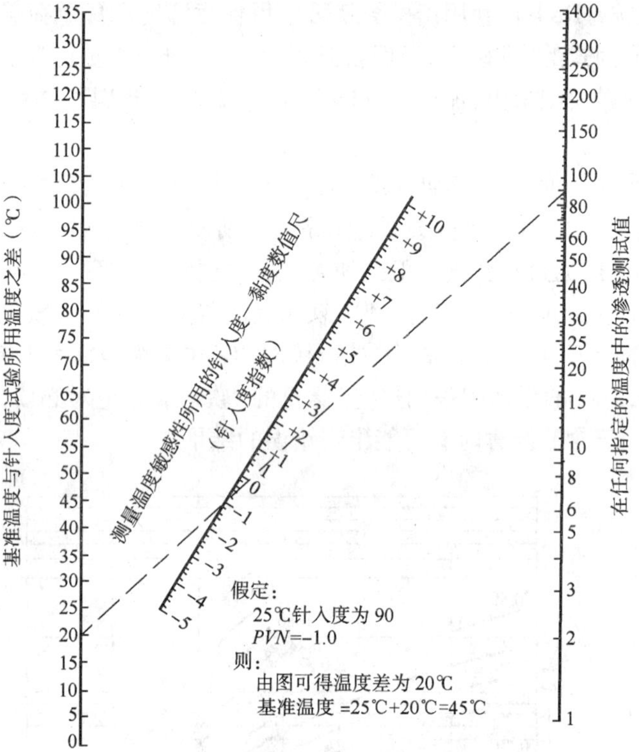

图 2-31　沥青针入度、针入度—黏度指数及基准温度之间的关系诺模图[28]

有文献表明，利用 McLeod 方法求出的劲度模量数值，通常处在利用直接方法[29]得出的径向蠕变劲度模量两倍的范围之内。

虽然间接方法快捷和易于操作，但也有下列缺点[35]：

1）诺模图的范围要求在修改数据和结果时要格外谨慎。否则会“失之毫厘，谬以千里”。

2）对于大多数工程师而言，如果在确定沥青和混合料的劲度时，从沥青的常规试验数据开始进行一系列的转换的话，似乎是有点“不科学”。

3）利用间接方法确定劲度时不应对可能出现的误差作出评价。但是，即使是直接方法，目前也没有准确的记载。

尽管间接方法有上述的缺陷，如果直接试验方法不可行，也可采用间接方法对劲度模量进行评估。

2. 直接方法

高温下，可把黏度作为测量沥青劲度的方法。140 ℉（60℃）以上的温度时，适于采用毛细管黏度仪，该温度范围内沥青为牛顿体。但低温时，黏度作为温度和剪切应力或速率的函数,黏度仪必须可以量化黏度。于是,人们开发了大量的装置来测量与剪切有关的黏度[25]。

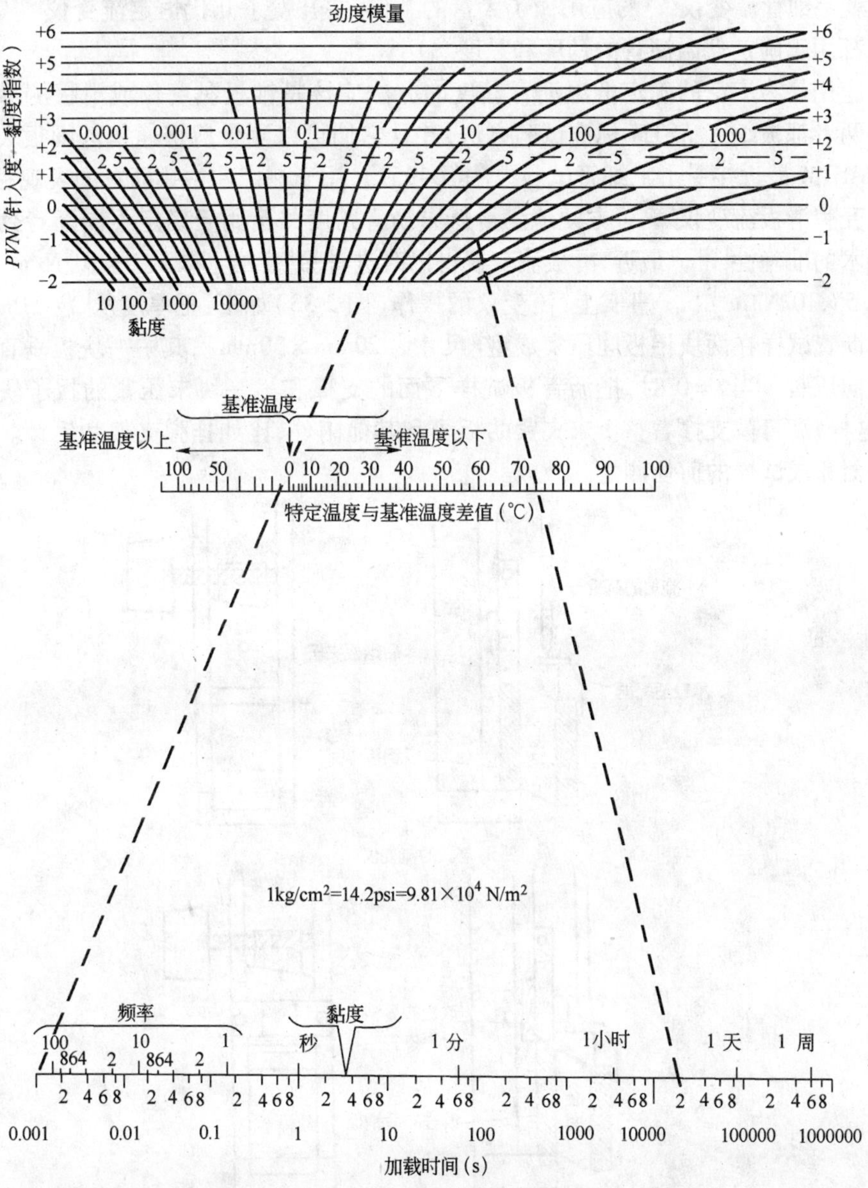

图2-32 确定沥青劲度模量的诺模图[28]

1974 年,Schweger[36]对许多研究沥青黏弹性的试验黏度仪做了形象的描述和总结,包括:①旋转型的、共轴圆柱的或锥板黏度仪;②流变仪,一种特制的毛细管类型仪器,采用活塞驱动试管里的沥青;③其他类型的仪器,如滑板测微黏度仪。Schweger 等人就毛细管流变仪[37]的应用做了大量的工作,并开发了几代恒定流变仪[38],这些仪器都用于确定低温沥青的劲度和黏度。

应用最为广泛的确定低温沥青黏度的方法应该是锥板黏度仪或滑板测微黏度仪。两者都被编入 ASTM 标准试验方法,并且它们可以测量剪切速率范围很大的黏度。ASTM 最近接受了毛细管试验方法(D4957),用于测定非牛顿沥青的表观黏度。

壳牌滑板流变仪[39]可方便地测量低温沥青劲度并已用于确定不同沥青劲度预测技术的准确性[40]。最近,滑板流变仪得以改进,把劲度的上限从 $1\times10^8 N/m^2$ 扩大到 $1.5\times10^9 N/m^2$[41]。事实上,流变仪的操作(图 2-33)如下:把厚度从 2~10mm 不等的沥青试样在两块铝板间压实成型(尺寸为 20mm×30mm),其中一块板垂直向框架方向压紧。当 $t=0$ 时,把沥青板试样下面的支撑和另一块未压紧的板子快速移开,这样,沥青就支撑着整个未夹紧的板子和其他附件,比如挂弹支架和钢针。位移转换器完成试样的剪切测量。

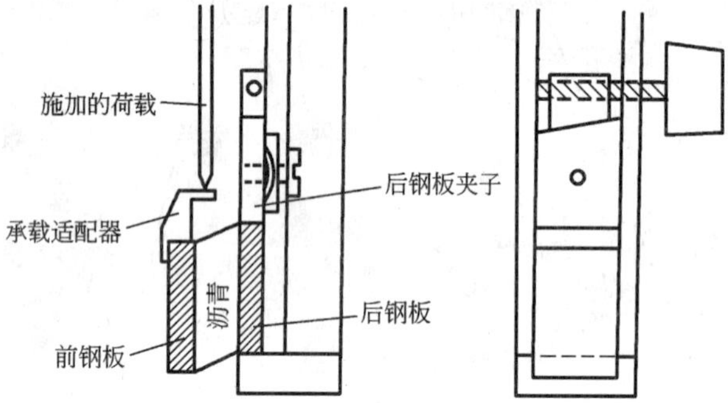

a) 老式的流变仪

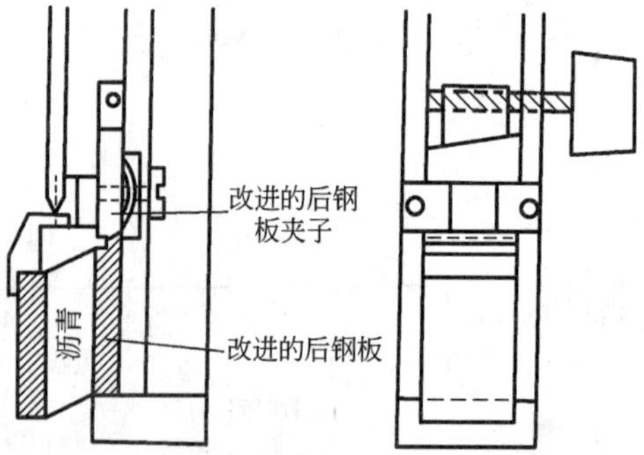

b) 改进的流变仪

图 2-33 老式的和改进的流变仪图[41]

流变力学频谱仪(RMS),原为聚合物研究而设计的仪器,也已用于准确地测量沥青的低温动态黏弹性[42]。利用流变力学频谱仪在极低温度(-94℃)下的工作能力,用扭矩测量若干个频率的动态剪切模量。不过,流变力学频谱仪价格昂贵,劲度模量测量也要在极短的荷载作用时间内完成。

也可利用扭力流变仪(摘自凯利·美德)确定温度范围较为广泛的沥青的动态黏弹性性质。

2.5.2 Superpave 沥青流变性质与路面性能

2.5.2.1 流变性质

一些特殊种类的HMA路面缺陷(影响路面性能)是与沥青的流变性质相关的。有关这些缺陷的类型详见下文。

2.5.2.2 松散

HMA路面表层的松散通常是由以下一个或几个因素造成的:①沥青含量较低(贫混合料);②细碎石数量不够,无法固定粗集料颗粒;③压实不够(空隙率较高);④严重的老化的(氧化/易脆的)沥青结合料。本节中只讨论最后一个因素。前面论述过路面沥青的老化问题会导致针入度降低或黏度变大。这会使沥青的易脆性不断加重,因此,会引起松散。HMA路面空隙率较高在筑路时会加速老化,其结果为过早地松散[43]。空隙率和松散程度之间的关系如图2-34所示。在同等条件下,如果

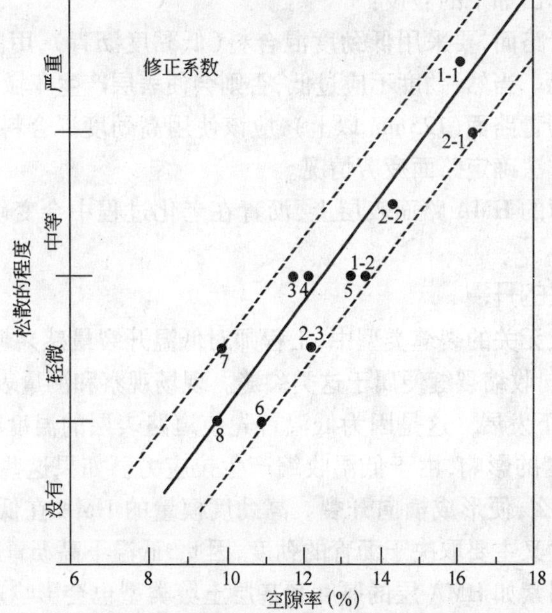

图2-34 空隙率与松散程度的关系[43]

有些沥青比其他一些来源的沥青老化和硬化的快一些，那么就会引发过早的松散。增加沥青膜的厚度可以极大地减少老化的速度和抑制高空隙率的影响。

2.5.2.3 开裂

多年以来，工程师们把裂缝分为两大类：与荷载相关的裂缝和与荷载无关的裂缝。多数路面裂缝可依照其几何形状来区分，比如纵向的、横向的、多边形的（包括龟裂和地图形裂纹）及块状，但由于机械原因也可以造成开裂，如滑动、收缩和反射[44]。

1. 与荷载相关的开裂

与荷载相关的裂缝主要分为疲劳开裂（龟裂）引起的裂缝和重复的或流动的应力产生的裂缝，这些重复的或流动的应力具有小于材料抗拉强度的最大应力值。

影响疲劳裂缝形成的因素有：①结构成分；②沥青稠度；③沥青含量；④集料孔隙率和集料特性，未加工集料或加工过的水泥材料的原有性质以及地基土性质；⑥温度；⑦交通[44]。但本节中只阐述沥青的性质。

针对HMA混合料的疲劳试验已进行了许多的研究。但是，实验室试验的结果受到试验形式（恒定应力或应变）以及失败的标准的影响。一般，恒定应力试验与沥青不断增加的疲劳相关或与HMA劲度加大的混合料性质相关。例如，在同等条件下，较低针入度的沥青或较高黏度的沥青通常会生产较高的劲度模量和更大的疲劳循环次数。对于恒定应变试验而言，劲度模量的作用是相反的：即沥青中较高的针入度或较低的黏度会加重路面疲劳程度。根据大量的试验结果，可对路面厚度、劲度模量以及疲劳性能作出如下的假设：

a. 对于薄沥青路面，要采用低劲度混合料（低黏度沥青），用恒定应变试验方式评估路面疲劳情况。当然，劲度不应过低，否则会使表层产生车辙。

b. 对于厚的沥青路面（125mm以上），应该使用高劲度混合料（高黏度沥青），利用恒定应力试验方法确定路面疲劳情况。

这意味着在薄的HMA路面表层上，沥青在老化过程中会变硬，疲劳寿命（形成疲劳开裂）较差。

2. 与荷载无关的开裂

在许多与荷载无关的裂缝类型中，工程师对低温开裂最感兴趣，也最为关心[45]。HMA路面层的横向收缩裂缝便属于这类裂缝。现场观察和测量表明，裂缝是从表层开始的，并逐渐向下发展。这是因为低温首先使道路表层的温度降低，HMA路面易受到较快冷却速度的影响，由于低温收缩产生拉应力。如果这些应力超过HMA路面层断裂强度，那么，便形成横向开裂。高劲度模量的HMA在低温下极易开裂，而低温混合料的劲度又主要取决于沥青的劲度，因此，低温下高沥青劲度是这类裂缝的主要原因。其他因素如HMA层的厚度和基层土壤类型也会影响这类裂缝产生的频率和程度。

根据现场观察进行的实验室研究表明，常用 77 ℉(25℃)针入度表示稠度，以及温度敏感性(*PI* 或 *PVN*)是影响沥青温度开裂的主要性质。建议把越来越高的沥青针入度作为一种最为直接的，且设计人员可控制的把开裂减少最低程度的变量。不过，必须注意避开对温度敏感性极大的沥青(即无论其初始针入度如何，沥青在低温下会变得十分坚硬)。AASHTO 关于沥青黏度等级技术规范 M226 中的表 2 在较低温度下通常会比表 1 提供的沥青劲度要低。但是，表 2 不适于美国北部多数州和加拿大地区使用。所以有必要制订更为严格的技术规范控制沥青温度敏感性以减少或消除低温开裂。

许多研究要求限制沥青的劲度数值(40、46、47)或根据现场试验为 HMA 制订一个专门的温度范围。1977 年宾夕法尼亚州交通厅修改了 AASHTO 沥青黏度等级中表 2 的内容，其中极限劲度模量为 275kg/cm² (3900P)，最低路面温度为 -10 ℉(-23℃)，加载时间为 20000s[47]，极限劲度模量是根据六条试验路段路面性能确立的。图 2-35 说明了两车道试验路面，一条车道在第一年的冬季形成了大量的横向裂缝，而另一条没有裂缝。利用极限劲度模量为 275kg/cm² 和 McLecd 的诺模图方法[28]，确定了各种针入度数值的最小容许 *PVN*。然后再确定相关的针入度和 *PVN* 值的最小运动黏度。通过针对每个针入度值规定最小运动黏度，可以保证 *PVN* 不低于允许的数值。

详见表 2-9 所列的数值：

宾夕法尼亚州对 AASHTO 中沥青黏度等级的修改 表 2-9

25℃针入度	允许的最小 *PVN*	规定的 135℃时的最小黏度(cSt)
60	-0.80	390
65	-0.95	330
70	-1.10	290
75	-1.25	250

图 2-35 两车道的试验路面中，前面车道产生横向裂缝，而后面车道上没有裂缝[47]

根据表2-9,如果针入度数值加大的话,从表中得知可采用温度敏感性较高的沥青。若是针入度较高,温度黏度线在77 ℉(25℃)时变得相对较低,因此,尽管这些线的斜率(温度敏感性较高)较大,沥青不会超过 -10 ℉(-23℃)极限劲度模量。

文献[49]最为全面地记载了关于加拿大圣安娜试验路段的数据。许多的研究者都根据该项目数据建立沥青低温临界劲度。圣安娜试验路在加载时间为0.5h沥青结合料劲度为 $1\times10^9N/m^2$(即劲度为 $6\times10^8N/m^2$,加载时间2h;$5\times10^8N/m^2$,加载时间10000s)时开裂。Readshaw根据在很大程度上由St. Anne试验路数据达到的极值——在2.0h加载时间沥青临界劲度为 $2\times10^8N/m^2$,建立了英国哥伦比亚沥青规范。Fromm与Pang建议将10000s加载时间下的劲度 $1.4\times10^8N/m^2$ 作为沥青的临界劲度。

Gaw[40]建议应根据图2-36中选出的具体的诺模图开裂温度作为制订低温沥青技术规范的基础,其路面性能与预测的最低大气温度或路面表层温度相适宜。沥青技术规范极限采用77 ℉(25℃)和41 ℉(5℃)沥青针入度的对数图中的单一直线来表示,这与图2-36相似。

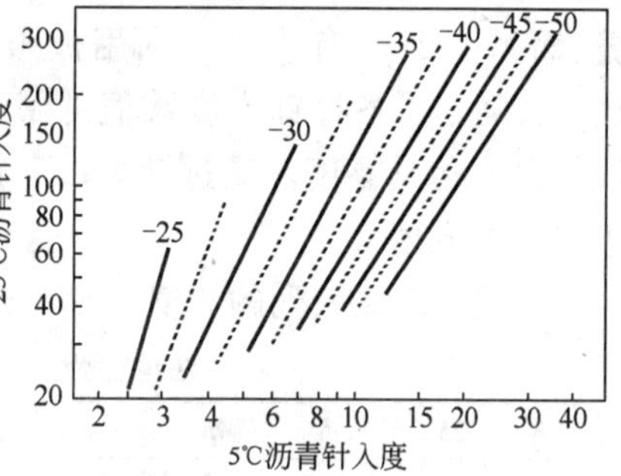

图2-36 根据沥青针入度预测开裂温度(℃)的诺模图[40]

在技术规范线上或右侧的沥青被认为是可接受的。老化的和非老化的沥青针入度都会受到类似诺模图开裂温度的影响,任何一种情况都可用来建立技术规范的极限范围。这种方法要求在一个附加的温度(5℃)条件下测量针入度。

2.5.2.4 车辙

车辙是由沥青路面层或底基层中的材料,在重复荷载作用下不断运动所造成的。材料固结或塑性流动产生车辙。

固结是施工之后交通对HMA路面的进一步压实。当压实度不足(有10%或12%以上的空隙率,而混合料设计为3%~5%),渠化交通在车轮区域上反复碾压,完成了路面固结,使其达到设计的空隙率(通常为3%~5%)。如果厚的沥青层有交通固结就会产生大量的车辙。

车轮区域的HMA横向塑性流动(永久变形)也会造成车辙。过量使用沥青是产生这种现象的主要原因。混合料中有过多的沥青会导致集料颗粒之间的内部摩擦丧失,就变成由沥青来承载重量而不是集料颗粒。利用较大颗粒集料、有棱角的和纹理粗糙的粗细集料及施工期间按要求进行压实,可使塑性流动最大限度地减少。

如果采用级配良好、有棱角的和粗糙的集料,沥青的稠度(针入度或黏度)在HMA混合料的抗车辙方面作用不大。如果采用硬质沥青(黏度高或针入度低的)可以在一定程度上提高抗车辙的能力。美国南部的一些州已开始使用较高黏度的AC-30沥青来代替AC-20,这样可提高混合料抗车辙的能力。但是,硬质沥青在冬季寒冷的地区较易开裂,在表层使用更是如此。有些矿料填充料(或滤袋里的细料)也可提高140 ℉(60℃)沥青表观黏度[51],进而,使混合料抗车辙的能力提高。不过,也要避免过量使用细料。

2.5.2.5 剥离

剥离可以定义为HMA路面或混合料中的集料表面与沥青之间有水分存在时,其胶黏结合变弱或最终内聚性丧失的性质。混合料的强度来自结合料的抗黏性和集料的颗粒嵌锁及抗摩擦力。如果结合料和集料之间[52]黏结良好,才会有完好的抗黏性。如果结合不好,在结合料和集料连接处会产生衰竭,导致混合料和HMA路面的永久损坏。

有五种不同的机械力可以造成集料表面沥青的剥离,包括分离、位移、自然乳化、孔隙压力和水的冲刷[53]。剥离现象在本书的后续章节再作详论。

由于剥离取决于多种变量,因此它是一个复杂的问题,包括混合料的类型及应用、沥青特点、集料特点、环境、交通、施工惯例、抗剥离剂的使用等;但是,水分的存在是所有剥离的主要因素[53~55]。

沥青接触面上的沥青和集料的化学性质在剥离现象中起着重要和主要的作用。本节讨论的是沥青特性的影响,尤其是物理特性,虽然这不是最主要的作用。路用混合料中的沥青特性与有剥离趋向的混合料之间最常涉及的关系是与使用寿命期内沥青结合料的黏度相关的。黏度较高的结合料通常比黏度低的可以更好地抵御由水造成的位移。然而,高黏度沥青无法在众多地区使用,因为在寒冷地区会产生低温开裂,并且潜在减少表层疲劳寿命的可能性。所以有必要去理解集料—沥青胶黏的基本原则才可以通过其他方式减少这个问题,而不通过提高沥青的黏度,但这种方式不适用于所有的情况,否则会造成其他的路面性能问题。

2.6 Superpave 沥青结合料试验与技术规范

现行的沥青物理试验与技术规范有许多的局限性,详见下文。

1)针入度和延度试验都是经验型的试验,与HMA性能没有直接的关系。如前所述,经验型的试验和HMA性能之间的任何关系又都必须来自于经验。

2)试验是在一个标准的温度下进行的,比如77 ℉(25℃)针入度和140 ℉

(60℃)黏度,而不必考虑项目工地或地理区域的不同气候条件。

3)未考虑项目工地较为普遍的路面温度的整体范围。例如,对低温沥青劲度没有试验方法或技术规范要求来控制热裂缝。

4)通过进行薄膜加热或旋转薄膜加热试验,现行的试验方法和技术规范考虑到了 HMA 的生产和施工期间沥青短期的老化问题,但道路使用寿命中沥青长期的老化未考虑。如前所述,沥青在道路使用寿命中持续不断地硬化,会影响到 HMA 的性能,并使其出现疲劳和低温开裂。

5)在相同等级的系统中,不论是针入度等级系统还是黏度等级系统沥青的温度和性能特征是不同的。

6)现行的试验和技术规范是基于经验为沥青制订的,对于改性沥青结合料却不适用,而改性沥青结合料的应用又逐渐盛行起来。详见第七章的沥青添加剂和改性剂。

由于认识到现行系统的局限性,相关工作人员自 1987 年开始执行一个 5 年的战略公路研究计划(SHRP),这是一个价值 5 千万美元的研究工作,旨在开发路面性能的试验并为沥青结合料及 HMA 混合料制订技术规范。Superpave(超级性能的沥青路面)结合料试验和技术规范具有下列显著特点:

1)试验和技术规范是专为沥青"结合料"制订的,包括改性沥青和未改性的沥青。

2)规定的标准保持不变,但是,考虑到普遍性气候条件下选定的结合料等级必须满足规范对温度的要求。

3)Superpave 结合料试验测出的物理性质,与按工程标准进行的现场操作直接相关。

4)Superpave 结合料技术规范要求沥青结合料要进行三个关键阶段的模拟之后才能进行试验:①第一阶段是在沥青结合料与集料拌和之前,基质沥青的运输、储存和加工;②第二阶段是 HMA 生产和施工(短期老化)之后,老化的沥青结合料的情况;③第三阶段是经过了长期硬化的沥青结合料情况。

5)把项目工地上路面所承受的全部温度范围都考虑了进去。

6)制订试验和技术规范的目的在于消除或控制 HMA 路面三种特定的病害:车辙、疲劳开裂和温缩开裂。车辙一般是发生在高温情况下,疲劳开裂是在中等温度下发生的,低温下发生收缩开裂。

7)Superpave 沥青结合料的试验程序和技术规范是用国际单位制订的,本节中使用的是国际单位而不是英制单位。

Superpave 沥青结合料技术在 1996 年仍处在起步阶段。随着这项技术的不断完善,将来可能要修改这些试验和标准。

2.6.1 沥青结合料物理试验

表2-10给出了各种Superpave物理试验的试验设备清单、试验目的和部分受沥青结合料影响的相关路面性能参数。除了沥青结合料以外,必须认识到HMA混合料的性质和路面结构极大地影响着HMA的性能。

2.6.1.1 旋转薄膜烘箱

旋转薄膜加热试验(RTFO),详见AASHOT T240和ASTM D2872,本章前面已有过论述。旋转薄膜加热试验,它可以模拟HMA路面生产和施工期间的沥青结合料老化情况。选择旋转薄膜烘箱的原因是:①在旋转过程中,它可以连续不断地加热新鲜的结合料;②若是采用改性剂,由于旋转的作用改性剂通常在沥青结合料中保持分散的状态;③不像薄膜加热试验中结合料是不运动的,旋转薄膜加热试验是不允许结合料上形成任何的表层,这样会抑制老化过程;④旋转薄膜烘箱只需75min,而薄膜烘箱却需要5h。

Superpave沥青结合料试验用设备、目的及性能参数 表2-10

设　备	目　的	性能参数
旋转薄膜烘箱(RTFO)	在HMA生产和施工中模拟结合料的老化	施工期中抗老化性(耐久性)
压力老化仪(PAV)	在HMA使用寿命中模拟结合料的老化	使用寿命期中的抗老化性(耐久性)
旋转黏度仪(RV)	施工高温下测量结合料的性质	加工及泵送
动态剪切流变仪(DSR)	在高温和中等气温条件下测量结合料的性质	抗永久变形(车辙)和抗疲劳开裂性
弯梁流变仪(BBR)	低温条件下测量结合料性质	抗温缩开裂性
直接拉伸试验仪(DTT)	低温条件下测量结合料性质	抗温缩开裂性

旋转薄膜加热试验为后面的动态剪切流变仪(DSR)试验提供了老化的沥青结合料,这样可以确定结合料在试验中损失掉的易挥发性的物质。损失的易挥发性物质说明在HMA生产和施工过程产生的老化的量。有些沥青结合料在放置于薄膜烘箱的老化过程中会增加质量,而不是减少质量,这是因为在试验中产品氧化的结果。

2.6.1.2 压力老化仪

压力老化仪(PAV)在沥青研究中得到广泛应用,多年来用于使橡胶产品老化。衣阿华州立大学的D. Y. Lee为长期老化沥青开发了一种涉及压力老化的方法,它是一种标准的老化橡胶产品的方法(ASTM D454 和 ASTM D572)[58]。沥青结合料的压力老化有下列优点:①易挥发物质数量少;②即便不凭借高温,氧化过程也会加速;③可以一次老化一定数量的沥青结合料为后续的试验作准备;④由于是常规的试验室试验,所以操作起来比较方便可行。

压力老化仪(PAV)在 SHRP 中研制出来,用于模拟已使用了 5~10 年的 HMA 路面[59]沥青结合料中产生的老化现象。由于 HMA 路面中的沥青结合料在施工和生产过程已经承受了短期的老化,便采用压力老化仪对旋转薄膜烘箱渣油进行老化试验。图 2-37 是压力老化仪及相关附件的示意图。

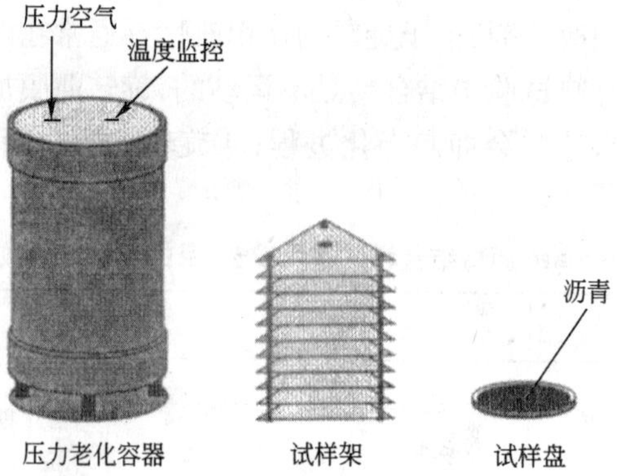

图 2-37　压力老化仪[56]

旋转薄膜烘箱渣油在压力老化仪中,在高压和高温下连续 20h 模拟长期老化的效果。汽缸中是清洁的干燥压缩空气,配有压力调节器、解压阀门和一个慢速释放阀门,用于供气和调节压力。压力老化仪由不锈钢制成,在试验中必须能够在高压(2070kPa)和高温(90℃、100℃或 110℃)条件下工作。试验设备中有一个试样支架,可以放置十个盘子对试样进行老化试验。把压力老化仪放置在炉中保持 20h,以使其内部的温度保持不变。还有一种配有压力老化室和炉子的整体式压力老化仪设备。

旋转薄膜烘箱把老化沥青结合料加热直到变成液体,搅拌后放置在可容纳 50g 样品的压力老化仪盘中。装有试样盘的支架放置在一个未加压的压力老化仪中,根据所需气候要求把压力老化仪预先加热到试验的温度。快速盖上压力老化仪盖子以便把热量损失减少到最小。当压力老化仪达到了规定温度以上 2℃时,采用气缸阀门把压力加到 2070kPa,20h 后,用出气阀门慢速释放气压。若是快速释放压力可能会导致结合料试样起泡沫。试样盘仍在 163℃的炉中放置 30min 以去掉试样中残留的空气。然后把试样存放起来以备试验(比如动态剪切流变仪、弯曲梁流变仪和直接拉伸试验仪)所用。

2.6.1.3　旋转黏度仪

旋转黏度仪(RV)在 Superpave 中已被接受,用于测量高温度(100℃以上)施工中沥青结合料的黏度,以确保其充分的液体状态,利于泵送和拌和。大多数的沥青结合料为牛顿液体(应力响应与剪切速率无关),在这么高的温度下其性质有完全不同的响应。因此,黏度测量足以表现结合料的和易性[60]。旋转黏度仪比毛细管黏度仪更适用于试验许多改性的沥青结合料,因为前者会局部地阻塞从而抑制沥青结合料流畅地流动。Superpave 结合料技术规范把黏度限制在 135℃时为 3Pa · s。

关于测量黏度的方法,详见 ASTM D4402 或 AASHTO TP48,"利用布鲁克菲尔德黏度仪(Brookfield Thermosel Apparatus)测量未使用过的沥青。"图 2-38 为旋转的或布鲁克菲尔德黏度仪的原理。通过测量保持在恒定的温度下浸没在沥青结合料中转速(20r/min)恒定的圆轴的扭力可以确定旋转黏度。测量到的扭力直接与结合料试样的黏度相关,因此可以自动地确定结合料的黏度,通过黏度仪显示出来。

测量旋转黏度的试验设备由两件设备构成,如图 2-39 所示:布鲁克菲尔德黏度仪和 Thermosel™系统及数字阅读器。有许多种轴可配置布鲁克菲尔德黏度仪以适应要试验的结合料的黏度范围。大多数沥青结合料可以只用两个轴进行试验: 21 号轴和 27 号轴,后者使用得频率最高。Thermosel™系统由一个不锈钢试样室、一个装备有电子加热元件的热容器,以及一支可以设置试验温度的温度控制器组成。

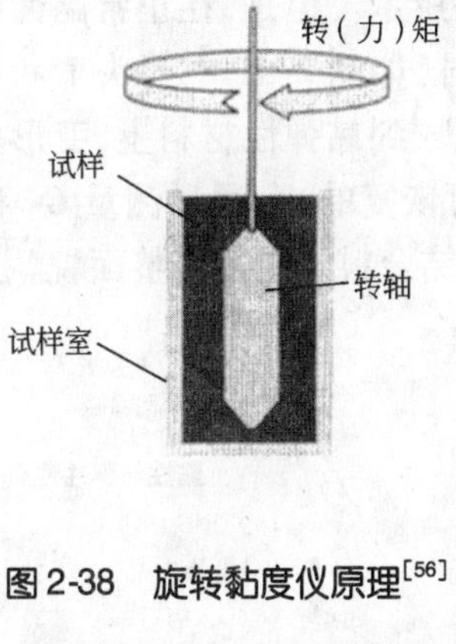

图 2-38　旋转黏度仪原理[56]

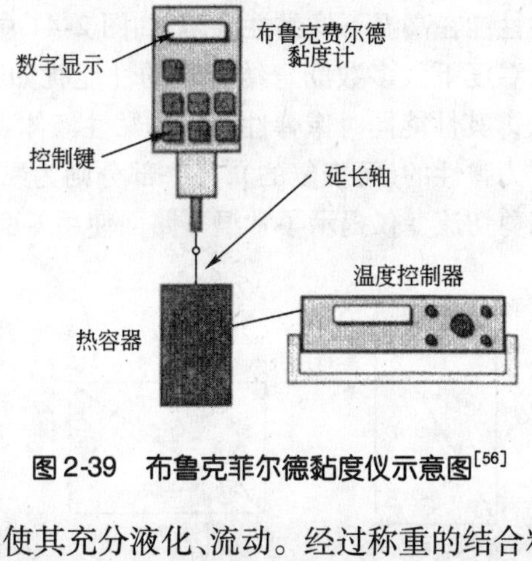

图 2-39　布鲁克菲尔德黏度仪示意图[56]

在炉中加热约 30g 的沥青结合料,以使其充分液化、流动。经过称重的结合料放入试样室。使用的结合料数量取决于轴的尺寸。结合料较少时要求使用较大的轴。通常,用量不超过 11g。然后再把装有结合料试样的烧杯放到热容器当中,待设置温度(135℃为规范设置温度)稳定下来便可进行试验。把轴送入装有热结合料试样的烧杯内，与黏度仪连接。待试样温度再次稳定之后，启动黏度仪发动机，速度为20r/min。黏度仪读数以数字形式显示出来，还有轴的编号、转速和温度也显示出来。旋转黏度仪数字显示的单位为厘泊(cP)，而Superpave结合料的技术规范使用的单位是Pa·s。采用下列等式把cP换算为Pa·s。

$$1000\text{cP} = 1\text{Pa}\cdot\text{s}$$

因此，布鲁克菲尔德黏度仪输出读数是cP，可以乘上0.001，便得出单位为Pa·s的黏度。

大多数机构在HMA混合料设计中对于混合料的拌和和压实都采用等黏温度(详见第四章)。通过测量除135℃以外另一种温度的旋转或布鲁克菲尔德黏度，绘制温度—黏度曲线。

2.6.1.4 动态剪切流变仪

采用动态剪切流变仪(DSR)表明高温和中等温度下沥青结合料的黏度和弹性特性。动态剪切流变仪通常又称为动态流变仪或摆动剪切流变仪，在塑料制品行业已经使用了多年。在设定的温度和荷载频率下，动态剪切流变仪测量复数剪切模量G^*和沥青结合料的角位相δ。复数剪切模量G^*在重复剪切时是结合料抵抗变形的整体的抵抗力。如图2-40所示，复数剪切模量G^*由两部分构成：①储存模量G或弹性(可恢复的)部分；②损失模量G''或黏性(不可恢复的)部分[56]。

荷载频率和温度两者对沥青结合料的G^*和角位相δ值有较大的影响。沥青结合料的性能在低温下犹如弹性固体，如图2-41中横向箭头所示。另一方面，沥青结合料性能在高温下像黏性液体，如图2-41中纵向箭头所示。但是，在正常路面使用寿命温度下大多数沥青结合料的性能犹如黏弹性材料(如图2-41中箭头1和2所示)，即其性能同时像弹性固体和黏性液体。当把荷载放到黏弹性材料上，变形的一部分为弹性的(可恢复的)，另一部分则为黏性的(不可恢复的)。通过测量G^*和δ，动态剪切流变仪揭示了常温下路面使用寿命期内沥青结合料性能的完整面貌。

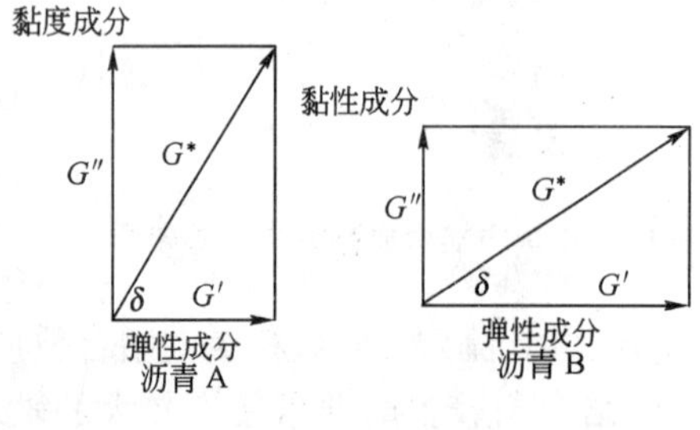

图2-40　复数模量G^*的成分

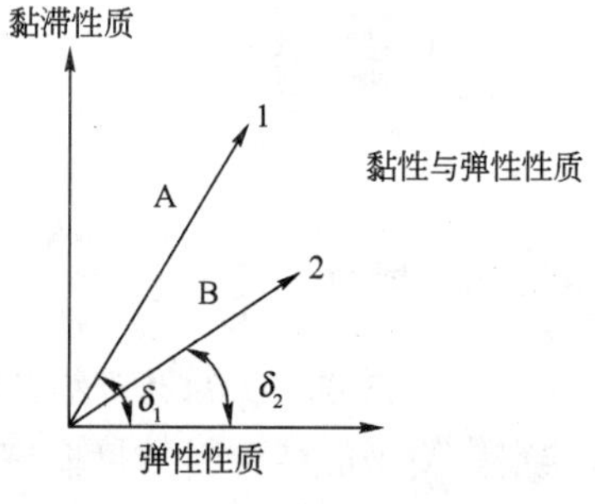

图2-41　沥青结合料黏弹性性能

图2-40表明两种沥青结合料有相同的复数模量 G^*（如对角线长度所示），但是，却有不同的角相 δ。不过，与沥青试样A比较，沥青试样B的弹性成分要大些。当把两种沥青都加载时，比起沥青试样A，沥青试样B表现出较多的弹性（可恢复的）变形和较小的黏性或不可逆转（永久性的）变形。这个示例说明复数模量（G^*）是不足以代表沥青结合料特性的，还需要角位相 δ。

弹性成分或储存模量与每次试验周期中试样所储存的能量多少相关。而黏性成分或损失模量则与每次试验周期中以稳流或永久变形[58]为结果的能量损失有关。纯粹的黏弹性材料确实是具有很大的延迟弹性反应量，当不再对试样加载时，它可以完全恢复过来。储存模量和损失模量都具有一部分该种延迟弹性反应。从这种意义上说，储存模量和损失模量不能被简单地认为是[61]纯弹性或是纯黏性。

动态剪切流变仪的操作原理比较简单，其试验程序详见AASHTO TP5。如图2-42所示，沥青结合料试样被夹在一个固定的盘子和一个振荡盘子之间。当在振荡盘上施加扭力时，盘子便从 A 点移到 B 点，之后盘子从 B 点向后移动，经过 A 点移向 C 点，再从 C 点返回到 A 点。此种运动构成振动的一个循环。如果在1s之内产生两次振动循环，那么，振动的频率即为每秒两个循环或2Hz。振动频率也可表述为振动盘子在1s之内横贯圆周的距离（rad）。所有的Superpave动态剪切流变仪试验都是在10rad/s的频率中，约等于1.59 Hz。

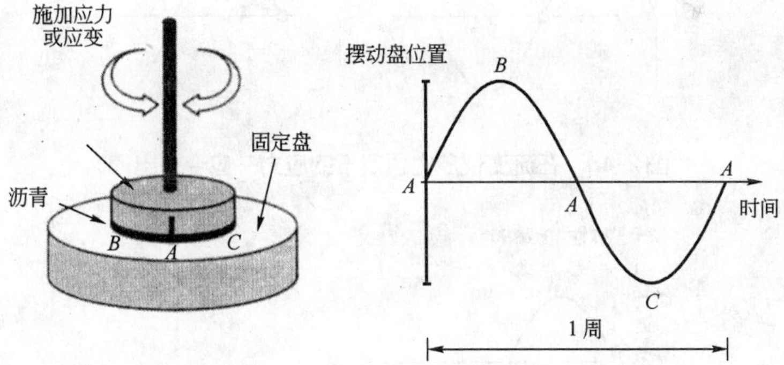

图2-42 动态剪切流变仪的构成

有两种类型的流变仪：恒定应力和应变。恒定应力流变仪利用固定扭力使顶端的盘子振动或轴振动，因此，应变是变化的。恒定应变流变仪是把盘子从 A 点移动一定距离，到达 B 点，然后测量发生这一运动所需要的扭力。Superpave结合料试验是以恒定应力方式进行的。

夹在固定板和振动板之间的沥青结合料试样厚度要取决于试验的温度。在高温下（46℃以上）要求有1000μm（1mm）缝隙，而低温为4～40℃时则要求有2000μm

(2mm)缝隙。而且,采用两个轴直径:高温时用大轴(25mm),低温试验时,用小轴(8mm)[56]。

把沥青结合料夹在固定板和轴之间后,利用水或空气浴把温度设定到±0.1℃的试验温度。当在恒定应力作用下轴前后振荡时,可以监测到随之产生的应变。施加的应力和随后的应变之间的关系(图2-43)用于计算 G^*。G^* 是最大剪切应力(τ_{max})和最大剪切应变(γ_{max})之比,即 τ_{max}/γ_{max}。施加应力和产生应变之间的时间延迟为相位角 δ。如果是理想的弹性材料,就会立即反应,因此,施加应力和产生应变之间的时间延迟或者角位相 δ 为零。当试验黏性液体时,如热沥青结合料,时间延迟较长,角位相 δ 接近90°。但是,如图2-44所示的路面温度下,沥青结合料在这两种极端情况之间表现出应力—应变对应关系。所产生的相位角常在0°~90°之间[56]。

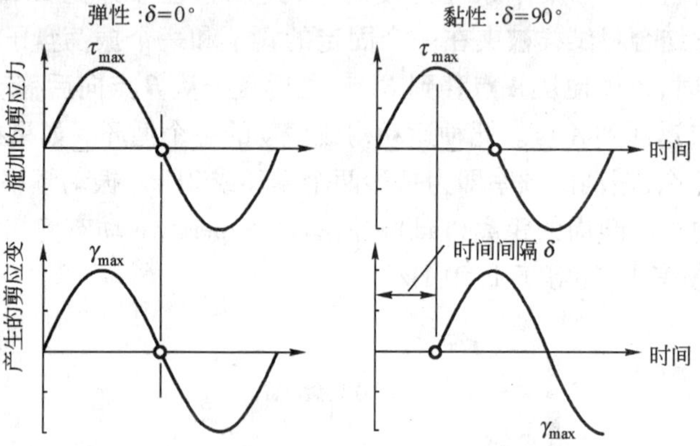

图2-43 在流变仪应力恒定下的应力—应变输出[56]

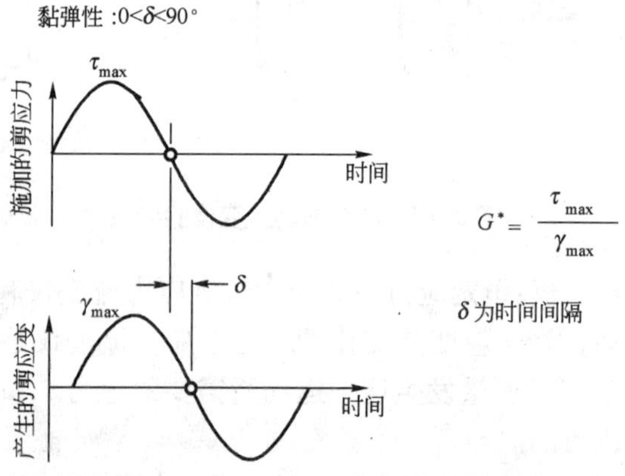

图2-44 黏弹性材料的应力—应变反应

动态剪切流变仪的软件采用下列公式计算 τ_{max} 和 γ_{max}。

$$\tau_{max} = \frac{2T}{\pi r^3} \tag{2-10}$$

$$\gamma_{max} = \frac{\theta r}{h} \tag{2-11}$$

式中:T——施加的最大扭矩;

r——结合料试样/板(12.5 或 4mm);

θ——挠度(旋转)角度;

h——试样高度(1 或 2mm)。

采用恒定应力流变仪测试 Superpave 结合料时,如果在高温下测试相对较软的材料(例如,未经老化的结合料和经旋转厚膜烘箱老化的结合料),其最终的剪切应变约为 10% ~20%;而测试相对较硬的材料时(比如,在中等温度下测试压力老化器渣油时),剪切应变约为 1%[56]。动态剪切流变仪自动为规定的应变百分比设定恒定应力水平。而且试验完成后,动态剪切流变仪便可计算和记录 G^* 和 δ。

在 Superpave 技术规范中,动态剪切流变仪用于试验高温和中等温度下沥青结合料的性质。实际温度试验要根据沥青结合料在使用寿命期间所处的温度而定。采用北美 20 年时间建立的约有 7500 个气象站的气候数据库,被用于确定拟建项目地区的温度。高温(最高设计温度)取整个夏季 7d 时间段内 HMA 路面温度的平均值,取 7d 平均路面最高温度的最大值为最高设计温度[62]。动态剪切流变仪的高温试验是在这种温度下完成的。中等试验温度的确立是取 7d 平均最大和最低设计温度的近似值而定。最低设计温度根据项目地区的最低路面温度而确定[62]。所谓最低温度是取自 20 年建立的数据库记录的低温度。利用 Superpave 计算机软件从气候数据库的温度中确定 HMA 路面的设计温度。

采用动态剪切流变仪对沥青结合料的物理性质,比如,G^* 和 δ 的测定要进行三次,即在动剪流变仪中测试未老化的结合料、在烘箱中试验和压力老化器老化条件下试验老化过的结合料(经过旋转黏度仪老化的材料)。未老化的和旋转黏度仪老化沥青结合料的试样试验是在最高设计温度下进行,以确定结合料抗车辙的性能。压力老化器老化的试样试验是在中等温度下进行,以确立沥青结合料抗疲劳开裂的性能。采用参数来量化沥青结合料抗车辙(永久变形)和抗疲劳作用的讨论详见下文。

1. 抗车辙因子

对于抗车辙性能,复数模量 G^* 值较高,角位相 δ 值较低,这是较为理想的状态[60]。G^* 值越高,结合料就越坚硬,因此也就越能有抵抗车辙的性能。δ 值越低,结合料的弹性就越大。

结合料弹性增加使得沥青结合料抵抗永久变形的性能增强。根据未老化的和旋转薄膜烘箱老化的试样来确定测量车辙的高温。旋转薄膜烘箱老化的试样代表了在摊铺后早期阶段和长期氧化老化开始之前沥青结合料的性能。由于长期氧化老化过程增强了沥青结合料的硬度，会持续不断地提高结合料抗车辙的性能。因此，就车辙而言，在长期氧化变硬之前试验沥青结合料是极为关键的。技术规范中增补了动态剪切流变仪试验未老化沥青结合料，对那些经过旋转薄膜烘箱老化渣油试验仍无法说明 HMA 在工地生产和施工中实际的老化情况的沥青结合料，它是一种保险的作法。

SHRP 研究人员认为，车辙是受应力控制的、循环荷载的现象，在编制技术规范时它用于确立车辙参数。伴随着每次交通荷载的循环，就完成了 HMA 路面表层变形的做功。表层弹性回弹可能恢复部分做功，而有些则以永久变形和热量消耗掉了。为了减少永久变形（车辙），要把在每次荷载循环中消耗的功减少到最低程度。从数学上来看，恒定应力下每次荷载循环中消耗掉的功可用下式表示[60]：

$$W_C = \pi \times \sigma_0^2 \left[\frac{1}{G^* / \sin\delta} \right] \tag{2-12}$$

式中：W_C——每个荷载周期消耗的功率；

σ_0——荷载周期中作用的应力；

G^*——复数模量；

δ——角位相。

公式表明，每次荷载循环中消耗掉的功与 $G^*/\sin\delta$ 成反比。为此，选择 $G^*/\sin\delta$ 作为 Superpave 结合料技术规范的参数。从上式可知，可以通过提高 G^* 值和/或减少 δ 值减少每次荷载循环中消耗的功。这似乎是合乎逻辑的，因为提高沥青结合料的 G^* 值使得结合料变得坚硬，因而抗车辙的性能增强；并且减少沥青结合料的 δ 值，使得材料更具弹性，也再次地增强了其抗车辙的性能。

2. 疲劳因子

为了确定抗疲劳开裂参数，编制规范时，把疲劳开裂视为受应变控制的现象。如果 HMA 路面层较厚，一般把疲劳开裂视为应力控制现象，在 HMA 路面层较薄时，则视其为应变控制现象。由于疲劳开裂在薄路面中较为普遍，SHRP 研究人员假设主要应视其为一种应变控制的现象[60]。从数学角度来看，恒定应变下，每次荷载循环中消耗掉的功可用下式表示：

$$W_C = \pi \times \varepsilon_0^2 [G^* \times \sin\delta] \tag{2-13}$$

式中：ε_0——应变；其他变量意义如前所述。

本公式说明当 G^* 和/或 δ 变大时，在每次的交通荷载循环中就会消耗掉更多的功。如果 G^* 变小，沥青结合料就变得发软，因此，在没有累积较大应力的情况下也会变形。另外，沥青结合料的 δ 值较小，就会更具弹性，因而可以在不消耗掉功的情况下恢复其原来状态。作功消耗形式有几种：加热、塑性流动、开裂及裂缝形成过程。不过，所有这些都会造成路面缺陷。每次消耗能量越少，疲劳开裂或任何其他损害产生的几率就越低。因此，Superpave 技术规范选用了 $G^* \cdot \sin\delta$ 参数，目的是要限制消耗掉的总能量，以减少疲劳开裂[60]。压力老化器老化试样用动态剪切流变仪进行试验，以确立沥青结合料的抗裂性能。由于沥青结合料在使用寿命期间变得老化，会变得更坚硬，因此会使得它更易于疲劳开裂。因此，压力老化器疲劳试样用于试验沥青结合料，模拟使用寿命期间最为关键的情况。

对于动态剪切流变仪试验参数有三种不同技术规范要求。当试验未老化沥青结合料时，$G^* \cdot \sin\delta$ 值最少必须为 1kPa。当采用旋转薄膜烘箱测试同一个试样时，$G^* \cdot \sin\delta$ 值最少必须为 2.2kPa。如前所述为了减少车辙建立了这两个最低限度。动态剪切流变仪技术规范要求是老化的沥青结合料的 $G^* \cdot \sin\delta$ 值不得大于 5000kPa。确定这个最大的限度是为解决 HMA 路面中疲劳开裂的问题。

这些规范中的每一个限制都是经过联邦公路局沥青结合料专家工作小组（ETG）的一致认可确立的。这个工作小组由来自本行业的规范编制机构和学术界的人员组成。小组首先确立了 1kPa 未老化沥青结合料最低的极限。其依据是 60℃ 路用沥青的一般黏性数据。这种路面温度代表了温和地区的气候，在这种气候中常用的沥青黏度等级为 AC-10（黏度为 1000P）。当以 10rad/s 采用动态剪切流变仪试验未老化的 AC-10 沥青时，其 $G^*/\sin\delta$ 值近似 1kPa。因此，就车辙而言，未老化沥青结合料 1kPa 为最低限度是合理的，因为，AC-10 沥青在气候温和条件下其性能是良好的。

在未老化沥青结合料 1kPa 的基础上，确立了旋转薄膜烘箱老化沥青结合料 $G^*/\sin\delta$ 值的最低极限值为 2kPa。沥青的旋转薄膜加热试验数据说明，沥青的老化指数（在进行旋转薄膜加热之前的黏度/旋转薄膜加热之后的黏度）平均为 2～2.5。换言之，在旋转薄膜烘箱中进行老化试验时，从 2～2.5 说明沥青越来越坚硬。因此，利用老化沥青的平均值 2.2，确立旋转薄膜烘箱老化沥青结合料的最低值为 2.2kPa。

最初的技术规范规定疲劳开裂的最高极限为 3000kPa。但是，当调查用于制订极限值的 42 个沥青结合料试样的试验结果时，有一半的试样无法满足 3000kPa 的最高限度。因此，专家小组认为 3000kPa 的最高限度过于严格，于是决定在采集和分析现场证实过的数据之前，采用较高的数值 5000kPa。由于 42 个试样中有 15% 的不符合这个要求，因此，5000kPa 较为合适。

2.6.1.5 弯曲梁流变仪

弯曲梁流变仪（BBR）测试低温路面沥青结合料来确定其温缩开裂的性质。当寒冷季节温度急剧下降时 HMA 路面会生产温缩开裂。由于路面收缩，应力开始在 HMA 路面各层累积。若是收缩过快，则应力便会产生，最终超过 HMA 路面应力松弛的极限。这时，路面裂缝产生以缓解应力。当关键的低温出现时或在温度时上时下但总保持在低的关键温度以上的热循环时，热循环会导致温缩开裂。此温度循环导致的开裂与产生裂缝的温度下沥青结合料的劲度有关，这时的温度称为极限劲度温度。因此，确定极限温度为路面寿命温度，即在超过一定的承载时间之后路面的劲度达到极限时的温度。

20 世纪 80 年代[63]，最初开发了评价低温下沥青结合料性质的装置。经过改良更新后成为了 SHRP 结合料研究的组成部分。研制出的设备被命名为弯曲梁流变仪（BBR）。其试验程序详见 AASHTO TP1。

弯曲梁流变仪利用瞬时蠕变荷载，以弯曲方式加载，在置于恒定低温下的沥青梁试样上进行加载。其试验温度是通过装有乙烯、乙二醇、甲醇和水的液槽来保持的。试样的几何形状和加载技术类似于 ASTM D790 加筋和未加筋塑性的和电子绝缘材料弯曲性质的试验方法[64]。弯曲梁流变仪包括一个机械加载装置、温度控制槽和数据采集系统，如图 2-45 所示。根据 ASTM D790 选择梁的尺寸，适用于 Bernoulli-Euler 关于弯曲柱状梁的基本理论[59]。

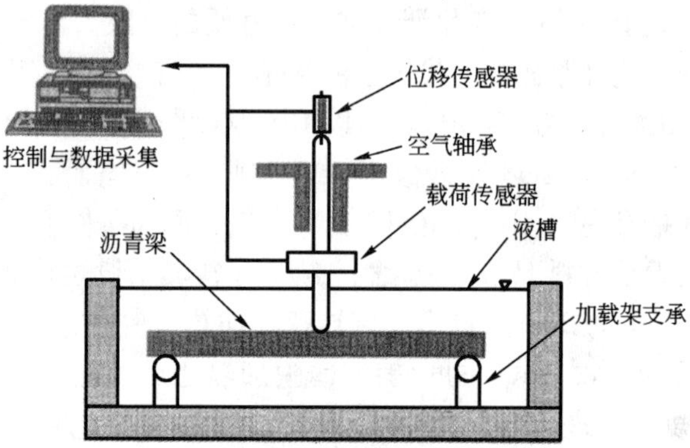

图 2-45　弯曲梁流变仪示意图[56]

弯曲梁流变仪利用钝头锥体在两端支撑的沥青梁中间部位进行加载。空气轴中安装在加载轴上的载荷传感器是关闭的，以消除摩擦阻力。附加在轴上的传感器可监测到梁的弯曲程度。采用气动压力进行加载。数据采集系统记录荷载和挠度试验结果，并计算两个参数：①蠕变劲度，$S(t)$ 是测量沥青结合料抵抗恒定荷载的程度；②m 值，是蠕变劲度随着加载时间变化而变化的速度。

把加热的结合料倒入铝制或硅制的模子之后,测量到的沥青结合料梁尺寸为:长125mm,宽6.25mm,高12.5mm。把模子在冰箱内冷却5~10min之后,再把试样梁脱模。试验前,把梁放入试验槽中,时间为(60±5)min。完成预加载之后[57],在梁上加载100g重量,总用时为240s。加载过程中记录下梁的挠度,如图2-46所示。荷载和挠度—时间关系也会在计算机屏幕上显示出来。240s后,弯曲梁流变仪软件完成所有的计算工作以确定蠕变劲度和m值,如下所示。

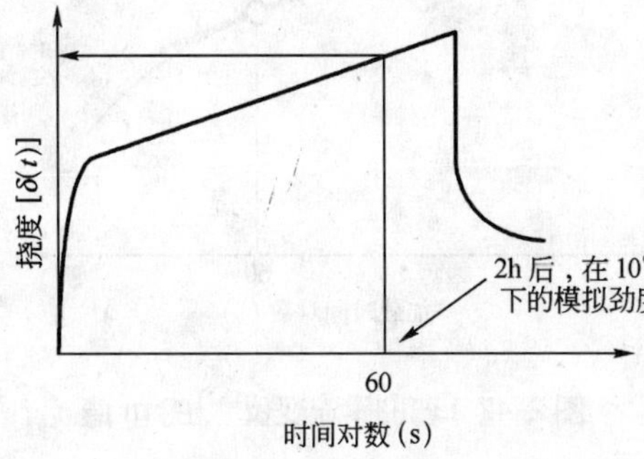

图2-46 弯曲梁流变仪的挠度—时间关系[56]

应用经典的梁分析理论计算沥青结合料梁60s荷载时间[56]的蠕变劲度:

$$S(t) = \frac{PL^3}{4bh^3\delta(t)} \tag{2-14}$$

式中:$S(t)$——实时蠕变劲度,$t=60$s;

P——恒定加载,100g(988mN);

L——梁支点间的距离,102mm;

b——梁宽度,12.5mm;

h——梁厚度,6.25mm;

$\delta(t)$——实时挠度,$t=60$s。

依照以往的研究,虽然在经过2h加载之后,较为理想的蠕变劲度为HMA路面设计温度最低值,但是,试验时间还是过长。所以,根据后续章节中要论述的时间温度重叠原理,即通过提高10℃试验温度,在完成60s加载时间之后也可获得相等的蠕变劲度,这样对于日常试验来说是更具灵活性。

采用弯曲梁流变仪试验获得的第二个参数是m值。它说明劲度随着加载时间变化的速度$S(t)$(图2-47),换言之,m值是蠕变劲度对数与时间对数曲线在任意时间t的斜率。当试验时间为60s[56]时,Superpave结合料技术规范规定m值应≥0.300。

以下内容是关于弯曲梁流变仪试验的开发和技术要求的论述。

用弯曲梁流变仪试验方法以确定影响温缩开裂的流变参数时,SHRP 研究人员制订出一系列的试验来测定关键参数,如时间和温度之间的相互关系、物理硬化与可调节的时间关系及加载水平的效果[59]。

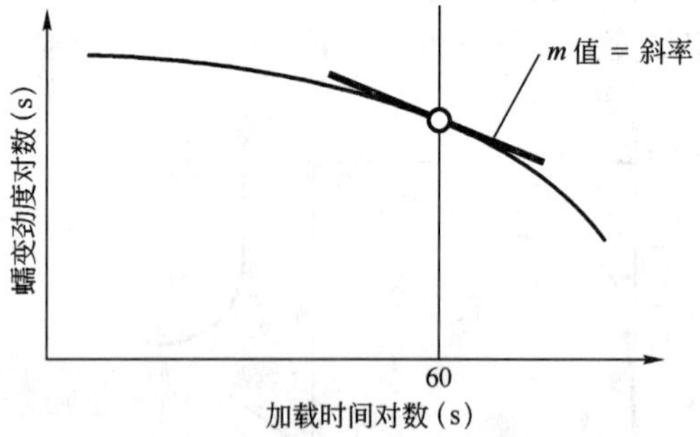

图 2-47 弯曲梁流变仪[56]的 m 值

制订以路面性能为主的技术规范时,关于温缩开裂技术规范的实验室试验,应模仿工地条件进行。但是,大多数研究人员[62,45]已经把使用中 HMA 路面温缩开裂与沥青结合料的硬度值联系起来,其加载时间约为 3600 ~20000s(1 ~5.5h)。就制订技术规范而言,实验室试验程序中这些加载时间有些极端。因此,采用时间—温度叠加原理缩短实验室试验时间。利用这个原则,可在较短的时间内利用一个或多个温度,获得试验结果并估算加载时间较长的试验结果。初步试验表明 240s 加载时间是合理的。在不同温度条件下进行的一系列试验表明,在不考虑荷载时间的条件下,最低温度的路面中许多沥青结合料的时间—温度叠加函数是相似的。这促成人们确立了较长加载时间反应的单一偏置温度,即高于最低路面温度 10℃的偏置,使得 60s 加载时间的弯梁流变仪劲度等于现场最低路面温度 7200s 加载时间的沥青混合料劲度。据文献[62]记载,基于 2h(7200s)为基础的极限劲度可作为标准之一。

弯曲梁流变仪加载梁的时间为 240s,分别记录下 8s、15s、30s、60s、120s 和 240s 加载时劲度值。选择这些数值是因为对数时间标度的间隔是均等的。从这些数据以及以下公式中便可确定沥青结合料的主要劲度(蠕变柔量)曲线。

$$S(t) = A + B\lg(t) + C[\lg(t)]^2 \tag{2-15}$$

式中:$S(t)$——沥青结合料劲度;

t——时间;

A,B,C——常量。

由于沥青结合料随时间而变化,主劲度曲线的形状和经2h加载后的劲度是重要的。因此,主劲度曲线的斜率也用于制订技术规范[62]。劲度[$S(t)$]是HMA路面中由于温缩而形成的温度应力的一个测量尺度。劲度曲线斜率(m),如前所述是沥青结合料液体应力松弛速率的度量[59]。这两个技术规范中的参数$S(t)$和m值对温缩开裂的影响类似与G^*和δ对车辙和疲劳开裂所产生的影响。当$S(t)$变大时,由于温度收缩在路面中产生的温度应力也会增大,这样温缩开裂形成的可能性就较大。另一方面,如果m值变小,那么应力松弛速度也降低。换言之,沥青结合料劲度曲线斜率变小,HMA路面通过流体缓解温度应力的性能就会降低。这样就有可能在路面中提高温缩开裂的可能性。相应地,Superpave结合料技术规范规定60s最大$S(t)$极限和最小的m值。这两个参数用数字极限表示为最大$S(60)=300\text{MPa}$和最小$m=0.300$。这些数值是根据以往的研究和SHRP项目[59]数据确立的极限。最近一份关于1976年[45]宾夕法尼亚使用的六种沥青结合料的报告[65]中,给出一些关于对这两参数工地验证的结果。7年中监测了使用了不同来源的AC-20沥青的六个试验路段温缩开裂情况。利用Superpave结合料设备于1995年试验了一些未老化的沥青结合料试样。试验结果表明,Superpave结合料技术规范所选择的S和m值较为合理。所有的沥青,除了AC-20以外,都可以利用这两个数值[65]来解释沥青在低温下的性能。

物理硬化是由SHRP研究人员观察到的一种现象。他们认为这是由于延迟体积收缩所造成的,会导致重大的与时间相关的硬化[66]。这种现象是如何影响HMA路面性能不得而知。因此,无法就物理硬化[62]确立技术规范的极限。但是,可以根据Superpave结合料技术规范记录24h以上等温累积的物理硬化的结果。为了把物理硬化对弯曲梁流变仪试验数据所产生的影响减少到最低,如前所述选择(60±5)min作为一种标准的调节时间。

为了使弯曲梁流变仪试验结果有效,必须制订出线性黏弹性区域的测量方法。SHRP研究人员进行了一个小型试验,试验荷载为20~150g之间的复制梁以确保弯曲梁流变仪的试验结果是有效的。在这个荷载范围内,试验表明应力与应变是不相关的。根据试验结果,研究人员确立标准荷载为100g[59]。

2.6.1.6 直接拉伸试验仪

低温下,断裂之前,沥青结合料劲度和延伸度(稠度)之间的关系很好。一般而言,较软的沥青结合料更稠一些,而较硬的沥青结合料则较脆(不需多大的拉伸便会断裂)。利用弯曲梁流变仪测量到的沥青结合料蠕变劲度是不足以全面地说明沥青结合料在温缩开裂方面的性能。有些沥青结合料,尤其是一些改性沥青结合料,其蠕变的劲度会较高(大于300MPa),但它不会开裂,因为在断裂前这些材料还可进一步拉伸。因此,开发直接拉伸试验仪可以解决较硬和较柔软的沥青结合的问题。

直接拉伸试验仪(DTT)只适用于低温路面弯梁流变仪蠕变劲度为300～600MPa沥青结合料试验。如果蠕变劲度低于300MPa,就不需要使用直接拉伸试验仪了。试验程序详见AASHTO TP3。

直接拉伸试验仪检测沥青结合料低温极限的拉伸应变,一般温度为0～-36℃,犹如弯曲梁流变仪试验,沥青结合料在进行直接拉伸试验前要先进行旋转薄膜加热试验和压力老化器老化。按照恒定的速度(1mm/min)在一个小的"狗骨"形状的试样上进行拉伸加载,如图2-48所示,直到试样断裂。试样的破坏应变是长度变化(ΔL)除以有效标准长度(L_e)。

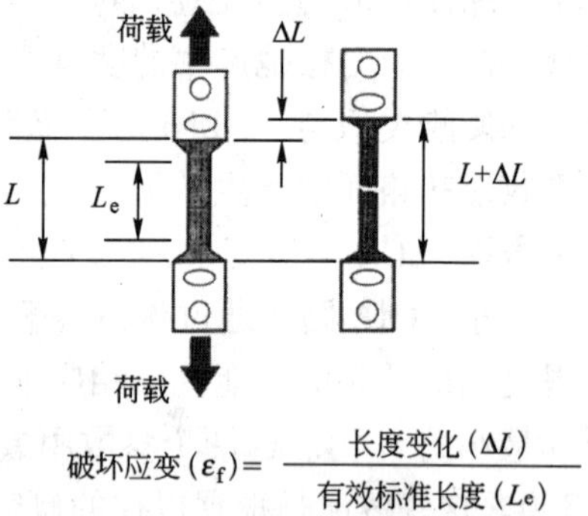

图2-48 直接拉伸试验[56]

直接拉伸试验仪的破坏应变与试样加载达到最大值时的应力是相关的,但与试样断裂时荷载大小没有必然的联系。沥青试样必须表现出有至少1.0%破坏应变才符合Superpave结合料的技术规范要求。

1996年,直接拉伸试验仪设备得以改良,可更好地控制试验温度,使得破坏应变的测量更为精确。

2.6.2 沥青结合料技术规范

Superpave沥青结合料技术规范(AASHTO MP1-93)详见表2-11。技术规范中的物理性质可采用前面叙述的试验设备进行试验。如前所述,所有性能分级(PG)的物理性质是保持恒定不变的,但是要具备这种物理特性的温度却因性能分级的不同而不同,因为这取决于气候,即沥青结合料在一定气候条件下所具备的性能(图2-49)。例如,在平均7d最高路面温度达到64℃的环境中使用的性能等级为64-28,也可能在最低设计温度为-28℃环境中使用。

由于Superpave沥青结合料技术规范以性能为主,因而提出三个HMA的主要性能参数:永久变形(车辙)、疲劳开裂和低温(热)开裂。此外,规范还提出了一些与安全性、泵送和处理、沥青结合料过度老化相关的问题。在Superpave结合料技术规范的后续章节中将论述这三个参数。

2.6.2.1 永久变形

Superpave结合料技术规范采用车辙因子$G^*/\sin\delta$测量沥青结合料的劲度或在高温中路面的抗车辙性能。在说明动态剪切流变仪时已经把这个因子的重要性讲过了。如图2-50所示,对于未老化沥青车辙因子必须至少为1.00kPa,而当采用动态剪切流变仪在最高路面设计温度下进行试验时,对旋转薄膜烘箱老化的沥青结合料则最低为2.20kPa。

AASHTO 性能等级结合料技术规范（MP1）

性 能 等 级	PG 52							PG 58		
	−10	−16	−22	−28	−34	−40	−46	−16	−22	−28
7d 平均最大路面设计温度（℃）	<52							<58		
最小路面设计温度（℃）	>−10	>−16	>−22	>−28	>−34	>−40	>−46	>−16	>−22	>−28
	初始结合料									
闪点温度，T48：最小（℃）	230									
黏度，ASTM D4402:[b] 最大，3Pa·s(3 000cP) 试验温度（℃）	135									
动态剪切，TP5:[c] $G^*/\sin\delta$，最小，1.00kPa 试验温度，10r/s（℃）	52							58		

规范要求保持常量

改变试验温度

图 2-49　Superpave 结合料技术规范示例[56]

性能等级
7d 平均最大路面设计温度（℃）
最小路面设计温度（℃）
闪点温度，T48：最小（℃）
黏性，ASTM D4402:[b] 最大，3Pa·s(3 000cP) 试验温度（℃）
动态剪切，TP5:[c] $G^*\sin\delta$，最小，1.00kPa 试验温度，10r/s（℃）
旋转薄膜烘箱（T240）
质量损失，最大（%）
动态剪切，TP5: $G^*\sin\delta$，最小，2.20kPa 试验温度，10r/s（℃）

为控制车辙而定的指标

图 2-50　Superpave 车辙因子的要求[56]

沥青结合料性能等级技术规范

表 2-11

性能等级	PG 46			PG 52							PG 58					PG 64					
	-34	-40	-46	-10	-16	-22	-28	-34	-40	-46	-16	-22	-28	-34	-40	-10	-16	-22	-28	-34	-40
7d 平均最大路面设计温度(℃)	<46			<52							<58					<64					
最小路面设计温度(℃)[a]	>34	>-40	>-46	>-10	>-16	>-22	>-28	>-34	>-40	>-46	>16	>22	>28	>34	>40	>-10	>-16	>22	>-28	>-34	>-40
	初始结合料																				
闪点温度,T48:最小(℃)[a]	230																				
黏度 ASTM D4402:[b] 最大,3Pa·s(3000cP) 试验温度(℃)	135																				
动态剪切,TP5:[b] $G^*/\sin\delta$,最小,1.00kPa 试验温度,10r/s(℃)	46			52							58					64					
	旋转薄膜烘箱(T240)或薄膜烘箱(T129)残留物																				
质量损失,最大(%)	1.00																				

续上表

性能等级	PG 46			PG 52							PG 58					PG 64					
	-34	-40	-46	-10	-16	-22	-28	-34	-40	-46	-16	-22	-28	-34	-40	-10	-16	-22	-28	-34	-40
动态剪切,TP5: $G^*/\sin\delta$,最小,2.20kPa 试验温度,10r/s(℃)	46			52							58					64					
压力老化器残留物(PPI)																					
路面老化温度(℃)	90			90							100					100					
动态剪切,TP5: $G'\sin\delta$,最大,5000kPa 试验温度,10r/s(℃)	10	7	6	25	22	19	16	13	10	7	25	22	19	16	13	31	28	25	22	19	16
物理硬化[e]	报告																				
蠕变劲度:TP1:[f] S,最大,300MPa 平均值,最小,0.300 试验温度,60/s(℃)	-24	-30	-36	0	-6	-12	-18	-24	-30	-36	-6	-12	-18	-24	-30	0	-6	-12	-18	-24	-30
直接拉伸,TP3:[f] 破坏应力,最小1.0% 试验温度,10mm/min(℃)	-24	-30	-36	0	-6	-12	-18	-24	-30	-36	-6	-12	-18	-24	-30	0	-6	-12	-18	-24	-30

续上表

性能等级	PG 70						PG 76					PG 82				
	-10	-16	-22	-28	-34	-40	-10	-16	-22	-28	-34	-10	-16	-22	-28	-34
7d 平均最大路面设计温度(℃)	<70						<76					<82				
最小路面设计温度(℃)[a]	>-10	>-16	>-22	>-28	>-34	>-40	>-10	>-16	>-22	>-28	>-34	>-10	>-16	>-22	>-28	>-34
	初始结合料															
闪点温度，T48：最小(℃)	230															
黏度 ASTM D4402：[b] 最大，3Pa·s(3000cp) 试验温度(℃)	135															
动态剪切，TP5：[c] $G^*\sin\delta$，最小，1.00kPa 试验温度，10r/s(℃)	70						76					82				
	旋转薄膜烘箱(T240)或薄膜烘箱(T179)残留物															
质量损失，最大(℃)	1.00															
动态剪切，TP5： $G^*\sin\delta$，最小，2.20kPa 试验温度，10r/s(℃)	70						76					82				
	压力老化器残留物(PP1)															
路面老化温度(℃)[d]	100(110)						100(110)					100(110)				

续上表

性能等级	PG 70						PG 76					PG 82				
	-10	-16	-22	-28	-34	-40	-10	-16	-22	-28	-34	-10	-16	-22	-28	-34
动态剪切,TP5: $G^* \sin\delta$,最大,5000kPa 试验温度,10r/s(℃)	34	31	28	25	22	19	37	34	31	28	22	40	37	34	31	28
物理硬化[e]	报告															
蠕变劲度,TP1:[f] S,最大,300MPa 平均值,最小,0.300 试验温度,60s(℃)	0	-6	-12	-18	-24	-30	0	-6	-12	-18	-24	0	-6	-12	-18	-24
直接拉伸,TP3:[f] 破坏应力,最小1.0% 试验温度,1.0mm/min(℃)	0	-6	-12	-18	-24	-30	0	-6	-12	-18	-24	0	-6	-12	-18	-24

注:a. 利用 Superpave 软件程序的算法估算大气温度下的路面温度,或由相应机构提供气候温度资料,或按照 PPX 概述的步骤进行测算。

b. 如果提供气候资料的机构有疑问时,如果供货商保证其温度符合所有可适用的安全标准,适宜沥青结合料泵送和拌和时,这项要求可以免去。

c. 关于未改性沥青产品的质量控制,未老化沥青黏度的测量,当沥青呈牛顿流体的温度下,可用 G^* 和 δ 的动态剪切试验替代。可采用任何适宜的测量黏度的标准方式,包括毛细管或旋转薄膜烘箱(详见 AASHTO T 201 或 T202)。

d. 压力老化器老化温度是以模拟气候条件以基础的,是三种温度之一:90℃、100℃和 110℃。PG 64 和以上等级的压力老化器老化试验温度为 100℃,沙漠气候除外,那里的温度要求为 110℃。

e. 物理硬化。根据 TP 1 第 31.1 节规定对一系列沥青梁进行 TP 1 试验,除了调节时间延长至 24h ± 10min,性能试验温度在 10℃以上。只是为了收集资料才记录下 24h 的硬度和 m 值。

f. 假如蠕变劲度低于 300MPa,不要求进行直接拉伸试验。若是蠕变劲度在 300 ~ 600 MPa 之间,可采用直接拉伸破坏应变要求来替代蠕变劲度要求。m 值要求性能符合两种要求。

2.6.2.2 疲劳开裂

技术规范采用的因素是 $G^{*}\sin\delta$，它代表了沥青结合料抗疲劳开裂的性能。如图 2-51 所示，对于进行旋转薄膜加热和压力老化器老化试验的沥青结合料的 $G^{*}\sin\delta$，试验温度为中等路面温度，技术规范的最大极限为 5000kPa。例如，PG 64-28 等级的沥青结合料的中等路面温度为 22℃。

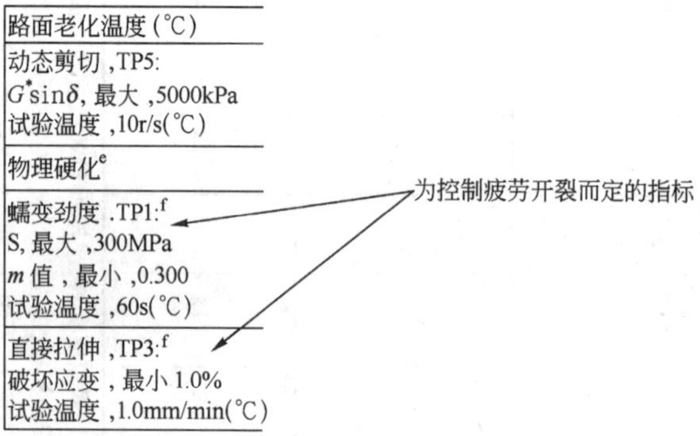

图 2-51 Superpave 疲劳开裂因素要求[56]

2.6.2.3 低温开裂

图 2-52 说明了抗低温开裂的技术规范要求。采用弯曲梁流变仪测试在低温路面温度下旋转薄膜烘箱及压力老化器老化的沥青结合料时，则蠕变劲度（S）不得超过 300MPa 且 m 值至少达到 0.300。但是，如果蠕变劲度超过 300MPa 但却少于 600MPa 时，如果采用直接拉伸试验时疲劳应变大于 1.0%，沥青结合料是合格的。两种情况下，必须满足 m 值要求。假如蠕变劲度低于 300MPa，就完全没有必要进行直接拉伸试验仪试验。

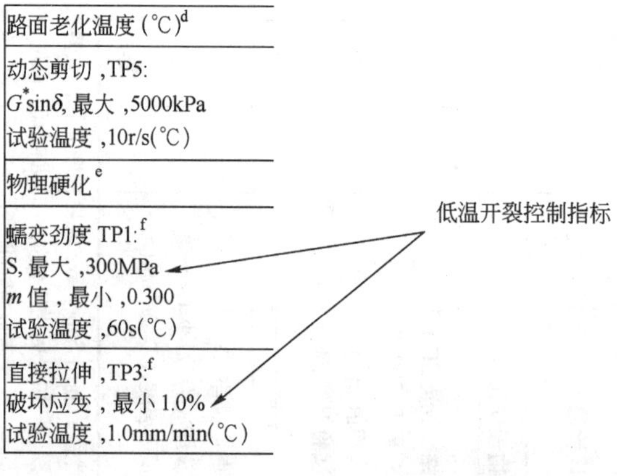

图 2-52 Superpave 技术规范的低温要求[56]

2.6.2.4 其他常用的技术规范标准

Superpave 结合料技术规范要求所有 PG 等级的最低闪点为 230℃,以解决安全性问题。利用 AASHTO T-48 的"克利夫兰开口杯式闪点和燃点标准测定方法"确定未老化沥青结合料的闪点。

技术规范中对未老化结合料最大黏度要求是 135℃时 3Pa·s,以保证可以在 HMA 站泵送和处理沥青结合料(尤其是改性沥青)。

所有等级结合料的旋转薄膜烘箱老化后最大质量损失为 1%。这就要求在 HMA 生产和施工过程中,沥青结合料中不会产生过度的老化(挥发)。

2.6.2.5 Superpave 结合料性能等级

以 Superpave 性能为主的结合料等级要根据项目工地的气候条件进行选择。表 2-12 给出了技术规范中现有的结合料等级。PG 76 和 PG 82(PG = performance grade)只适用于慢速暂时性或长期的荷载(比如十字路口附近),或有超重载货汽车交通流量的地方,详见本书的后续章节。

依据沥青结合料性能等级而确定的 Superpave 性能 表 2-12

高温等级(℃)	低温等级(℃)						
PG 46	-34,	-40,	-46				
PG 52	-10,	-16,	-22,	-28,	-34,	-40,	-46
PG 58	-16,	-22,	-28,	-34,	-40		
PG 64	-10,	-16,	-22,	-28,	-34,	-40	
PG 70	-10,	-16,	-22,	-28,	-34,	-40	
PG 76	-10,	-16,	-22,	-28,	-34		
PG 82	-10,	-16,	-22,	-28,	-34		

利用 Superpave 软件利于选择适宜具体项目的 PG 等级,软件中有下列三种备选方法。

1)地理方法 设计人员把项目地区的地图信息输入电脑(比如所在州和县)。

2)路面温度法 设计人员必须了解设计路面的温度。

3)空气温度法 设计人员确定由 Superpave 软件换算出来的空气温度来设计路面的温度。

Superpave 软件中有一个包括 7500 个美国和加拿大气候站的天气信息数据库。确认了这些气象站最热 7d 的时期以计算高温设计条件下平均最高空气温度。基于多年的工作(那些建立少于 20 年的气候站都未采用),计算出 7d 平均温度最高空气温度的平均数和标准偏差数。同样地,也建立了每年 1d 最低空气温度和 7d 平均温度最高空气温度的平均数和标准偏差数。

由于选择性能等级进行温度设计是依照路面温度，而不是空气温度，Superpave 软件根据实际情况与模型[67]相结合进行理论分析把空气温度换算成为路面温度。1996 年，Superpave 标准认为最低的路面温度等于最低的空气温度。根据工地数据，将来有可能要改变。众所周知，通常最低路面温度高于最低空气温度。

Superpave 软件也使得设计人员在考虑设定路面温度时采用不同程度的可靠度。可靠度的定义为在单一年度中实际温度(1d 或 7d 平均高温)不超过相应的设计温度百分比的可能性。以堪萨斯州的托皮卡为例(图 2-53)，那里的平均 7d 最高空气温度为 36℃，标准偏差为 2℃。根据频率分布情况，50% 的可能性是平均年份中 7d 最高空气温度超过 36℃。

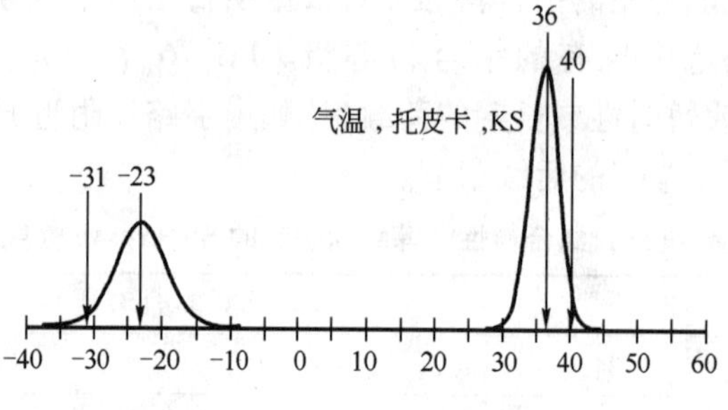

图 2-53　堪萨斯州的托皮卡设计的高低温空气分布图[56]

但是，气温超过 40℃的可能性只有 2%。换言之，如果大气温度设置高达 40℃，说明有 98% 的可靠性。同样，平均一天最冷温度为 -23℃，其标准偏差为 4℃，这说明一个非常寒冷的冬季最低空气温度为 -31℃的可能性为 98%。

采用 Superpave 软件把堪萨斯州的托皮卡高低温度换算成路面温度，如图 2-54 所示。例题中，路面高温的计算是指路面表层 20mm 以下的温度，而磨耗层温度则是依据路表面低温的计算来设置。图 2-55 表示如何在 50% 和 98% 最小可靠度水平之间选择性能等级。

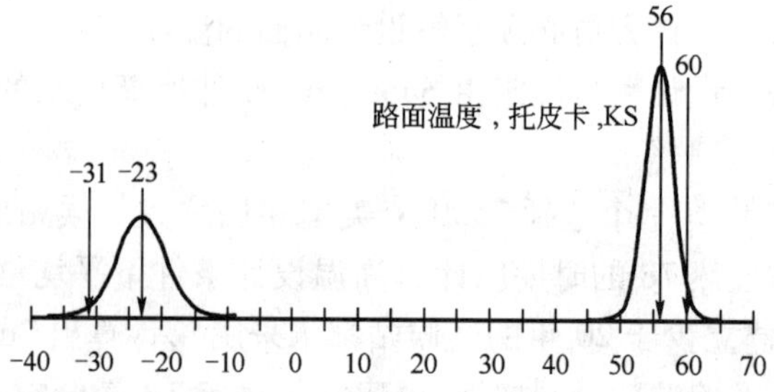

图 2-54　堪萨斯州的托皮卡路面设计高低温度

关于至少是 50% 的可靠度,高温等级必须是 PG 58。由于没有 PG 56,就不得不"取"PG 58,这个数值的可能性约为 85%,而不是 50%。另一方面,最低为 50% 的可靠度的低温等级必须是 -28℃,这样其可靠度约为 98%,而不是 50%。关于 98% 的可靠度,PG 64 适于高温,PG-34 适于低温,其范围为 PG 63-34。

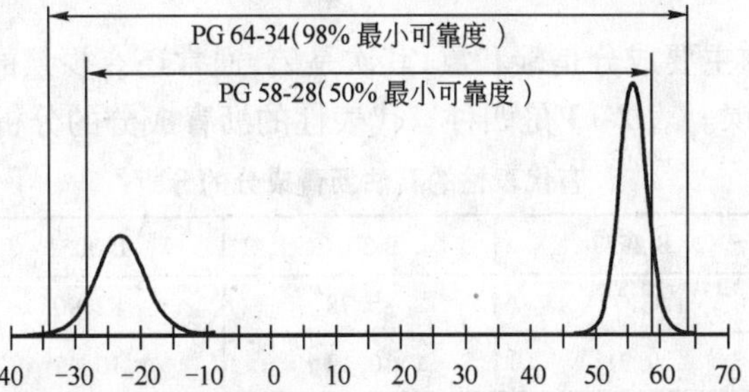

图 2-55 堪萨斯州的托皮卡结合料等级

上述的结合料选择过程是根据气候而定,只是假设 HMA 路面要承载快速移动的交通。确定车辙因数 $G^*/\sin\delta$ 的动态剪切流变仪试验,其加载速度为 10r/s,约相当于 90km/h 的交通速度。但是,HMA 路面在有些地方的加载速度很慢,比如十字路口和收费站。在这种慢速加载的情况下,沥青结合料必须具备较高的硬度才可减少车辙。要满足这些条件,应把高温等级提高一个等级,才适宜慢速瞬间加载,提高两个等级来适应静荷载。比如,如果针对快速移动交通根据气象条件选择 PG 64-22 等级,对于慢速临时荷载则应选用 PG 70-22 等级。而低温等级的选择则不受加载速度的影响。由于在北美有路面温度最高约 0℃ 的可能性,就有必要增加两个等级——PG 76 和 PG 82,才能适应慢速交通荷载的速度[56]。

1996 年大多数美国公路机构都计划于 1997 年采用 Superpave 沥青结合料系统。

2.7 沥青化学性质

沥青化学性质的重要性,虽然没有得到广泛认识,但它是毋庸置疑的。HMA 路面的沥青作为结合料的性能要取决于其物理性质(如前所述),而物理性质又直接取决于化学成分。了解沥青化学成分对物理性质的影响对于理解控制沥青性能的因素来说是十分重要的。本节关于沥青化学性质的大部分内容摘自 Peterson[68] 和 Halstead 的论文。

2.7.1 沥青起源

沥青是从大自然中最初由植物生命形成的原油中炼制出来的。植物生命演变成为原油经历了上百万年的、在不同温度和压力情况之下的过程。虽然所有的汽油在根本上是碳氢化合物(碳与氢的化学组合),但各地碳氢化合物的数量与性质是不同的。由于沥青是通过蒸馏炼制出来的,因此,从来源上看,其化学成分和性质也就不同。

2.7.2 成分和分子结构

沥青分子中的主要成分是碳和氢,其次是硫,通常还有少量的氮和氧以及极少量的重金属,如钒和镍。表 2-13 是四种有代表性的沥青成分的分析。

有代表性的石油沥青成分的分析 表 2-13

成　分	B-2959	B-3036	B-3051	B-3602
碳(%)	83.77	85.78	82.90	86.77
氢(%)	9.91	10.19	10.45	10.93
氮(%)	0.28	0.26	0.78	1.10
硫(%)	5.25	3.41	5.43	0.99
氧(%)	0.77	0.36	0.29	0.20
钒(%)	180	7	1380	4
镍(%)	22	0.4	109	6

由碳和氢构成的多数沥青分子含有下列一种或多种所谓的杂环原子:硫、氮和氧。其分子结构比每种成分的总量更为重要。由于石油是不同情况下各种活的有机物质演变而来,根据其原油的来源,沥青的分子结构也极为不同。

沥青组成有以下三种排列方式,碳原子通过这些排列方式相互连接在一起。

1)直链或分枝链　这类沥青通常被称为"脂肪基"或"含蜡基"沥青。

2)简单的或复杂的饱和环　"饱和"是指沥青分子中最高的可能存在的氢/碳比率。通常这类沥青被称为"环烷基"沥青。

3)一种或多种不变的六碳聚合的和非饱和的环结构　这些沥青被称为"芳香基"沥青。苯基和环烷基都有这样的结构。

2.7.3 官能团或极性基团

如前所述,杂环原子(硫、氮和氧)以不同结构和不同的化合物形式附在沥青分子的碳原子上。这些结构(分子)是极性的,因为在产生偶极的分子内出现了电化学力的不平衡。因此,每个极性的分子都有带正电和负电的特点,这与具有南极和北极的磁铁是类似的。由于同性电荷相互排斥,而异性电荷相吸,在沥青中会产生分子的相互作用,这样会严重地影响其物理或"工程"性质和性能。从而,这些杂环原子的结构在沥青分子中产生功能性和极性,因此被称为官能团或极性基团。官能性(官能基团存在)与沥青分子相互作用或与路表面和/或其他材料分子相互作用是相关的。例如,集料表面有选择性地吸收官能团或极性基团对理解剥离现象是十分重要的。虽然数量不大,但是这些极性基团的特点由于来源的不同而不尽相同,并且这些极性基团对不同来源的沥青性能有着较大的影响。

另外,沥青非极性组成部分,对极性基团或功能团起到溶剂或分散剂作用,在确定极性基团对沥青物理和老化性质的影响时起着主要的作用。

有关沥青中硫、氮和氧化合物的情况,详见表2-14。

硫、氮和氧的化合物 表2-14

硫化合物	多硫化物 硫化物 硫醇 噻吩
氮化合物	吡啶 吡咯、吲哚、咔唑 萘酸/羟基酸
氧化合物	酚 酮 酯 醚 酐

2.7.4 概念性的成分模型

根据最简化的并且得到公认的沥青成分的概念,沥青是由沥青质、树脂和油分构成,详见下图:

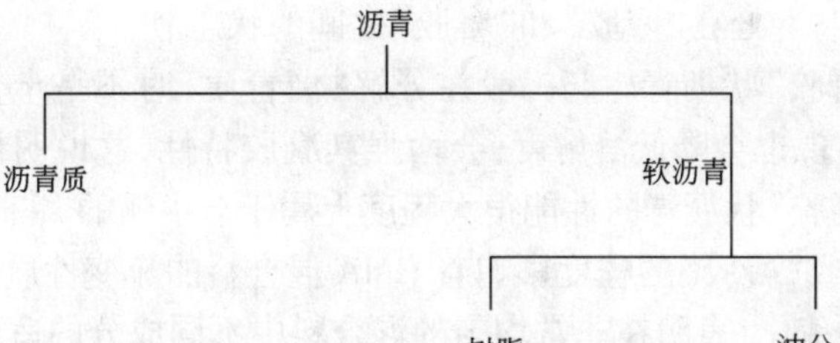

在非极性溶剂中,如戊烷、已烷或庚烷,沥青是不溶解的;被溶解的成分称为软沥青,由树脂和油分构成。

2.7.4.1 沥青质

沥青质是深棕色的、易脆的固体。用于沉淀沥青质的非极性溶剂的类型对沥青中沥青质的总量有影响。用正戊烷沉淀的数量比用庚烷的要高些,因为正戊烷中的碳原子比庚烷的要少。沥青质是最为复杂的组合成分,其极性最高。因此,极易相互影响和相互关联。沥青质由许多化合物构成,这些化合物极易在骤结中相互关联。在沥青的黏度累积(主要的)成分中起着重要作用。研究表明沥青质的数量和特点差别巨大,不同来源有不同的数量和特点。有些研究人员认为,沥青质含量低(少于

10%)或弱伴生沥青质与 HMA 压实温度不稳有关。

2.7.4.2 树脂

树脂通常是黑色的,呈半固体或固体状态。加热后呈流体状态,当冷却时变得易脆。树脂起着溶剂的作用,在油中分离出(使其胶溶出)均匀一致的液态沥青质。树脂在正戊烷中可溶解,但可吸附于漂白土或氧化铝。氧化时,树脂会产生沥青质类型的分子。

2.7.4.3 油分

油分通常是无色的或呈白色的液体。在多数溶剂中都能溶解。油分是蜡基和环烷基物质,通常没有氧和氮。氧化时,会产生沥青质和树脂分子。

2.7.5 胶体沥青

沥青不是一种真正的溶剂,但却被认为是一种胶质的或一种胶束系统。Nellensteyn[70]首先认识到其胶质性质,认为沥青在油性状态中呈胶状分散体。沥青中的沥青质、树脂和油分的数量及特点都影响 HMA 混合料物理性质和性能。这些影响使得沥青成为一种"溶胶"、"溶胶—凝胶"和"凝胶"。

1)溶胶　油相中,溶胶状沥青的树脂一般使沥青质保持高度"分散"的体系。"溶胶"沥青很大程度上呈牛顿流体特性。依照 Rostler[71]研究,沥青氮碱是"溶胶"的主要特性。

2)溶胶—凝胶　处在"溶胶"和"凝胶"之间的状态。

3)凝胶　"凝胶"状沥青树脂一般在分解"沥青质"时不是十分有效。与氮碱相比,过多石蜡的出现也会降低溶解度,会增强其凝胶特性,这说明被分散相与分散相间间距增大。"凝胶"状沥青的性能很大程度上属于非牛顿的。

沥青"溶胶"或"凝胶"的程度影响着 HMA 混合料的流变性质、老化特性和性能。

Peterson 的研究[68]表明在非常均匀的混合料中不同成分的适应性和关系控制着沥青整体性能,而不是任何单一成分的数量。沥青各种成分相互作用形成一种平衡或融合的体系,因此也就使得沥青具有一种结合料的独特的黏弹性质。人们早已认识到,这种相容性,或缺乏相容性,是与沥青的质量相关的。Oliensis's 的现场试验[72],试图确定沥青成分在溶剂中溶解时的"稳定性"。许多机构采纳了 Oliensis's 的沥青点滴试验,把它作为试验沥青均匀性的规范试验方法,因而也作为在使用寿命期限内沥青耐久性的指标。然而,正如 Heithaus 和 Fink[73]研究所表明的那样,点滴试验不能区分"好"和"不好"的沥青。当初这种试验方法确实有好的一面,因为从某些炼制过程中,通过石油裂解确定了一些耐久性差的沥青。

2.7.6 分析方法

两种较常用的分馏方法:①Rostler 和 Sternberg's 化学沉淀法;②Corbett's 选择吸

附一解吸附(色析的)法。但是,在通常情况下,“同类”分馏物仍是复杂的混合料,且无法确定化学属性。因此,源自各种沥青的同一类别分馏物,对其物理属性有着不同程度的影响。

2.7.6.1 化学沉淀法

这只是一种分析方法,并非实际分离沥青成分。图2-56为Rostler和Sternberg's开发的化学沉淀法的流程图[74-75],用以确定沥青的五种成分。也就是先用正戊烷分离出沥青质(沉淀出来),之后用溶解性强的硫酸处理软沥青质溶液,以测量软沥青中存在的四种分子状态(或成分)的数量。

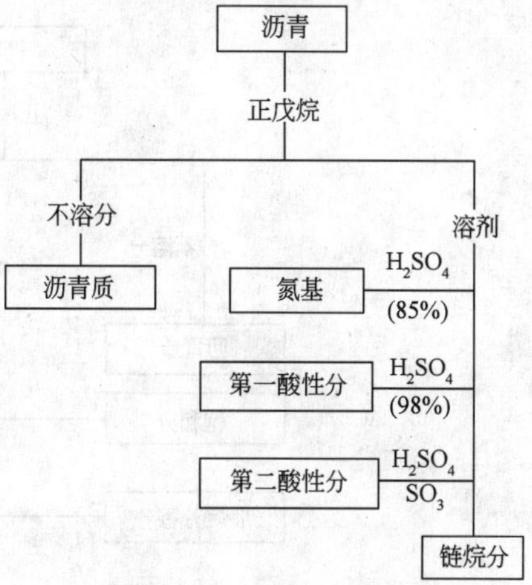

图2-56 化学沉淀法[74]

采用这种方法可以确定下列五种成分的数量。

1)沥青质(A) 采用正戊烷沉淀沥青质。沥青质在沥青中被视为“主要的”成分。

2)氮基(N) 用浓度为85%的硫酸从软沥青质溶液中去掉极性氮化成分,这种分馏物称为“氮基”,并在变成溶剂过程中,视其为紧密联系沥青质的溶解剂。

3)第一酸性分(A1) 再用98%的硫酸沉淀另一种含氮低的芳香成分。Rostler称其为“第一酸性分”,可作为溶解的沥青质的溶剂。

4)第二酸性分(A2) 再用含30% SO_3 的发烟硫酸沉淀软沥青质中被称为“第二酸性分”的较不活泼和芳香性较弱的成分。这种成分也可作为溶解沥青质的溶剂。

5)链烷分 这是软沥青的最终油性成分,对发烟硫酸没有反应。根据Rostler的研究,石蜡可作为“胶凝剂”。

许多有工程经验的技术人员在把利用不同浓度硫酸分析方法得出的结果与沥青性能相联系时遇到了困难。但是,Rostler就沥青的质量和耐久性提出下列关系式:

$$相容比率 = \frac{N}{P}$$

0.5以上的相容比率是好的。

$$耐久性参数 = \frac{N + A1}{P + A2} = \frac{最大反应}{最小反应}$$

小于0.40的耐久性参数是较差的,1.00以上是好的。

2.7.6.2 选择吸附—解吸附方法

这种方法(详见 ASTM D4124)是 Corbett 制订的,其程序为选择吸附—解吸附(图 2-57),实际上是把未改变的成分分离出来以供分析[76]。

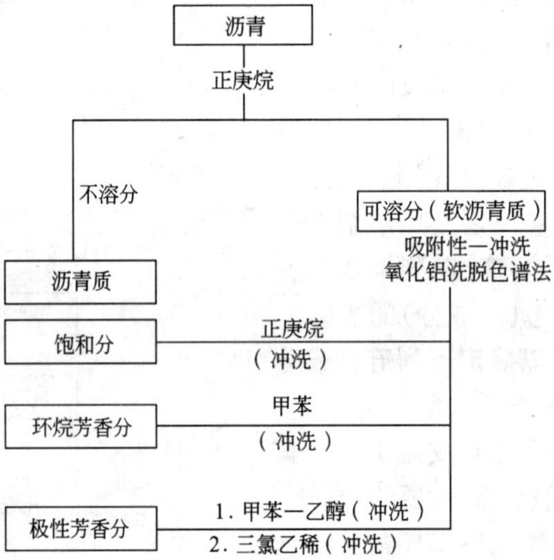

图 2-57 选择吸附—解吸附方法(摘自 Corbett[76])

首先利用非极性溶剂沉淀最具极性和最不易被溶解的沥青成分(沥青质)。余下的沥青中溶于低分子饱和烃的分馏部分是庚烷溶剂,把其引入到层析柱中。柱的氧化铝吸收了剩下的三种成分。再用极性不断加强的不同溶剂依次释出极性不断增大的分馏。Corbett 的方法可分离和量化下列四种成分:

1)沥青质(A) 用正庚烷沉淀的沥青质极性最高,如前所述,它在沥青中起到稠化的作用。在大气温度下呈固体或半固体状态。

2)饱和分(S) 用正庚烷冲洗时从层析柱中出现的第一种馏分的部分是饱和分。这部分未被层析柱中氧化铝吸收,因为这部分缺乏极性化学官能团。Rostter 认为饱和分等同于石蜡。通常在这部分的馏分物分子中能找到硫。在大气温度下饱和分呈液态,几乎不随时间的变化而变化。对沥青的温度敏感性无不良影响。

3)环烷芳香分(NA) 用极性更大的芳香溶剂冲洗时,比如苯或甲苯,从层析柱中出现的第二种馏分的部分是环烷芳分。其分子结构是由浓缩的非芳香性的或芳香性的环系统,包括了杂环原子氧、氮和硫。在大气温度下呈液态,在沥青中视其为软化成分,也是沥青中老化的部分。

4)极性芳香分(PA) 当用极性较高的酒精和苯(或甲苯)的混合物冲洗时,从层柱中最后出现的馏分部分是极性芳香分。酒精有助于把沥青中溶于低分子饱和烃的成分联系紧密且有极性的成分从吸收剂(氧化铝)分离出来。其分子结构,由大比例的浓缩芳香环系统和官能团构成,远高于沥青中溶于低分子饱和烃中的其他分馏成分。在大气温度下为固体或半固体。这种成分与沥青的延度有关,也是沥青中易老化的分馏。

2.7.6.3 分子粒度分布

高效液相色谱法(HPLC)或高效凝胶渗透色谱法(PH-GPC)已用于确定沥青中分子颗粒尺寸。这与矿料级配(或筛分)是类似的。

用这种方法绘制出沥青大、中、小分子的相对数量色谱。蒙大拿大学[77] Jennings发表了采用这项技术所做的近期研究工作。本质上,沥青溶液经过凝胶渗透色谱柱(用四氢呋喃 THF 作为溶剂)。这种方法是让最大的分子快速通过色谱柱,使得较小分子的通过速度变慢,因为小分子在出入色谱柱上凝胶毛孔速度是较慢的。检测器和记录器生成显示不同时间被冲洗的相对数量的分子色谱,Jennings 把前三分之一时间内冲洗出来的分子归类为大分子,而把第二个三分之一时间内冲洗出来的分子称为中分子,把最后三分之一时间内冲洗出来的分子称为小分子。

图 2-58 表明了用这种方法时两种沥青的两幅色谱:A 和 B。沥青分子尺寸分布大不相同,因此,通常材料性能也就会迥然不同。

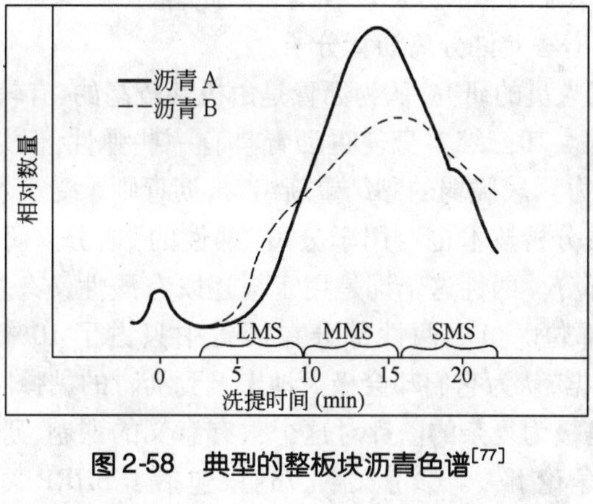

图 2-58 典型的整板块沥青色谱[77]

Jennings[77] 把路面性能差和较好的 HMA 最大分子(LMS)、中等分子(MMS)和最小分子(SMS)的相对数量进行了比较。蒙大拿公路的研究结果表明最大分子(LMS)相对数量较多与路面性能差有关。沥青中的最大分子(LMS)、中等分子(MMS)和最小分子(SMS)的相对数量之间适度平衡对沥青的耐久性和作为结合料的黏性来说是最好的。

战略公路研究计划的最新研究表明,最大分子(LMS)分馏物主要由较小的联系紧密的极性分子构成,因此,在色谱中,这些分子看上去"显得"较大。因而,这项技术可能会说明紧密相连的分子成分的特点,因为这些成分在确定路面性能的沥青流变性质和老化特点上起着重要的作用。

2.7.7 有关沥青化学的 SHRP 研究

为了更好地理解沥青的化学性质,在 SHRP 中采用了较为先进的分析技术。

利用分子尺寸排除色谱法(SEC)把沥青分为两部分(称为 SEC I 和 SEC II)。采用甲苯作为溶剂而不用极性较强的溶剂,如 Jennings 早期研究工作[79]中所用的四氢呋喃,改进了尺寸排除色谱法(SEC)。性质较弱的溶剂甲苯,不会像四氢呋喃溶剂那样多地破坏沥青结构。人们认为 SEC I 包含“关联分子”,SEC II 则是包含了“溶剂分子”。另有分析表明在 SEC I 中有绝大多数极性材料的存在,而在 SEC II 中则是有非极性的材料。SHRP 开发的以性能为主的沥青物理试验表明,SEC I 的数量不断增加通常会导致材料的脆性、低温开裂和疲劳开裂(在薄的 HMA 路面中)。另一方面,SEC II 的数量越大则会造成车辙和疲劳开裂(厚的 HMA 路面中)。

也可采用离子交换色谱法(IEC),视其为一种有力的分析技术来了解沥青中分子相互作用的情况。利用这种方法,把沥青在溶剂中溶解,然后,通过一系列的离子交换树脂,根据其酸性或基本的特性,可以用于吸引极性分子。在树脂基中没有保留非极性分子,视其为单独的一部分加以收集。因此,依照影响到沥青性能的自身特点(极性),离子交换色谱法允许分离沥青分子。

根据 SHRP 研究人员的研究,认为沥青是由极性较高的、有较多中性分子充斥而形成的三维分子矩阵。其三维本身使得沥青具有一些弹性,但是,却有相当的应力(温度应力或机械应力),较脆弱的黏结重新组合,沥青则承受了永久性的应变。

离子交换色谱法分析技术也可用于分离“两性的”成分。研究人员认为这部分是沥青的关键组成部分。两性这个词是用于描述既有酸性又有基本团的沥青分子,但却不是在同一个部位。虽然两性部分在沥青中只占了 10% 或 15%,但是根据 SHRP 研究取得的数据,认为它们却会极大地影响到沥青的黏弹性性质。

沥青的化学性是极为复杂的。针对这个很有意义的课题,研究人员过去一直在争论,而且还将继续争论下去。参考文献[78]中包括了 SHRP 关于沥青化学性的研究数据。

参考文献

[1] Barth, E. J. *Asphalt Science and Technology*. Gordon and Breach Science Publishers, New York, NY, 1962.

[2] Wallace, H. A. and J. R. Martin. *Asphalt Pavement Engineering*. McGraw-Hill Book

Co., New York, NY. 1967.

[3] Traxler, R. N. *Asphalt: Its Composition, Properties and Uses.* Reinhold Publishing Corp., New York, NY, 1961.

[4] Corbett, L. W. Refining Processing of Asphalt Cement. TRB, Transponation Research Record 999, 1984.

[5] Hodgson, R. S. Asphalt: What and From Where. Paper presented at the Asphalt-State-of-the-Art Conference, Woodbridge, NJ, May 11, 1981.

[6] Welborn, J. Y. and W. J. Halstead. Testing of Asphalts and Asphalt. Mixtures. Proceedings AAPT, Vol. 43A, 1974.

[7] Terrel, R. L., J. A. Epps, and C. Crawford. Making the Most of Tempoerature/Viscosity Characteristics. National Asphalt Pavement Association Information Series 102/88, 1988.

[8] Kandhal, P. S., L. D. Sandvig, W. C. Koehler and M. E. Wenger. Asphalt Viscosity—Related Properties of In-Service Pavements in Pennsylvania. ASTM, Special Technical Publication No. 532, 1973.

[9] Vallerga, B. A., C. L. Monismith and K. Granthem. A Study of Some Factors Influencing the Weathering of Paving Asphalts. Proccedings AAPT, Vol. 26, 1957.

[10] Finn, Fred N. Factors Involved in the Design of Asphaltic Pave-ment Surfaces. HRB, NCHRP Repon 39, 1967.

[11] Traxler, R. N. Durability of Asphalt Cements. Proceedings AAPT, Vol. 32, 1963.

[12] Brown, A. B., J. W. Sparks and O. Larsen. Rate of Change of Softening Point, Penetration, and Ductility of Asphalt in Bituminous Pavement. Proceedings AAPT, Vol. 26, 1957.

[13] Lee, Dah-Yinn. Asphalt Durability Correltion in lowa. HRB, Highway Research Record 468, 1973.

[14] Kandhal, P. S., and M. E. Wenger. Asphalt Properties in Relation to Pavement Performance. TRB, Transportation Research Record 544, 1975.

[15] Kandhal, P. S. and W. C. Koehler. Significant Studies on Asphalt Durability: Pennsylvania Experience. TRB, Transportation Research Record 999, 1984.

[16] Welborn, J. Y. Relationship of Asphalt Cement Properties to Pavement Durability. TRB, NCHRP Report 59, 1979.

[17] Kandhal, P. S. Low-Temperature Ductility in Relation to Pavement Performance. ASTM, Special Technical Publication 628, 1977.

[18] Hubbard, P. and Gollomb, H. The Hardening of Asphalt with Relation to Development of Cracks in Asphalt Pavements. Proceedings AAPT, Vol. 9, 1937.

[19] Welborn, J. Y., E. R. Oglio and J. A. Zenewitz. A Study of Viscosity Graded Asphalt Cements. Proceedings AAPT, Vol. 35, 1966.

[20] Doyle, P. C. Cracking Characteristic of Asphalt Cement. ProCracking Characteristic of Asphalt Cceedings AAPT, Vol. 27, 1958.

[21] Halstead, W. J. The Relation of Asphalt Ductility to Pavement Performance. Proceedings AAPT, Vol. 32, 1963.

[22] Hveem, F. N., E. Zube and J. Skog. Proposed New Tests and Specifications for Paving Grade Asphalts. Proceedings AAPT, Vol. 32, 1963.

[23] Serafin, P. J. Discussion. Proceedings AAPT, Vol. 32, 1963.

[24] Vallerga, B. A. and W. J. Halstead. Effects of Field Aging on Fundamental Properties of Paving Asphalts. HRB, Highway Research Record 361, 1971.

[25] Kandhal, P. S. et al. Low-Temperature Properties of Paving Asphalt Cements. TRB, State-of-the-Art Report 7, 1988.

[26] Kandhal, P. S. and M. E. Wenger. Measurement of Asphalt viscosity at 77°F with a Vacuum Capillary Viscometer. Proceedings AAPT Vol. 44, 1975.

[27] *Properties of Asphaltic Bitumen*, J. Ph. Pfeiffer, Ed., Elsevier Publishing Company, Inc., New York, 1950.

[28] McLeod, N. W. Asphalt Cements: Pen-Vis Number and Its Application to moduli of Stiffness. ASTM Journal of Testing and Evaluation Vol. 4, No. 4, 1976.

[29] Kandhal, P. S. and W. C. Koehler. Effect of rheological Properties of Asphalts on Pavement Cracking. ASTM, Special Technical Publication 941, 1987.

[30] Puainauskas, V. P. Evaluation of Properties of Asphalt Cements with Emphasis on Consistencies at Low Temperatures. Proceedings AAPT, Vol. 36, 1967.

[31] Kandhal, P. S., L. D. Sandvig and M. E. Wenger. Shear Susceptibility of Asphalts in Relation to Pavement Performance. Proceedings AAPT, Vol. 42, 1973.

[32] Van der Poel, C. A General System Describing the Viscoelastic Properties of Bitumens and Its Relation to Routine Test Data. Journal of Applied chemistry, May 1954.

[33] Heukelom, W. and A. J. G. Klomp. Road Design and Dynamic Loading. Proceedings AAPT, Vol. 33, 1964.

[34] Heukelom, W. An Improved Method of Characterizing Asphaltic bitumens with the Aid of their Mechanical Properties. Proceedings AAPT, Vol. 42, 1973.

[35] Haas, R. C. G. A Method for designing Asphalt Pavements to Minimize Low-temperature Shrinkage Cracking. The Asphalt Institute, Research Report No. 73-1, January 1973.

[36] Schweyer, H. E. A Pictorial Review of Asphalt Rheology. Proceedings AAPT, Vol.

43A,1974.

[37] Schweyer,H. E. and J. C. Busot. Experimental Studies on Viscosity of Asphalt Cements at 77°F. HRB,Highway research Record 361,1971.

[38] Schweyer,H. E. ,R. L. Baxley,and A. M. Burns. Low-Temperature Rheology of Asphalt cements—Rheological background. ASTM,Special Technical Publication 628,1977.

[39] Fenijn,J. and R. C. Krooshof. The Sliding Plate Rheometer—A Simple Instrument for Measuring the Visco-Elastic Behavior of Bitumens and Related Substances in Absolute Units. Proceedings Canadian Technical Asphalt Association, Vol. 15, 1970.

[40] Gaw,W. J. Measurement and Prediction of Asphalt Stiffness and Their Use in Developing specifications to Control Low-Temperature Pavement Transverse Cracking. ASTM,Special Technical Publication 628,1977.

[41] Gaw,W. J. Measurement and Prediction of Asphalt Stiffness at Low and Intermediate Pavement Service Temperatures. Proceedings AAPT,Vol. 47,1978.

[42] Pink,H. S. ,R. E. Merz and D. S. Bosniack. Asphalt Rheology: Experimental Determination of Dynamic Moduli at Low Temperatures. Proceedings AAPT, Vol. 49,1980.

[43] Kandhal,P. S. and W. C. Koehler. Pennsylvania's Experience in the Compaction of Asphalt Pavements. ASTM,Special Technical Publication 829,1984.

[44] Finn,F. N. ,K. Nair and J. M. Hilliard. Minimizing Premature Cracking in Asphaltic Concrete Pavement. TRB,NCHRP Report 195,1978.

[45] Kandhal,P. S. Low Temperature Shrinkage Cracking of Pavements in Pennsylvania. Proceedings AAPT,Vol. 47,1978.

[46] Fromm,H. J. and W. A. Phand. Temperature Susceptibility Control in Asphalt Cement Specifications. HRB,Highway Research Record 350,1971.

[47] Kandhal,P. S. Evaluation of Low Temperature Pavement Cracking on Elk County Research Project. TRB,Transportation Research Record 777,1980.

[48] McLeod,N. W. The Case for Grading Asphalt Cements by Penetration at 77°F Proceedings Canadian Technical Asphalt Association,Vol. 20,1975.

[49] Burgess,R. A. ,O. Kopvillem,and F. D. Young. Ste. Anne Test Road-Relationship Between Predicted Fracture Temperatures and Low Temperature Field Performance. Proceedings,AAPT,Vol. 40,1971.

[50] Readshaw,E. E. Asphalt Specifications in British Columbia for Low Temperature

Performance. Proceedings AAPT, Vol. 41, 1972.

[51] Kandhal, P. S. Evaluation of Baghouse Fines in Bituminous Paving Mixtures. Proceedings AAPT, Vol. 50, 1981.

[52] Majidzadeh, K. and EN. Brovold. State-of-the-Art: Effect of Water on Bitumen-Aggregate Mixtures. HRB, Special Report 98, 1968.

[53] Kandhal, P. S. Field and Laboratory Evaluation of Stripping in Asphalt Pavements: State-of-the-Art-Report. Transportation Research Record 1454, 1994.

[54] Kandhal, P. S. Moisture Susceptibility of HMA Mixes: Identification of Problem and Recommended Solutions. NAPA Quality Improvement Publication 119, December 1992.

[55] Kandhal, P. S., C. W. Lubold, and F. L. Roberts. Water Damage to Asphalt Overlays: Case Histories. Proceedings AAPT, Vol. 58, 1989.

[56] McGennis, R, B., S Shuler, and H. U. Bahia. Background of superpave Asphalt Binder Test Methods. FHWA, Report No. FHWA-SA-94-069, July 1994.

[57] Warren, R. S., R. B. McGennis, and H. U. Bahia. Superpave Asphalt binder Test Methods—An Illustrated Overview. FHWA, Report No. FHWA-SA-94-068, July 1994.

[58] American society for Testing and Materials. 1994 Annual Book of ASTM Standards, vol. 04. 04, Rubber, Natural and Synthetic-General Test Methods, 1994.

[59] Bahia, H. U. and D. A. Anderson. The Pressure Aging Vessel (PAV): A Test to Simulate Rheological Changes Due to Field Aging. ASTM Special Technical Publication 1241, 1994.

[60] Bahia, H. U. and D. A. Anderson. The SHRP Binder Rheological Parameters: Why Are They Required and How Do They Compare to Conventional Properties. Transportation Research Board, Preprint Paper No. 950793, January, 1995.

[61] Christensen, D. W. and D. A. Anderson. Interpretation of Dynamic Mechanical Test Data for Paving Grade Asphalt Cement. Journal of the Association of Asphalt Paving Technologists, Vol. 61, 1992.

[62] Anderson, D. A. and T. W. Kennedy. Development of SHRP Binder Specifications. Journal of the Association of Asphalt Paving Technologists, Vol. 62. 1993.

[63] Anderson, D. A. and T. W. Kennedy. Development of SHRP Binder Specifications. Asphalt Behavior at Low Service Temperatures. FHWA Report No. FHWA-RD-88-078, March 1990.

[64] American Society for Testing and Materials. 1994 Annual Book of Staandards, Vol. 08. 01, Plastics, 1994.

[65] Kandhal, P. S., R. Dongre, and M. S. Malone. Prediction of low-Temperature Crack-

ing Using Superpave Binder Specifications. Journal of the Association of Asphalt Paving Technologists, Vol. 65, 1996.

[66] Bahia, H. U. and D. A. Anderson. Glass Transition Behavior and Physical Hardening of Asphalt Binders. Journal of the Association of Asphalt Paving Technologists, Vol. 62, 1993.

[67] Superpave Performance Graded Asphalt Binder Specification and Testing. Asphalt Institute Superpave Series No. 1 (SP-1), 1994.

[68] Petersen, J. C. Chemical Composition of Asphalt as Related to Asphalt Durability—State—of—the—Art. TRB, Transportation Re-search Record No. 999, 1984.

[69] Halstead, W. J. Relation of Asphalt chemistry to Physical Properties and Specifications. Proceedings AAPT, Vol. 54, 1985.

[70] Nellensteyn, F. J. Relation of the Micelle to the Medium in Asphalt. Journal of the Institute of Petroleum technologist, Vol. 14, 1928.

[71] Rostler, F. S. Fractional Composition: Analytical and Functional Significance. (Chapter 6-bituminous Materials-Asphalts, Tars, and Pitches); Vol. II, Asphalts. Edited by Arnold J. Holberg. Huntington, New York, Robert E. Krieger Publishing Company, 1979.

[72] Olienses, G. L. The Spot Test. Proceedings AAPT, Vol. 6, 1935.

[73] Heithaus, J. J. and D. F. Fink, An Examination of the Significance of the Oliensis Spot Test. Proceedings AAPT, Vol. 28, 1959.

[74] Rostler, F. S. and H. W. Sternberg. Compounding Rubber with Petroleum Products. Industrial and Engineering Chemistry, Vol. 41, 1949.

[75] Rostler, F. S. and R. M. White. Composition and Changes in Composition of Highway Asphalts, 85-100 Grade. Proceedings AAPT, Vol. 31, 1962.

[76] Corbett, L, W. Composition of Asphalt Based on Generic Fractionation Using Solvent Deasphalting, Elution-Adsorption Chromatography, and Densimetric Characterization. Analytical Chemistry, Vol. 41, 1969.

[77] Jennings, P. W. High Pressure Liquid Chromatography as a Method of Measuring Asphalt Composition. Report No. FHWA-MT-7930 Montana State University, Bozeman, Montana, 1980.

[78] Branthaver, J. F., J. C. Petersen, R. E. Robertson, J. J. Duvall, S. S. Kim, P. M. Harnsberger, T. Mill, E. K. Ensley, F. A. Barbour, and J. F. Schabron. Binder Characterization and Evaluation, Volume 2: Chemistry. Strategic Highway Research Program Report No. SHRP-A-368, 1993.

第3章

集　　料

3.1 引言

公路建设使用的集料大多取自当地的天然岩石。这些岩石处在露出地面的岩石层上，或在地表附近的地方，或通常是以前河床形成的砾石沉淀物。地质学家根据其起源——火成的、沉积的和变质的性质把天然岩石分为三类。HMA 有时采用的集料是其他类型的集料，其中，轻质集料是通过把黏土加热到极高的温度后形成的集料，通常是在钢铁生产当中炼钢炉里所形成的矿渣。HMA 中使用这两种人工制造的集料，其抗滑性较好。

火成岩的主要成分是结晶体，是熔化的岩浆朝着或是在地球表面移动时经冷却后形成的。根据结晶颗粒的大小和其成分的酸碱性，对火成岩进行分类。若是结晶颗粒大于 2mm，则为粗集料，若是小于 0.2mm 则为细集料。根据成分对火成岩进行的分类，详见表 3-1。

根据成分对火成岩的分类　　表 3-1

指　标	酸　性	中　性	碱　性
二氧化硅(%)	>66	55 ~ 66	<55
相对密度	<2.75	—	>2.75
颜色	淡色	—	深色
游离石英成分	有	—	没有

沉积岩的形成，主要是原有岩石解体后不溶解的残余部分形成的沉积物，或是海洋动物无机成分的沉积物。根据主要的矿料成分，如石灰质的(石灰石、白垩等)、硅酸的(燧石、砂岩等)或是黏土的(页岩等)性质进行分类。

变质岩、火成岩、沉积岩，经过受热或是承受压力后其矿料结构发生改变，与原来的岩石截然不同。变质岩在本质上为结晶体，粒径从细到粗不等。

砾石是由天然岩石破碎后形成的。在现有的或古代的河道上可以找到砾石颗粒,由于颗粒沿河道移动时在河水的作用下,通常是光滑的,一般呈圆形或是扁圆形。所以在用于HMA之前,通常要求粉碎砾石。

砂子主要是由天然岩石最坚固的最终残余部分构成。砂子的主要成分通常为石英。粒径尺寸通常从8号(2.36 mm)筛子到粉尘颗粒(200号或是75μm号筛子)。许多砂子沉积物通常含有泥砂或黏土颗粒,其数量不等,在用于HMA之前要求清洗砂子。美国北部许多州都有大量的结晶砂和砾石,比起大多数河砾石和砂子,这些结晶砂子和砾石中黏土含量相对较少。

矿渣是冶金生产中加工钢铁、锡和铜时的副产品。矿渣一般具有火成岩的性质,其结构从透明到蜂窝状的都有。铜铁加工中产生的高炉矿渣是在路面建筑中应用得最为广泛的材料。该种集料制成的高质量的沥青混合料,有着良好的抗滑性能。矿渣的吸水性较强,因此,当在沥青结合料中采用矿渣集料时,沥青结合料的数量比天然生成集料制成的沥青结合料的含量高。

就公路施工而言,通常没有必要去广泛地了解岩石的地质信息资料。岩石的重要特性与材料在各种应用中的性能是相关的,比如在底基层、基层或是在路面施工中用于各种HMA层的材料性能。因此,公路建设中岩石的物理性质才是最为重要的。人们对岩石的化学性质了解不多,要在沥青和集料之间保证有良好的黏结,岩石的化学性质是重要的。由于石场的或是砾石坑中的天然岩石材料出自不同的地区,定期取样和检验材料才是关键,才可以保证集料性质的一致性并满足技术规范的要求。

3.2 集料生产

集料的物理特性,比如耐磨性和强度,主要取决于母石特性。但是,通过去除强度较弱的石层和破碎对集料颗粒形状及集料级配的影响,石场生产过程对集料质量的影响也是极大的。

几乎所有的石场,从强度好的岩石中取石之前,必须要去除覆盖层。该层的主要成分一般为土壤和风化岩石。但常常难以在坚硬岩石和风化岩石之间划出界线。并且,风化岩石常出现在岩石裂缝处或是连接处。因此,剥掉和去除这层覆盖层和分解的岩石,在破碎时去除坚实材料上的石屑,让强度不够的材料穿过筛子(铁格筛)并弃掉这些材料,这样做是十分重要的。为了对破碎操作有个全面的理解,下文中给出了示意图和简化的破碎机布置。

石料加工作业根本目的在于通过爆破从采石面取出坚硬的岩石,再利用一系列的破碎机、粉碎机和筛分装置按照尺寸分成各种粒径的材料,按规定制成路面施工的材料。基本上把集料制成立方形,而不是扁平的或是细长形的。有关岩石破碎操作的简化布局详见图 3-1。要注意,颚式破碎机为主要的破碎机,标准的圆锥破碎机为次要的破碎机。选择这些破碎设备要求如下:

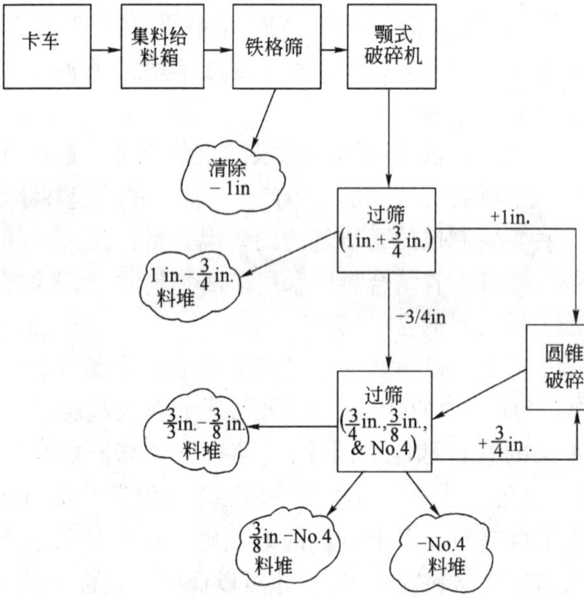

图 3-1　破碎机简化布置图

1)生产符合要求的尺寸和形状;

2)减少大尺寸的岩石;

3)有足够的生产能力可以处理高峰装载;

4)最大限度地减少阻塞和堵塞;

5)安全处理不可破碎的材料,可去除这种材料,而不是把其破碎掉,如铁;

6)需要的人员最少;

7)满足破碎要求而不增加破碎的场所和辅助设备;

8)每吨成品所需的电量最低;

9)抗磨损性;

10)操作经济,维修费用最低;

11)使用寿命较长、操作较为可靠。

在岩石爆破面进行爆破之前,要把覆盖层去除掉。爆破是种危险的操作,必须由持证的合格人员完成。爆破后从石场取出的岩石用载货汽车运送到破碎机的地方。

爆破之后,裂缝周围和其他地方的风化石头比坚硬的岩石更易破碎成较小的碎片。在破碎之前,利用铁格筛把这些碎石去除掉(图3-1)。所有小于1in(0.0254m)的碎块都要清除和废弃掉。把大于1in的通过铁格筛的岩石送入颚式破碎机(主破碎机),把岩石破碎成其他破碎机可以处理的尺寸。假设通过这种简化的破碎操作,可生产四种尺寸的集料:1~3/4in(19~25.4mm)、3/4~3/8in(9.5~19mm)、3/8~4号(9.5~4.75 mm)和<4号(<4.75mm)。颚式破碎机之后的操作是把集料过筛,分成各种尺寸的集料。采用1in(25.4mm)和3/4in(19mm)筛子,第一遍筛分是把集料分成三种尺寸。大于1in(25.4mm)材料要送入圆锥破碎机进行二次破碎。把小于1in(25.4mm)而又大于3/4in(19mm)的集料储存起来。小于3/4in(19mm)要再次过筛进行更进一步的筛分。二次筛分使用的筛子规格为3/4in(19mm)、3/8in(9.5mm)和4号(4.75 mm)。大于3/4in(19mm)的集料要送入圆锥破碎机进行更进一步的破碎。另外三种尺寸的材料储存起来,如图3-1所示。这是一种较为简化的操作,所采用的都是常用于破碎和筛分集料的方法。大多数操作比起这种操作要复杂得多,无论其复杂程度有多高,其操作却几乎都是全部由破碎机和筛机构成。如果有必要,许多操作在某个操作阶段还可以清洗集料。

在破碎设备操作过程中,最终产品的性质必须一致,这是十分重要的。这就要求送入破碎机的母岩,其物理性质,比如相对密度和吸水性应是一致的。当从石场的各个地方采石时,集料的物理性质也许会极不一样,因此,在HMA中保持均匀的间隙率就会出现问题。破碎操作过程中的质量控制必须保证集料的物理性质相差不要过大。送到破碎作业的材料数量在理论上应大致恒定。若是要提高进料速度或是降低速度,某个筛子上的集料溢出数量就改变了,尤其是当操作接近筛子的设计能力时。比如,提高破碎机材料流动的速度通常会导致某个筛子上溢出更多的细集料,这种溢出又造成细集料堆积。送料速度须超过最低值才可使细集料开始布满筛面。

主破碎机把采石场原岩初次破碎成1~8in的最大粒径。第二次和第三次破碎是额外的破碎过程,要求把集料破碎至规定的尺寸。

机械破碎有四种不同的机理:冲压、摩擦、剪切和压缩。大多数破碎机采用的是四种机械原理的所有组合。详见下文对每种机械原理的简要介绍。

冲压是指一个物体剧烈的、瞬间的撞击另一个物体。在破碎过程中,冲击可以是重力或是动力(图3-2)。多数破碎机把冲击作用作为机械机理之一,用于集料微细化破碎(表3-2)。

图3-2 冲压机械破碎[1]

不同类型破碎机和破碎方法[1]

表 3-2

破碎机	破碎方法			
	冲压	摩擦	剪切	压缩
冲压机	•			
垂直冲压粉碎机	•			
布拉德福式(Bradford)破碎机	•			
锤击式破碎机	•	•	•	
环形制粒机	•		•	•
单辊破碎机	•		•	•
旋转压实机	•	•		•
颚式破碎机	•			•
圆锥破碎机	•	•	•	•

摩擦是指两种硬物体表面摩擦而形成的破碎,主要是一种碾碎的方法(图3-3)。锤击式破碎机、单辊破碎机和圆锥破碎机都是采用这种破碎方法。

剪切破碎是切削或是劈裂材料,如单辊破碎机(图 3-4)。剪切破碎通常也结合了其他的破碎机械力,如冲击和挤压。

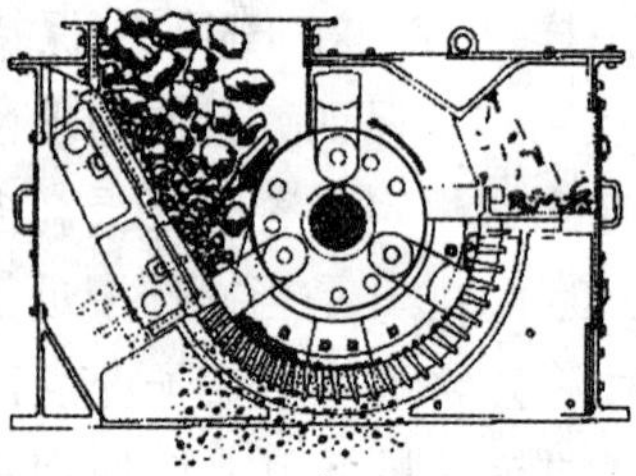

图 3-3　冲击和摩擦组成的锤击式破碎机的机械破碎图

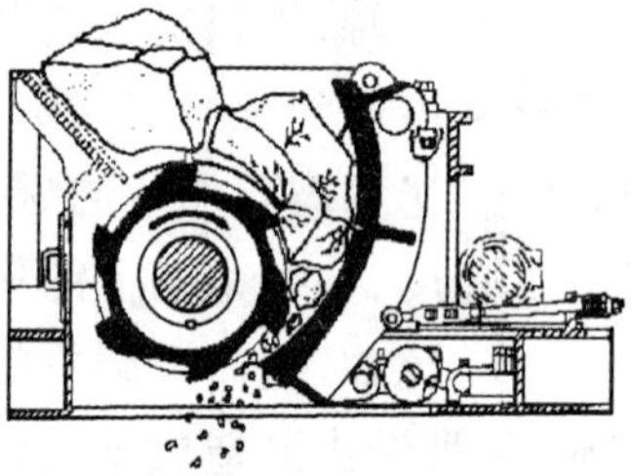

图 3-4　剪切、冲击和挤压组成的单辊破碎机的机械破碎图[1]

挤压是指两个物体表面通过紧压的力量进行的机械破碎(图 3-5)。颚式破碎机的挤压是使大粒径、坚硬、粗糙岩石减低粒度的最有效的系统。

选择破碎机必须谨慎,要使材料符合技术规范要求,与此同时还要把成本减少到最低程度。显然,待破碎岩石的类型极大地影响着所要利用的破碎机的选择。

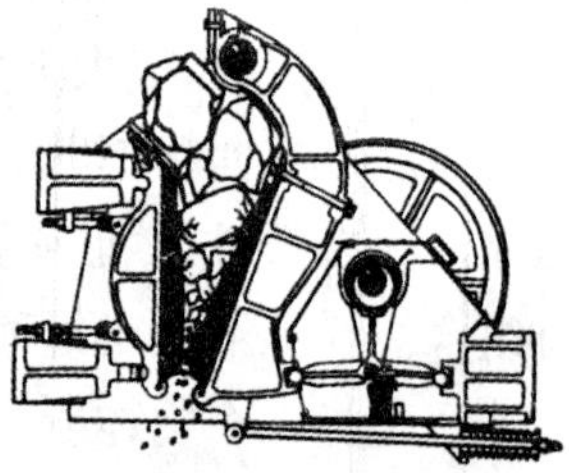

图 3-5　特殊设计的颚式破碎机的机械粉碎图(不需摩擦、挤压和冲击的破碎)[1]

3.3 集料取样

在进行集料试验之前,必须采用适当的取样技术从某地取样(ASTM D75)。取样可以是随机的,也可以根据取样的目的,选择有代表性的材料进行取样(取材料的平均值)。通常对于混合料配比设计而言,可对有代表性的材料进行取样;而对质量控制而言,则可以随机取样。当只需取1~2个样品来说明混合料特性时,则要求进行有代表性的取样。但是,当要多次取样以评估混合料质量时,通常是随机取样。若是取样不当,那么所有集料试验则毫无意义,还会导致HMA混合料设计或是施工质量不佳,最终造成材料性不能令人满意。

集料取样通常是从料堆、输送带、热料仓或载货汽车上取样。取样的人员必须明确,当材料成堆存放、装入载货汽车或是放入料仓时,会产生离析。因此,最佳的采样地点是在输送带上;不过,取样时应从输送带的全幅宽度上进行,因为在输送带上的集料也会离析。这时,应从输送带的某个点及时随机取样。某个时段有代表性的取样可结合随机取样,比如一天从输送带上取样,或是在料堆的不同地点上取样并综合这些取样。代表性的试样几乎总是用于料堆的评估。总之,取样方式必须最低程度地减少料堆的离析。料堆底部边缘的集料通常比料堆其他地方的粒径要大些。较好的料堆取样方式是从料堆的侧面爬到离底部或是顶部有一定距离的地方,清除掉表面集料,从其下面取样。有时有必要在取样的上方放置一个架子以防集料掉到取样的区域里。应该在整个料堆的多个地方取样,再合并组合成一个典型的试样。

在按要求完成取样的次数和数量并把试样带回试验室之后,每个试样必须破碎到适于试验的粒径。可用试样破碎机或是粉碎机(ASTM C702)把试样变小。两种方式都不错,但是如果试验所用的样品必须准确无误的话,就必须使用其中之一的方式。取样和把样品破碎至试验所需粒径的重要性无须赘述,因为所有试验的结果都取决于采用正确的技术。

3.4 集料的矿物和化学性质

如前所述,集料的主要物理性质决定着其在HMA中的适用性,而不是其化学性质。材料的基本物理性质(比如密实度、孔隙率和强度)和化学/物理化学性质(比如湿度、黏度和剥离性)是集料矿料成分和结构功能。理解和识别矿料性质可为特殊用途的集料提供潜在的物理和化学性质的信息,并有助于避免使用含有有害矿物质的集料。应选择项目的技术规范以便去除含有不符合要求的矿料成分的集料。

3.4.1 集料的矿物成分

3.4.1.1 常见的矿石

天然集料的大多数成分是矿物质的集合体。集料中最为重要的矿物质是二氧化硅(石英)、长石(正长石、斜长石)、铁镁矿料(白云石、蛭石)、碳酸盐(方解石、白云石)和黏土(伊犁石、高岭石、蒙脱石)。有关这些矿物质和相关岩石内容详见ASTM C294(表3-3a)。常见集料的一般化学成分详见表3-3b[3]。

集料的岩石和矿料成分[2]

表3-3a

矿　料	火 成 岩	变 形 岩
二氧化硅	花岗岩	大理石
石英	黑花岗岩	变质砂岩
蛋白石	闪长岩	石板
玉髓	橄榄岩	千枚岩
方石英	结晶花岗岩	片岩
硅酸盐	松脂石	闪岩
长石	黑曜石	角页岩
铁镁矿料	轻石	片麻岩
角闪石	凝灰岩	蛇纹岩
普通辉石	铁渣	
黏土	珍珠岩	
伊利石	松脂石	
高岭土	霏细岩	
绿泥石	玄武岩	
蒙脱石		
云母	沉积岩	
沸石	砾石	
黑金刚石	砂石	
方角石	石英岩	
白云石	硬砂岩	
硫酸盐	次硬砂岩	

续上表

矿 料	火 成 岩	变 形 岩
石膏	长石砂岩	
硬石膏	泥铁石，粉砂岩	
黄铁矿	白云石及页岩	
典铁矿	黑金刚石	
白铁矿	石灰石	
磁黄铁矿	泥灰	
氧化铁	白垩	
磁铁矿	燧石	
赤铁矿		
针铁矿		
钛铁矿		
褐铁矿		

岩石典型矿料成分[2] 表3-3b

石料		石英	正长石	斜长石	辉石	角闪石	黑云母	白云母	绿帘石	玻璃石
火成岩	花岗岩	30	41	8	—	—	3	3	1	—
	闪长岩	8	7	30	3	27	4	0.1	5	—
	辉长岩	0.5	—	44	28	9	2	—	1	—
	辉绿岩	—	—	44	46	—	—	—	—	2
	流纹岩	32	45	3	—	0.7	3	2	2	0.4
	粗面岩	3	42	1	2	6	0.5	—	8	0
	安山石	0.6	—	48	14	3	—	—	3	13
	玄武岩	—	—	36	35	—	—	—	—	21
变质岩	石英岩(硅岩)	84	3	—	—	1	2	2	2	—
	长石硅岩	46	27	1	—	—	2	5	1	—
	角闪片麻岩	10	16	15	3	45	3	1	2	—
	花岗片麻岩	37	32	3	—	—	7	11	2	—
	黑云母片岩	34	13	3	—	1	38	3	2	—
	云母片岩	37	16	1	—	—	13	26	2	—
	板岩	29	4	—	—	—	—	55	2	—
	大理石	3	0.2	0.2	—	—	—	方解石 =96	2	—
	闪岩	3	1	8	—	70	1	0.2	12	

续上表

石料		石英	正长石	斜长石	辉石	角闪石	黑云母	白云母	绿帘石	玻璃石
沉积岩	砂岩	79	5	0.3	—	—	0.2	1	—	—
	长石砂岩	35	26	2	—	—	0.6	2	1	—
	石灰砂岩	46	3	2	—	—	—	方解石=42	—	—
	燧石(黑硅石)	93	—	—	—	—	—	方解石=1	—	—
石灰石		6	—	—	—	白云石=8	方解石=83	—		—
白云石		5	—	—	—	白云石=82	方解石=11	—		—

3.4.1.2 矿物成分对集料性能的影响

由于矿物质具有一定的化学成分,通常是特殊的晶体结构,集料的物理和化学性质与其矿料性质有关。常见集料类型的典型工程性质详见表3-4。

岩石工程性质一览表[4]　　表3-4

岩石类型		力学强度	耐久性	化学稳定性	表面物性	杂质百分比
火成岩	花岗岩,黑花岗岩	良好	良好	良好	良好	可能
闪长岩	霏细岩	良好	良好	可疑的	一般	可能
	玄武岩、辉绿岩	良好	良好	良好	良好	很少
辉长岩	橄榄岩	良好	一般	可疑的	良好	可能
沉积岩	石灰石	良好	一般	良好	良好	可能
	砂石	一般	一般	良好	良好	很少
	燧石	良好	差	差	一般	很可能
	砾石	一般	一般	良好	良好	很少
角砾岩	页岩	差	差	差	良好	可能
变质岩	片麻岩、片岩	良好	良好	良好	良好	很少
	石英岩	良好	良好	良好	良好	很少
	大理石	一般	良好	良好	良好	可能
	蛇纹岩	一般	一般	良好	一般~较差	可能
	闪岩	良好	良好	良好	良好	很少
	页岩	良好	良好	良好	差	很少

HMA 集料最佳性质的汇总详见表 3-5。绝大多数的集料是由多种矿物质构成的,常常是可变的成分。即便是那些矿料性质均匀的集料,也会随着氧化、与水化合、溶解、风化和外面覆盖层的出现而改变。因此,仅矿物质本身难以成为对使用中的集料性能进行预测的基础。岩相学的检查是有用的,在评价集料时,以往类似集料在类似环境和荷载条件下的性能也是有用的信息。

除了表 3-4 和表 3-5 中列出的性质以外,粗集料的矿料性质也会影响 HMA 的矿料组成成分。石英和长石较为坚硬、耐磨,常常在火成岩上出现,如玄武岩和辉长岩。另一方面,石灰石中方解石和白云石,就是软矿石的例子。石灰石中软矿石的比例较高,比大多数其他类型的集料更易较快地磨损。许多公路机构规定集料中最低的不能溶解物质的酸性为 10%,以确保有符合要求的摩擦性质。其他机构采用磨光试验(ASTM D3319 或是 E660 和 E303)或是岩相学的试验(ASTM C295)来评估集料的磨光性能。

适用 HMA 的最佳岩石特性 表 3-5

类 型		硬度	抗剥离性	表面结构	破碎形状
火成岩	花岗岩	中	中	中	中
	黑花岗岩	上	中	中	中
	辉绿岩	上	中	中	上
	黑花岗岩(暗色岩)	上	上	上	上
	闪长岩(暗色岩)	上	上	上	上
	辉长岩(暗色岩)	上	上	上	上
沉积岩	石灰石,白云石	下	上	上	中
	砂岩	中	上	上	上
	燧石	上	中	下	上
	页岩	下	下	中	中
变质岩	片麻岩	中	中	上	上
	片岩	中	中	上	中
	石板	上	中	中	中
	石英岩	上	中	上	上
	大理石	下	上	中	中
	蛇纹岩	上	中	中	中

注:集料是喜水性的,较易剥离,因为水可以轻易地取代沥青薄膜层。新破碎的集料有许多被破坏的离子键,也有可能会轻易地剥离。

影响集料在 HMA 应用与矿料学的另一个因素是表层沉积物和其他有害物质的存在[4]，包括黏土、页岩、淤泥、铁氧化物、石膏、溶水盐和其他影响与沥青黏结的软矿料。有害物质也会提高沥青混合料的水敏感性。含有害物质的集料不适合应用于 HMA，除非用清洗或其他方法减少杂质。有关集料的技术规范通常把这些有害物质列出来（如黏土结块、页岩或软颗粒）并限制其数量（如 3% ~6%）。其他机构规定最低砂当量（ASTM D2419）或是最大的塑性指数（ASTM D4318），这部分内容详见后续章节。AASHTO M283 建议如果按照 AASHTO T11（ASTM C117）进行试验时，干筛后集料表面覆盖层不应超过 0.5%。

集料矿料性质对 HMA 性能的最为重要的影响之一是对其黏性和水分的损害。沥青与某类矿料类型的集料黏结得较好，比如，沥青通常与碳酸盐集料（石灰石）的黏结要比其与二氧化硅集料（砾石）要好。

3.4.1.3 岩相学分析

集料的岩相分析是利用光学显微镜、有时加上 X 射线衍射分析、差热分析、电子显微镜或是化学分析直观地检验单个集料颗粒。岩相分析可用于分析岩石相对数量和矿料类型、物理和化学特性（颗粒形状、表面结构、硬度、细孔特点及化学活性）和有害污染物质的含量。ASTM C295 规定了集料岩相分析的详细程序。多年来其试验用于评估混凝土中的集料情况，但是 HMA 的集料岩相分析却未得以广泛的应用。集料的矿物组成对混凝土混合料性能的影响比对沥青混合料的影响要大得多。

3.4.2 集料的化学性质

集料化学性质在于其化学成分和其在化学反应中集料可能发生的变化。根据化学分析得出的集料化学成分通常用“氧化物”这个词语表示，不管在试样中是否真的有这类氧化物的存在。这些数据不如矿物成分适用，有时会产生混淆和误导。有些集料含有的物质是：①可溶于水的（石膏）；②易于氧化、与水化合和碳酸化作用；③与波特兰水泥的化合物反应，虽然未曾明确地确立这些集料与沥青的反应关系。除了可以影响沥青结合料与集料的黏结和沥青结合料中抗剥离添加剂的适应性以外，集料的化学性质对其适用性和性能的影响是微乎其微的。

沥青必须润湿集料表面并与其黏结，有水时，沥青薄膜是可抗剥离的。因此，集料颗粒的表层化学性质在其性能上起着重要的作用。沥青与集料的胶黏和水使沥青薄膜移位是复杂的现象，它涉及到许多因素之间物理化学的相互作用。关于黏结和剥离机理的理论较多[4]，然而，到目前为止似乎无人可以全面地解释这种现象，与此同时却又存在着不止一种的理论。但是，在剥离现象中集料的矿料性和化学成分是最为重要的，这一点是明确的。

已经有许多的证据表明有些集料似乎比沥青更具亲水性，并且当集料接触水后，集料颗粒上的沥青薄膜就会分离或是剥落掉[6]。人们称这些集料为亲水的(喜水的),其性质偏酸性。另一方面,与沥青亲和较好的集料称为不易被水沾湿的(不溶水的),这些集料在本质上是属碱性的。众所周知,当集料与水接触后会极大地影响集料与沥青的黏结性和其防水性时,集料表面具有释放电荷的性质。大多数硅质集料如砂岩、石英和硅质砂砾与水接触时会带负电荷,而石灰石和其他石灰质材料则在与水接触时是带正电荷的。许多的集料可带两种类型的电荷,因为这些材料是由带负电荷的硅与带正电荷的石灰质、含镁的、含铝的或是含铁的材料所构成。带两种电荷的集料,包括暗色岩、玄武岩、伊利石和硅酸石灰石。白云石和石英分别是带正、负电荷的极端例子。有关这两种极端之间的集料种类详见图 3-6[7]。

由于影响 HMA 性能的主要病害之一是剥离现象,必须要评估集料对 HMA 的水敏感性。现行有许多可以预测集料与沥青适应性的试验。有关这些试验的内容详见第五章。

尽管有证据表明沥青—集料相互作用会在集料表面导致沥青分子结构化,这会影响到 HMA 的黏结和凝结性质[8]。但是,集料的化学性质或矿料成分对沥青和沥青混合料性质所起的作用和确切的机理尚不被人们所理解。

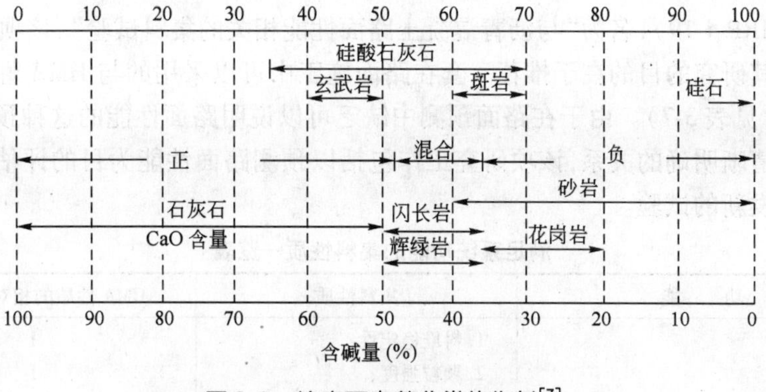

图 3-6 按表面电荷分类的集料[7]

3.5 集料的物理性质

HMA 所用的集料常常按粒径分为粗集料、细集料或矿料填料。ASTM 把粗集料定义为保留在 4 号(4.75 mm)筛子上的集料,而细集料则是通过了 4 号筛子(4.75mm)的细集料,矿料填料则是有 70% 通过 200 号(75μm)筛子的材料。其他机构采纳 8 号(2.36mm)筛子或是 10 号(2.00mm)筛子,把这两者作为划分粗集料与细集料的分界线。

HMA 用集料通常要求坚硬、有韧性、坚固、耐用、级配得当;要求立方形的颗粒空隙率较低;要求其表面是干净、粗糙、不易被水沾湿的。为了使集料的作用得以发挥,集料所必须具备的各种性质及 HMA 集料的重要性详见表 3-5[9]。

粗集料、细集料和矿料填料的技术要求分别见 ASTM D692、D1073 和 D242。评估下列材料的特点之后,方可确定 HMA 采用集料的适宜性。

1)尺寸和级配;

2)干净程度/有害的材料;

3)粗糙/硬度;

4)耐久性/坚实性;

5)表面纹理;

6)颗粒形状;

7)吸水性;

8)沥青亲和性。

如前所述,沥青亲和性与表面化学性是相关的。用于评估的其他物理性质和试验详见下文。此外,还论述了集料各种类型的相对密度,因为这些是可用于计算混合料设计的间隙率。HMA 集料最为重要的特点、意义、评估这些性质所采用的试验及建议试验要求详见表 3-6。1996 年,全国沥青技术中心(NCAT)做了一个重要的研究项目(NCHRP 4-19),名为"与沥青混凝土路面性能相关的集料试验",该项目于 1997 年完成。其研究的目的在于推荐一套在路面施工中可以采用的与 HMA 性能相关的集料试验(见表 3-7)。由于在路面预测中缺乏可以说明路面性能的这种预测能力或两者之间清晰明确的关系,该项研究工作包括以预测路面性能为目的评估现有集料试验并开发新的试验。

满足系统功能的集料性质一览表 表 3-6

功　能	集料性质	HMA 性质的相对重要性
具有良好的内在强度与稳定性,防止过量的变形	1. 料堆稳定性; 2. 颗粒强度; 3. 颗粒劲度; 4. 颗粒表面纹理; 5. 颗粒形状; 6. 级配; 7. 最大公称粒径	I I I I I I I
抗气候风化和化学侵蚀	1. 抗化学侵蚀; 2. 溶解性; 3. 熟化; 4. 抗湿—干; 5. 抗冻—融; 6. 孔隙结构	U U I U U I

续上表

功 能	集料性质	HMA性质的相对重要性
抗施加荷载	抗降级	I
抗内力诸如膨胀、收缩和曲翘	1. 体积变化—热； 2. 体积变化—湿和干； 3. 孔隙结构； 4. 热传导	N N N N
与系统中使用的结合料相容性	1. 化学复合剂反应； 2. 有机物质反应； 3. 裹覆； 4. 体积稳定性； 5. 基层改变； 6. 表面改变； 7. 孔隙结构	I N I N I I N
通过下列方式保持合格的施工水平： a. 保持适宜的抗滑性；	1. 颗粒形状； 2. 颗粒表面纹理； 3. 最大公称粒径； 4. 颗粒强度； 5. 耐磨性； 6. 破碎颗粒形状； 7. 孔隙结构	I I I I I I I
b. 表面粗糙度合格；	1. 最大公称粒径； 2. 级配	I I
c. 眩目和反光程度降到最低；	1. 反光； 2. 眩目	I I
d. 防止松散材料出现；	1. 抗降级； 2. 相对密度	I I
e. 最大限度地降低轮胎磨损；	1. 颗粒形状； 2. 颗粒表面纹理； 3. 最大公称粒径	I I I
f. 最大限度地降低滚动阻力；	1. 最大公称粒径； 2. 公称粒径	I I
g. 最大限度地减少噪声；	1. 最大公称粒径； 2. 颗粒形状	I I
h. 防止静电形成	电传导	I
在支持所有其他系统功能的施工过程中保持性质不变	1. 最大公称粒径； 2. 抗降级； 3. 加热期间完整性	I I I

注：I-重要；N-不重要；U-未知的重要性。

HMA 集料的特性及试验 表 3-7

特　性	重　要　性	试　验	要　求
硬度/韧度	耐磨性;颗粒质量	ASTM C131 ASTM C535	最大质量损失百分比;ASTM D692;D1073;AASHTO M283
坚固性	抗冻融性;干湿	ASTM C88 AASHTO T103	最大质量损失百分比;ASTM D692;D1073;AASHTO M283
颗粒形状与表面纹理	摩擦;抗滑性;压实，拌和稳定性	ASTM D3398 ASTM D4791 ASTM C1252	最大破碎颗粒百分比;ASTM D692;AASHTO M283
耐磨性	抗滑和耐磨性	ASTM D3319 ASTM E303 ASTM E660 ASTM D3042	最大耐磨值;最小酸不溶物
耐久性	抗风化和老化	ASTM D3744	最大的耐久指数
抗剥落性	防水性	ASTM D1664 NCHRP 246; 274 AASHTO T283 ASTM D1075 AASHTO T182	最小罩面百分比;残留强度百分比或是模量; 产生裂缝的冻融试验周期;AASHTO M283
相对密度和吸水性	混合料配比设计计算;渗透性	ASTM C127 ASTM C128	—
沥青吸收	混合料配比设计计算;耐久性	ASTM D2041 ASTM D4469	—
级配和粒度	混合料硬度、稳定性、和易性、抗疲劳性、断裂强度、耐久性、渗透性、孔隙、压实	ASTM C117 ASTM C136 &C702 AASHTO T30	最小和最大过标准筛的百分比;ASTM D3515
矿料成分	变湿和剥落的可能性;渗透性	ASTM C294 ASTM C295	—
清洁性和有害物质	抗风化和耐磨性	ASTM C117 & D422 ASTM C123 ASTM C142 ASTM D2419 ASTM D4318	1% 的最大泥块和软颗粒;25% ~ 45% 的最小砂当量; *PI* 不超过 4% ~ 6%;细料百分比(ASTM D242; D1073); AASHTO M283

3.5.1 韧度与抗磨耗性

集料通过材料内部摩擦,须把车轮荷载传输到下层,也可抵抗交通造成的磨损。集料在 HMA 的生产、摊铺和压实中要承受破碎和磨损。在堆料、送入 HMA 搅拌机、用摊铺机摊铺、用压路机压实和用载货汽车仔细压实时,集料须坚硬和坚实以抵抗破碎、退化和分解。

洛杉矶磨耗性质是获得韧度和磨耗性的最为常用的检测方式。

现行检测方法有 ASTM C131 检测小于 1.5in(38mm)粗集料的方法和 ASTM C535 大于 0.75in(19mm) 以上至 3in(76mm)集料检测规定。ASTM C131 的试验方法是拌和 5000g 的集料以满足几种级配中的一种,装料采用 6 个或 12 个钢球,每个钢球直径约为 2in(51mm),重约 400g。钢球在钢桶里以 30 ~ 33 r/min 旋转 500r。这是 HMA 集料常用的方法。ASTM C535 的方法是采用 10000g 的拌和集料,12 个钢球装料,旋转为 1000 转。拌和后,称重可通过 12 号筛(1.68mm)的细集料,按初始试样计重所得的百分比损耗要按洛杉矶磨损进行计算。试验开始时,没有材料可以通过 12 号筛。然而如果试验之后,有 40% 的材料通过 12 号筛,那么,洛杉矶磨损就是 40。

一般的试验值从极为坚硬的火成岩的 10% 至软石灰岩砂岩的 60% 不等。很明显,大量的集料会超过该平均范围。在有些公路机构的技术规范中,一般都对高级 HMA 中所使用的粗集料的最大磨损值限定为 40%,而其他一些机构的限定则高达 60%。ASTM D1073 不对细集料的最大磨损进行限定。

洛杉矶磨耗试验主要是测定粗集料对磨损和冲击所产生的耐久性;但是,现场观察表明洛杉矶磨损损耗和路面性能之间的关系明确。采用矿渣、煤渣和其他轻量集料做试验时,试验似乎不能让人太满意。经验表明许多集料如矿渣和软石灰石的性能极佳,即便其洛杉矶磨损值较高。当利用洛杉矶磨损值较高的集料生产 HMA 时,通常必须做一件事,即是处理加工集料和生产 HMA 的过程所产生的尘埃。高含尘量不仅会导致混合料的质量控制出现问题,也会产生环境问题。

3.5.2 耐久性和坚固性

集料在潮湿、干燥、结冰和解冻(风化)条件下必须有抗破损或抗开裂性。集料的坚固性试验(详见 ASTM C88)是经验性的,说明风化材料的耐久性,评估无使用记录的新来源的材料时是有用的。试验是把集料浸泡在硫酸钠或是硫酸溶剂中。试验中在集料细孔中生成盐晶体,致使集料中发生颗粒破碎。可用这种结晶的形成模拟冰晶的形成,因此,从某种程度上模拟结冰和解冻的效果。把一块在炉子中干燥的试样破碎成规定的尺寸，再浸泡在硫酸钠或是硫酸溶剂中。在溶剂中，集料试样在恒温中保留约18h。再把试样从溶剂中取出，在(230 9)℉[(1159)℃]温度下干燥和冷却。这种试验周期重复5次之后，洗净试样，除掉盐分，加以干燥。过筛确定每种尺寸试样的质量损失，计算整个试样的加权平均损失百分比(详见ASTM C88)。

人们推荐使用许多试验来评估结冰和解冻的影响。一般而言，其程序与ASTM C88中的类似，除了把不同尺寸的试样浸泡在水中或是浸泡在0.5%水—酒精溶剂中，再依次按规定的次数进行冻结和解冻(16~50)。AASHTO T103的试验程序便是这样的。

当技术规范要求对集料的坚固性进行硫酸钠或是硫酸镁测定时，通常也测出了试验次数和可允许的最大损失百分比。例如，ASTM D692要求在采用硫酸钠进行5次试验之后，最大损失为12%，采用硫酸镁试验时的损失为18%，因为硫酸镁的反应更为激烈一些。多年来硫酸盐集料坚固性的试验已是被人认可的试验方法。尽管如此，它也备受争议，许多研究报告说明它无法准确地预测具体集料的路面性能。但多数工程师认为冻结和解冻的试验周期不会使HMA的集料出现问题。在生产中首先对集料进行干燥，因此，生产出来之后，集料气孔中应该几乎没有或是绝对不含水分(吸水值高的集料可能在气孔中有些水分)。在HMA生产过程中，在集料上涂上沥青结合料薄膜，防止其在拌和中吸收大量的水分。这样，集料中几乎没有或根本没有水分，因此冻结和解冻就不应成为一个大的问题。

3.5.3 颗粒形状与表面纹理

适合HMA使用的集料颗粒应该是立方体的，而非扁平的、薄片的或是细长的形状。在压实过的混合料上，棱角集料的颗粒有着较强的嵌锁性和内摩擦力。因此，就会比圆形颗粒的集料产生更大的受力稳定性。另一方面，圆形颗粒的混合料，比如天然的砾石和砂子，其和易性较好，无需过多地压实就可达到规定的密实度。然而，无压实负担并不是一个优势，因为在施工期易于压实的混合料，在交通荷载作用下其密实度却可能不断地加大，最终由于低空隙率和塑性流动而造成车辙。

如果表面纹理和颗粒形状差不多，也会影响到HMA的和易性和强度。与许多河流中砂砾和砂子平滑的表面相比较，其表面纹理较为粗糙，像砂纸一样，比如由于多数破碎的石块都可以增大强度，规定加入额外的沥青以克服所失去的和易性。纹理粗糙的集料经过压实后的间隙率通常较高，这就为沥青提供了额外的空间。平滑纹理的集料易涂上沥青薄膜，但是沥青通常与纹理粗糙的集料的机械结合更为牢固。

采用ASTM D3398的颗粒指数试验即可以确定集料的颗粒形状，也可确定表面纹理。这种试验用的设备较为简单，基本上是由一个圆柱钢模和钢条构成，钢模的直径为6in(152mm)高为7in(178mm)(直径从2in或51mm,适用于过50号筛至8in的颗粒,或是203mm适用于大于1in或是25mm的颗粒),钢条的直径为5/8in(16mm),长24in或610mm,捣棍末端做成半球形的。捣棍质量从最小的34g到最大的2204g。试验要求用干净的、清洗过的、烘干的、单一粒径集料的材料。试验模应填入相等的三层材料,填每层材料时用捣棍夯打10次。每次夯打是从要压实的层面上方2in处开始的。确定每次试验模的填料质量,利用每种粒度集料的毛体积相对密度计算相应的间隙率。采用同样的材料重复进行试验,但每层材料上施加50次夯打。利用下列计算出颗粒指数:

$$I_a = 1.25V_{10} - 0.25V_{50} - 32.0 \quad (3\text{-}1)$$

式中:I_a——颗粒指数;

V_{10}——每层集料经10次捣实后的间隙率;

V_{50}——每层集料经50次捣实后的间隙率。

按集料原级配中百分比计算几种粒度集料的颗粒指数加权值。圆形的、表面纹理平滑的集料,其颗粒指数较低为6或7;而棱角的、破碎的、颗粒多的集料,其表面纹理粗糙,其颗粒指数则为15或20以上。颗粒指数对马歇尔稳定性的影响详见图3-7。这是一项很耗时的试验,因此,应用得不广泛。

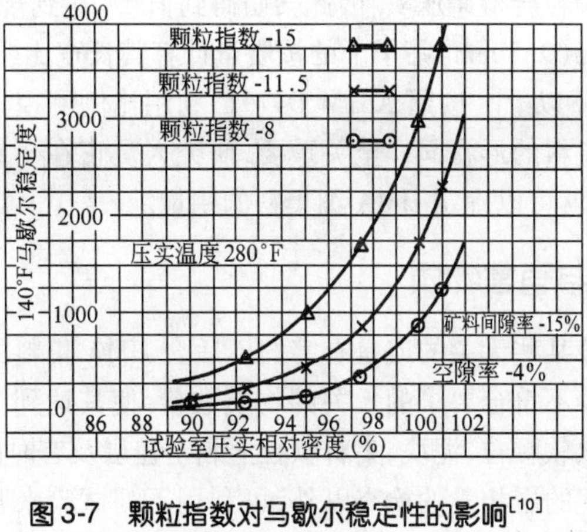

图3-7 颗粒指数对马歇尔稳定性的影响[10]

如果要求粗集料的大多数(比如90%)颗粒至少有一面为破碎面,那么HMA通常会更稳定,抗车辙性也更强。就高级的HMA而言,美国联邦公路局[11]最近建议,技术规范规定过4号筛(4.75mm)的材料至少有60%的颗粒起码要有两个破碎面,天然砂限制在15%~25%。限制天然砂是因为它通常是圆形的,因此与破碎的细集料相比还是不太合理的。有些机构的技术规范要求至少75%或是85%的粗颗粒有两个破碎面,至少90%的颗粒有一个破碎面。相对粗集料强度而言,细集料的颗粒形状和纹理对密级配HMA的强度影响更大。对于级配混合料而言,破碎面比例较高是关键,它可提供适当的稳定性,而对于开级配抗滑磨耗层而言,就更为重要了。

目前 ASTM 或是 AASHTO 都尚无标准的试验程序可以测量集料破碎面的百分比。必须是人工分离出 8 号以上筛上的集料,数一下颗粒上有无破碎面,一面、两面或是更多面。这类试验事实上无法区别过了 8 号筛(2.36 mm)的集料,因为颗粒太小,肉眼无法鉴别。加权计算每种粒度的、有一个、两个或是多个破碎面的百分比。用评估过的分离后留在筛子上的集料百分比乘以含破碎面的百分比得出加权平均值。再把得数相加汇总,便得出一个、两个或更多破碎面集料百分比的加权值。

根据 ASTM C1252 或是 AASHTO TP33(未压实细集料间隙率)量化细集料的颗粒形状和表面纹理。美国沥青技术中心的研究表明,这类试验在预测 HMA 出现车辙的可能性上大有潜力。Superpave 混合料设计系统已经收录了这项试验。这种方法是把指定级配的细料从漏斗口填入校准的 $100cm^3$ 圆柱筒里。去除多余的材料,并把圆筒和集料一并称量。计算其质量和集料散装干密度得出未压实试样的间隙率。可由该方法衍生出的三个方法。方法 1 是利用指定级配的试样。方法 2 是采用三种不同的粒度试样:8 号 ~16 号(2.36 ~1.18 mm)筛,16 号 ~30 号(1.18 ~0.6 mm)筛和 30 号 ~50 号(0.6 ~0.3 mm)筛;并且计算出平均间隙率。方法 3 是利用试样的级配。Superpave 混合料设计系统中采用的是方法 1。

扁平和椭圆的颗粒会阻碍压实,因此会妨碍到 HMA 达到规定的强度。AASHTO M283 规定留在 3/8in(9.5 mm)筛子上的按质量计算其长宽比或是宽厚比超过 5 :1 的集料不应超过 15% 以上。按照 ASTM D4791,利用比例测径器确定粗集料中扁平和椭圆的颗粒。细集料的形状同样至关重要,研究人员正在研制可以准确地量化颗粒形状的试验,这样就可以确定 HMA 细集料的用量。

3.5.4 清洁与有害物质

清洁是指去除掉某些无关的或是有害的不适合 HMA 集料的材料。把不洁的集料清洗干净可以减少不符合要求的无关的物质数量,使其达到要求。有代表性的无关材料有植物、砂砾、软颗粒、泥块、集料颗粒上黏土盖层及有时破碎操作产生的大量灰尘。除了前面所述的岩相学的检查以外,可利用下列试验来鉴定和测量有害物质的数量。

3.5.4.1 砂当量试验

砂当量试验(详见 ASTM D2419)用于确定细集料中塑性和灰尘的相对比例。试验中,在装水的透明圆筒里(1.25in 或 32mm 内直径,17in 或 432mm 高,刻度为从底部向上到 15in 或 381mm,用小数表达),装有水和絮凝剂的混合剂(氯化钙、甘油和甲醛的混合物)。搅动和沉淀 20min 后,砂子与絮状污泥分离,便可测量其圆筒内泥土和砂子的高度。砂当量是砂高与泥土高的比乘以 100。较为清洁的集料砂当量要高些。HMA 集料的技术规范通常规定最小的砂当量应在 25 ~ 35 之间。

3.5.4.2 泥块和脆性颗粒

泥块和脆性颗粒(详见 ASTM C142)会以成团的形式出现。这些块状物所造成的损害要取决于其在 HMA 中的存在状态。在制成的 HMA 中,这些块状物会在冻融或是潮湿干燥时破碎,从而造成剥落、松散或者影响到 HMA 耐久性。通常在破碎清洗集料时就去除了这些颗粒。有些颗粒则在 HMA 设备里破碎。天然砂子和砾石是这些泥块的最主要的来源。若是在摊铺 HMA 时保持不变,可能会出现表面坑洞,因为在滚动或是交通压力下表面或是靠近表面的泥块就会变糟。如果 HMA 中土块或是脆的颗粒总量较少的话(不到 1%),表面损坏问题限度为最小,而且路面性能会让人满意。可能会出现一些路坑和凸起,但是在其他方面路面不会受到不利的影响。

土块和脆性颗粒试验中,首先是清洗干燥集料,去除通过 200 号筛(75μm)的材料,然后再按粒度分类。接着是称量试样,把试样置于水中 24h。任何可通过浸泡过的湿筛子而去除的和可用手破碎的颗粒均被视为泥块或脆性颗粒,称量试样总质量可以计算出这些材料的百分比。通常技术规范对土块和脆性颗粒数量的最大限度为 1%。

3.5.4.3 塑性指数

塑性指数(*PI*)(ASTM D4318)是过 40 号筛(0.42 mm)的液限和塑限之间的差。*PI* 是细料(过 200 号筛的材料)塑性程度的度量,可以间接地说明塑性细料的数量和类型。ASTM D1073 和 D242 把过 40 号筛的集料和矿料填料的塑性指数限制在 4 以下。

3.5.5 相对密度

集料在进行质量—体积换算和计算压实了的 HMA 间隙率时是有用的。根据定义,集料相对密度是材料单位体积与约 23℃(73.4 ℉)水相同体积质量之比。常用的一种计算相对密度公式如下:

$$\text{相对密度} = \frac{\text{质量}}{\text{体积(水单位质量)}} \tag{3-2}$$

当采用公制单位时,水的重度为 1g/mL,那么,相对密度的公式就变为:

$$\text{相对密度} = \frac{\text{质量}}{\text{体积}} \tag{3-3}$$

当质量为 g,体积为 mL 时,按照确定集料颗粒体积的方法,可采用四种不同集料相对密度生产 HMA:

1)表观相对密度;

2)毛体积相对密度;

3)有效相对密度;

4)毛体积饱和相对密度。

根据图3-8,表观相对密度仅包括集料颗粒的体积,不包括在水中浸泡24h之后孔隙或毛细管中饱和水分的这部分体积。毛体积相对密度不仅包含了集料颗粒的整体质量,而且也包括了在水中浸泡24h之后孔隙或毛细管中饱和水分的这部分体积。有效相对密度和饱和相对密度涵盖了集料的全部体积,加上在水中浸泡24h之后孔隙或毛细管中饱和水分的这部分体积,减去吸收沥青较大孔隙的体积。固体体积(V_2)的孔隙不能渗透水和沥青。由于不能准确地确定不透水孔隙的体积,从实用出发,这部分被视为固体体积。破碎后集料粒度分级使得这些内在孔隙暴露在外,因而增加了集料的表观相对密度。

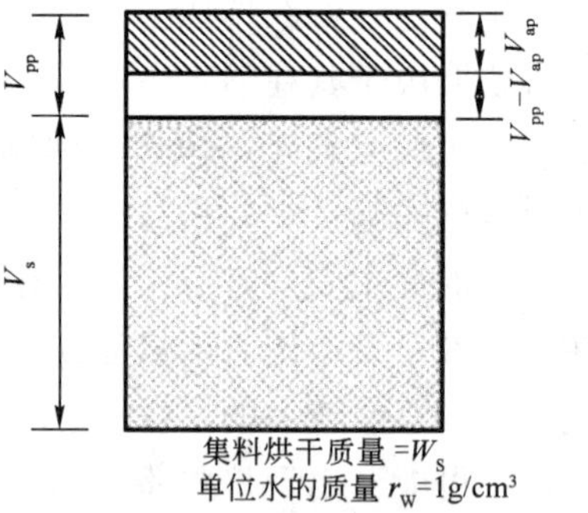

V_S = 集料体积;V_{pp}= 水渗入体积;V_{ap}= 沥青吸附体积;$V_{pp}-V_{ap}$= 没有吸附沥青的水渗入体积;

表观相对密度 = $G_{so}=\frac{W_s}{V_s\ r_w}$;毛体积相对密度 = $G_{sb}=\frac{W_s}{(V_s+V_{pp})r_w}$;有效相对密度 = $G_{se}=\frac{W_s}{(V_s+V_{pp}-V_{ap})r_w}$

图3-8 集料颗粒的不同相对密度间的关系

压实HMA的气孔会在集料拌和的整个过程中出现,气孔是沥青层下集料颗粒间含有空气的孔隙。沥青拌和料计算中所采用的集料相对密度对计算压实HMA间隙率的数量有着极大的影响。混合料中集料的有效相对密度取决于集料吸收沥青的程度。当采用表观相对密度计算时,沥青层和集料之间的孔隙(未吸收沥青的孔隙)是在计算之列的。若是采用毛体积相对密度的话,假设吸收水分的孔隙未吸收沥青,那么,孔隙的计算就包括沥青覆盖的集料颗粒之间的孔隙,减去被吸收的沥青体积。特殊情况除外,这时毛体积相对密度或表观相对密度都无法正确地说明HMA混合料的间隙率。当计算压实沥青铺路混合料时,有效相对密度概念可较为准确地说明沥青吸收的真实情况。这时,计算得出的间隙率是沥青覆盖颗粒之间真实的间隙率,并不包括沥青与集料之间气孔中的空间。有效相对密度等于或是大于毛体积相对密度,等于或小于表观相对密度。当集料吸水性为零时,则理论上所有四种类型集料相对密度均相等。

粗集料和细集料毛体积相对密度和相对密度分别参见ASTM C127和C128。根据ASTM D2041和理论最大相对密度计算有效相对密度。当集料的吸收水性大于2.5%时,美国工程师协会采用饱和毛体积相对密度设计和控制HMA。在概念上,饱和毛体积相对密度与有效相对密度相似,但是饱和相对密度会涉及到集料浸泡在沥青中的问题。试验现有的集料混合料便可获得毛体积相对密度。有关间隙率计算的更多内容详见第四章。

3.5.5.1 粗集料相对密度及吸水性

有关确定粗集料相对密度和吸水性设备及程序的概要详见 AASHTO T85T 和 ASTM C127。其方法的简要说明如下(图3-9)。

约5kg 彻底清洗干净的且保留在4号筛子上的集料要在烘箱中干燥,使其质量恒定下来。再把干燥试样浸泡在水中24h。然后从水中取出,排干水,直到所有肉眼看得见的水都去除掉为止,但试样表面仍会是潮湿的。这时把表面干燥的试样进行称量,然后记录为 B。再把表面干燥的试样放到不锈钢篮子里浸泡在水中,取得试样水中的质量并记录为 C。再把试样从水中取出,去除水分放到烘箱里进行干燥,直到质量恒定为止。经过干燥后的试样质量被记录为 A。其相对密度和吸水率的计算公式如下:

表观相对密度 $$G_{sa}=\frac{A}{A-C} \tag{3-4}$$

毛体积相对密度 $$G_{sb}=\frac{A}{B-C} \tag{3-5}$$

吸水率(%) $$W=\frac{(B-A)100}{A} \tag{3-6}$$

式中:A——集料烘干后的质量,g;

B——集料饱和面干(SSD)质量,g;

C——浸泡在水中的集料质量,g。

3.5.5.2 细集料相对密度和吸水性

有关细集料相对密度和吸水性的设备和程序详见 AASHTO T84 和 ASTM C128。其程序的概要如下。

在测量相对密度的(自动真密度分析仪)试验瓶中装入水,并记录下质量为 B,把约1000g 的集料经烘箱干燥使其质量变为恒定。然后把试样浸泡水中24h。之后把细集料铺在一个干净的平面上,使其置于缓慢移动的热气流下,直到细集料达到饱和表面干燥为止。饱和表面干燥时,材料的含水率为:经过轻轻压实的材料,当把锥筒拿掉时,可以首次形成锥形块状。只要集料表面有水分,就会有些许的黏着力,但是一旦表面水分蒸发掉,就不存在黏结性了;因此,当拿掉锥筒时细集料就会塌落。锥筒试验必须重复数次,方可得出集料塌落时的最大含水率。把质量约500g 的饱和表面干燥的试样放入比重瓶中,记录试样的真实质量为 D。按照规定的程序再向比重瓶中注入水,记录下其质量为 C。把细集料从分析仪中取出,在烘箱中干燥到质量恒定为止,这时记录下质量 A。相对密度和吸水性计算详见下式:

表观相对密度 $$G_{sa}=\frac{A}{B+A-C} \tag{3-7}$$

毛体积相对密度 $$G_{sb}=\frac{A}{B+D-C} \tag{3-8}$$

吸水率(%) $$W=\frac{(D-A)}{A}\times 100 \tag{3-9}$$

式中:A——集料烘干后的质量,g;

B——装满水后比重瓶的质量,g;

C——装有水和试样达到校准刻度的比重瓶的质量,g;

D——饱和表面干燥细集料的质量(500g + 10g)。

按不同粒度试验试样时(比如粗、细集料),采用下式利用平均相对密度值可计算得出不同粒度集料的加权平均值:

$$G=\frac{P_1+P_2+\cdots+P_n}{\dfrac{P_1}{G_1}+\dfrac{P_2}{G_2}+\cdots+\dfrac{P_n}{G_n}} \tag{3-10}$$

式中: G——平均相对密度;

$G_1,G_2,\cdots G_n$——不同比例集料相对密度 $1,2,\cdots n$;

$P_1,P_2,\cdots P_n$——不同比例集料质量百分比,$1,2,\cdots n$。

同样这个公式也可用于计算集料拌和的平均相对密度,式中 $G_1,G_2,\cdots G_n$ 每种集料 $1,2,\cdots n$ 的相对密度,$P_1,P_2,\cdots P_n$ 则是拌和料中每种集料 $1,2,\cdots n$ 的质量百分比。该公式还可用于计算平均毛体积相对密度或是平均表观相对密度,但是所有需要拌和集料的相对密度类型必须是相同的。

例题 3-1 集料的表观相对密度为 2.750,吸水率为 2.0%。求出集料毛体积相对密度。

解

$$G_{sa}=\frac{集料干质量}{集料体积}$$

当采用公制时,

$$G_{sb}=\frac{集料干质量}{集料及表面毛孔体积}$$

式中:G_{sa}——表观相对密度;

G_{sb}——毛体积相对密度。

当集料处在饱和表面干燥情况下,表面毛孔体积等于集料在这种情况下吸入的水的体积。假设本例题中干集料质量为 100g,那么:

$$含水率=\frac{水的质量}{固体干质量}$$

饱和表面干燥时的含水率如例题中所示为 2.0%。集料必须是处在饱和表面干

燥情况下方可计算所有的表面毛孔,如下式所示:

$$饱和表面干燥情况下水的质量 = 0.02 \times 100 = 2\text{g}$$

饱和表面干燥情况下水的体积 = 2mL,因为 1g 水等于 1mL 的体积。

因此,表面空隙体积则为 2mL,所以:

$$集料体积 = \frac{集料干质量}{G_{sa}} = \frac{100}{2.750} = 36.364\text{mL}$$

所以:

$$G_{sb} = \frac{100}{36.364 + 2.000} = \frac{100}{38.364}$$

$$G_{sb} = 2.607$$

例题 3-2 为满足 HMA 技术规范的要求,两种集料按同等的比例和质量拌和。1 号集料毛体积相对密度为 2.500,2 号集料毛体积相对密度为 3.000。求混合料的毛体积相对密度。

解 解题方式有两种。求混合料平均相对密度的公式如下:

$$G = \frac{P_1 + P_2}{\dfrac{P_1}{G_1} + \dfrac{P_2}{G_2}}$$

把数字代入上式:

$$G = \frac{0.500 + 0.500}{\dfrac{0.500}{2.500} + \dfrac{0.500}{3000}}$$

简化为:

$$G_{sb} = \frac{1}{0.200 + 0.167} = \frac{1}{0.367}$$

得出:

$$G = 2.725$$

现在仅用质量和体积就可解答这个问题。按同等比例和质量把两种集料混合在一起。假设 1 号集料的质量为 100g,那么,2 号集料的质量也同样是 100g。

1 号集料的体积计算如下式所示:

$$1\,号集料的体积 = \frac{1\,号集料质量}{1\,号集料相对密度} = \frac{100}{2.500} = 40.000$$

2 号集料的体积也以同样方式计算:

$$2\text{ 号集料的体积} = \frac{2\text{ 号集料质量}}{2\text{ 号集料相对密度}}$$

$$= \frac{100}{3.000}$$

$$= 33.333$$

因此,混合集料的总质量为200g,混合集料总体积为73.333mL。那么:

$$G_{sb} = \frac{\text{质量}}{\text{体积}} = \frac{200}{73.333}$$

$$G_{sb} = 2.727$$

答案有些小的差别是因为四舍五入的缘故。请注意计算两种集料的平均值并不能得出正确的答案。两种相对密度的平均值为2.75,它不是混合料的正确相对密度。

3.5.6 粒度级配

3.5.6.1 最佳级配曲线

集料级配是指集料颗粒的分布,以集料占总质量的百分比来表示。以总体积百分比表示的级配具有重要的意义,但是,按质量百分比表示级配较为易懂,也是标准惯例。只要所采用的各种集料相对密度大致相等,那么用体积和质量表示的级配也大致相等。若是特殊混合料所采用的集料相对密度中有较大的差距,那么,级配就应采用总体积的百分比来计算。级配是按筛分计算的,即集料通过一系列从上至下筛孔逐渐变小的筛子进行的筛分,称量留在每个筛子上的材料的质量。集料级配通常表示为通过各种筛子孔径的总百分比。

集料级配可用图的级配曲线形式表示,图中纵坐标为通过规定孔径的总质量百分比,而对数坐标尺的横坐标则表示粒度。一般HMA的筛分和级配技术规范所使用的筛子有:2in、$1\frac{1}{2}$in、1in、3/4in、1/2in、3/8in、4号筛、8号筛、16号筛、30号筛、50号筛、100号筛和200号筛(50.8mm、38mm、25.4mm、19mm、12.5mm、9.5mm、4.75mm、2.36mm、1.18mm、0.6mm、0.3mm、0.15mm和0.075mm)。3/8in筛子的筛孔等于3/8in。8号筛每英寸有8个筛孔。8号筛的筛孔直径小于1/8in,因为在确定筛孔直径时必须要考虑到铁丝网的直径。通常系列筛的差别约为两倍,因此,当绘制对数坐标图时,两个临近的筛子直径之间的距离常常大致相等。集料级配有时用密级配或是良好级配、均匀级配(开级配)和间断级配,如图3-9所示。

级配是集料最为重要的性质。它可以影响到HMA几乎所有重要的性质,包括劲度、稳定性、耐久性、渗水性、和易性、抗疲劳性、耐磨性和抗水害性。因此,级配是沥青混合料设计中要考虑的主要性质，多数州的技术规范对 HMA 中所使用的集料级配做了限制。

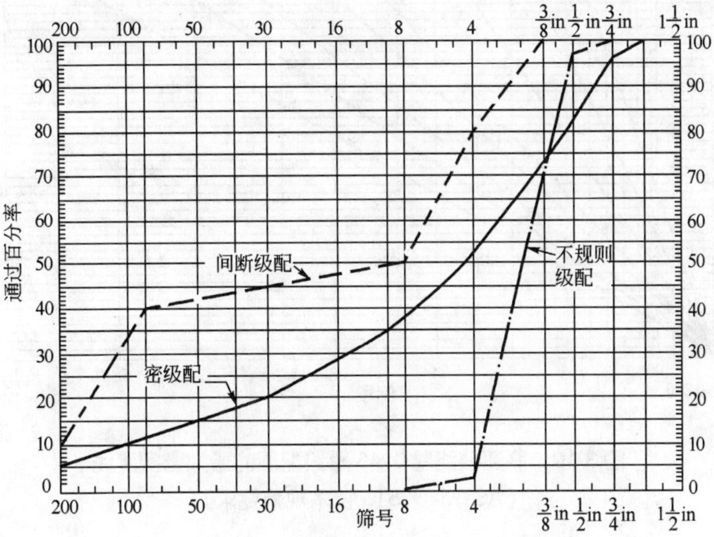

图 3-9 辨别集料级配的常用术语

理论上，HMA 最佳级配是具有最密实颗粒的填料，这基本上是合理的。最大密实度的级配，在矿料颗粒间接触增多和孔隙减少时，其稳定性会增强。但是，必须有一定的孔隙空间允许加入适量沥青，方可保证耐久性，与此同时在混合料中仍会有些空隙以避免泛油或车辙。集料排列紧密（矿料孔隙较少），沥青的一点变化都会导致混合料明显的变化。

许多研究人员提出理想的最大密实度级配，其中最知名的一个是由 Fuller 和 Thompson 制定的富勒曲线[15]。富勒最大密实度曲线公式为：

$$P = 100(d/D)^n \tag{3-11}$$

式中：d——筛子直径；

P——集料通过筛子的总百分比；

D——集料的最大颗粒。

Fuller 和 Thompson 的研究表明当 $n = 0.5$ 时，可以达到最大密实度。

20 世纪 60 年代早期，联邦公路局根据富勒分级采用了集料级配图（图 3-10），但是在公式中使用的指数是 0.45。级配图在确定最大密实度限制和确定集料级配时较为便利。使用此图，从图左下侧开始画一条直线连到公称最大粒度的真实百分比点上。公称最大粒度的定义是技术规范中材料留在筛子上的最大筛分粒度。图3-10 所示的是图上一组最大密实度的线条。联邦公路局建议把该图作为 HMA 设计程序中的一部分。

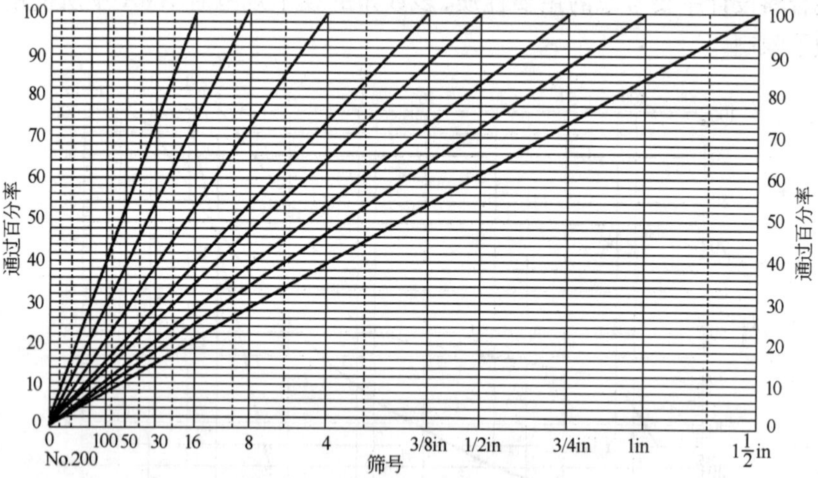

图 3-10　联邦公路局 0.45 幂级配图的最大密实度线
（ASTM D3515 技术规范要求）

最大密实度级配的集料中空隙不足，不能容下大量的形成适当薄膜厚度的沥青，从而产成最大的耐久性却不泛油。这种情况下为了提高矿料总间隙率(*VMA*)最大密实度曲线的偏差是有必要的。人们设定了最小矿料间隙率要求，随着最大公称集料粒径(详见第四章)变化而变化。多数沥青摊铺机构选择的级配大致与最大密实度级配平行，但是在最大公称集料粒径线上左右偏移几个百分点。两条线在公称最大粒径处交汇，在筛析到中间筛子时会有几个百分点的差别。最小矿料孔隙的要求是有必要的，这样可保证集料中有足够的间隙可以让一定量的沥青进入，从而产生耐久性大的混合料，且有足够的孔隙可以保持稳定性。战略公路研究计划要求在级配图上确定一个 Superpave 混合料设计的控制点(详见第四章)。

3.5.6.2　最大集料尺寸

混合料中最大颗粒粒径适中是重要的，可保证路面性能良好。如果最大颗粒粒径过小，则混合料会不稳定；若是过大，则和易性和离析就会出现问题。最大公称粒径(详见 ASTM C125)有两个意义：

1)最大粒径　即集料试样颗粒 100% 通过的最小筛孔尺寸；

2)公称最大粒径　即不超过 10% 的集料颗粒保留在最大粒径筛孔的尺寸。

技术规范中混合料设计一般集料采用公称最大粒径。例如，在 ASTM 技术规范的 D3515 中，要求公称最大集料粒径为 1in(25.4mm)的混合料 100% 地通过 $1\frac{1}{2}$in(38mm)筛子，90% ~100% 通过 1in(25.4mm)筛子。

Superpave 混合料配比设计系统采用下列集料粒径定义。

最大粒径：比公称最大粒径大一个粒径。

公称最大粒径:比第一次筛选多保留10%以上的大一个筛分粒径。

最大密实度线在 Superpave 中得以保留下来,把 0.45 幂级配图上左边最低处开始与图左边上侧的最大集料粒径连接起来[16]。

从施工的观点出发,最大集料粒度通常限制在混合料层约一半左右。最近,越来越多地使用大粒径混合料以减少 HMA 潜在车辙的可能性。加入大块石料可提高集料的体积密集度。这种作法可以减少混合料设计沥青含量和成本。这些大粒径混合料比较小粒径混合料更具有抗车辙能力。但是,最大集料粒径大于1in 通常导致干硬性混合料,这种混合料易在摊铺中离析。因此,在使用这些较大的最大集料粒径混合料时,必须特别注意混合料设计、摊铺厚度、材料处理、拌和和摊铺程序。

3.5.6.3 技术规范范围及容许值

HMA 集料级配技术规范是通过现场经验不断积累而形成的。许多时候,是通过反复试验来反映当地的条件从而制订出这些技术规范。HMA 的多数规范要求良好的或密实的集料级配,其曲线的中间部分几乎与最大密实度曲线平行。表 3-8 所示是 ASTM D3515 推荐的级配范围值,表 3-9 所示的是容许偏差。实际工作中,多数州的技术规范不允许有表 3-8 和表 3-9 中同样多的级配偏差。ASTM D3515 有关 3/4in (19mm)公称最大粒径混合料级配范围详见联邦公路局级配图 3-11。多数情况下,3/4in(19mm)公称最大粒径混合料的最大密实度曲线是在这些曲线范围之内的。一些有关开发级配的范围与潜在问题区域的指导详见图 3-12[17]。

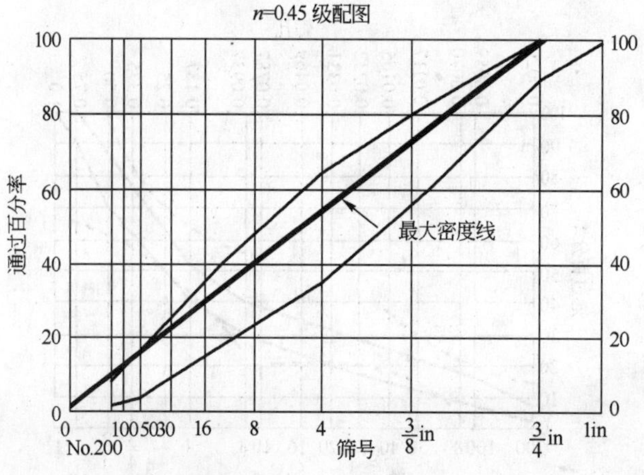

图 3-11 以 0.45 幂级配图表示的 3/4in(19mm)公称最大粒径的级配图

ASTM D3515 密级配混合料级配技术规范　　表 3-8

筛　号	密级配混合料								
	混合料设计和集料的公称最大粒径								
	2in (50mm)	1.5in 37.5mm	1in (25mm)	0.75in (19mm)	0.5in (12.5mm)	0.375in (9.5mm)	4 号 (4.75mm)	8 号 (2.36mm)	16 号 (1.18mm)
集料分类(粗集料、细集料和矿粉) 各筛孔集料通过百分率(方孔)									
2.5in(63mm)	100	—	—	—	—	—	—	—	—
2in(50mm)	90~100	100	—	—	—	—	—	—	—
1.5in(37.5mm)	—	90~100	100	—	—	—	—	—	—
1in(25.0mm)	60~80	—	30~100	100	—	—	—	—	—
0.75in(19mm)	—	56~80	—	90~100	100	—	—	—	—
0.5in(12.5mm)	35~65	—	56~80		90~100	100	—	—	—
0.375in(9.5mm)	—	—	—	56~80		90~100	100	—	—
4 号(4.75mm)	17~47	23~53	29~59	35~65	44~74	55~85	80~100	—	100
8 号(2.36mm)	10~36	15~41	19~45	29~49	28~58	32~67	65~100	—	95~100
16 号(1.18mm)	—	—	—	—	—		40~80	—	85~100
30 号(0.6mm)	—	—	—	—	—	—	25~65	—	70~95
50 号(0.3mm)	3~5	4~16	5~17	5~19	5~21	7~23	7~40	—	45~75
100 号(0.15mm)	—	—	—	—	—	—	3~20	—	20~40
200 号(75μm)	0~5	0~6	1~7	2~8	2~10	2~10	2~10	—	9~20

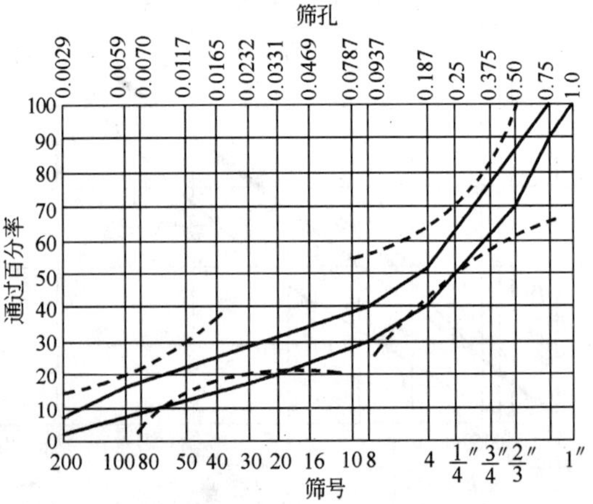

图 3-12　HMA 级配范围和超出级配范围时所出现的问题[17]

ASTM D3515 允许偏差 表 3-9

筛孔尺寸	允许偏差(%)
1/2in(12.5mm)及大于 1/2in	±8
3/8in(9.5mm)	±7
4 号(4.75mm)	±7
8 号(2.36mm)	±6
16 号(1.18mm)	±6
30 号(600μm)	±5
50 号(300μm)	±5
200 号(75μm)	±3
沥青含量与混合料总质量的百分比	±0.5

另外一个由集料级配偏差而引起的问题是较软的混合料。这些混合料无法用正常的方法压实,因其形成一定稳定性的速度较慢,不足以承受压实设备的质量。图 3-13 所示是为这些混合料制定的典型的级配模式。要注意的是 40 号筛旁边曲线的凸起和 40 号与 8 号筛之间平坦的斜面。最有可能造成这种现象的原因是过量使用级配差的天然砂子。有关软混合料形成的其他原因详见第六章。

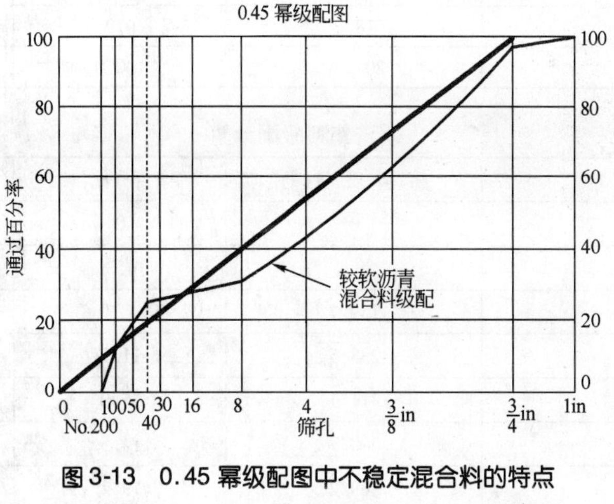

图 3-13 0.45 幂级配图中不稳定混合料的特点

3.5.6.4 筛分

集料级配取决于筛分结果。有关干筛分的标准程序详见 ASTM C136,通过 200 号(75μm)筛子的数量进行水筛分析详见 ASTM C117。水筛分是一种更为准确的测量级配的方法,但是干法试验较快捷,常常用于评价实际的级配。当采用干法时,通过 200 号(75μm)筛子的数量可能比集料混合料的实际数量要少很多。就清洁集料而言,干法筛析就较为准确了,因为可以通过 200 号(75μm)筛子的数量较少。

例题 3-3 假设把一种集料分成两个试样。计算使用级配的干法和水冲法时通过每个筛子的百分比。

解 用干法对第一个试样进行试验,试样质量为 2021g(详见表 3-10)。采用水冲法试验第二个试样,试样质量为 2074g。其水冲级配的质量和计算详见表 3-11。

干集料级配计算 表 3-10

筛孔尺寸	筛上集料质量(g)	筛余百分比(%)	通过百分比(%)
0.75in(19mm)	0.0	0.0	100.0
0.5in(12.5mm)	86.5	4.3	95.7
0.375in(9.5mm)	154.9	7.7	88.0
4 号(4.75mm)	253.5	12.6	75.4
8 号(2.36mm)	269.6	13.4	62.0
16 号(1.18mm)	344.1	17.1	44.9
30 号(0.6mm)	380.3	18.9	26.0
50 号(0.3mm)	323.9	16.1	9.9
100 号(0.15mm)	158.9	7.9	2.0
200 号(75μm)	22.1	1.1	0.9
筛底	18.2	0.9	
总计	2012.0	100.0	

水洗集料级配计算 表 3-11

筛孔尺寸	筛余质量(g)	筛余百分比(%)	通过百分比(%)
3/4in	0	0	100
1/2in	89.2	4.3	95.7
3/8in	159.7	7.7	88.0
4 号	238.5	11.5	76.5
8 号	311.1	15.0	61.5
16 号	300.7	14.5	47.0
30 号	389.2	19.2	27.8
50 号	327.7	15.8	12.0
100 号	149.3	7.2	4.8
200 号	16.6	0.8	4.0
接料盘	24.9	1.2	
水洗	58.1	2.8	
总计	2074.0	100.0	

干法筛分是把试样按粒度分开，称出总的干质量，倒入一套筛子上振动，把每层筛子上的材料进行称量，算出留在每个筛子上及通过每个筛子材料的百分率。采用水冲筛析法计算湿法级配时，在200号(75μm)筛子上清洗材料以去除灰尘。再称取干燥材料的质量，倒入套筛中振动，计算留在每个筛子上的数量。

3.5.6.5 符合技术规范(ASTM D3515)要求的集料混合物

由于种种原因，为了要达到最大密实度和适当的孔隙比例，对HMA集料通常制定某些适当的级配范围。天然的或是挖掘材料符合这些技术规范的要求是不大可能的，通常是两种或多种有同样来源的集料拌和以满足技术规范的要求。集料也按粒度分类可以改善使用特点。把一个料堆里粗细集料拌和在一起的结果是离析；因此，在运输和堆放之前，集料应该按粒度分开，比如，3/4in ~ 3/8in(19 ~ 9.5mm)、3/8in ~ 4号(9.5 ~ 4.75mm)及4号以下(4.75mm)。

拌和集料的另一个原因是相对全部使用加工材料而言，把天然的和加工过的材料拌和在一起通常更经济实惠，且可以满足技术规范的要求。

粒径分布的性质可用图表示级配，以(a)表示对数坐标上累计通过百分率，或以(b)表示累计通过百分率与达到0.45幂的筛分粒径。两种都是工程师常用的选择最佳集料拌和的方法。

若是技术规范中采用每筛总的通过百分率来表示，可表示为级配范围(图3-14)。Dalhouse[18]撰文说明把一种通过率—保留率的技术规范改编为大致相当于总的通过百分率的技术规范。这一改变使得目测和比较不同技术规范变得可行。但是，本章中所有级配和技术规范都是用总通过百分率表示的，除非另有说明。

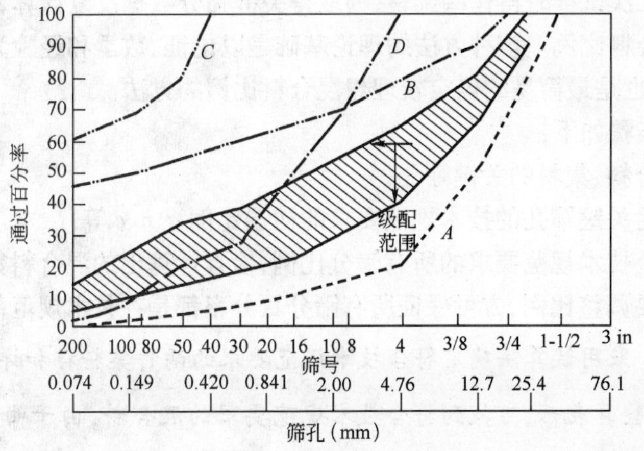

图3-14 检查技术规范规定的集料级配

自从 Fuller 和 Thompson 推荐最大密实度曲线以来[15]，人们制定了许多的拌和方法(为达到规定的级配，确定各种集料相对比例)。这些方法的适用性要取决于技术规范的类型及所用集料的数量、人员的经验及拌和的主要因素(与规定级配最接近的因素)。

不考虑集料数量或是所选择的拌和技术，表示拌和的基本公式如下：

$$p = Aa + Bb + Cc + \cdots \tag{3-12}$$

式中： p——拌和集料 A、B、$C\cdots$通过规定筛分的百分率；

$A,B,C\cdots$——每种集料 A、B、$C\cdots$通过规定筛分的百分率；

$a,b,c\cdots$——混合料所使用的集料 A、B、$C\cdots$的比例(小数)，$a+b+c\cdots=1.00$。

无论使用何种方法，在实际配料之前，最好首先绘制集料级配图，并在图上标出技术规范规定的级配范围。计算前，要核对：①采用现有集料是否可以满足技术规范的要求；②何处为关键筛分粒径；③所选择的试拌比例之前，根据这些图就可以作出决定。根据下列简单的事实和图 3-14 所示的级配来作出决策。

1)所有可能的集料 A 和 B 的混合级配曲线是处在曲线 A 和 B 之间。不考虑所使用的方法，把集料 C 和 D 混合在一起是不可能满足技术规范的要求。

2)若是两条曲线与任何一点(B 和 D)交叉，那么，所有可能的混合级配曲线就会通过这个点。

3) 含集料 A 多于集料 B 的混合料曲线比曲线 B 更接近于曲线 A，反之亦然。

为了满足技术规范要求，确定所使用的集料比例的常用方法是试算法。顾名思义，试算法就是指选择试拌(取决于经验和每条级配曲线图和技术规范范围)和利用公式(3-12)计算混合料每次筛分的通过率。经过试拌后得出的级配再与技术规范要求相比较。第二次试拌时再作些调整，为取得关键筛分数据反复计算，直到得出满意或是最佳的混合料比例。该种方法的理论基础是以论证、数学和经验为主，是使用最为广泛的方法，也是最简易的确定较理想混合料比例的方法。

试算法的步骤如下：

1)选择混合料、集料的关键筛孔；

2)确定满足关键筛孔的技术规范要求的初选比例 a、b、c 等；

3)采用符合技术规范要求的所有筛分比例，检查计算出的混合料数据；

4)如有必要调整比例，方可保证所有筛分百分率都是在技术规范范围之内。

例题 3-4 采用试算法确定符合技术规范要求的两种集料拌和详见表 3-12。

解 级配验算表示，可找到符合技术规范要求的混合料，由于曲线与级配范围中心的相应距离(最佳级配)，会是 50 对 50 的混合料。如果选择了某个关键筛分粒度，确定第一次试拌就会更为明智些。在检查级配时，可以看出所有保留在 3/8in 或是9.5mm筛子上的材料(100% -80% =20%可取的)均来自集料A,而且所有可以通过30号(0.6mm)筛子的细料必定源自集料B。

两种集料拌和　　表3-12

筛分粒度										
百分比		3/4in	1/2in	3/8in	4号	8号	30号	50号	100号	200号
集料A	100	100	90	59	16	3	0	0	0	0
集料B	100	100	100	100	96	82	51	36	21	9
50%A	50	50	45	29.5	8	1.5	0	0	0	0
50%B	50	50	50	50	48	41	25.5	18	10.5	4.5
拌和	100	100	95	79.5	56	42.5	25.5	18	10.5	4.5
期望值	100	100	90	80	60	43	24	18	12	7
技术规范		100	80~100	70~90	50~70	35~50	18~29	13~23	8~16	4~10

关于集料A,由于集料A中有100% -59% =41%的集料保留在3/8in(9.5mm)筛子上,集料A所需保留在该筛子上(技术规范规定的中等)20%的百分比为20/41 =0.49;而集料B则是1 -0.49 =0.51。关于集料B,由于有51%通过了30号筛子(0.6mm),那么,要达到规定的24%过筛率的集料B为24/51 =0.47;这次拌和合料中集料的百分比为1 -0.47 =0.53。因此,两种关键筛分的结果极为相似。

通过对关键筛分中一个进行分析表明,集料A的百分比应为49%,其他的关键筛分表明,集料A应为53%。第一次试用可采用集料A的50%和集料B的50%。

一种便于使用的表格详见表3-12。集料A和B的每次过筛的百分比都乘以0.50。再把两个结果加在一起便得出混合料的级配。把这个级配与期望值相比较,集料A和B都使用50%的级配非常接近期望级配值。因此,就此例而言,比例应为集料A 50%和集料B 50%。如果需要,这两种集料的百分比可以稍加变动,也不会对混合料产生不良的影响。比如,集料A的成本高于集料B,那么,就应稍微增加集料B的用量,减少集料A的用量,这样使得混合料的总成本下降了。这样做仍可满足项目技术规范的要求而且还得到了较为经济的混合料。

例题3-5 假设给出了集料A、B和C的级配,求达到技术规范要求折合成混合料所需的每种集料百分比(详见表3-13)。

三种集料拌和　　表3-13

筛分粒度	集料			技术规范	技术规范中间值
	A	B	C		
1in	100	100	100	94~100	97
1/2in	63	100	100	70~85	78
4号	19	100	100	40~55	48

续上表

筛分粒度	集　料			技术规范	技术规范中间值
	A	*B*	*C*		
8号	8	93	100	30~42	36
30号	5	55	100	20~30	25
100号	3	36	97	12~22	17
200号	2	3	88	5~11	8

解　例题中关键筛子为4号(4.75mm)和30号(0.6mm)。200号筛也是较为关键的,因为有88%的集料*C*通过200号(75μm)筛,技术规范只允许有11%。大于4号(4.75mm)筛集料期望值为52%,必须来源于集料*A*。因此,首次试拌的集料*A*的百分比应该为:

$$\text{集料}A\text{的百分比}=\frac{52}{81}=64\%$$

以30号(0.6mm)筛为例,很明显保留在30号(0.6mm)筛上的75%的集料必须来自集料*A*和*B*。由于75%是期望保留在30号(0.6mm)筛子上的总数,而且0.64×95来自于集料*A*。

$$\text{集料}B\text{的百分比}=75-0.64\times95=75-61=14$$

根据这些计算,似乎最佳的首次试拌应是集料*A*含量为64%,集料*B*为14%,集料*C*为22%。但是,很明显,采用22%的集料*C*会使得过多的材料通过200号(75μm)筛。集料*C*的百分比应该不会超过8%,因为集料本身会约有7%的材料过200号(75μm)筛。根据这些分析,第一次试拌应该是集料*A*为71%、集料*B*为21%、集料*C*为8%。其计算详见表3-14。

拌和三种集料的计算表　　表3-14

集　料	用量(%)	筛分粒度						
		1in	1/2in	4号	8号	30号	100号	200号
A	71	71	44.7	13.5	5.7	3.6	2.1	1.4
B	21	21	21	21	19.5	11.6	7.6	0.6
C	8	8	8	8	8	8	7.8	7.0
拌和		100	73.7	42.5	33.2	23.2	17.5	9.0
期望值		97	78	48	36	25	17	8.0
技术规范		94~100	70~85	40~55	30~42	20~30	12~22	5~11
A	66	66	41.6	12.5	5.3	3.2	2.0	1.3
B	28	28	28	28	26.0	15.4	10.1	0.08
C	6	6	6	6	6	6	5.8	5.3
拌和	100	100	75.6	46.5	37.3	24.6	17.9	7.4

第一次试拌应该是集料 A 为 71%、集料 B 为 21%、集料 C 为 8% 所制成的混合料可能满足技术规范的要求。但是,混合料还可稍加完善,使之更接近所期望的级配。要改进混合料,少用 2% 的集料 C,少用 5% 的集料 A,这样,就可多用 7% 的集料 B。两种集料若是每改变 1%,拌和出的混合料会发生变化,其改变在于两种集料过任何规定筛径的通过率之差乘以 1%。例如,增加 5% 的集料 B,减少 5% 的集料 A,所导致的混合料变化是 4 号筛上为 0.810×5 或是 4.0。

计算之后(表3-14),得出结论是每种集料的数量为 66% 的集料 A、28% 的集料 B 及 6% 的集料 C。

采用试算法进行的计算如示例所示,是通过人工计算来演示计算步骤的。不过,连续试拌如果采用计算机和电子表格软件进行的话,就会较容易且是快速的,若是可能的话,混合料的级配和技术规范范围可以制成图并且采用计算机的图表进行检查。

确定混合料每种集料的百分比的方法有几种图示方法。多数情况下不会使用这些方法,因为试算法较为简易和快捷。当两种以上的集料用于拌和时,难以使用这些方法,而 HMA 则正是这种情况。有关图示方法的更多信息,详见参考文献[6,19,21,22]。

人们已经开发出计算机程序来确定混合料中特殊用量的集料。但是这些方法却没有一个是较为成功的,因为经验丰富的工程师在他把数据输入电脑时就已经采用试算法确定四种以上的所期望的集料比例。

利用计算机的另一个难题是不易量化说明最佳混合料。例如,与期望值相差 2%,相比 4 号(4.75mm)筛分,它对 200 号(75μm)筛分的影响要大些。在评估偏差时,必须考虑多种因素。必须应用一些工程判断,人们不可能开发出一种程序可以囊括集料拌和时所必须考虑的全部因素。有关计算机方法的更多信息,详见参考文献[20~23]。集料拌和的最为常用的方法是试算法(利用工程师判断得出最佳混合料比例)和技术规范图示法和试拌混合料。计算机程序在成本因素分析上是有用处的[24~26]。

3.5.7 表面面积

集料级配可以计算的一个重要性质是表面面积。之所以重要是因为它会影响沥青包裹集料所需的用量。密级配沥青混合料通常都设计有一定间隙率;因此,集料表面面积不是一个设计因素。扩大集料的表面面积是可行的,与此同时,可以减少最佳沥青含量。一种方法是提高混合料的灰土含量。表面面积大且最佳沥青含量低的混合料是符合要求的,因为这些混合料中集料外面都有一层沥青薄膜,其耐久性可能不强。有关沥青薄膜厚度的更多论述详见第四章。

评估集料表面面积最为常用的方法是根据集料级配进行计算。用过各种筛分百分比乘以每个筛分的表面面积因子得出表面面积。假设集料的相对密度和所有颗粒均为圆的或是立方体的材料，便可计算出这些因子。接着便可计算出一种集料粒径每磅（1lb = 0.453592kg）材料的表面面积。

有关各种筛分的表面面积因子详见表3-15。用每种筛分通过率乘以因子并加总所有筛分粒度得出表面面积。计算单位为每磅平方英尺。必须采用表3-15中的所有筛分的所有表面面积因子。相比较大筛分颗粒的过筛百分比而言，其对表面面积的影响是极小的，较小筛分颗粒的过筛百分比则对其影响颇大。衡量表面面积的主要原因之一是评估表面面积以确定沥青薄膜的厚度。这是一个估算值，但却可对照各种混合料。

表 面 面 积 因 子 表3-15

筛　分	表面面积因子	筛　分	表面面积因子
最大过筛率	2	30号过筛率	14
4号过筛率	2	50号过筛率	30
8号过筛率	4	100号过筛率	60
16号过筛率	8	200号过筛率	160

例题3-6 表3-16是沥青混合料的集料级配，求每磅集料的表面面积。

表3-16

筛分	过筛率(%)	筛分	过筛率(%)
3/4in	100	16号筛	35
1/2in	88	30号筛	25
3/8in	72	50号筛	20
4号筛	60	100号筛	10
8号筛	47	200号筛	5

解 下式是利用表面面积因子和上表中每筛过筛率计算表面面积（SA）：

$$SA = 2(100) + 2(.60) + 4(.47) + 8(.35) + 14(.25) + 30(.20) + 60(.10) + 160(.05)$$

简化得出：

$SA = 31.38\text{ft}^2$（每磅集料的表面面积）

有关集料的其他资料详见《美国矿石协会集料手册》[27]。

参考文献

[1] A Handbook of Crushing, Bulletin 4030, Pennsylvania Crusher Corporation, Broomall, Pennsylvania, 1974.

[2] American Society for Testing and Materials, Volume 0402, ASTM C294 Standard Descriptive Nomenclature of Constituents of Natural Mineral Aggregates, 1989.

[3] The Identification of Rock Types. Bureau of Public Roads, 1960.

[4] State-of-the-Art: Effect of Water on Bitument-Aggregate Mixtures. Highway Research Board, Special Report 98, 1968.

[5] Cordon, W. A. Properties, Evaluation, and Control of Engineering Materials, McGraw-Hill, N. Y., 1979.

[6] McLaughlin, J. F. et al. Distribution, Production, and Engineering Characteristics of Aggregates. Highway Engineering Handbook, ed. by K. B. Woods, McGraw-Hill, N. Y., 1960.

[7] Mertens, E. W. and J. J. Borgfeldt. Cationic Asphalt Emulsions. Bituminous Materials: Asphalts, Tars, and Pitches, ed. by A. J. Hoiberg, Vol. 2, Part 1, Interscience Publishers, John Wiley & Sons, N. Y., 1965.

[8] Petersen, J. C. Chemical Composition of Asphalt as Related to Asphalt Durability: State-of-the-Art. Transportation Research Board, Transportation Research Record 999. 1984.

[9] Marek, C. R., H. Herrin, C. L. Kesler, an d E. J. Barenberg. Promising Replacements for Conventional Aggregates for Highway Use. Highway Research Board, NCHRP Report 135, 1972.

[10] McLeod, N. W. and J. K. Davidson. Particle Index Evaluation of Aggregates for Asphalt Paving Mixtures. Proceedings Association of Asphalt Paving Technologists, Volume 50, 1981.

[11] Asphalt Concrete Mix Design and Field Control. FHWA, Technical Advisory T 5040. 27, 1988.

[12] Kandhal, P. S., M. A. Khatri, and J. B. Motter. Evaluation of Particle Shape and Texture of Mineral Aggregates and Their Blends. Asphalt paving Technology, Vol. 61, 1992.

[13] Brown, E. R. and S. A. Cross. A National Study of Rutting in Asphalt Pavement. Asphalt Paving Technology, Vol. 61, 1992.

[14] Lee, D. Y. The Relationship Between Physical and Chemical Properties of Aggregates and Their Asphalt Absorption. Proceedings Association of Asphalt Paving Technologists, Volume 38, 1969.

[15] Fuller, W. B. and S. E. Thompson. The Laws of Proportioning Concrete. Journal of Transportation Division, American Society of Civil Engineers, Vol. 59, 1907.

[16] McGennis, R. B., R. M. Anderson, T. W. Kennedy, and M. Solaimanian. Background of Superpave Asphalt Mixture Design & Analysis. FHWA, Report No. FHWA-SA-95-003, November 1994.

[17] Hveem, F. N. Gradation of Mineral Aggregate for Dense-Graded Bituminous Mixtures. Proceedings Association of Asphalt Paving Technologists, Volume 11, 1940.

[18] Dalhouse, J. B. Plotting Aggregate Gradation Specifications for Bituminous Concrete. Public Roads, Vol. 27, No. 7, 1953.

[19] Lee, D. Y. Review of Aggregate Blending Techniques. Highway Research Board, Highway Research Record 441, 1973.

[20] Lutter, B. E. and T. D. White. Computer Method for Aggregate Blending. U. S. Army Engineers Waterways Experiment Station, Instruction Report S-70-5, 1970.

[21] Rothfuchs, G. Graphical Determination of the Proportioning of the Various Aggregates Required to Produce a Mix of a Given Grading. Betonstrasse, Vol. 14, No. 1, 1939.

[22] Mackintosh, C. S. Blending of Aggregates for a Premix Carpet. Transvaal Roads Department, Pretoria, 1959.

[23] Nuemann, D. L. Mathematical Method for Blending Aggregates. Journal of Construction Division, American Society of Civil Engineers, Vol. 90, No. 2, 1964.

[24] Ritter, J. B. and L. R. Shafter. Blending Natural Earth Deposits for Least Cost. Journal of Construction Division, American Society of Civil Engineers, Vol. 87, No. 1, 1961.

[25] Easa, S. M. Trade-Off of Gradation and Cost Requirements in Aggregate Blending. Cement, Concrete, and Aggregates, Vol. 7, No. 1, 1985.

[26] Miller, L. J. and D. C. Bean. Selection of Aggregate Components by Computer for Optimum Mix Design. Proceedings Canadian Technical Asphalt Association, Vol. 25, 1980.

[27] Barksdale, R. D. (Editor). The Aggregate Handbook. National Stone Association, Washington, DC, 1991.

第4章

HMA 混合料设计方法

4.1 引言

1995 年,美国有几个州在一些项目中开始采用 Superpave 程序。期待着在今后 2 ~ 5年里,大多数的 HMA 项目都会使用 Superpave 程序。

从 20 世纪 40 年代至 90 年代中期,在这 50 年里生产的多数 HMA 都是采用马歇尔或是维姆方法。根据 1984 年的调查,约有 75% 的州交通厅采用了改良的马歇尔方法,而其他 255 个州交通厅使用的是改良的维姆方法[1]。有些州则针对同样的材料采用两种方法,以便更好地了解混合料的特性。所有这三种方法的意义都在于帮助沥青技术人员选择恰当的沥青含量,以便用其进行现场施工,认识到这一点是至关重要的。如果混合料设计的使用情况与制订设计方法时的条件不同时,即便混合料设计是根据这种方法设计的,混合料设计对使用情况也是不适宜的,了解到这一点也是重要的。凡是采用上述方法的人都有义务了解该种设计方法的局限性,以保证恰到好处地利用它。为了加深理解,本章中详细地论述了这三种配合比设计方法。有关最佳密级配 HMA 混合料的设计详见本章。

4.2 混合料设计历史

Crawford 把沥青混合料设计的历史追溯到了 19 世纪 60 年代,参考文献[2]中有一段非常有趣的关于混合料设计发展的描述。大约在 1868 年 ~ 1873 年,焦油作为结合料首次应用于华盛顿特区的多数路面摊铺中。集料级配的重要性在当时是不被人们所了解的,拌和也不是机械作业。这些焦油混合料的性能逊色于路表混合料的性能。但是,其作为基层的性能还是不错的。当时焦油与特立尼达湖沥青还在相互竞争。

Clifford Richardson 被认为是美国杰出的沥青技术人员,于 1906 年得到这些早期的沥青基层的样品并对其作了分析。他懂得选择材料的重要性,尤其是细集料的重要意义。他研究和记录了包括矿料空隙和空隙率在内的 HMA 设计的重要原则。Richardson 于 1905 年出版了专著《现代沥青路面》[3]。

4.2.1 试饼法

Richardson 在其书中描述了“饼块试验”。这或许是确定 HMA 混合料的最佳沥青结合料含量的首次混合料设计试验。它作为表面混合料还应用于页岩。把含有不同结合料的页岩沥青的试验试样在一张棕色的蕉麻纸上压实,纸上的残余污迹可用肉眼判定。如果污迹印记色重,说明结合料过多,印记较轻则是结合料过少,而中等印记则是“正好”或是最佳的结合料含量。Richardson 在书中把这些污迹做了比较。在 20 世纪 20 年代早期,饼块试验仍用于细集料级配混合料和粗集料混合料中细集料的评估。Richardson 建议把约 1in 以上的最大粒度的集料用于交通量大的密级配 HMA 基层的混合料。但是,他是用视觉评估来确定最佳结合料含量的。

4.2.2 大粒径沥青混合料

20 世纪末 Frederick Warren 取得了所谓的沥青混凝土路面的专利。其路面允许使用 3in 以上粒度的集料。沥青混凝土路面的最大集料粒度达 3/4in(19mm)和 1in(32mm),分别记录在罗德岛和得克萨斯的施工中。其他州也不使用大粒度混合料。与 20 世纪 90 年代速度较慢、车轮较窄且是带钢边的或是实心轮胎的车辆,在道路通行后有出现车辙趋向的厚厚的页岩的性能相比较,这些大粒径沥青混合料的性能较好。

1909 年 Warren 兄弟就所谓的专利侵权一案把堪萨斯州的托皮卡城告上了法庭。这导致了 1910 年“托皮卡法令”的产生,法令指出在使用了最大粒度集料小于 1.5in 时不违反沥青混凝土专利。“托皮卡法令”鼓励在全美国广泛使用破碎较细的混合料。相对较大粒径的混合料而言,这些混合料较易铲动和耙动,且表面平滑,更适宜机械摊铺施工。幸运的是,这些细集料混合料得益于重型车辆上气动轮胎的开发和使用。气动轮胎比实心轮胎和钢边车轮对路面的接触压力要小得多。虽然沥青混凝土专利于 1920 年终止,但是细集料仍得以广泛应用,其性能也相当不错。不过,近些年来,轮胎设计已经有了改变,轮胎压力提高较多,交通荷载和交通量也增大很多。这导致了交通量大的路面出现了早期车辙。因此,有重新使用大颗粒和含石量高的混合料的趋势,旨在把车辙减少到最低程度。

4.2.3 密实级配

Roy Green 是得克萨斯农业机械大学(原得克萨斯农业机械学院)的副教授,他研究了得克萨斯州的沥青混凝土路面,尤其是沥青混凝土混合料中的细集料部分。

他开发了沥青混凝土混合料最佳密级配程序。他只是把过200号(0.075mm)筛的百分比集料与级配图上100%过最大粒度集料筛的集料进行比较,在这条直线上画出筛分的中间位置。这种方法便于比较不同的混合料级配。有趣的是Green研发的这个方法比Goode和Lufsey开发的0.45幂级配图要早42年。

4.2.4 哈博尔—费尔德方法

研究页岩沥青表面和砂沥青基层的最佳沥青含量的试验方法是由Hubbard和Field于20世纪90年代开发的。其内容包括了确定直径为2in(50.8mm)高为1in(25.4mm)试样被压入1.75in(44.4mm)直径的标准孔板时的最大荷载。把荷载作为稳定值记录下来,把与各种沥青含量相关的稳定数值绘制成图,便可确定最佳的结合料含量。这也许是第一次尝试着把各种沥青含量的经验混合料稳定值量化的做法。这种方法得到了广泛的认可,并在很长一段时期在一些州得以应用。20世纪50年代中期这个试验得到进一步完善,可以试验6in(150mm)直径的粗集料最大粒度达3/4in(19mm)的试样。但是,修改后的方法只使用了较短的时间,因为马歇尔试验在此期间越来越受欢迎。

4.2.5 维姆配合比设计方法

参考文献[4]对维姆方法的演变作了详细的解释。作为加州驻地监理工程师,福朗西斯·维姆于20世纪20年代开始采用“油混合料”施工。油混合料,是一种质地较好的砾石和养护慢的液态沥青混合物,在加州用于中等交通量道路的中等类型罩面工程。1937年开始使用机械摊铺机时,使得高标号的沥青摊铺路面成为可能。维姆注意到矿料与保持混合料颜色和外观所使用的油量之间的关系。后来又发现了由加拿大工程师L. N. Edwards开发的计算集料级配的表面面积的方法。维姆发现颗粒的薄膜厚度随着颗粒直径的变小而变薄,人们采用这种方法炼制沥青。由于集料的吸水性和表面粗糙度不同,人们研制了煤油当量法,并考虑了油量要求的差异性。

相对于车辙而言,维姆认识到具有适当的含油量并不能保证有良好的性能;因此,需要有另外的试验来评价稳定性,或是评估抗车轮荷载施加的剪力。这是开发维姆稳定仪的原因。直径为4in(101.6mm),高为2.5in(63.5mm)的试样置于圆形表面上,承受垂直荷载并测量横向施加的垂直荷载量。试样的圆周是由氯丁橡胶薄膜控制,四周由一个油层包围着,以模仿现场荷载的情况。试验取得了各种沥青含量经验稳定数值。利用揉搓压实机准备试样,揉搓压实机是通过一个液压夯实板对试样加压的液压装置。在试样上施加了规定压力之后提起夯实板,基座旋转1/6r,夯实板自动降下，再一次在试样的周围施加规定的压力。夯实板的面积是试样横截面积的 1/4。

第二种机构试验装置是黏结力仪，是和维姆稳定仪一道开发出来的。旨在沿试样直径测量已做过稳定性试验的压实试样的黏结力。把试样置于黏结力仪上，固定试样，由从水槽弹出的铅弹向矩臂端部的篮子流动来施加荷载(详见 ASTM D1560)。荷载一直施加到试样损坏，此时铅弹也自动停下来，然后计算总的荷载量，通过公式计算得出黏结力。试验的目的在于测量油混合料的拉力性质，这种拉力性质与排除牵引力下表面混合料松散的最低水平相关。这种试验在试验 HMA 罩面的特点中被证明是毫无价值的。HMA 罩面是采用沥青，其罩面具有较强的黏结力，可以防止松散的出现。因此，当二次世界大战后 HMA 罩面代替了油混合料时，黏结力试验就无意义了，并逐渐地被淘汰。

1959 年，设计 HMA 混合料的维姆稳定仪程序演化到最终的形式。有几个州，主要是西部州，接受了维姆程序。但是，许多州修改了程序中的各项内容。

4.2.6 马歇尔配合比设计方法

马歇尔方法开发的详细过程详见参考文献[5]和[6]。

约在 1939 年，布鲁斯·马歇尔在密西西比公路局开发了马歇尔配合比设计方法的最初方案。工兵部队航道试验站(WES)于 1943 年开始研发一种简单的便携式装置，为机场路面设计沥青混合料。促使研发这种装置的原因是二次世界大战期间飞机车轮荷载增加所致。有了轮胎压力，接触压力也就增大了，需要一种适宜的配合比设计方法来应付增大的轮胎压力。工兵部队开始采用布鲁斯·马歇尔装置进行试验，着手进行一系列的试验室和现场试验。利用各种压实措施在试验室设计混合料，旨在生产出类似于施工中现场达到的密实度，并模仿飞机荷载。试验室的压实措施有几种不同落锤质量；每遍冲击次数不同和/或压缩荷载的组合不同；不同规格和形状的压实机压实板设计；不同的模子基座形状与材料。

试验室压实研究的一个目的是采纳一种简单的准备程序，涉及的工作和时间最少，但是却能成为选择最佳沥青含量的根据。研发一种便携装置，可以带到现场进行质量控制，这也是可取的。根据这项研究，质量为 10lb(4.54kg)的锤子，底部直径为 $3\frac{7}{8}$in(98.4mm)，试样每边的压实为 50 次，被认可为标准作法。

试验时交通荷载及轮胎压力为 15000lb(345psi)、37000lb(110psi)和 60000lb(110psi)[66.7 kN(345kPa)、164.4kN(759kPa)和 266.7kN(1379kPa)]，覆盖度高达 3500，不考虑车轮荷载因素时，承受交通荷载之后密实度没有明显增加。根据试样现场试验的结果，表 4-1 所列范围作为混合料设计的标准：

面层混合料50次击实马歇尔标准[5]　　表4-1

试验性质	沥青含量选择		限制标准	
	HMA	砂沥青	HMA	砂沥青
稳定性,lb(N)	峰值	峰值	500(2220)min	500(2220)min
流速,0.01in(0.25mm)			最大20	最大20
混合料单位质量总计,pcf(g/mL)	峰值	峰值	—	—
混合料空隙率总计,%	4	6	3~5	5~7
沥青饱和度,%	80	70	75~85	65~75

20世纪40年代晚期至50年代早期,飞机的规格和质量都在不断地增大,其结果是为了保持飞机传动装置和轮胎规格大致不变,把轮胎压力提高到200psi(1380kPa)。轮胎压力的提高极大地增加了交通道路表层压力。工兵部队航道试验站开始一项确定与交通所致的密实度的试验室压实效果的研究,并修改了低压混合料设计和质量控制标准。全尺寸试验路段车辆荷载为30000lb(13607kg),轮胎压力为200psi (1380kPa),并且,监测了路面性能。

高压轮胎荷载时,尽管表面密实度持续增加,但是却把表面车辙测量与路表下沥青结合料层的损坏混为一谈。利用现场和试验室压实研究数据和依照通行道路表面的试验数据和试验室压实修正数据,采纳表4-2所列内容作为高压轮胎标准[200psi(1380kPa)],包括了稳定性和流量的调整。

初始高压轮胎标准

HMA表层混合料75次击实马歇尔标准[5]　　表4-2

试验性质	沥青含量	限制性标准的选择
稳定性,lb(N)	峰值	1000(44440)min
流速,0.01in(0.25mm)		最大16
最佳集料单位质量,pcf(g/ml)	峰值	
混合料单位质量总计, pcf(g/ml)	峰值	
混合料空隙率总计,%	5	4~6
沥青饱和度,%	80	75~82

20世纪50年代,为了制定高轮胎压力的标准,工兵部队航道试验站注意到了许多项目的路面性能问题,尤其车辙。调查揭示出在有车辙问题的混合料中有大量的天然砂子存在。为了控制天然砂子的使用,把马歇尔稳定性提高至1800lb=(8000N)和后来在机场路面中可能使用的天然砂子允许使用量上加以限制。开始时将天然砂限制为集料总量的10%,之后又提高到15%。

总结马歇尔方法的开发与发展时,White[5]的结论是:HMA 的设计和性能中有两个变量,沥青含量和密实度。在通行道路上,由交通所致的密实度条件下令人满意的最高沥青含量是重要的,而在试验室,重要的事件是选择一种代表交通所致密实度的压实程序,然后,选择可以均衡地产生沥青含量的对应性质以达到令人满意的性能。

在审查马歇尔方法演变时,关键因素是交通通行下现场达到的密实度与试验室采用规定的压实方法达到的密实度之间的一致性,这是显而易见的。由于交通变化现场情况改变了,工兵部队航道试验站监测到了现场情况,便调整试验室程序使其密实度类似于现场交通通行下的密实度。因此,促使马歇尔程序改变的驱动力是交通改变所造成的现场密实度的改变。

把这个经验型设计原则应用到公路实践表明,在改变试验室程序之前,确定交通所致的密实度的重要性。只有了解到了现场情况才能够对试验室的工作加以适当调整,因为试验室条件必须是现场情况的再现。

图 4-1 是 1984 年调查的各州利用各种配合比设计方法的情况[1]。请注意 38 个州采纳了马歇尔方法,而另外有 10 个州使用的是维姆方法。

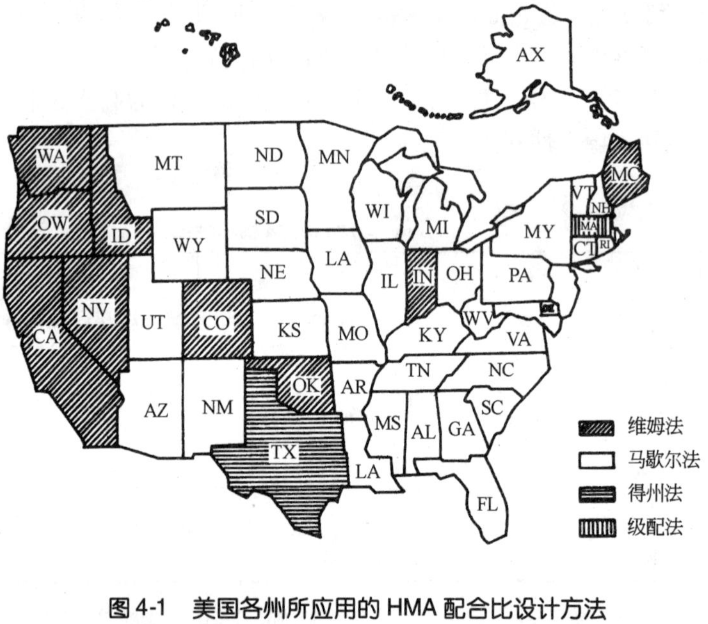

图 4-1　美国各州所应用的 HMA 配合比设计方法

Kandhal 和 Koehler[1]论述了许多极大地影响不同类型锤子制成的试样和用断裂头下方内角不同斜角形状检测(马歇尔稳定度仪)得出的试验结果。由于各州采用不同的方法选择最佳沥青含量,可以预测,如果压实试验常用材料并找出最佳沥青含量的话,各州选择的方案会相差很大。

4.2.7 Superpave 配合比设计方法

有关 Superpave 配合比设计方法详见参考文献[7]。

Superpave 配合比设计方法是战略公路研究计划的研究成果。计划的主要目的是开发出一个合理的混合料设计程序。选择 Superpave 旋转压实机(SGC)进行压实，因为旋转压实机会以类似于现场观察到的方式使集料颗粒定位。

配合比设计方法采用了体积法选择最佳沥青含量。在试验室的混合料经压实后的密实度类似于承受各种交通之后的现场估算的密实度。旋转次数是多种多样的，以模仿预期的交通。

测量 $N_{initial}$,N_{design} 和 N_{max} 下孔隙来评估混合料质量。混合料 $N_{initial}$ 时的孔隙率至少应为11%，在 N_{design} 时应为4%，在 N_{max} 时至少应为2%。有关 $N_{initial}$,N_{design} 和 N_{max} 的旋转次数详见本章后续内容。

在20世纪90年代末期将由州交通厅实施这种配合比设计方法。随着更多研究工作的完成，预期在混合料设计程序问世的头几年里就会有一定改变。

4.3 混合料设计的目的和要素

4.3.1 目的

制订 HMA 混合料的设计时应明确下列目的：

1) 抗永久变形　当混合料承受交通荷载时不应变形或是移位。在炎热的夏季，当沥青结合料的黏度低且交通荷载又主要由矿料结构承载时，高温下抗永久变形(或抗车辙)能力至关重要。抗永久变形可通过选择有适当级配的合格集料和沥青含量加以控制，这样混合料中就有适当的孔隙率。本书第5章中的诸如静态和动态蠕变的试验方法也许更适宜用来预测永久变形。

2) 抗疲劳　混合料在一段时期里承受重复荷载时不应开裂。第5章论述的复杂的重复荷载(或者是持续应力、应变)的试验可用于估算造成 HMA 混合料损坏(开裂)的试验周期次数。

3) 抗低温开裂　在气温低的地区混合料性质是至关重要的。如在第2章所述，HMA 路面低温开裂主要是受到沥青结合料低温性质的影响。因此，结合料选择适当可以把这个问题减小到最低程度。

4) 耐久性　混合料必须含有足够沥青才可保证在集料颗粒周围形成适当的薄膜厚度，从而减少生产或是使用中沥青硬化或是老化。压实混合料不应有很高的加速老化的空隙率(会增加渗透)。

5）抗水损害　当处在水汽或是水中时，有些 HMA 混合料的集料表面与沥青结合料之间的黏结就会损失掉。这种现象主要是由集料性质所决定的，尽管有些沥青比其他的更易受到水侵害（剥落）。如果 HMA 混合料易剥落，那么，就应使用抗剥落剂。HMA 混合料不渗水也可以减少剥落。有关 HMA 混合料的水敏感性详见后续内容。

6）抗滑性　这个要求只适用于表面混合料，抗滑性的设计旨在具有一定的防滑作用，允许车辆转向和刹车。集料特性如纹理、形状、粒度和抗磨性主要是起到抗滑作用。但是，混合料也不应含有过多的造成 HMA 混合料泛油从而使表面抗滑的沥青结合料。有关抗滑性详见第 8 章。本章的后续部分也涉及了一些抗滑内容。

7）和易性　混合料必须是可以摊铺的和压实的。在试验室混合料设计阶段目前尚无试验的方法来量化和易性。和易性的问题通常是在摊铺中发现的。但是，适当地调整混合料设计可以很快地克服和易性问题。

4.3.2　级配和最大密实度曲线

第 3 章论述了集料混合的内容。级配曲线在对混合料设计作必要调整时是极为有用的，比如 *VMA*（矿料间隙率）。最大密实度曲线，如第 3 章所述，尤其适用于此种用途。1962 年，Goode 和 Lufsey 建议用“较小直径的集料填充到较大直径的空隙里”这种数学概念对集料进行配比[8]。Nijboer 引用 Andreasen 的研究工作，确定含有各种粒度颗粒集料情况以达到在有限的空间里产生最有效的效果[9]。有关解释根据福勒曲线可以得出最密级颗粒填充的最大密实度级配数学关系，详见第 3 章。但是，Goode 和 Lufsey[8]注意到如果如福勒的建议所述是级配对应着 0.5 的指数的话，那么，矿料空隙率可能会太低，不能保证耐久性所需的足够的间隙率和充足的沥青含量，就会遇到现场稳定性的问题。因此，FHWA 研究报告建议[10]使用 0.45 幂曲线来评估和调整集料级配。评估级配的最方便的方法是在一张已有 FHWA0.45 幂级配线的图上绘制综合级配，如图 4-2 所示。

许多机构在制订表示 0.45 幂曲线图的方式上存在一些困惑。参考 Goode 和 Lufsey[8]的论文，文中最大粒度 *D* 或是最小粒度是怎样确定和绘制成图的论述并不明确。有三种绘制最大密实度线的通用方法。

图 4-3 中的实线是结合料层混合料的级配（以此为例）：

筛孔尺寸	过筛百分比（%）
1.5in（37.5mm）	100
1in（25mm）	90
0.5in（12.5mm）	61
—	—

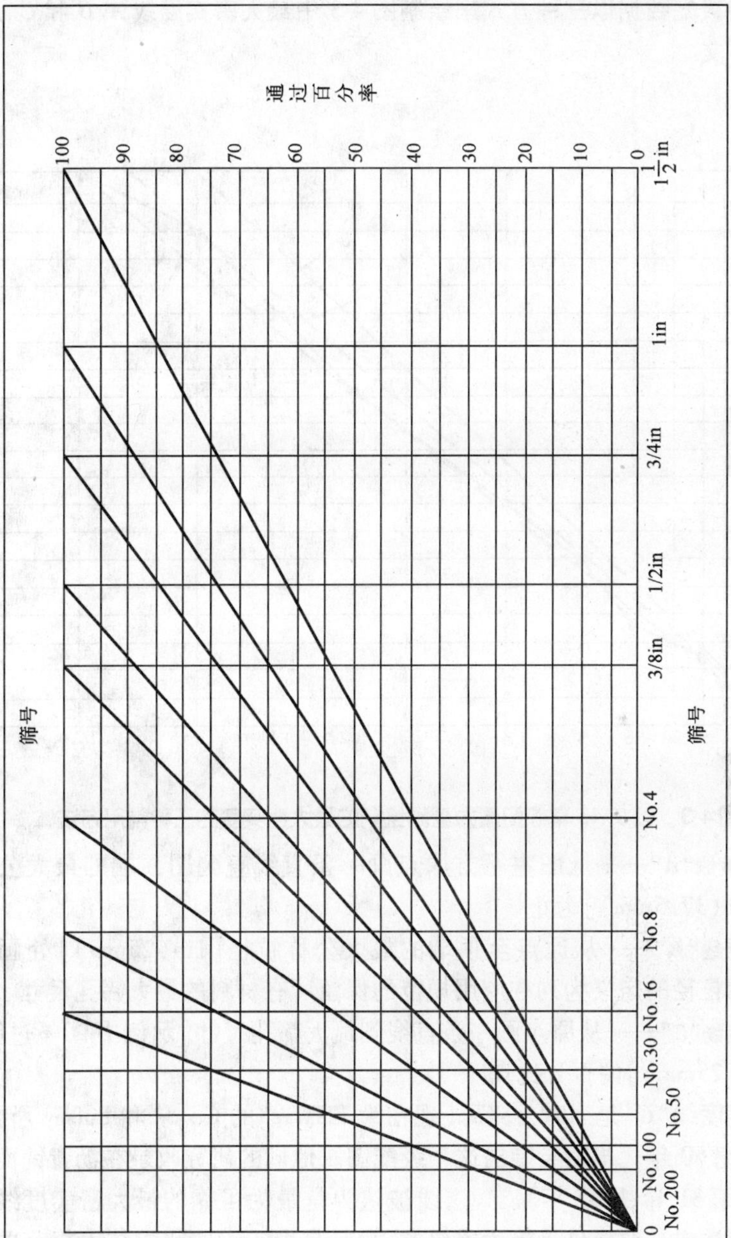

图4-2　以0.45幂级配图为基础制订的FHWA最大密实度曲线

利用这些级配数据以三种方式来绘制图4-3中最大密实度线A、B和C。每条线的绘制详见下文。

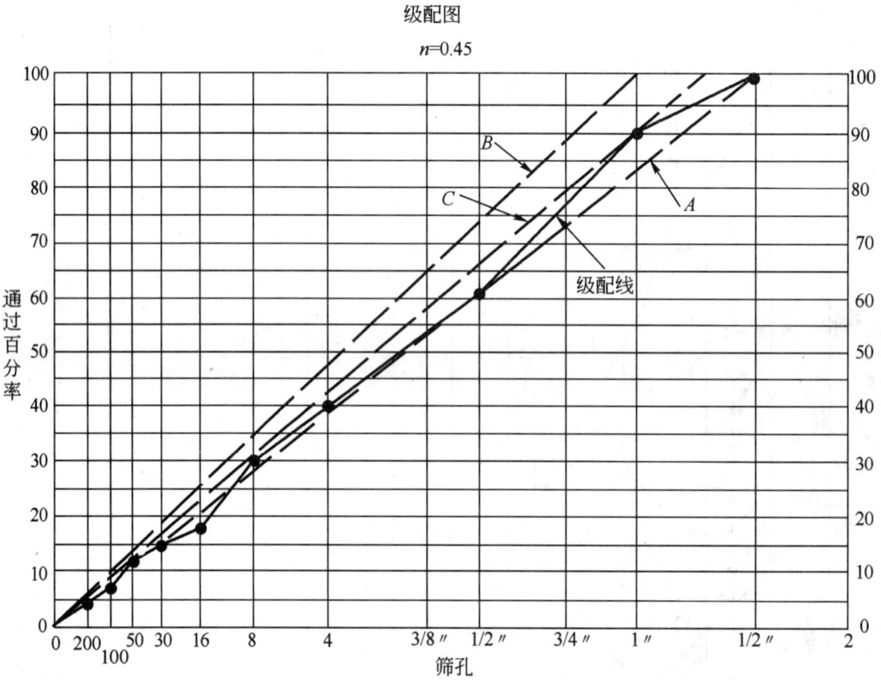

图4-3 以0.45幂级配图为基础绘制的最大密实度的三种常用方法

最大密实度线"A"——从图左下方原点画一条直线直到图顶端的最大公称粒径[示例中1.5in(37.5mm)]为止。

最大密实度线"B"——从原点至顶端的最大公称粒径[1in(25mm)]处画一条直线。最大公称粒径的定义为列在应用规范的保留所有材料的最大筛孔尺寸。

最大密实度线"C"——从原点画一条直线到最大筛孔尺寸[示例中90%过筛点,筛孔尺寸为1in(25mm)]的百分比点。

最大密实度线"C"是当时公路局(现在为FHWA)的Goode和Lufsey所推荐的,他们于20世纪60年代早期绘制出这个级配图。他们的研究收录在沥青铺面协会研讨会论文集(第31卷,1962年)。"C"线被认为是最为可靠的最大密实度线。设计人员就此问题达成一致意见是极为重要的,尤其是由于一些州的技术规范要求混合料级配要低于最大密实度线。0.45幂曲线用于绘制最大密实度线的做法只能作为一种指导性,不应加入到"要求所有级配都处在0.45幂曲线的上面、下面或就在这条线上"的技术规范。令人满意的混合料可从这三种情况下生产出来。但是,级配线越接近最大密实度线通常其矿料间隙率越低,从而导致在生产中对沥青含量的极小变化都很敏感的混合料不耐久。要避免这些困难,级配常常是与最大密实度线分离的。

在进行混合料设计时应考虑下列综合的建议:

(1)如果细集料主要为圆形的天然砂,通常作法是不要超过最大密实度线以减少砂的数量和影响。

(2)如果采用的是破碎的或是极有棱角性的细集料,级配宜超出最大密实度线。但是,由于这些空隙必须用沥青填满方可符合混合料设计的间隙率标准,这些混合料或许是不经济的。

(3)在 30~50 号筛径范围以内的级配中定出一个峰值是可取的,但是若是细集料中以天然砂子为主的话,应避免这样做。在这个范围内的峰值生产的混合料较为柔软,即在摊铺之后在常用压实设备压实时会有较高的塑性变形。

当混合料在摊铺的时候出现问题,或是在摊铺、压实及使用期间出现了车辙的情况,尤其应考虑上述建议。

4.3.3 沥青薄膜厚度

虽然薄膜的厚度不是直接作为混合料设计的一个组成部分,但是,在分析出现早期缺陷的混合料时,检查一下薄膜厚度是可取的。因此,本节中介绍了计算薄膜厚度的程序。

包裹在集料颗粒周围的沥青厚度是集料直径和混合料沥青百分比的函数。维姆发现其初始的研究,即每个集料颗粒都需用同样的最佳薄膜厚度覆盖,这种看法是错误的。他认识到颗粒周围薄膜厚度随着颗粒直径的变小而变薄。现行计算薄膜厚度的技术是根据在"维姆配合比设计方法"一节中论述的表面面积因子进行的。采用式(4-1)可计算沥青薄膜厚度:

$$T_{\mathrm{F}} = \frac{V_{\mathrm{asp}}}{SA \times W}(1000) \tag{4-1}$$

式中:T_{F}——平均薄膜厚度,μm;

V_{asp}——沥青有效体积,L;

SA——集料表面面积,m^2/kg;

W——集料质量,kg。

沥青体积 V_{asp},用于覆盖集料的材料数量,因此,必须把从沥青总质量中减去的集料吸收的沥青质量加到混合料中。计算出的薄膜厚度是通常与耐久性相关的平均薄膜厚度。如果沥青薄膜过薄,那么,进入到压实过的 HMA 空气就会快速地氧化这些薄膜,导致 HMA 变得易脆和过早地开裂。此外,假如集料易受到水的侵害,相比厚的膜，薄的膜更容易和快速地让水渗透，产生典型的水损害形式：车辙、推挤、松散和泛油。

例题 4-1 集料表面面积已确定为 35.2in^2/lb(7.23m^2/kg)，如第三章中所述。集料重度为 2.680，根据理论最大密实度确定的有效相对密度为 2.700。求单位为微米的沥青薄膜厚度。

解 假设沥青相对密度为 1.030。沥青含量为 5.0%，混合料重度为 146pcf (2.340g/mL)。

根据 $T_F = \frac{V_{asp}}{SA \times W}(1000)$，有效沥青体积等于总体积减去被吸收的体积。就 1L 试样而言，

$$\text{沥青总体积} = \frac{\text{总质量} \times \text{沥青含量}}{SpGr \times \gamma_w} = \frac{2340g \times 0.05}{1.03 \times 1} = 113.6mL$$

被吸收的沥青 P_b(按集料质量)

$$P_b = 100 \times \frac{G_{se} - G_{sb}}{G_{sb}G_{se}} G_b = 100 \times \frac{2.700 - 2.680}{2.680 \times 2.700} \times 1.030$$
$$= 0.002847$$

$$\text{被吸收沥青质量} = 0.002847 \times \text{集料质量} = 0.002847 \times (2340 \times 0.95)$$
$$= 6.33g$$

$$\text{被吸收沥青体积} = \frac{6.33}{1.03(1)} = 6.15mL$$

$$\text{有效沥青体积} = 113.6 - 6.2 = 107.4mL$$

下面把薄膜厚度数据代入公式(4-1)：

$$T_F = \frac{V_{asp}}{SA \times W} \times 1000 = \frac{107.4}{7.23 \times (2340 \times 0.95)} \times 1000 = 6.7\mu m$$

4.3.4 试验室压实

根据所述的马歇尔和维姆配合比设计方法的演变，很显然原始方法中的试验室压实方法要参照现场情况。参照的现场情况不是来自于施工时的密实度，而是路面承受一定的交通量之后所达到的密实度。Superpave 方法设计也是要计算出相当于承受一定交通量的密实度。

因此，很明显，如果工程师想在试验室设计可以承受交通荷载的混合料，试验室混合料应压实至和道路使用期内交通最终压实一样的密实度(孔隙率)程度。否则，

使用期限内的交通量或许会很高,以至于混合料会压实至一种孔隙率过低且导致不稳定的密实状态。相反,如果交通量过小,对于实际交通水平而言,试验室采用的压实能量所产生的密实度过高。结果是沥青含量过低、现场的耐久性过低的混合料。混合料第二种类型在现场未展示出不稳定性,但是,对于低交通量下道路的良好耐久性而言薄膜厚度太薄了。很显然,在设计具有适当现场性能的混合料时,试验室压实水平的选择是至关重要的。

正如Arena报告中所述的[11],图4-4所示的是空隙率与试验室压实水平和相同的混合料承受现场交通的时间之间存在的关系。图中随着旋转压实机旋转次数的增加,空隙率下降。旋转压实设备对试样施加荷载,与此同时模子里的试样由一个旋转的凸缘模子卡盘以旋转方式从一边摆向另一边(图4-5)。注意,图4-4中曲线上的参照点都加了注解。第一个参照点,"初始密度",通常规定为某种程度的试验室密实度对应的现场施工密实度;第二点,"击实75次的密度(机械)",对应的是场拌的、采用机械的马歇尔击实机冲击75次现场试验室压实的材料;第三个参照点"6个月"、"15个月"和"36个月"代表了在混合料承受了一段时间的交通之后,从车轮轨道上的岩芯试样得出的空隙率。马歇尔现场试验室压实对应的是不到6%的空隙率,在通行情况下混合料空隙率为3%~4%之间时几乎趋于稳定。请注意旋转压实机可以达到比马歇尔机械锤压实所能达到的低得多的空隙率。图4-4中所示的压实曲线只适用于试验具体的混合料,不能作为所有混合料的一种典型的曲线图。

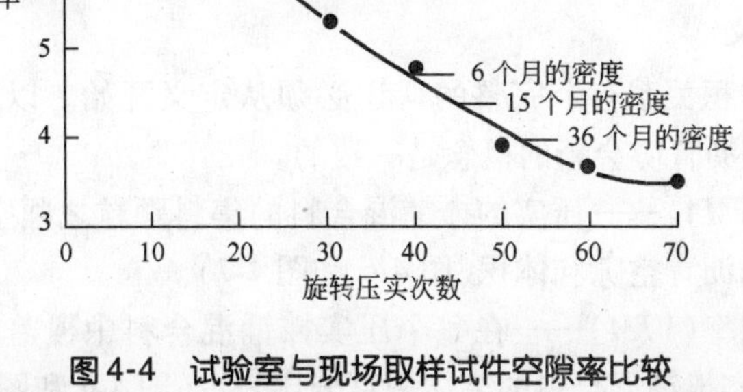

图4-4 试验室与现场取样试件空隙率比较

如果调查表明试验室压实方法总是生产出低于或高于现场通行的密实度,制订技术规范的机构应考虑改变试验室压实方法或是冲击次数(压实),以便达到与通行情况下所达到密实度一致的试验室密实度。

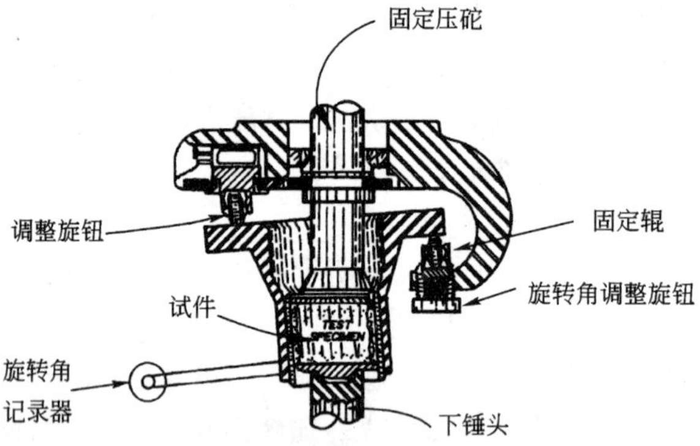

图 4-5　压缩与剪力机械的旋转压实机横截面图

4.3.5　质量—体积关系

无论从混合料设计的角度还是从施工的角度,经过压实的 HMA 的质量—体积关系的基本原理是重要的。关键是要了解混合料设计是一个体积方法,目的是确定生产出具有预期性质的混合料体积。但是,试验室或是现场的集料和沥青的体积测量又非常困难且完全不实际。因此,为了简化测量问题,用质量代替体积,用相对密度把质量换算成体积。两个非常重要的参数是总混合料的空隙(*VTM*)或是压实过的 HMA 的空隙和矿料间隙(*VMA*)体积。图 4-6 以简化的形式阐释了体积概念,但是由于沥青部分被吸收到集料里,使得这些体积的计算变得复杂起来。假设沥青没有被吸收到集料里,那么,计算就相当简单,因为集料的毛体积密度可用于计算集料的体积。如果沥青吸收像 ASTMC127 和 C128 中定义的水吸收那样明确的话,那么,计算也会简单明了,因为集料的表观相对密度可用于计算集料的体积。由于所有的混合料都有部分沥青被吸收,计算也就如后续内容解释的那样较为复杂。

4.3.5.1　定义

要对质量—体积关系有个完整的认识必须从定义开始。以下给出的定义是与 ASTM、AASHTO 和沥青协会新的概念是一致的。

矿料间隙率(*VMA*)——压实的摊铺混合料的集料颗粒之间空隙的体积,包括未被吸收到集料里的沥青空隙和体积(图 4-6 和图 4-7)。

总混合料间隙率(*VTM*)——在整个压实摊铺混合料中覆盖的集料颗粒间少量空气总体积,用压实摊铺混合料的毛体积百分比表示(图 4-6 和图 4-7)。

沥青饱和度(*VFA*)——压实沥青混合料中的沥青饱和度的体积百分比(图 4-6)。

V_T	压实试样	W_T
V_V	空隙	O
V_{EAC}	有效沥青	W_{EAC}
V_{AAC}	被吸收的沥青	W_{AAC}
V_{Agg}	集料	W_{Agg}

$$VTM = \frac{V_V}{V_V} \times 100 \qquad AC = \frac{W_{AC}}{W_T} = \frac{W_{EAC} + W_{AAC}}{W_T} \times 100$$

$$VMA = \frac{V_V + V_{EAC}}{V_T} \times 100 \qquad V_{Agg} = \frac{W_{Agg}}{SpGr_{Agg} \times \gamma_w}$$

$$VFA = \frac{V_{EAC}}{V_{EAC} + V_V}$$

式中：V_T——压实试样总体积；

V_V——空隙体积；

V_{EAC}——有效沥青体积；

V_{AAC}——被吸收沥青体积；

V_{Agg}——集料体积；

W_T——压实试样总质量；

W_{EAC}——有效沥青质量；

W_{AAC}——被吸收沥青质量；

W_{Agg}——集料质量；

VTM——总混合料空隙率，%；

VMA——矿料间隙率，%；

VFA——沥青饱和度，%；

AC——混合料中沥青含量，%；

γ_w——水的单位重度；

SpGr——相对密度。

图 4-6 相对密度 HMA 质量—体积关系

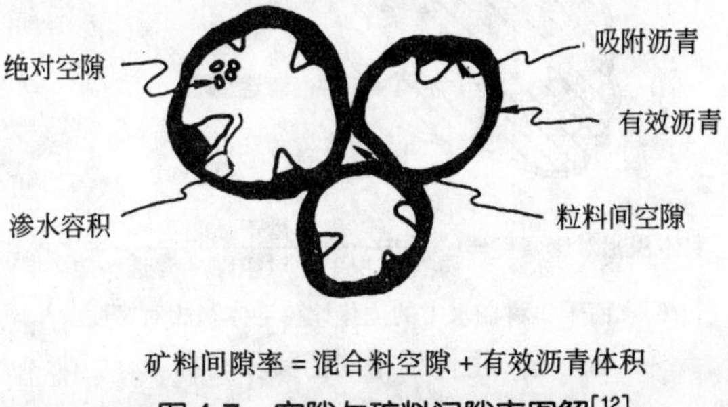

矿料间隙率 = 混合料空隙 + 有效沥青体积

图 4-7 空隙与矿料间隙率图解[12]

若是计算 *VTM*, *VMA* 或是 *VFA*，有必要掌握压实 HMA 的毛体积相对密度（如 ASTMD118A 或是 D2726）、混合料中每种材料的适宜的相对密度值及沥青含量。

例题 4-2　假如压实试件毛体积密实度为 2.250，间隙率为 4%，沥青含量为 6.2%，沥青吸附率为 2%，有效沥青含量为 4.2%，求算矿料间隙率。

解　沥青有效体积 = (2.250 × 0.42)/1.02 = 9.3%

矿料间隙率 = 4% + 9.3% = 13.3%

为了进一步说明有关空隙的内容，需要了解测量集料相对密度方法的定义和集料与空隙的关系。在把质量换算成为体积的空隙计算时要用相对密度。有关矿料的表干相对密度和毛体积相对密度详见第 3 章。这里只是给出定义。

表观相对密度(ASTMC127 和 C182)——不渗透材料的单位体积空隙的烘干质量与规定温度下无气体蒸馏水的相同体积质量之比(图 4-8)。表观相对密度通常只用于矿料填料的质量与体积的计算，因为填料的重度值非常难获取。

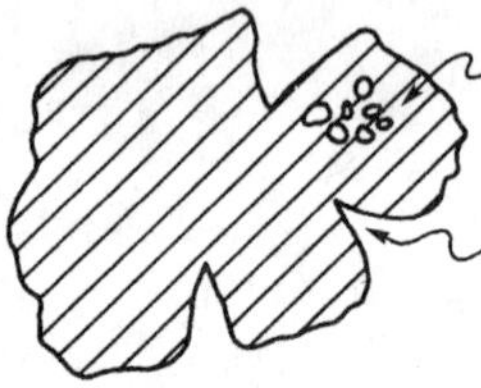

$$表观相对密度 = \frac{集料烘干质量}{集料体积 + 绝对空隙}$$

根据炉干集料在水中位移计算体积，或用饱和面干集料减去水的体积就等于集料的吸水率。

图 4-8　表观相对密度示意图[12]

干毛体积相对密度(ASTMC127 和 C128)——规定温度下渗透材料(如材料的渗透和不渗透空隙)的单位体积空隙的烘干质量与规定温度下无气体蒸馏水的相同体积质量之比(图 4-9)。

$$毛体积相对密实度 = \frac{集料烘干质量}{集料体积 + 绝对空隙 + 渗透空隙}$$

由饱和面干集料在水中的位移计算毛体积相对密度

图 4-9　毛体积相对密实度图解

毛体积相对密度，饱和表面干燥(ASTMC127 和 C128)——规定温度下渗透材料单位体积空隙的饱和表面干燥质量与规定温度下无气体蒸馏水的相同体积质量之比(图 4-10)。此相对密度在 HMA 混合料设计中极少用到。

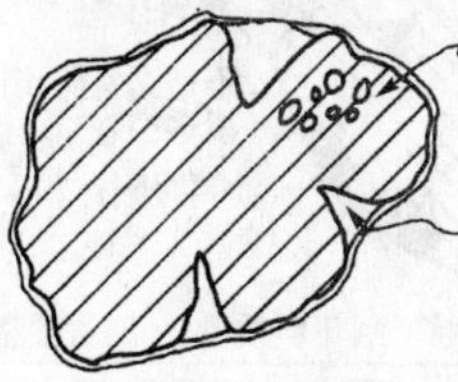

表干毛体积相对密度 = $\frac{\text{集料烘干质量 + 饱和水质量}}{\text{集料体积 + 绝对空隙 + 渗透空隙}}$

毛体积相对密度可以通过表干质量来确定

图 4-10　毛体积相对密度(饱和表面干燥)图解

集料有效相对密度——规定温度下渗透材料(不包括渗透沥青的孔隙)单位体积空隙的烘干质量与规定温度下无气体蒸馏水的相同体积质量之比(图 4-10)。此相对密度在 HMA 混合料设计中极少使用(图 4-11)。

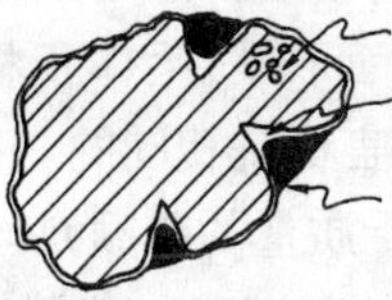

集料有效相对密度 = $\frac{\text{集料烘干质量}}{\text{集料容积 + 绝对空隙 + 渗水容积 - 沥青吸附容积}}$

集料有效相对密度可以通过 ASTM-D2041 来实现

有效相对密度处于表观相对密度和毛体积(干)相对密度之间

图 4-11　集料有效相对密度图解[12]

毛体积相对密度,压实沥青混凝土(ASTMD1189 和 D2726)——规定温度下 HMA 的压实试样(包括渗透性孔隙)单位体积空隙的烘干质量与规定温度下无气体蒸馏水的相同体积质量之比。确定压实混合料每单位体积质量时使用这个数值。压实沥青混合料的毛体积相对密度(G_{mb})等于:

$$G_{mb} = \frac{W_D}{W_{SSD} - W_{sub}} \tag{4-2}$$

式中:W_D——质量,g;

W_{SSD}——饱和表面的干质量,g;

W_{sub}——浸泡在水中饱和表面的干质量,g。

摊铺沥青混合料理论最大相对密度(ASTMD2041)——规定温度下未压实摊铺混合料的单位体积空隙的烘干质量与规定温度下无气体蒸馏水的相同体积质量之比(图 4-12)。该相对密度又称为赖斯相对密度(以开发这个试验程序的詹姆斯·赖斯而命名)或称为理论最大密实度(TMD)。

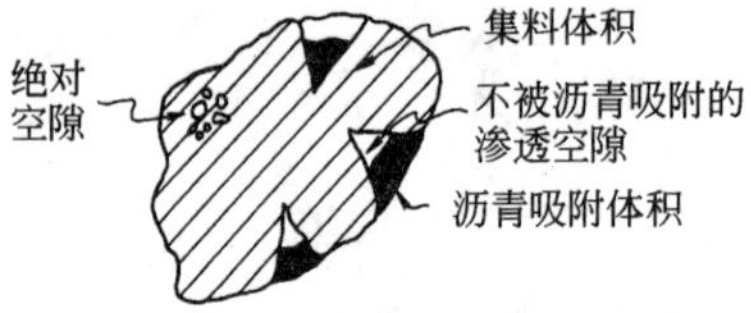

$$混合料理论最大相对密实度=\frac{集料质量+沥青质量}{集料体积+绝对空隙+不被沥青吸附的渗透空隙+沥青总容积}$$

$$GMM=\frac{PMM}{\frac{PS}{GSE}+\frac{PB}{GB}}$$

PMM=混合料总质量 PS =集料质量 PB =沥青质量

GSE=沥青裹覆集料的有效密实度

GB=沥青相对密度

图 4-12 集料理论最大相对密实度图解[12]

以上对相对密度定义的回顾说明了:

1)表观相对密度和(干)毛体积相对密度之间的区别在于集料的体积。这两种体积的差额等于可渗透空隙(以克为单位称质量时,饱和表面干质量与集料的烘干质量之差)被吸收的水的体积。两种相对密度都采用集料烘干质量。

2)(干)毛体积相对密度和(饱和表面干燥)毛体积相对密度之间区别在于集料的质量。集料的体积对两种相对密度而言都是相同的。质量之差等于渗透空隙被吸收掉的水(为饱和表面干质量与集料烘干质量的差额)。

3)计算表观相对密度、(干)毛体积相对密度和有效相对密度时的区别为集料的体积。所有三种相对密度采用集料烘干质量。

4)当已知质量时,压实毛体积相对密度和理论最大相对密度之间的差别在于体积。体积之差是与压实混合料空隙体积相关的。

5)如果做到了以下几点,可以方便地验证上述相对密度为近似值:

①表观相对密度总是等于或是大于(干)毛体积相对密度的有效相对密度。

②(饱和表面干燥状态)毛体积相对密度总是等于或是大于(干)毛体积相对密度。

③理论最大相对密度总是等于或大于 HMA 压实毛体积相对密度。

④集料相对密度表观相对密度、有效相对密度、(干)毛体积相对密度和毛体积相对密度(饱和表面干燥的)总是等于或大于 HMA 混合料理论最大相对密度。

4.3.5.2 计算

有关 HMA 混合料的质量—体积相关的计算详见沥青协会出版物[13]。这些计算的总结如下:

<u>混合集料毛体积相对密度</u>——大多数 HMA 有几种不同集料组成(破碎的石灰石、轻集料、砾石、天然砂、筛余料等),把这些集料混合起来以达到规定的级配。通常这些待混合的用于确定混合料质量—体积关系的集料,其相对密度是不同的。有关混合集料的相对密度计算公式详见第 3 章。

目前矿料填料的毛体积相对密度是难以准确地计算的。但是,填料的表观相对密度是可以利用的,其误差可忽略不计。

矿料间隙率(*VMA*)——如上所述,矿料间隙率(*VMA*)是混合料设计中的重要因素。

根据图 4-6 所示的质量—体积关系,矿料计算公式展开如下所示。建议在矿料计算中采用集料毛体积相对密度。

$$\text{矿料间隙率} = \frac{V_{\mathrm{T}} - V_{\mathrm{Agg}}(\text{毛体积相对密度})}{V_{\mathrm{T}}}100$$

简化为:

$$\text{矿料间隙率} = 100 - \frac{V_{\mathrm{Agg}}(\text{毛体积相对密度})}{V_{\mathrm{T}}}100 \tag{4-3}$$

相对密度除以质量后,用质量来代替体积得出:

$$\text{矿料间隙率} = 100 - \frac{W_{\mathrm{Agg}}/G_{\mathrm{sb}}}{W_{\mathrm{T}}/G_{\mathrm{mb}}} \times 100\%$$

替换:

$$W_{\mathrm{Agg}} = W_{\mathrm{T}} - W_{\mathrm{T}}P_{\mathrm{b}}$$

简化为:

$$\text{矿料间隙率} = 100\left[1 - \frac{G_{\mathrm{mb}}(1 - P_{\mathrm{b}})}{G_{\mathrm{sb}}}\right] \tag{4-4}$$

式中:V_{Agg}——集料体积;

V_{T}——压实混合料总体积;

W_{Agg}——集料质量;

W_{T}——混合料总质量;

G_{sb}——集料毛体积相对密度;

G_{mb}——压实混合料毛体积相对密度;

P_{b}——沥青含量。

总混合料空隙率(*VTM*)——计算空隙率百分比的公式可展开为:

根据定义:

$$\text{压实混合料空隙率} = \frac{V_{\mathrm{v}}}{V_{\mathrm{T}}} \times 100$$

替换:

$$V_{\mathrm{v}} = V_{\mathrm{T}} - V_{\mathrm{EAC}} - V_{\mathrm{Agg}}$$

$$\text{压实混合料空隙率} = \left(\frac{V_T - V_{EAC} - V_{Agg}}{V_T}\right)100$$

$$= \left(1 - \frac{V_{EAC} + V_{Agg}}{V_T}\right)100 \tag{4-5}$$

分子分母同乘以 W_T 后简化为:

$$\text{压实混合料空隙率} = \left[1 - \frac{W_T/V_T}{W_T/(V_{EAC} + V_{Agg})}\right]100$$

替换为:

$$\text{压实混合料空隙率} = \left(1 - \frac{G_{mb}}{G_{mm}}\right)100 \tag{4-6}$$

上述式中:V_v——空隙体积;

V_T——压实试样的总体积;

V_{EAC}——有效沥青;

V_{Agg}——集料体积(毛体积);

W_T——压实试样的总质量;

G_{mb}——压实试样毛体积相对密度;

G_{mm}——混合料最大理论相对密度。

沥青饱和度(*VFA*)——沥青饱和度就是沥青填入矿料空隙的百分比。采用下式计算沥青饱和度:

$$\text{沥青饱和度} = \frac{VMA - VTM}{VMA} \times 100 \tag{4-7}$$

集料有效相对密度——有效相对密度(G_{se})可根据混合料最大相对密度(G_{mm})来计算。混合料最大相对密度试验可采用无空隙松散混合料。有效相对密度公式见下式:

$$G_{st} = \frac{W_{Agg}}{V_{Eff}} \tag{4-8}$$

由于有效相对密度(G_{se})等于集料有效体积(V_{Eff})除以集料质量。有效体积等于集料体积加外部空隙减去填入沥青的外部空隙。最大相对密度(G_{mm})试验中,可测量无空隙混合料总体积,根据沥青质量和沥青相对密度计算沥青体积。集料有效体积的计算为总体积减去沥青体积。

因此:

$$\text{有效相对密度} = \frac{W_T - P_b(W_T)}{V_{TV} - V_{AC}}$$

替换：

$$有效相对密度=\frac{W_T-P_bW_T}{\frac{W_T}{G_{mm}}-\frac{W_{AC}}{G_b}}$$

简化：

$$有效相对密度=\frac{1-P_b}{\frac{1}{G_{mm}}-\frac{P_b}{G_b}} \tag{4-9}$$

上述式中：W_{Agg}——集料质量；

V_{Eff}——集料有效体积；

V_{AC}——总的沥青体积；

W_T——混合料总质量；

V_{TV}——无孔隙混合料总体积；

P_b——沥青；

W_{AC}——总沥青质量；

G_b——沥青相对密度；

G_{mm}——混合料最大相对密度。

不同沥青含量混合料的最大相对密度——通常，HMA 混合料最大相对密度从一种沥青含量计算出来（接近最佳值）。确定一种沥青含量的 HMA 混合料的最大相对密度后，如果集料有效相对密度是根据公式（4-9）计算的话，另一种沥青含量的 HMA 混合料最大相对密度的计算如下。请注意，每种沥青含量都需要采用这些数值计算孔隙率。

$$最大相对密度=\frac{W_{Agg}+W_{AC}}{V_{Eff}+V_{AC}}$$

替换：

$$最大相对密度=\frac{W_T}{\frac{W_{Agg}}{G_{se}}+\frac{W_{AC}}{G_b}}=\frac{W_T}{\frac{W_T(1-P_b)}{G_{se}}+\frac{W_TP_b}{G_b}}$$

简化：

$$最大相对密度=\frac{W}{\frac{1-P_b}{G_{se}}+\frac{P_b}{G_b}} \tag{4-10}$$

式中：W_{Agg}——集料质量；

W_{AC}——沥青总质量；

V_{Eff}——集料有效体积；

V_{AC}——沥青体积；

W_T——混合料总质量；

G_{se}——集料有效相对密度；

G_b——沥青相对密度；

P_b——沥青，按混合料质量计算的百分比。

沥青吸收性——矿料吸收沥青的百分比通常是采用集料质量而不是用混合料总质量表示的。计算沥青吸收性公式演算如下。

$$P_{ba}=\left(\frac{W_{AAC}}{W_{Agg}}\right)100$$

替换，质量 = 体积 × 相对密度

$$P_{ba}=\left[\frac{V_{AAC}(G_b)}{W_{Agg}}\right]100$$

被吸收的体积是集料毛体积和有效体积之差。因此，

$$P_{ba}=100\left[\frac{(V_{bulk}-V_{Eff})}{W_{Agg}}\right]$$

替换，体积 = 质量/相对密度

$$P_{ba}=100\frac{\left(\frac{W_{Agg}}{G_{sb}}-\frac{W_{Agg}}{G_{se}}\right)}{W_{Agg}}$$

简化：

$$P_{ba}=100\frac{G_{se}-G_{sb}}{G_{sb}G_{se}}G_b \tag{4-11}$$

式中：P_{ba}——按集料质量计的被吸收的沥青；

W_{AAC}——被吸收沥青的质量；

W_{Agg}——集料质量；

V_{AAC}——被吸收沥青的体积；

V_{bulk}——集料毛体积；

G_b——沥青水泥相对密度；

G_{se}——集料有效相对密度。

4.4　马歇尔混合料配合比设计方法

混合料设计的全部程序常以集料和沥青验收试验开始。如果集料和沥青的验收试验合格,便可进行混合料的 ASTM D1559 中规定的程序,“采用马歇尔设备进行沥青混合料抗塑性流动”的试验。下一步只适用于道路等级的沥青和最大公称粒径不超过 1in(25mm)的集料。由于马歇尔模具直径与最大公称粒径之比至少应超过 4,直径为 1in(25mm)颗粒是 4in(101.6mm)马歇尔模具允许使用最大的集料粒度。假设公称粒径超过 1in(25mm),可参考第 7 章有 6in(152.4mm)模具的马歇尔程序修正方法。

4.4.1　混合料设计的主要步骤

混合料设计的主要步骤首先是步骤 A 和步骤 B 的材料来源验收;步骤 C 试样准备工作;步骤 D 赖斯相对密度;步骤 E 稳定性和流值试验;步骤 F 密实度和孔隙分析;步骤 G 分析试验结果。

步骤 A　集料评估

A-1　HMA 施工用集料验收:常做的试验包括洛杉矶磨耗试验、硫酸安定性、砂当量、有害物质比例、集料磨光、破碎面计数及扁平和椭圆颗粒计数。

A-2　如果材料在步骤 A-1 中是合格的,则可进行所需做的其他集料试验、级配、相对密度和吸水性。

A-3　按第三章中所述方法进行集料拌和计算。按照推荐的起始点,在 FHWA 以 0.45幂级配图上绘制技术规范中心级配线,观察其与最大密实度线间的距离有多近。如是过于靠近的话,矿料间隙率可能过低。根据最大密实度线应调整目标级配线,尤其是 8 号筛(2.36mm)。级配线与最大密实度线的距离越大矿料间隙率就越大。估算拌和料集料的百分比时以采用目标百分比通过 8 号(2.36mm)和 200 号(0.075mm)筛子和估算要满足这两个百分比所需的每种集料的数量作为一个良好的开端。接着必须对其他筛分通过比例进行全面的级配检查。有关集料拌和的内容详见第三章。

A-4　准备一个试样质量称量表,用筛子之间保留的集料百分比乘以一种约为 1150g 的集料的质量,再以通过 200 号筛(0.075mm)的材料为出发点,计算累积的质量。

步骤 B　沥青评估

B-1　就混合料设计所需的混合料类型和地理位置而言,确定适宜的沥青等级。

B-2　核实技术规范上的性质是可以接受的。

B-3　确定沥青相对密度并在温度—黏度图上标出黏度数据位置。

B-4 根据温度—黏度图确定拌和和压实温度范围：

①拌和温度应选择黏度为 170cp ±20cp 时的温度；

②压实温度应选择黏度为 280cp ±30cp 时的温度。

步骤 C 马歇尔试样准备

根据步骤 C-1 ~ C-7 程序来准备各个马歇尔试样。作为备选方法，适宜的沥青含量 HMA 试样可以成批地准备，以制作出压实马歇尔试样所需的数量，并为确定最大（赖斯）相对密度准备样品。

C-1 干燥和筛分集料（最好是单个粒度）并保存在清洁的密封容器里。准备足够材料以制作 18 个试样，每个试样的质量约为 1150g。制作一系列规定级配的试验试样的最小集料，沥青含量分别要求为 50lb（25kg）和 1gal（4L）。

C-2 称量 18 个试样的质量，把每个试样放置在不同的容器里加热到步骤 B-4 规定的拌和温度。但是，集料总质量应按步骤 C-3 的方式来确定。

C-3 在准备所有集料批量拌和之前，通常要准备一个试样。测量试样的高度（h_1），并根据马歇尔试样的高度要求检查试样：2.50in（63.5mm）±0.2in（5.1mm）。

如果试样超过了这个范围，采用下列公式调整试样集料的数量：

$$Q = \frac{2.50}{h_1} 1150\text{g} \tag{4-12}$$

式中：Q——制作高 2.5in（63.5mm）的集料质量，g；

h_1——试样高度，in（mm）。

C-4 加热足够制作 18 个试样的沥青。5 种不同沥青中每种应准备 3 个压实试样。沥青含量应选择 0.5% 的增量，至少有两个试样的沥青含量是高于“最佳”含量，至少两个低于“最佳含量”。对照适当的技术规范来指导选择接近“最佳”沥青含量或是最佳含量可根据经验来估算。应制作 3 个靠近最佳沥青含量的松散混合料试样以测量赖斯相对密度或是理论最大密实度（*TMD*）。

注：有些机构赖斯相对密度试验要求测试 5 个沥青含量。但是，当混合料接近最佳沥青含量时试验的准确性是最佳的。最好用 3 个试样试验赖斯相对密度。把 3 个试验结果平均并计算出集料有效相对密度后，便可利用以上给出的公式计算其他 4 种沥青含量的最大相对密度。

C-5 根据技术规范确定根据马歇尔试样压实要求的压实设备击实次数和类型。

C-6 取出热沥青，放置秤上，加上适当的沥青以达到预计的沥青含量要求。

C-7 拌和沥青和集料直到所有集料都被罩上沥青为止。最好是在加热的工作台进行操作。可用手拌和，但是最好是用机械进行。

C-8 检查刚拌完的集料温度；若是高于压实温度，则允许其降至压实温度；若是低于压实温度，则废弃材料并重新拌和。

注:有些州允许混合料回炉重新加热;有些州则采用炉的养护时间可较好地模拟现场 HMA 混合料的真实情况。养护时间对具有高吸水性的集料来说是重要的,因为沥青被吸收到集料里的数量是随着时间的推移而增加的。

C-9 把组装好的预加热的马歇尔模子上放置一个纸盘,倒入松散的 HMA。检查一下温度。用加热的抹刀或是泥铲沿周边铲 15 次,往里铲 10 次。移走套环,把材料放入模子里,以使中间部位比边缘稍微高出一些。把模子和底盘连在底座上。把预加热的锤子放入模子里,适当地打击试样顶部边缘。

C-10 把底盘上的模子移开。在试样的上面放一个纸盘,180°转动模子以使上面变成下面。替换模子的套环,把模子和底盘连上底座。把锤子放入模子里并适当地打击试样的另一面。

C-11 把试样的上面与下面的过滤纸拿开。冷却并用液压千斤顶取出试样。用油性铅笔在每个试样上标出清晰的数字编码。放置在室温下过夜以备试验之用。

C-12 称量每个试样的质量并确定重度。把试样浸泡在水中,在饱和面干燥状态下浸泡增加质量之前使试样浸泡饱和。取出试样并在饱和面干燥的状态下称其质量。根据 AASHTO-T166 进行这个试验。

C-13 依照 AASHTO T209(ASTM-D2014)确定松散 HMA 混合料试样的赖斯相对密度。赖斯相对密度用于孔隙分析。如果混合料吸收了集料,建议把松散的混合料放到炉里(保持拌和时的温度)保持 4h 以便沥青结合料在试验前完全被集料吸收。在炉中要使混合料处在一个有盖的容器里。若试验的是 3 份试样,求得 3 个试验的平均值,计算集料的有效相对密度,然后再计算其余的不同沥青含量混合料的赖斯相对密度或是理论最大密实度。如果对每种含不同沥青含量的混合料都进行理论最大密实度试验,那么,也相应计算集料的有效相对密度。计算平均有效相对密度后,采用平均方法再计算所有 5 种混合料的理论最大密实度值。

步骤 D 密实度和孔隙分析

按本章中质量—体积关系一节完成下列步骤中的计算:

D-1 对于每个试样,按 C-12 的步骤采用毛体积相对密度(G_{mb})和 C-13 赖斯相对密度(G_{mm})计算空隙率(VTM)。

$$VTM = \left[1 - \frac{G_{mb}}{G_{mm}}\right]100 \tag{4-13}$$

D-2 每个马歇尔试样的密实度计算如下:

$$密度(g/mL) = 毛体积相对密度(G_{mb}) \times (\delta_w) \tag{4-14}$$

D-3 根据步骤 A-2 利用集料毛体积相对密度(G_{sb})计算每个马歇尔试样的孔隙率,根据步骤 C-12 计算压实混合料的毛体积相对密度(G_{mb}),以及按照混合料总质量(P_b)

计算矿料间隙率（*VMA*）：

$$VMA = 100\left[1 - \frac{G_{mb}(1 - P_b)}{G_{sb}}\right] \tag{4-15}$$

D-4 利用空隙率和矿料间隙率计算每个马歇尔试样的沥青饱和度（*VFA*）：

$$VFA = 100\left(\frac{VMA - VTM}{VMA}\right) \tag{4-16}$$

步骤E　马歇尔稳定性和流值试验

E-1 加热水浴锅至140 ℉（60℃），试验试样在水浴锅中至少30min但不能超过40min。摇晃着把试样放入水浴锅，保证所有的试样都在试验前加热了同样长的时间。要用大的可容下为混合料设计制作的所有试样的水浴锅。

E-2 加热到所要求的时间后，从水浴锅中取出试样，用毛巾拍打以去除多余的水分，快速放置到马歇尔试验压头上。

E-3 把加载架与试验压头连接上。如果使用的是加载-变形读数器要把笔清零或是把稳定度仪清零，把流动仪安在试验压头的杆上，按2in/min速度加载（50.8mm/min）直至达到最大荷载。当荷载刚开始下降时，停止试验，记录以磅为单位（牛顿）的稳定性（最大荷载）和0.01in（0.25mm）的流值。自试样从水浴锅中取出之时试验应在1min之内完成。

E-4 重复步骤D-2和D-3，直到所有试样都试验完毕，要注意检查下列内容：

①从自水浴锅中取出试样到施加最大荷载的总用时不超过60s。

②每套3个试样的水浴总用时是相同的，在30～40min之间。

步骤F　列表和绘制试验结果

F-1 列出试验结果的表格，修正试样高度的稳定性值（ASTM D1559），计算三个试样的平均值。

F-2 准备绘制下列图：

- 沥青含量与密实度（或是重度）；
- 沥青含量与马歇尔稳定性；
- 沥青含量与流值；
- 沥青含量与空隙率（或是压实混合料空隙率）；
- 沥青含量与矿料空隙；
- 沥青含量与沥青饱和度。

F-3 按下列内容检查图：

- 稳定性与沥青含量可有两种趋势：

①稳定性随着沥青含量的增加而增加，达到峰值后再下降；

②稳定性随着沥青含量的下降而下降，不会有峰值。这种曲线在一些再生利用的 HMA 混合料中较为常见。

- 流值随着沥青含量的增加而增加；
- 密实度随着沥青含量的增加而增加，达到峰值后再下降，峰值密实度，而不是峰值稳定性，通常是在较小沥青含量时出现；
- 空隙率应随着沥青含量的增加而减少；
- 矿料空隙随着沥青含量的增加而减少，达到峰值后下降；
- 沥青饱和度随着沥青含量的增加而增加。

步骤 G 最佳沥青含量

G-1 根据绘制的图常用下列两种方法确定最佳沥青含量：

方法 1——TAS[注释1] 14[14] 中所包含的美国沥青路面施工技术协会程序。

①确定符合技术规范中等空隙含量(一般为 4%)的沥青含量，这是最佳的沥青含量。

②参照图确定在最佳沥青含量时所具有的下列性质：

- 马歇尔稳定性；
- 流值；
- 矿料间隙率；
- 沥青饱和度。

③对照技术规范的数值比较每一个性质，若是全部都符合规范的要求，那么，上述的最佳沥青含量则是令人满意的。如果这些性质不符合技术规范的要求，那么，就得重新设计混合料。

方法 2——MS-2[13] 沥青协会方法。

①确定：a. 最大稳定性的沥青含量；

b. 最大密实度的沥青含量；

c. 规定范围内间隙率(典型的间隙率为 4%)的沥青含量。

②求出上述三个沥青含量的平均值。

③对于平均沥青含量而言，找来绘制的图并确定下列性质：

- 稳定性；
- 流值；
- 空隙率；

注释 1：TAS：Tool Box Talks：a series of short training presentation designed for training paving crews in the field. 路面施工手册。

- 矿料间隙率。

④根据表4-1和图4-13所示的验收标准和步骤3比较这些数值。

G-2 如果材料性质不符合标准的话,则要求采取特殊措施来确定混合料是否可用于施工。当地经验表明,不符合某个具体技术规范的混合料,经证实其性能是良好的。如果是这样的话,就只需把其修改为特定交通和环境条件下性能良好的混合料的标准。假如矿料标准未达标,就得修改集料级配并重新设计混合料。

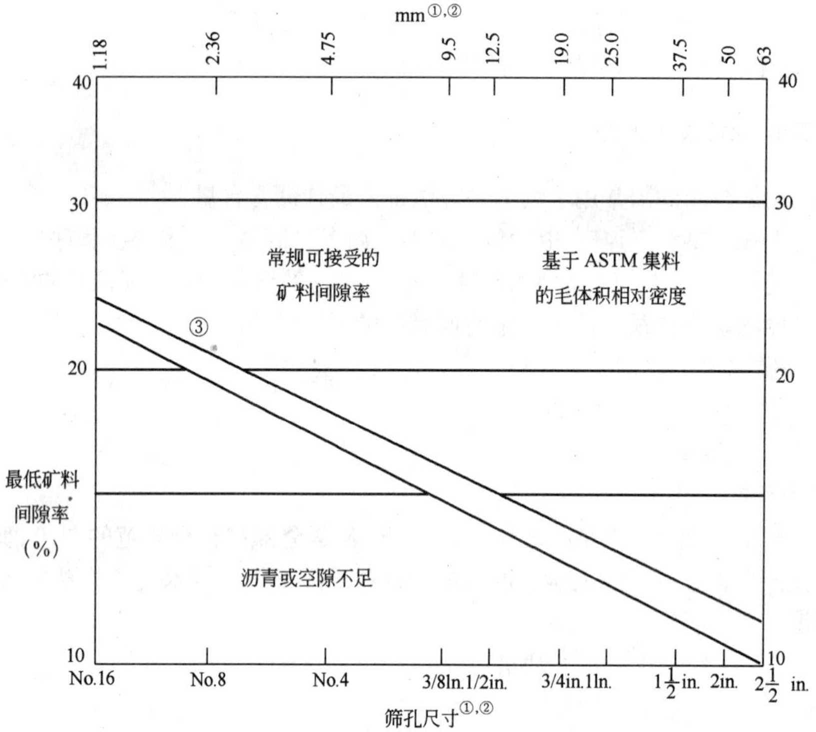

注:①试验用金属丝网筛(ASTM-E11)。

②对处治的集料,公称最大尺寸是列在实用的技术规范上的有筛余材料的最大筛孔尺寸。

③只有在经验表明混合料性能和其他技术标准都达到要求时,才容许混合料有1%容许偏差。

图4-13 根据附加标准确定的 *VMA* 与最大筛孔尺寸关系[13]

G-3 试验室制订的混合料设计是最初现场拌和公式(JMF)的基础。由于试验室所用集料与现场使用的材料有些不同,初次现场拌和公式通常在施工初期要调整。常常试验室制定的沥青含量对于现场施工而言是过高了,必须下调百分之零点几,尤其是如果制定的混合料中的间隙率过低时。在开始几天的施工中应认真总结施工经验,这样修改后的现场拌和公式制成的混合料适于拌和、摊铺和压实。保证制成的混合料符合所有马歇尔参数。

马歇尔混合料设计的示例详见本章后续内容。

4.4.2 马歇尔标准

如前所述,各州使用的标准表明,采用马歇尔方法制成的混合料变化相当大。但是,为了在本章中囊括所有的标准,读者必须了解不是所有的这些标准都被技术规范机构所采用。通常多数州马歇尔混合料设计性质的措施(见表4-3):矿料间隙率(*VMA*)的最低数量、允许的空隙含量范围、最低稳定性和流动性范围或最低流动数值。有些州还增加了一条沥青饱和度(*VFA*)必须要符合规范范围的要求。下面将对这些标准一一论述。

面层和基层马歇尔混合料设计标准[13] 表4-3

马歇尔方法拌和标准	标准					
	轻		中等		重	
	最低	最大	最低	最大	最低	最大
压实,击实次数/面	35		50		75	
稳定性,lb(N)	750(3333)		1200(5333)		1800(8000)	
流动性,0.01in(0.25mm)	8	18	8	16	8	14
空隙率,%	3	5	3	5	3	5
矿料间隙率,%	详见图4-13					

4.4.2.1 矿料间隙率

矿料间隙率(*VMA*)是压实集料中总空隙体积。如果*VMA*过小的话,它对混合料的性能有着巨大的影响,会有耐久性问题,并且如果*VMA*过大,混合料会出现稳定性问题且生产成本不经济。*VMA*有两个组成部分:沥青饱和度体积和压实后炎热天气里沥青热膨胀后残余空隙的体积。对混合料的耐久性而言,沥青体积是至关重要的。沥青体积和集料级配决定了每个集料颗粒四周沥青薄膜的厚度。假设薄膜厚度不适当,沥青氧化会较快,薄膜会较容易地被水穿透,混合料的抗拉强度就会受到较大的影响。图4-13为沥青协会[13]关于*VMA*的建议。需注意,随着最大公称粒径的降低,最低*VMA*会增大 。这是因为小颗粒间的总空隙大于大颗粒之间的总空隙。因此,2in(50mm)最大集料尺寸的密级配集料混合料的最佳沥青含量会低于3.0%~3.5%,而对于3/8in(9.5mm)最大集料尺寸,沥青含量会高达7.0%~7.5%。任何给定混合料*VMA*含量必须要高到可以保证有沥青的空间及所需的空隙。应注意混合料的设计程序,如果技术规范制定机构既有*VMA*也有最低空隙率标准,那么,也会对沥青饱和度提出要求,因为沥青饱和度是根据*VMA*和空隙率来计算的。许多管理

机构都严格使用了 *VMA* 的技术规范。他们应该意识到任何 *VMA* 技术规范都应有现场性能数据的支持。Foster [15]对 Mcleod 在 20 世纪 50 年代进行的现场性能研究的数据进行分析并提出疑问。

4.4.2.2 总混合料空隙率

多数机构推荐在最佳沥青含量下压实密级配 HMA 试样的空隙率在 3% ~5% 之间。推荐这个空隙率范围的原因有许多。但是,这个空隙率是为试验室压实试样制定的,不应与现场压实试样混淆。通过压实而不是增加沥青填满空隙方法,施工中必须达到这个空隙率。HMA 通过颗粒接触,抗沥青玛蹄脂流动将荷载从路面表层转到下层;因此,如果要达到适当性能的话,HMA 层中必须要产生较高的抗剪力。有了抗剪力才能防止行车条件下额外的压实,这种压实会导致路表面产生车辙或泛油。

此外,密级配 HMA 磨耗层必须是一种对空气和水相对都不渗透的表层。若是现场空隙含量只是比 3% ~5% 的范围高出一点点的话,那么,空气和水的渗透性应该会较低,因为空隙未能连通,而是孤立的、单个空隙。低空隙率把混合料中的沥青薄膜老化减少到最低程度,也把水渗透沥青薄膜进入混合料,把沥青从集料上剥掉的可能性降低到最小。HMA 压实到接近通行时所达到的最终密实度,同时具有 3% ~5% 空隙率,这是非常重要的。初始工地空隙率应比 3% ~5% 的范围略高一些,允许有额外压实的空间。

4.4.2.3 密实度

试验室达到的压实程度并不是很重要。重要的是如何使试验室密实度接近于经过几年通行的道路实际密实度。在论述马歇尔、维姆和 Superpave 的设计方法时,对同样的用于道路的性能良好的材料,试验室压实方法的研制者采用了较大的压实,以使试验室的密实度与工地的一致。现在,许多州都把现场密实度作为理论最大密实度的一个组成部分,因此,通过加大压实、增加沥青含量和增加填料含量或是任何可降低孔隙的方法来提高密实度。因而,重要的是达到密实度的方式,是通过压实力量使得颗粒紧凑,还是用沥青或填料把空隙填满。任何一个方式都会提高密实度(成为最大理论密实度),但是在设计良好的混合料上采用适当的压实方式所产生的混合料,其抗剪性强。而以减少现场空隙的方式会使得混合料抗剪性能较低,在诸如交叉路口,交通量大或是大的加速/减速力作用下出现永久变形的可能性较大。

由于密实度常用最大理论密实度的百分比来表示,显而易见的是任何减少现场空隙的方式会提高密实度的百分比。注意到提高混合料的沥青含量和矿料数量,两者都可提高密实度百分比,但是并不必然会对性能有好的作用。这就是采用现场制备的材料进行马歇尔试样压实如此重要的原因之一。随着压实的加大而使得密实度提高将增强材料抗剪能力,改善其性能。如果没有过量的沥青会导致永久变形的话,沥青含量适当可以防止耐久性问题出现。

马歇尔混合料设计程序中，密实度是随着沥青含量的变化而变化的，由于沥青含量的增加而使得初始密实度增强，因热沥青润滑了颗粒，压实使得颗粒变得紧密。密实度达到峰值后就开始下降，因为额外的沥青在集料颗粒周围形成了厚厚的膜，这样使得集料颗粒间距离进一步加大，使密实度变得更低。

4.4.2.4 稳定度

马歇尔稳定度的定义为140 ℉(60℃)、荷载速度为2in/min(50.8mm/min)时压实试样承受的最大荷载。该稳定度通常作为集料－沥青混合料黏度的尺度，并受到集料内摩擦角和140 ℉(60℃)沥青黏度相当大的影响。由于140 ℉(60℃)黏度主要受到沥青等级的影响，提高集料混合料稳定性的最容易的方式之一就是提高沥青黏度的等级。选择棱角集料也会极大地影响马歇尔稳定度，即相同级配破碎集料会比圆形的或是类似圆形的集料产生更高的稳定性。那么，这就使得设计者可把某个沥青含量和集料特性设定为可以产生较高或较低稳定性的混合料成为了可能。提高沥青黏度的任何方式就会提高马歇尔稳定度。也可以加入少量的极细粉料，使得沥青/粉料混合料变成较黏的结合料，从而提高马歇尔稳定度。但是，如果粉料极细小，就会增强沥青黏性。它的作用就像黏度较大的沥青，但稳定性较低，它取决于沥青马歇尔稳定度曲线。那么就必须仔细全面地分析材料成分的改变对HMA材料性质的影响。

马歇尔稳定度和现场稳定并非是关联的。从业人员通常假设，如果道路出现稳定性问题(车辙)，可通过提高设计中最大可接受的马歇尔稳定度来解决这个问题。现场经验还证明，这种解决方式行不通。这个方式的基本前提是：马歇尔稳定度是现场稳定性的代用度量。由于道路混合料稳定性要受到周围气温、荷载类型、荷载速度、轮胎接触压力和许多混合料性质的影响，因此，难以接受上述前提，因为试验室马歇尔稳定度只考虑了上述条件的一个部分。因而，如果现场稳定性出现问题，应进行全面的调查研究以确定哪种混合料特性导致这个问题的产生，而不是假设较高的试验室稳定性会解决这个问题。

马歇尔稳定度的主要用途在于评估稳定度随着沥青含量增加而变化的情况，以便在确定最佳沥青含量时参考。马歇尔稳定度在衡量生产HMA设备的一致性上也是有用处的。因为稳定度试验数值的较大变化，即试验准确性较差，把马歇尔稳定度作为技术规范要求时就不得不小心行事。实际上，ASTM D1559没有精确的陈述，尽管多年来一直尝试着定期收集精确陈述需用的数据。

4.4.2.5 流值

流值是随马歇尔稳定度一起测量的。流值等于试样1/100in的垂直变形(从加载开始直到稳定性开始下降)。流值高的通常说明在承受交通时会产生永久变形的塑性混合料,而流值低的数值则说明混合料的空隙率比正常水平要高,没有足够的沥青来保持耐久性,在路面使用期限内,由于混合料的脆性会出现过早的开裂。

对于州际公路或是交通量较大的公路或机场采用的75次击实马歇尔设计,流动值通常规定在8~16的范围以内。关于50次击实的马歇尔设计,则是用于交通量小的公路,流值有时允许达到20。

沥青饱和度除了以上列出的标准以外,有许多州把沥青饱和度纳入进来。如果技术规范制定机构把矿料要求包括在内的话并在施工中有空隙控制,那么矿料百分比对于密级配HMA而言是一种多余的要求。多数把沥青饱和度百分比要求包括在内的州常常规定其范围在70%~85%之间。

4.5 维姆配合比设计方法

Vauerga和Levering[4]总结了维姆混合料设计的基本原理,包括以下基本内容:

(1)这种方法使得集料被充足的沥青包裹,如同按表面面积方法计算一样,会在集料周围形成最佳沥青薄膜。

(2)按该种方法拌和的集料—沥青混合料,经过压实,其承载交通荷载的稳定性较高。

(3)就耐久性而言,应该有足够的沥青抵抗包括氧化和水敏感性在内的作用。

这些因素综合一下便形成了维姆方法选择最佳沥青含量的主要内容:采用密实的、良好级配的集料,内摩擦力大,没有过量的细料。在不损害稳定性的条件下只要混合料可以容纳,就加入尽可能多的沥青。维姆混合料配比设计中,空隙率至少应为3%。

如前所述的马歇尔设计方法,维姆方法也是按步骤来说明设计程序各种因素的组合方式:步骤A和B与马歇尔方法是一样的,在此不重复了;有关细集料的离心煤油当量试验概述详见步骤C;粗集料表面性能试验概要详见步骤D;评估最佳沥青含量的程序概要详见步骤E;试样制备概要详见步骤F;维姆稳定仪移位校准概要详见步骤G;稳定仪试验程序概要详见步骤H;空隙和密实度分析程序概要详见步骤I;分析维姆混合料设计试验的结果和确定最佳沥青含量的程序概要详见步骤J。有关维姆混合料配比设计示例详见本章后续内容。

有关采用加利福尼亚拌压实机试样制备和采用维姆设备进行试验的内容分别详见ASTM D1561和ASTM D1560。

步骤C、D和E中试验和程序的目的在于评估维姆试验压实试样的最佳沥青含量。如果现有的集料资料可以说明沥青含量,则可直接执行步骤F。

步骤C 离心煤油当量法

C-1 根据表4-4和第3章中的内容计算所选择的集料级配的表面积。

C-2 在带过滤和过滤纸的离心杯中放置100g干集料，过4号筛（4.75mm）并称量其质量（W_D）。

C-3 把杯子置于煤油中，浸泡集料，直到集料饱和为止再取出。

C-4 把杯子置于离心机中，以200g/s的速度开机2min。

表4-4

筛分粒度（mm）	过筛率*	表面面积因子（SAF）	表面面积（ft^2，m^2/kg）
最大粒径	100	2(0.4)	2.00
4号(4.75)		2(0.4)	
8号(2.36)		4(0.8)	
16号(1.18)		8(1.6)	
30号(0.600)		14(2.9)	
50号(0.300)		30(6.2)	
100号(0.150)		60(12.4)	
200号(0.075)		160(33.0)	
			$SA=\sum ft^2/lb(m^2/kg)$

注：*选择集料级配时拌和集料的百分比过筛率。

C-5 关上离心机，取出杯子并称其质量，记录集料质量和被吸收的煤油W_w。计算离心煤油当量CKE为残余在集料中煤油的百分比：

$$CKE=\frac{W_w-W_D}{W_D}\times 100 \tag{4-17}$$

C-6 根据步骤A求出细集料的相对密度（SG）。如果相对密度大于2.70或小于2.60，利用下式修正离心煤油当量（CKE）。

$$CKE_{修正}=CKE\times\frac{相对密度}{2.65} \tag{4-18}$$

步骤D 粗集料表面容量

D-1 把留在4号（4.75mm）和3/8in（9.5mm）之间100g干集料放入金属漏斗并称量（W_D）。

D-2 把漏斗浸泡在SAE10号润滑油中，在室温下放置5min。

D-3 室温下2min排干油。把漏斗和试样放入烘箱中，140 ℉(60℃)排干15min。

D-4 从烘箱中取出试样，冷却并称其质量 W_w。求出剩余油占干集料的百分比：

$$\text{残油百分比} = \frac{W_w - W_D}{W_D} \times 100 \tag{4-19}$$

D-5 根据步骤A求出粗集料相对密度(SG_{coarse})。若相对密度大于2.70小于2.60，采用下式修正残油百分比：

$$\text{残油百分比}_{\text{修正}} = \text{残油百比分} \times \frac{\text{相对密度}}{2.65} \tag{4-20}$$

步骤E 估算最佳沥青含量

E-1 根据步骤C-6，采用离心煤油当量，绘入到图4-14中，确定细料表面常数 K_f。

E-2 根据步骤D-5，利用残油百分比，绘入到图4-15中，确定粗集料表面常数 K_c。

E-3 采用步骤C-1中的集料表面面积、粗集料百分比(保留在4号筛的百分比)和(步骤E-2和E-1) $K_c - K_f$ 的绝对值，依照图4-16确定 K_f 的修正值。

E-4 计算 K_m：

K_f 的修正值为：

如果 $K_c - K_f$ 为负数，修正值则为负数；

如果 $K_c - K_f$ 为正数，修正值则为正数。

E-5 计算使用轻制沥青混合料的近似油石比(ABR)，即沥青混合料(轻制沥青RC-250，MC-250和SE-250)。注意：可求出路用沥青黏度的修正值。如果沥青是轻制沥青的话，采用步骤C-1中的相对密度，求出步骤A的集料相对密度平均值 K_m，根据步骤E-4和图4-17，确定油石比。假设是路用沥青，则按步骤E-6求出黏度修正值，否则就不计算。

E-6 修正铺筑等级沥青黏度。根据沥青黏度、集料表面面积、E-5中的油石比和图4-18，确定修正的黏度油石比。

E-7 油石比等于每100lb(kg)集料的油质量lb(kg)。因此，按总混合料质量计的沥青含量计算详见下式：

$$\text{沥青含量百分比} = \frac{\text{沥青含量}}{100 + \text{沥青含量}} \times 100 \tag{4-21}$$

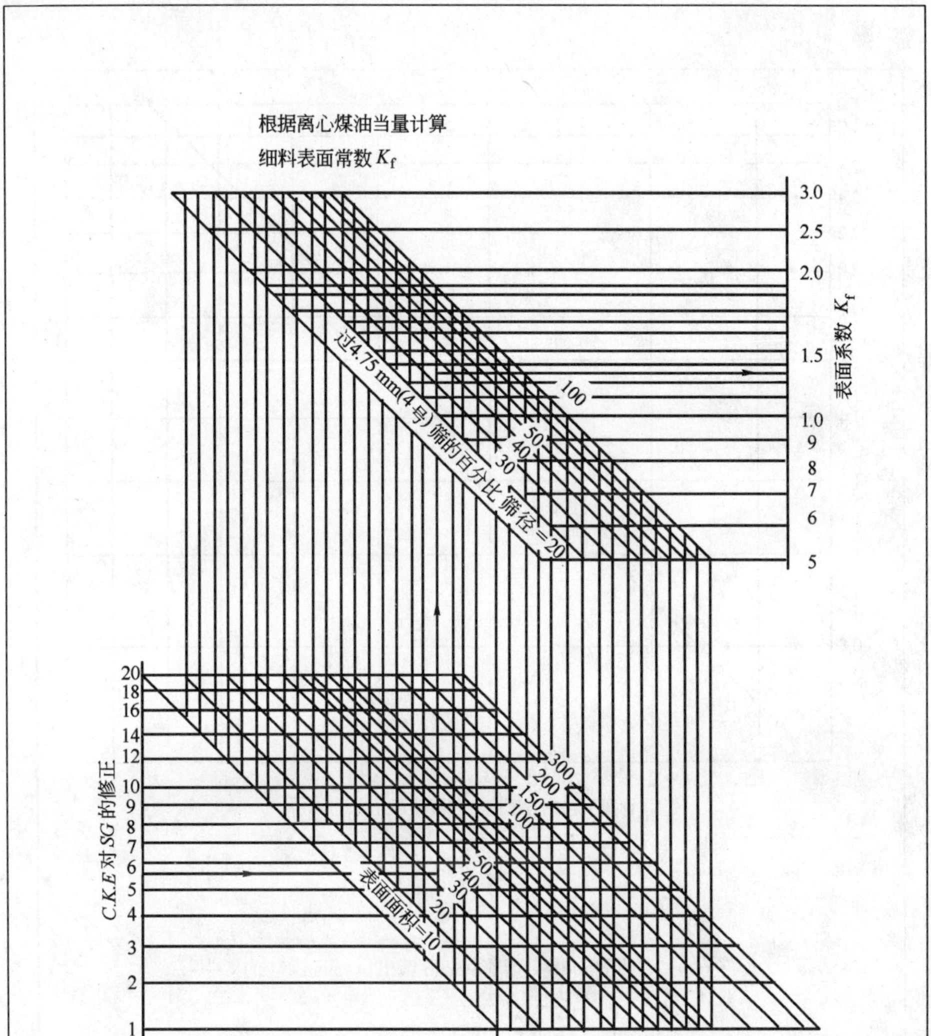

图 4-14 根据离心煤油当量和维姆设计方法确定细集料表面常数 K_f

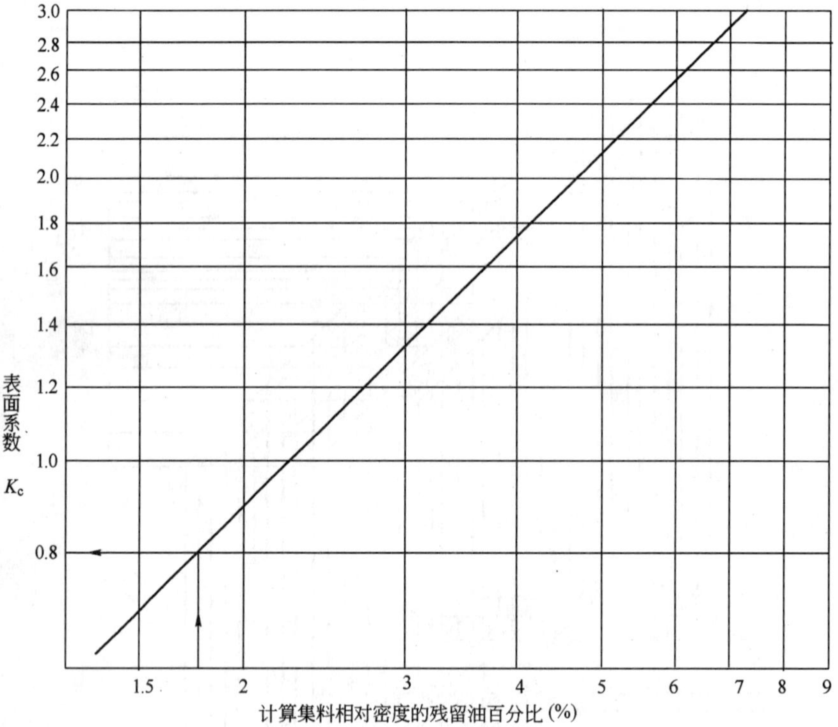

使用的集料：通过 9.5mm 筛孔，4.75mm 筛上的集料

残油：SAEIO

$$修正的残油百分比(\%) = 残油百分比 \times \frac{粗集料相对密度}{2.65}$$

图 4-15 根据粗集料吸油性和维姆设计方法确定粗集料的表面常数 K_c

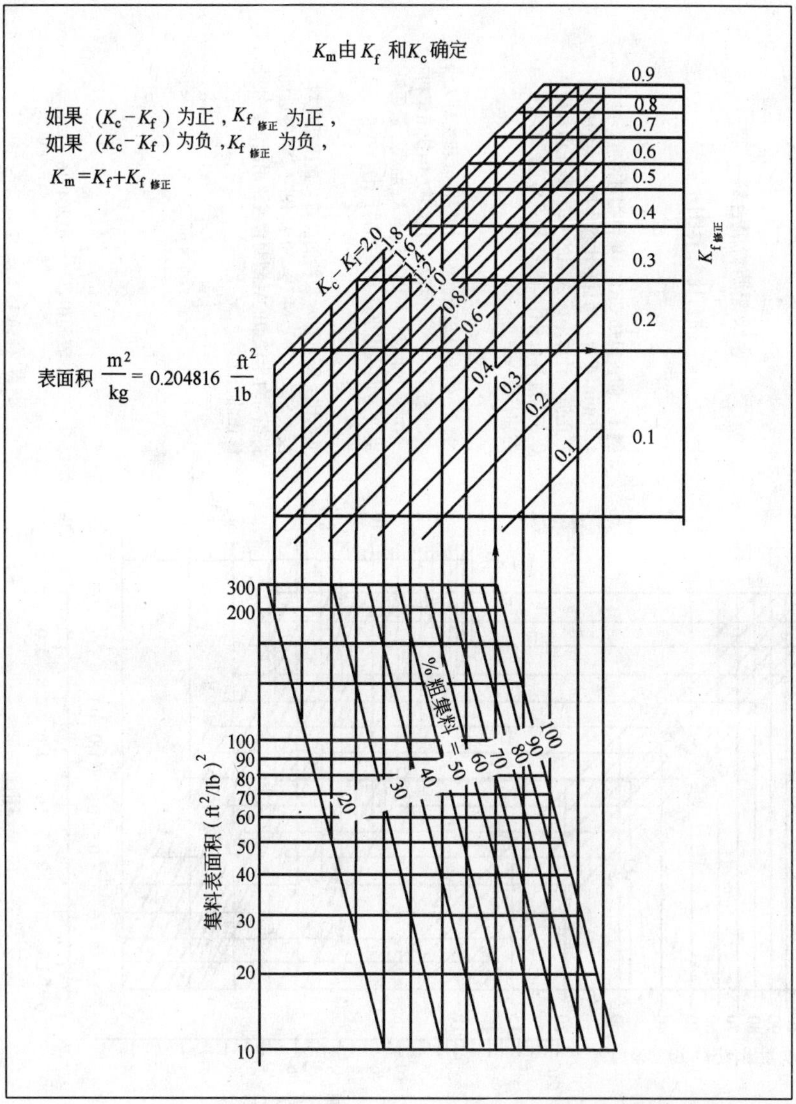

图 4-16 根据 K_f 和 K_c 以及维姆设计方法确定拌和集料表面常数 K_m

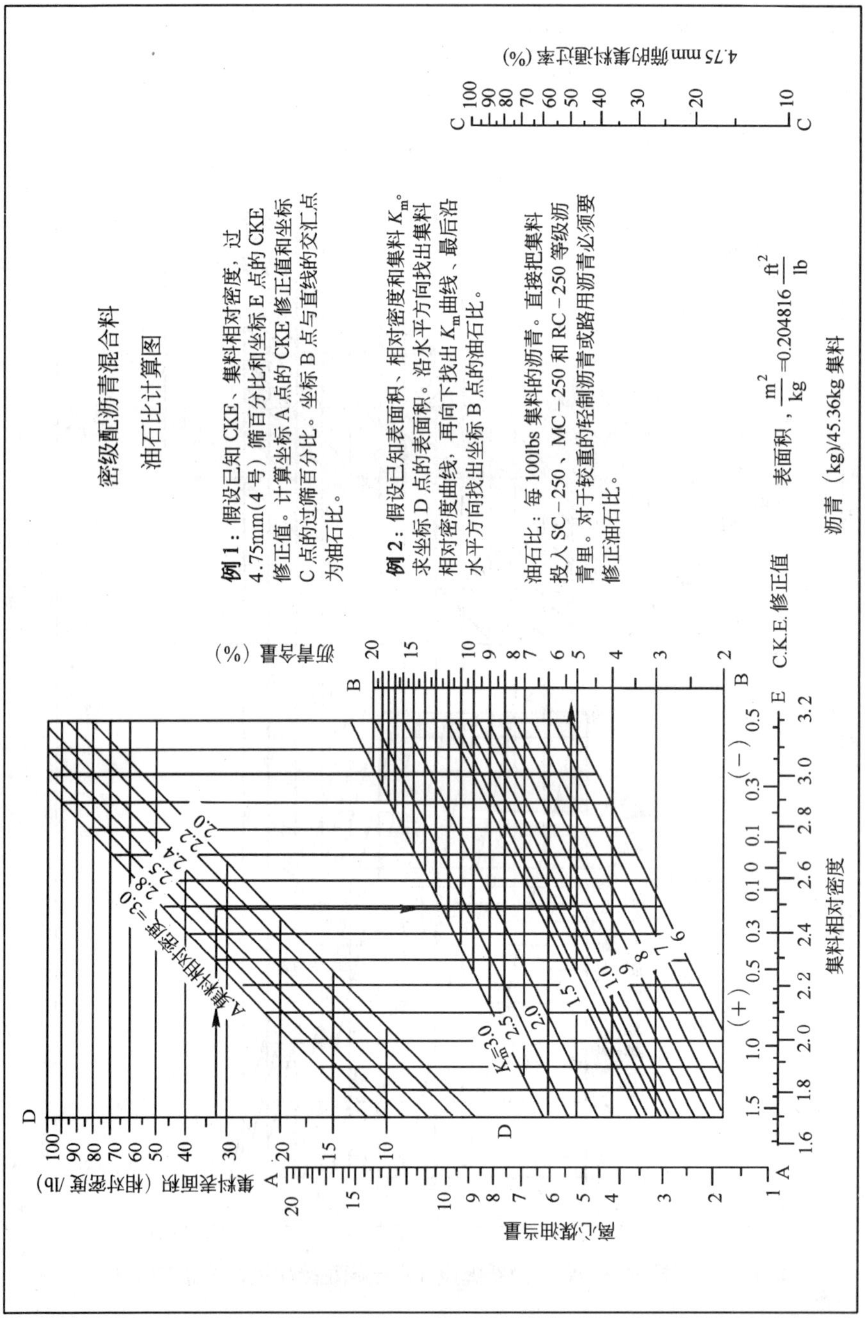

图 4-17 根据维姆设计方法计算密级配沥青混合料油石比

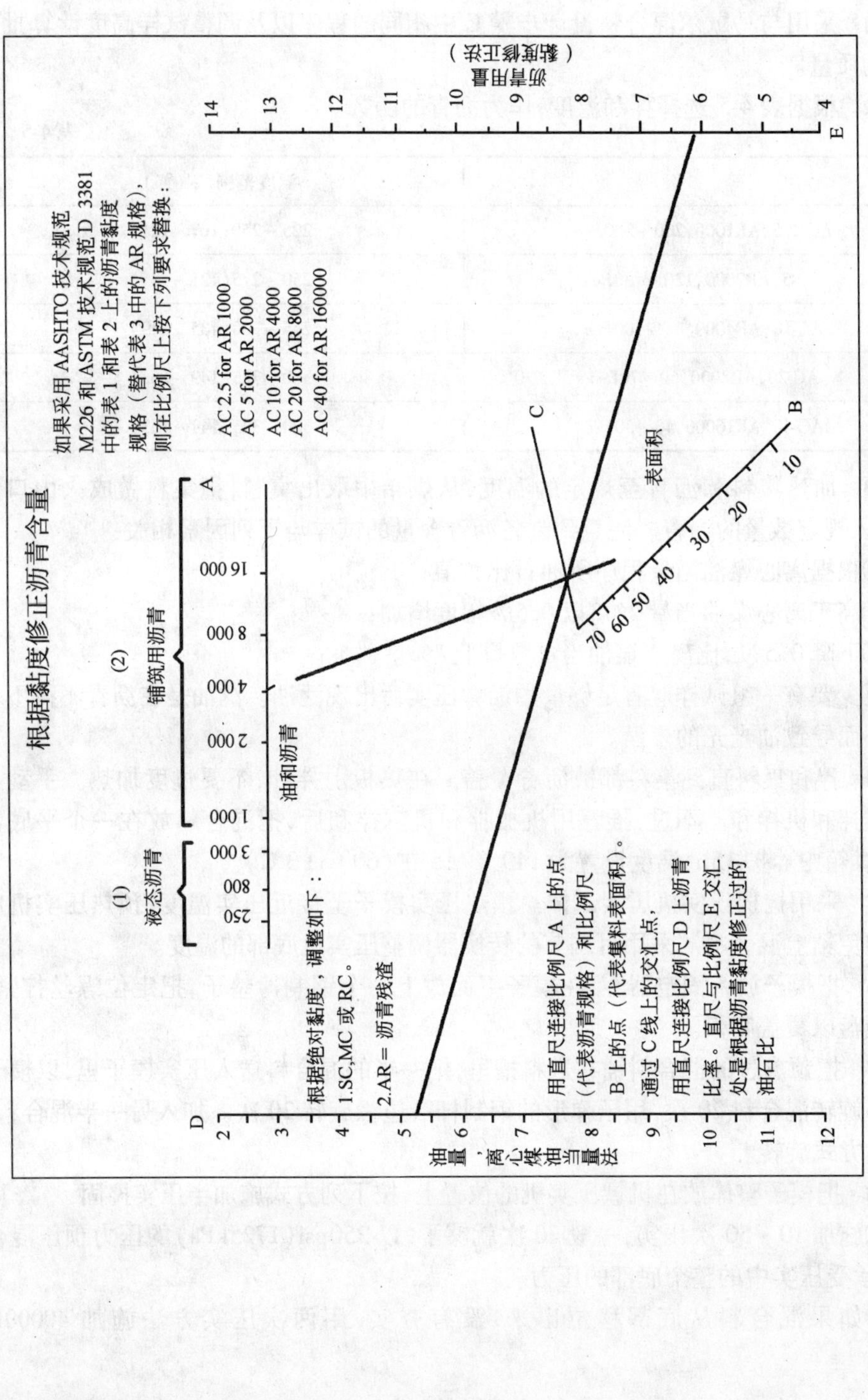

4-18 采用维姆设计方法和沥青黏度修正沥青含量

步骤 F　试样的制备

F-1　采用与马歇尔混合料设计步骤 C 中相同的程序以及调整试样高度计算批量拌和的质量。

F-2　根据表 4-5 选择拌和温度，作为沥青的函数。

表 4-5

等　级	温度范围，℉(℃)
AC-2.5，AR1000，200 ~ 300*Pen*	225 ~ 250(107 ~ 121)
AC-5，AR2000，120 ~ 150*Pen*	250 ~ 275(121 ~ 135)
AC-10，AR4000，85 ~ 100*Pen*	275 ~ 300(135 ~ 149)
AC-20，AR8000，60 ~ 70*Pen*	300 ~ 325(149 ~ 163)
AC-40，AR16000，40 ~ 50*Pen*	300 ~ 325(149 ~ 163)

F-3　加热集料和沥青至规定的温度，从烘箱中取出集料，把集料做成火山口形状，倒入规定数量的沥青。注意到制备沥青含量的试样与下列因素相关：

①根据离心煤油当量程序所油石比数值；

②高于离心煤油当量 2%，以 0.5% 幅度增加；

③下降 0.5%，比离心煤油当量数量低 1%。

至少要有一组试样应有足够量的沥青压实后出现泛油。泛油是在沥青不得不暴露在外而导致油光光的表面。

F-4　拌和集料直到集料都被沥青覆盖。在热板上拌和，不要过度加热。手动或是机械拌和机拌和。不过，推荐用机械拌和机。拌和后，把混合料放在一个平底盘上，在烘箱中养护 15h，温度设置为 140 ℉ ±5 ℉(60℃ ±3℃)。

F-5　采用搓揉压实机压实试样。预热压实模子至接近压实温度，预热压实机底部以避免粘上混合料。采用可调节的转换器调整压实机底部的温度。

F-6　把模子放入固定器上，在模子下面放上一个钢制薄垫子，把定位螺丝拧紧，插入纸盘以覆盖底板。

F-7　把预热过的混合料铺在进料槽里，把一半的混合料送入压实模子里，以模子为中心旋转混合料 20 次，用子弹形的钢制杆沿边缘旋转 20 次。加入另一半混合料，按上述方式旋转。

F-8　把模子整体放在机械压实机的位置上，按下列方式施加半压实捣固：

①施加 10 ~ 50 次压实，一般 20 次就够了，以 250psi(1725kPa)的压力预压混合料，以承受压实中的整个底部的压力。

②如果混合料从底部移位出来，没有夯实，用两次压实方法施加 40000lb

(178kN)静荷载(即底板不接触荷载台板底部)。施加荷载速度为 0. 05in/min (1. 3mm/min),保持 30s ±5s。

F-9　取出薄垫片,松开模子,拧紧螺丝,把压力增至 500psi(3450kPa),压实 150 次。观察每块试样的表面,注意每一块有泛油的试样。(继续加入沥青直到至少有 1 块试样出现了中等程度或严重的表面泛油)。泛油的分类如下:

①轻度——表面有少许光泽;

②中度——如果表面可以粘上纸但没有可观察到的表面变形;

③重度——如果表面出现了沥青或是表面可看到变形。

F-10　把模子和试样放入烘箱里,温度为 140 ℉(60℃),时间为 1. 5h;然后再施加 1000psi(6900kPa)水平荷载,速度为 0. 25in/min(6. 5mm/min),达到 1000psi (6900kPa)水平荷载后,立即松开,使试样在模子中冷却。

步骤 G　维姆稳定仪校准

在开始施加的 5psi(34. 5kPa)压力之后,各种位移是由于液体中空气作用以及隔膜没有紧靠在试样上所至。该校准程序是专为这些移位所设的。

G-1　逆时针旋转稳定仪手柄几次,使得橡胶隔膜分开,把稳定度仪放到底板上,拧紧螺丝,并把初始移位的试样放到稳定仪里。

G-2　把稳定仪置于压实机上,在标定试样上面施加 1000psi(6900kPa)荷载。

G-3　打开液体阀并顺时针转动泵的手柄直到压力达到 5psi(34. 5kPa)(轻敲一下仪器以确保针形阀运转正常)。请注意:如果压力超过 5psi(34. 5kPa)时,要降低压力,把手柄逆时针转动至低于 5psi(34. 5kPa)为止,然后再顺时针转动手柄达到 5psi(34. 5kPa)的压力。把移位指示表清零。

G-4　顺时针连续地转动泵的手柄直到压力从 5psi 增加到 100psi(从 34. 5kPa 到 690kPa)。查看指示表并记录初始移位[0. 1in(2. 5mm)]的读数 =1 转移位。

G-5　标准移位为 2. 00 ±0. 05 的偏移。如果所测的移位超出了公差范围,就要调整稳定仪中的空气:

①如果 G-4 的移位大于 2. 05 偏移,从系统中放走少许空气;

②假如 G-4 的移位小于 1. 95 偏移,则采用专为此提供的橡胶球往系统里加入一些空气。

G-6　重复步骤 G-2 至 G-5 直至移位处在该公差范围以内。

步骤 H　维姆稳定仪试验

H-1　在进行一系列试验之前,再次检查稳定仪的初始移位。

H-2　试验前,把试样放入烘箱的模子里,温度为 140 ℉(60℃),至少放置 1h。

H-3 压力机压力速度设置为0.05in/min(1.3mm/min)。

H-4 把稳定仪放在基座上,调整基座以使稳定仪上半部分圆形环的底部到基座顶部距离为3.5in(88.9mm)。

H-5 从烘箱里取出模子和试样,放在稳定仪的上面。利用销子、手柄和杠杆支点迫使试样从模子里出来,进入稳定仪。请注意试样是垂直且稳稳地放着的。把阀推杆放在试样的上面,定位压力机整体装配以备试验。

H-6 利用移位泵把试样的横向压力提升至5psi(34.5kPa)的初始压力,轻敲针形阀以保证得出准确的读数,然后关上移位泵阀。

H-7 施加试验压力,速度为0.05in/min(1.3mm/min)。记录试验仪在500lb,1000lb和1000lb(2.22kN,4.45kN和4.45kN)直至6000lb(26.7kN)。一旦达到6000Lb(26.7kN),就立即把荷载减至1000lb(4.45kN)。

H-8 打开移位泵阀,把压力重新设置为5psi(忽略不计压力试验仪上的读数)。用拇指夹把泵上读数清零。

H-9 快速顺时针转动移位泵手柄(速度为2r/s)直到压力试验仪的读数为100psi(690kPa)。读取字格仪上的读数,把记录的0.01in(0.25mm)单位[0.1in(2.5mm)](等于转动曲柄旋转一次)作为试样D_2的移位。

H-10 停止等压荷载,把试验仪上的压力清零,逆时针向后转动移位泵过零3次,从稳定仪上取下试样,测量试样的高度,单位为in。

H-11 稳定度值计算如下:

$$S=\frac{22.2}{\frac{P_h D_2}{(P_v-P_h)}+0.222} \tag{4-22}$$

式中:P_v——垂直压力(400psi);

P_h——400psi等压荷载时的水平压力仪读数;

D_2——步骤H-9中的试样移位。

如果试样高度在2.5~2.59in之间(61.0~65.8mm),就不需要修正,否则,根据图4-19修正试样高度。

H-12 重复步骤H-5至H-11,直至所有的试样试验完毕为止。

步骤I 密实度和孔隙分析

I-1 如同马歇尔混合料配比设计方法步骤C那样,确定所有试样的相对密度和所有混合料的Rice相对密度。

I-2 计算压实试样的间隙率(*VTM*)和密实度,与马歇尔混合料配比设计方法步骤E中一样。

计算 64mm(2.50in) 试件稳定仪数值的修正图

根据下列的表格和图修正试件高度。

例如，试件高度为 69mm，选择“B”曲线的修正值。未修正的稳定仪数值为 35，修正的数值为 38。

所有试件高度	修正曲线
71 ～76mm (2.80 ～ 3.00in.)	*A*
66 ～70mm (2.60 ～2.79in.)	*B*
61 ～65mm (2.40 ～ 2.59in)	*C*
56 ～ 60mm (2.20 ～ 2.30in.)	*D*
51 ～ 55mm (2.00 ～ 2.19in.)	*E*

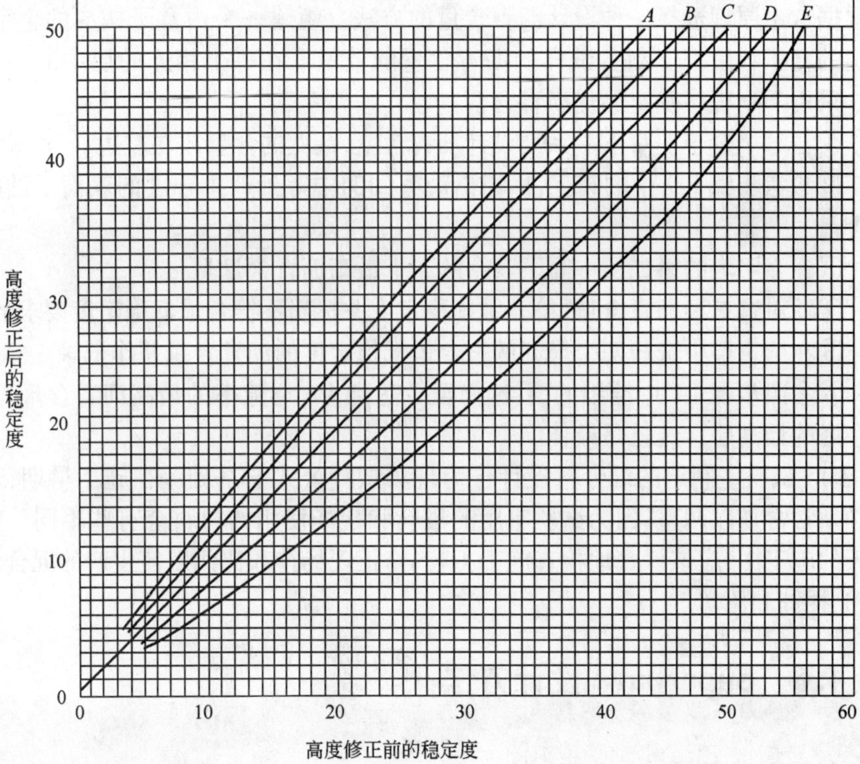

图 4-19 修正稳定仪值达到有效的 2.5in(64mm) 试样高度

步骤J　试验结果分析

J-1　把试验结果绘制成表格和下列图：

①维姆稳定度与沥青含量；

②密实度与沥青含量；

③空隙率与沥青含量。

J-2　检查每张图性能的发展趋势：

①维姆稳定度应该是随着沥青含量增加而下降。此图不应与马歇尔试验的图类似；事实上，图的变化可以从非常平缓至相当陡峭。

②密实度通常会随着沥青含量的增加而增加，是一种凸曲线的关系；不过曲线不会达到峰值。

③空隙率应随着沥青含量增加而下降。

J-3　此步骤旨在确定最佳沥青含量。维姆混合料配合比设计方法的原理是选择最高沥青含量以达到最高的耐久性而不超过允许的最低稳定度点。"金字塔"方法是根据这个原理选择一种设计沥青含量的方法。组建一个由盒子构成的金字塔，让底层的盒子数量等于制备试样的沥青含量的数量。在每个相连的层中减去一个盒子。采用下列程序确定最佳沥青含量：

①在每个盒子上写下一系列设计沥青含量，最低的含量放在左边。

②参考步骤 F-9 中的观察，标记出观察到的中等到严重程度的表面泛油时的沥青含量。

③在金字塔的第二层中写下其余的 3 个最高沥青含量。

④针对这三种沥青含量，检查维姆稳定度并标出不符合最低稳定度要求的含量。

⑤在第三层中选择两个最高的符合最低稳定度的沥青含量并作记录。

⑥参照步骤 J-1 中绘制的图，选择至少达到 4% 空隙率的最高沥青含量，进入到金字塔的最高层。这就是最佳沥青含量。

J-4　试验室制定的混合料设计作为现场试拌公式的基础。在施工早期，现场试拌必须常常加以调整，因为试验室用的集料和现场使用的材料会有些不同。在开始几天的施工中，应该认真地检查施工工艺，修正现场拌和比例以使生产的混合料适合拌和、摊铺和压实。

4.6　Superpave 设计方法

4.6.1　概况

自 20 世纪 40 年代和 50 年代以来，人们一直采用的是维姆和马歇尔配合比设计方法。多年来这些配合比设计方法得以广泛地运用,但是随着交通和荷载的不断增加,20 世纪 80 年代早期,人们需要一种改进的配合比设计方法,它可以正确地为各种交通量、车轴荷载和环境设计混合料。希望这种新的混合料设计程序包含有预测车辙、温度开裂和疲劳开裂的试验和模式。

1988 年,战略公路研究计划(SHRP)启动时的一个首要目标便是开发改进的混合料设计程序[7,16,17,18]。SHRP 计划于 1993 年完成。这项研究工作有数百名研究人员参加,分别承担了各项研究计划,经过艰苦努力,在五年时间里把全部的研究结果形成了一个完整的结论。虽然混合料设计程序中体积方法基本上是完整的,但是大量的后续研究工作也正在进行着,目的是要校核程序的各个组成部分,并在需要修改的地方进行完善。

如上所述,研究工作主要是沥青结合料的评价、混合料设计及分析。但是,研究工作没有涉及集料。当然,研究工作的混合料内容包括了集料,但是却没有把集料评估从其他混合料成分里分开进行研究。

由于集料是混合料中极为重要的一部分,SHRP 研究人员意识到必须得有一种指南。最终,根据集料专家小组达成共识的方法编制了一本指南。对各种交通和路面表面以下各层层厚所需集料的性质,都给出了建议。

1993 年 SHRP 计划完成时,其结论性系统包括如下内容:沥青结合料的新级配系统(如第 2 章所述的性能等级级配系统)、集料的共同特性、新的混合料设计程序及混合料的分析程序。该系统被命名为超级性能的沥青路面系统[Superior Performing Asphalt Pavement System(Superpave)]。在经过完善之后,州交通厅快速实施评估,并正在评估该体系的许多内容。但是,距离混合料分析程序最终定稿和出版可能还会有一段时间。

4.6.2 材料

Superpave 混合料设计程序在选择集料和沥青结合料时有着指导性的意义。第 2 章论述了沥青结合料的选择,在此就不重复了。有关 Superpave 推荐的集料共性的论述详见下文。

根据 SHRP 计划研究成果而制定的集料性质包括粗集料和细集料的棱角性、扁平和椭圆的颗粒和砂当量的试验结果。这些 SHRP 认可的试验主要是从现行试验中挑选出来的。其中有些试验程序早已被许多州交通厅用于控制集料质量的程序。在一些项目中,Superpave 修改了集料的试验程序,而在另一些项目中是修改了标准。Superpave 针对所有这类试验都提出了具体的意见。

关于粗细集料的棱角性有具体的指导意见。粗集料的棱角性定义为根据断裂面判定粗集料颗粒的百分比。可把粗集料试样分为三堆,一堆是无断裂面的颗粒,一堆是有一个断裂面的颗粒,还有一堆是有两个以上的断裂面的颗粒。这样就可判定一个断裂面以上和两个断裂面以上颗粒的百分比。其中最为常用的一种试验方法,是宾夕法尼亚州交通厅621号试验方法“确定砾石破碎面百分比”。有关Superpave推荐的粗集料棱角性标准详见表4-6。

粗集料棱角性要求 表4-6

交　通	表面深度*	
当量单轴荷载(*ESALs*)(百万)	<100mm	>100mm
<0.3	55/—	—/—
<1	65/—	—/—
<3	75/—	50/—
<10	85/80	60/—
<30	95/90	80/75
<100	100/100	95/90
≥100	100/100	100/100

注:*第一个数字是对一个或一个以上破碎面集料的最低要求,第二个数字是对两个或两个以上破碎面集料的最低要求。

表4-6中的数字是由许多专家通过共同试验后制定出来的。这些数值适用于大多数的HMA项目。但是,地方经验认为技术规范与表4-6中所示的数值有所不同。当编制项目技术规范时应该考虑到当地的经验与材料。

当把细集料倒入图4-20所示的圆筒里,可通过确定孔隙数量来测量细集料棱角性。把细集料从圆筒的顶端倒入,便可确定松散集料的孔隙数量。孔隙数量越多,集料的棱角就越多。这种试验通常被称作是全国集料协会(NAA)的流量试验。应根据AASHTO TP33方法A“细集料未压实孔隙含量试验方法(受到颗粒、表面纹理和级配的影响)”进行这种试验。可采用下式计算圆柱中未压实集料的孔隙数量:

图4-20　全国沥青协会流值试验装置

$$未压实孔隙率 = \frac{V - W/G_{sb}}{V} \times 100 \tag{4-23}$$

式中:V——圆柱体积,mL;

W——填入圆柱的松散细集料质量,g;

G_{sb}——细集料毛体积相对密度。

各种交通水平和路表以下深度不同对细集料棱角性最低要求的建议详见表4-7。该标准是为拌和细集料而制定的，但不是专门为混合料中各细集料设立的一种要求。

细集料棱角性要求　　表4-7

交　通	表面深度	
当量单轴荷载(*ESALs*)(百万)	<100mm	>100mm
<0.3	—	—
<1	40	—
<3	40	40
<10	45	40
<30	45	40
<100	45	45
≥100	45	45

HMA的性能与粗细集料的棱角性是相关联的。材料越圆，其抗剪强度则越低，并且混合料产生车辙的可能越大。圆形集料主要有两种来源，砾石和天然砂子。NCAT研究车辙的数据表明集料棱角性和车辙是相关的[19]。可用如下经验模型表示该数据。当有一定比例的可以防止塑性流动的间隙率时，模型所示的数据是准确的。可以把该数据与表4-2和表4-3中Superpave的要求相比较。

$$Y = [0.080 - 0.000089(CF)] - 0.00152(NAA) \times \sqrt{ESALs} \tag{4-24}$$

式中：Y——车辙深度，mm；

CF——有两个或两个以上破碎面的粗集料颗粒百分比；

NAA——细集料NAA流动试验结果。

另一个对良好路面性能至关重要的集料性质是评估扁平和椭圆颗粒的试验。若是集料呈扁平和椭圆形，通常会平铺着，当压实时会导致混合料中*VMA*间隙率较低。在压实时扁平和椭圆的集料也会更易于破碎，从而导致混合料与设计混合料差别巨大。有时，过量的扁平和椭圆颗粒的混合料是不易施工和压实的。

过去，把集料分为扁平和/或椭圆形的，如果颗粒的长度大于宽度，则认为集料颗粒是椭圆的，若是宽度大于厚度则认为是扁平的。Superpave把这两个术语合并成一个名词。把一个集料最长的一端与其最短的一端相比较，便可得出一个数字表示其是扁平或是椭圆颗粒。根据Superpave，如果用厚度除以长度的结果大于5的话，就认为集料不是扁平便是椭圆的。有关试验程序详见ASTM D4791，“粗集料扁平或椭圆颗粒”。表4-8所示的标准已被推荐作为Superpave的一部分内容。

扁平或椭圆颗粒要求 表 4-8

当量单轴荷载(ESALs)(百万)	长度/厚度大于 5 的颗粒最大百分比	当量单轴荷载(ESALs)(百万)	长度/厚度大于 5 的颗粒最大百分比
<0.3	—	<30	10
<1	—	<100	10
<3	10	≥100	10
<10	10		

用认同方法评估的最后一个集料性质是含泥量。如果混合料中含泥量超标,就会出现问题。最可能出现的问题便是附着在集料上的泥土会阻止沥青结合料与集料间的良好黏着性。若是这样,在混合料中便会产生剥落。要减少类似问题出现的可能性,就要制定出最大含泥量的范围。检测含泥量的试验为砂当量试验。根据 AASHTO T176 或是 ASTM D2419 的"利用砂当量试验级配集料和土的塑性细料",进行砂当量试验。Superpave 的建议详见表 4-9。

砂 当 量 要 求 表 4-9

当量单轴荷载(*ESALs*)(百万)	砂当量,最低要求(%)	当量单轴荷载(*ESALs*)(百万)	砂当量,最低要求(%)
<0.3	40	<30	45
<1	40	<100	50
<3	40	≥100	50
<10	45		

除了上述认同性质以外,集料其他一些性质也是重要的,这些性质是优质集料的保证,比如洛杉矶磨损、硫酸盐侵蚀和吸水性。Superpave 没有修改这些试验程序和标准,因此,Superpave 混合料设计一节中就没有对这些内容进行详细的论述。

4.6.3 集料混合

最终承受荷载的是集料。若是要达到设计路面性能,如前所述集料必须符合质量要求且级配适当。集料级配的重要性在于:①最大集料粒径不要过大或偏小;②符合 *VMA* 间隙率要求;③集料结构适当。

根据 Superpave,公称最大集料粒径是大于第一筛的筛孔,可以保留 10% 的材料。最大集料尺寸的定义为比公称最大粒径大一个筛径(图 4-21)。如果规定 19 mm(3/4in)为最大集料粒径,那么,100% 的集料必须过 25 mm(1in)的筛径。至少 90% ~100% 的集料必须比公称最大集料粒径要细小(19 mm 或是3/4in)。90% 以下的集料必须过 12.5 mm(1/2in)筛子。控制点也设在 2.36 mm(8 号筛)和 0.075 mm(200 号筛)筛径。集料级配必须在控制范围以内方可满足 Superpave 的要求。

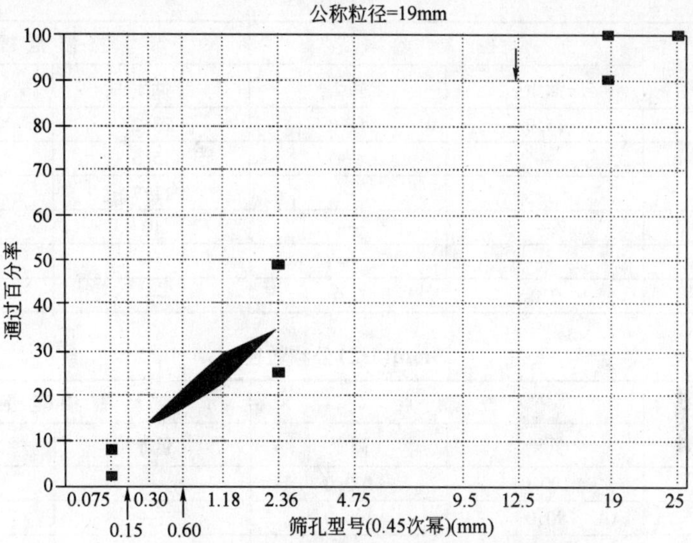

图 4-21 19mm 公称粒径级配要求示意图

级配技术规范的另一个内容是控制范围。这部分是人们对级配要求误解最多的一部分。控制范围可作为一种指导,有助于保证混合料中没有过多的天然砂并保证满足最低 *VMA* 的要求。但是,也有些集料破碎良好且满足最低 *VMA* 要求却超出了控制范围。由于控制范围只是一种指南,那些超过控制范围且又没有使用过量的圆形集料和满足最低 *VMA* 要求的混合料,其性质应该是良好的。

有证据证实这样一种看法,即接近控制范围的最低要求的混合料(超过控制范围的混合料)有着较好的碎石结构。多数 Superpave 设计都超过控制范围,其混合料被认为是具有较强的抗车辙性。有关 9.5 mm 公称粒径集料至 37.5 mm 公称粒径的典型技术规范详见表 4-10 至表 4-14。

37.5 mm (1 ~ 1/2in)公称粒径 表 4-10

筛径(mm)	控制点		控制范围	
	低于	高于	低于	高于
50	100	100.0	—	—
37.5	90.0	100.0	—	—
25		90.0	—	—
19	—	—	—	—
12.5	—	—	—	—
9.5	—	—	—	—
4.75	—	—	34.7	34.7

续上表

筛径(mm)	控制点		控制范围	
	低于	高于	低于	高于
2.36	15.0	41.0	23.2	27.3
1.18	—	—	15.5	21.5
0.60	—	—	11.7	15.7
0.30	—	—	10	10
0.15	—	—	—	—
0.075	0.0	6.0	—	—

25mm(1in)公称粒径 表4-11

筛径(mm)	控制点		控制范围	
	低于	高于	低于	高于
37.5	100.0	100.0	—	—
25	90.0	100.0	—	—
19	—	—	—	—
12.5	—	—	—	—
9.5	—	—	—	—
4.75	—	—	39.5	39.5
2.36	19.0	45.0	26.8	30.8
1.18	—	—	18.1	24.1
0.60	—	—	13.6	17.6
0.30	—	—	11.4	11.4
0.15	—	—	—	—
0.075	1.0	7.0	—	—

19mm (3/4in)公称粒径 表4-12

筛径(mm)	控制点		控制范围	
	低于	高于	低于	高于
25	100.0	100.0	—	—
19	90.0	100.0	—	—
12.5	—	90.0	—	—
9.5	—	—	—	—
4.75	—	—	—	—
2.36	23.0	49.0	34.6	34.6
1.18	—	—	22.3	28.3
0.60	—	—	16.7	20.7
0.30	—	—	13.7	13.7
0.15	—	—	—	—
0.075	2.0	8.0	—	—

12.5 mm(1/2in)公称粒径 表4-13

筛径(mm)	控制点		控制范围	
	低于	高于	低于	高于
19	100.0	100.0	—	—
12.5	90.0	100.0	—	—
9.5	—	90.0	—	—
4.75	—	—	—	—
2.36	28.0	58.0	39.1	39.1
1.18	—	—	25.6	31.6
0.60	—	—	19.1	23.1
0.30	—	—	15.5	15.5
0.15	—	—	—	—
0.075	2.0	10.0	—	—

9.5 mm(3/8in)公称粒径 表4-14

筛径(mm)	控制点		控制范围	
	低于	高于	低于	高于
12.5	100.0	100.0	—	—
9.5	90.0	100.0	—	—
4.75	—	90.0	—	—
2.36	32.0	67.0	47.2	47.2
1.18	—	—	31.6	37.6
0.60	—	—	23.5	27.5
0.30	—	—	18.7	18.7
0.15	—	—	—	—
0.075	2.0	10.0	—	—

在进行全面配合比设计之前,对2~3种集料级配进行评估是可取的。每种集料级配都取两个HMA制成的试样。把估算最佳的沥青含量加入到试样中去,再用Superpave旋转压实机按规定的要求压实试样。压实这些试样时,可评估几个内容,比如最佳沥青含量近似值是多少?被评估集料的混合料是否可以满足*VMA*的要求?能否满足旋转性质诸如N_i和N_{max}的要求?取样和评估之后,便成为混合料设计选择的最佳集料配比。

有时,不考虑级配的话,集料结构无法满足*VMA*、N_i和其他性质的要求。这是一个好的迹象,说明集料的来源是不合格的。比如,如果集料过于柔软,便难以满足 *VMA* 的要求。若是集料中有过量的圆形材料,就无法满足 N_i 的要求。

4.6.4 Superpave 旋转压实机

Superpave 混合料设计程序的一个关键设备便是旋转压实机(图 4-22)。该机械的设计可以把 HMA 试样压实到类似于通行道路的密实度。它还有种趋势是按通行道路上观察到的集料颗粒来选择类似的集料颗粒。

图 4-22 Superpave 旋转压实机(由两个制造商制造)

Superpave 旋转压实机是在现有旋转机械的评估基础上开发出来的。尽管超级旋转压实机与其他旋转压实机有类似的地方,但是它是一种独立无二的设备。Superpave 旋转压实机上有三个控制压实效果的参数,包括垂直压力、旋转角度和旋转次数。关于 Superpave 程序,垂直压力设置为 600kPa(87psi),旋转角度为 1.25°。旋转速度为 30r/min。可根据交通水平来确定旋转次数。

Superpave 旋转压实机压实试样的规格为直径 150 mm (6in)或是 100 mm (4in)。目前,规定试样规格为 150 mm (6in),但是对有些混合料类型的 100 mm (4in)试样压实的可行性研究工作正在进行当中。

根据交通水平和平均设计最高气温来确定所需旋转的次数。通行道路中承受高温和大交通量的混合料的密实度较高,因此在试验室里的压实必须要达到一个更高的密实度。通过增加旋转次数得出这个更高的密实度数据。

有关根据具体的交通水平和气温来确定具体的旋转次数的内容详见表 4-15。这些数字是在有限的数据条件下取得的,而且后续的研究正在进行,以求证这些数据的准确性,并且还要简化该系统。

N_i、N_d 和 N_m 是三个待确认的内容。N_d 为 N-设计，是按照相当于承受过一定交通量的通行道路的密实度对混合料进行压实所需的旋转次数。在混合料设计中，应选择混合料压实为 N_d 旋转次数且间隙率达 4% 的沥青含量。

Superpave 旋转压实机旋转次数的选择 表 4-15

设计当量单轴荷载（ESALs）（百万）	平均设计高温											
	<39℃			39~40℃			41~42℃			43~44℃		
	N_i	N_d	N_m	N_i	N_d	N_m	N_i	N_d	N_m	N_i	N_d	N_m
<0.3	7	68	104	7	74	114	7	78	121	7	82	127
<1	7	76	117	7	83	129	7	88	138	8	93	146
<3	7	86	134	8	95	150	8	100	158	8	105	167
<10	8	96	152	8	106	169	8	113	181	9	119	192
<30	8	109	174	9	121	195	9	128	208	9	135	220
<100	9	126	204	9	139	228	9	146	240	10	153	253
>100	9	143	233	10	158	262	10	165	275	10	172	288

N_i 是 N-初始值，是测量混合料适应性的标尺。压实过快的混合料被认为是在施工中材料较柔软且在道路通行时路面性能不稳定。在 N_d 条件下 4% 空隙率的混合料在 N_i 时空隙率至少应该为 11%。如果无法满足这个要求，混合料通常为较细混合料，常常含有大量的天然砂。

N_m 是 N-最大值，是在工地上绝对不应该超过的试验室密实度的旋转次数。N_d 是最终工地密实度的估算值。N_m 是带有安全因素的压实密实度，可以保证混合料密实度不会过大，造成现场孔隙低从而导致车辙出现。N_m 时的空隙率至少应为 2%，与超过 2% 空隙率的混合料相比较，N_m 时空隙率低于 2% 的混合料更易产生车辙。比较各种旋转次数的试验室和现场的密实度，根据试验室和现场试验确立 N_d 的旋转次数。一旦各种交通量和气温都确定时，根据 N_d 确立 N_i 和 N_m 的旋转次数。N_i 和 N_m 的公式如下：

$$N_i = (N_d)^{0.45} \tag{4-25}$$

$$N_m = (N_d)^{1.10} \tag{4-26}$$

4.6.5 试样压实

经过拌和和压实的 HMA 试样，其直径为 150 mm(6in)，高度为 115 mm。评估这些试样不仅可以确定体积性质，也可确立 N_i 和 N_m 的空隙率。

混合料设计和确立体积的所有试样老化温度应为 135℃（275 ℉），在拌和后和压实前要在烘箱中放置 2h。在压实和冷却前，老化是必需的，这样可使得集料孔隙吸收沥青。这种吸收造就一种更能代表现场的混合料。把试样撒成薄薄一层进行老化。倘若不允许混合料老化,就选择较低的最佳沥青含量,而这又会导致路面使用期限内耐久性的减弱。

在设计过程中,所有试样都要压实到 N_m,利用计算机确立 N_i、N_d 和 N_m 时的空隙率。压实中测量试样高度并记录在案,这样便于确定混合料体积。压实时,已经掌握了试样的直径[150 mm(6in)]和高度,把试样质量输入计算机,计算试样的体积。根据这些数值可以确定估算的毛体积密度。不过由于每个试样的上、下和侧面的表面孔隙被认为是试样体积的一部分,这些估算的密实度稍微有点偏差。每个试样压实至 N_m 后,取出试样,在空气和水中称其质量来确定真实的毛体积密度。把 N_m 的真实密度与 N_m 的计算密度相比较,得出正确的数据。根据这个正确数据修正 N_i 和 N_d。比如,根据压实至 N_m 旋转次数的试样计算修正因子(CF),其公式如下:

$$CF = \frac{\text{真实密度}}{\text{计算密度}} \tag{4-27}$$

N_i 和 N_d 时真实密度可由下式计算得出:

$$\text{真实密度} = CF(\text{计算密度}) \tag{4-28}$$

混合料的松散试样也可用于确定理论最大密实度(TMD)。已知 TMD 和体积密实度,可计算各种压实情况下的空隙率。TMD 试样应该以同样的压实试样的方式进行老化。

4.6.6 最佳沥青含量的确定

确定了满足质量要求的集料、沥青结合料和适宜的集料结构的体积性质之后,便可确定最佳沥青含量。Superpave 最佳沥青含量的定义为 N_d 时可产生 4% 空隙率的沥青含量。当然,这种专门设计出的混合料必须满足 N_i 和 N_m 的要求和其他规定的要求。确立了混合料之后,利用常规的试验方法评价水敏感性。

Superpave 最近推荐使用 AASHTO T—283。

选择最佳沥青含量的第一步是确定最佳沥青含量的估算值。根据设计集料试拌应可以得出一个不错的估算值。

估算了最佳沥青含量之后,准备四组试样,分别比估算的最佳值低 0.5%、等于估算值、超出估算值 0.5% 和超出估算值 1.0%。按规定时间把每种混合料拌和后放置在 135℃(275 ℉)的烘箱中进行老化。按照设计交通量和性能温度把每种试样压实到 N_m 的旋转次数。

在每个试样都压实后,从模子中取出试样,测量其 N_m 时的密度。根据实测毛体积密度和计算毛体积密度确定修正系数,并修正 N_i 和 N_d 时每个试样的计算空隙率。求出三个试样的 TMD(理论最大密实度)修正的百分比平均数值,并且绘制成图,如图 4-23 所示。用 TMD 除以体积密实度再乘以 100% 得出 TDM 的百分比。请注意,每个试样的空隙率等于 100 减 *TMD* 的百分比。

在把所有的数据都绘制成图后，如图 4-23 所示，就可选择 N_d 时产生 4% 空隙率的沥青含量。从 N_d 处画一条直线，从 96% *TDM* 处画一条横线。两条线交汇处便是最佳沥青含量点。这里可能要对实测数据点之间做些修正，只是做些修正而不是去推断。*TDM* 达到 96% 的沥青含量为最佳沥青含量。现在在 N_i 处画一条直线直到最佳沥青含量，然后再横向地确定 *TMD* 的百分比。*TMD* 的百分比应低于 89%。现在在 N_m 处重复同样的工作，选出的数字应低于 98%。此例是符合对 N_i 和 N_m 的要求。请注意：不同的沥青含量其 *TMD* 也是不同的。当已知一种沥青含量的 *TMD* 时，如果可以确定集料的有效相对密度和进行本章中论述的几个计算，便可得出另一种沥青含量。

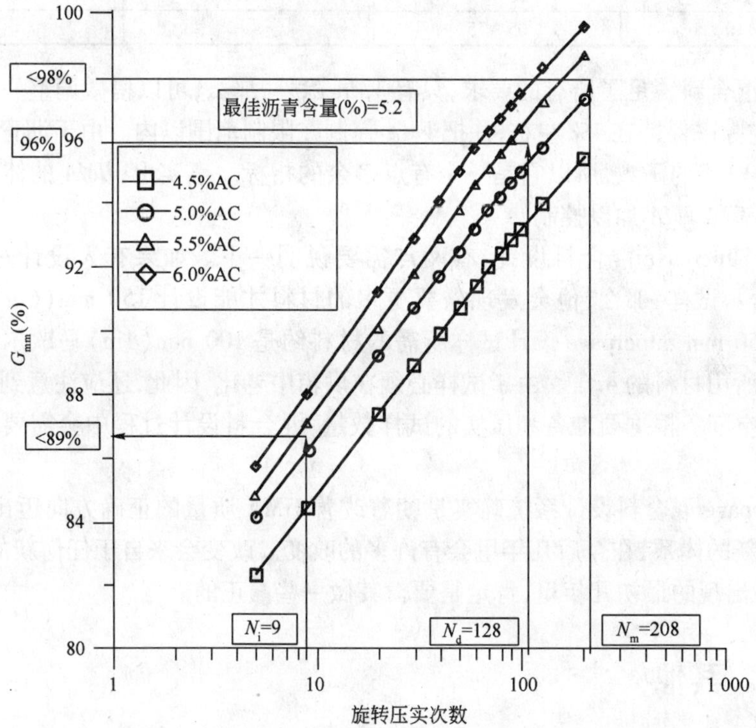

图 4-23　确定最佳沥青含量和评估 N_i 和 N_m 的图

假如 N_d 时的空隙率为 4%，大于 N_i 时的 11%，大于 N_m 时的 2%，那么，这便是最佳的沥青含量。如果混合料无法满足 N_i 或 N_m 时，那么，就有必要改变集料级配或是有可能要变换集料的来源。另外必须满足的标准是 *VMA* 和沥青饱和度(*VFA*)。*VMA* 标准详见表 4-16，沥青饱和度的标准详见表 4-17。

VMA 要 求 表4-16

公称最大集料粒径(mm)	最小 *VMA* 百分比	公称最大集料粒径(mm)	最小 *VMA* 百分比
9.5	15.0	25.0	12.0
12.5	14.0	37.5	11.0
19.0	13.0		

沥青饱和度要求 表4-17

当量单轴荷载(*ESALs*)(百万)	沥青饱和度(%)	当量单轴荷载(*ESALs*)(百万)	沥青饱和度(%)
<0.3	65~80	<30	65~75
<1	65~78	<100	65~75
<3	65~78	>100	65~75
<10	65~75		

假设混合料满足了所有的要求,只有 *VMA* 除外,那么,可以稍微调整一下沥青含量,使得空隙率保持在4%左右,并把 *VMA* 控制在限制范围以内。由于沥青饱和度是空隙率和 *VMA* 的函数,所以它是一个有点多余的指标。事实上,*HMA* 的体积质量可通过空隙率和 *VMA* 加以控制。

有关 Superpave 混合料设计,有两点需要说明一下。如果有人设计过 100 mm(4in)混合料试样,那么,他会发现需要更多的材料才能设计 150 mm(6in)的试样。据估算,150 mm Superpave 设计试样所需的材料约是 100 mm(4in)马歇尔或是维姆设计试样所用材料的 4 倍。由于试样必须在烘箱中老化,因此,还应注意到烘箱中要有足够的空间。根据要准备和压实的试样数量,混合料设计过程中会需要不止一个的烘箱。

Superpave 混合料设计系统确实是朝着改善 HMA 质量的正确方向迈出了一步。这是一个新的体系,在今后几年里会有许多的改变。改变会来自于任何新的技术,在 Superpave 出现的最初几年里,肯定是要对其做一些修正的。

4.7 其他

相对于混合料设计各种特性,还应该论述一下其他的内容,如水敏感性、再生材料混合料设计及表面混合料抗滑性。有关各项内容详见下文的简介。

4.7.1 水敏感性

混合料设计的论述如果没有水敏感性,它被称为剥落的水分的有害影响使得 HMA 性能变差。剥落是由于沥青和集料之间的连接变弱过程中强度的损失所造成的。这种强度的损失可以是突然的和毁灭性的,这时沥青从集料上剥落下来,混合料失去了黏结性,缺陷则快速蔓延。有时,集料上的沥青就被冲刷掉以至于最后只剩下光秃秃的集料。更为典型的情况是一段时期内强度逐渐消失,从而导致车辙和推挤的产生。

要抵抗剥落,适宜的混合料设计是绝对必要的;但是,如果现场压实的孔隙率高得足以使水进入 HMA 铺层的话,设计良好的混合料也有剥落的可能性。因此,必须评估每种混合料以确定是否会受到水的损害,这时水会渗透进入 HMA 层。

人们推荐并使用着很多水敏感性的试验。有关这些试验的内容详见第五章——沥青混合料的特点一节。

4.7.2 热再生

在美国越来越多地使用含有一定量再生沥青的混合料(RAP),因为这种材料通常包含着有用的并且可以重复使用的集料和沥青。现场调查[21]表明,从现场材料性质和路面性能来看,再生的 HMA 路面和新的 HMA 路面之间没有明显的区别。如果再生沥青路面材料不在再生混合料中使用,那么,它一般可用于路肩、基层或用作填土。这些用途中没有一个是利用了这种材料的经济价值,此外,随着去除废弃路面层和损害严重材料的铣刨机得以广泛使用,对再生沥青路面的供给不断增加,多数州的供给来自于承包人。承包人使用这种材料是从成本效益出发的,这种材料便是再生的 HMA 混合料。但是,任何含有再生沥青路面的材料应该与新材料一样要符合相同的技术规范要求。因此,承包人必须认真地考虑再生沥青路面储料堆的质量和一致性,以确保所生产的 HMA 符合项目技术规范的要求。此外,HMA 的设备必须要调整以适应再生沥青路面材料的生产,通常必须要按照特殊料堆程序生产以确保材料在生产中易于加工处理。

为了把再生沥青混合料加入到配合比设计当中,必须确定再生沥青混合料的级配和沥青的性质。参考文献[14]中建议从再生沥青路面料堆中取三个样品,对每个试样进行沥青抽提。该程序涉及把集料上的沥青溶解出来。一旦实施了,就可以确定每一种试样的集料级配和沥青含量。再生沥青路面料堆级配是三种试样级配的平均值,再生沥青路面材料的沥青含量也是三种试样沥青含量的平均值。应该收集含有溶解了的沥青溶剂,沥青回收方法(ASTM D1856)是用于回收沥青。应检查回收的沥青的黏度和针入度。

利用再生沥青路面料堆平均集料级配值,可求出含新集料的配合比。铣刨的再生沥青路面材料可能含有较高比例的细料,因此应留意它以确保混合料不仅符合 *VMA* 和任何细料与沥青比例的指南,也要符合所有机构制定的技术规范要求。*HMA* 设备类型确定一般混合料中再生沥青路面最大用量,仍然是合理的有效生产,与此同时符合废料堆放射和不透明的要求。正常情况下，常用的混合料中最大再生沥青路面材料用量如下：

(1)占改良滚筒式搅拌机生产的混合料总量的70%；

(2)占改良间歇式搅拌机生产的混合料总量的50%。

一般而言，最大生产量的范围为滚筒式搅拌机制成再生沥青路面材料的50%和间歇式搅拌机混合料的30%。这些较低百分比使得总生产速度加快，混合料含水率较高，再生沥青路面材料尤其如此。只要混合料所要包括的级配和再生沥青路面材料用量一确定，便可决定生产合格沥青性质所需的新沥青等级或是再生剂。

有些机构利用再生沥青的黏度来选择用于再生沥青路面的再生剂以使沥青恢复到初始的黏度。有关为该目的而绘制的黏度拌和图详见第7章的特殊混合料一节，它包括了热拌和再生的内容。这种类型的图可用于另一种摊铺等级的沥青或是含再生剂的再生沥青的拌和。

应降低再生混合料中再生沥青路面材料的含量或使其含量保持较低，以使加入到沥青的新液体的等级不含比再生混合料中合格的沥青等级还要软两个等级。当采用的比例较高，在60%以上时，要使用软两个等级的沥青或是使用软化(再生)剂。

一旦决定了要加入到混合料里的新沥青的等级，就可确定混合料设计中所采用的每种沥青含量(总的)中再生沥青路面材料和新沥青的用量。计算这些数量的下列公式详见参考文献[14]：

$$RAP = \left(\frac{B \times C}{100 - D}\right)\left(\frac{W_{\mathrm{T}}}{100}\right) \tag{4-29}$$

$$A_{\mathrm{v}} = \left[A - \left(\frac{B \times C}{100}\right)\left(\frac{100}{100 - D} - 1\right)\right]\left(\frac{W_{\mathrm{T}}}{100}\right) \tag{4-30}$$

式中：RAP——再生路面质量，g；

B——混合料总量中所有集料的百分比；

C——集料拌和中再生集料的百分比；

D——再生沥青路面材料中沥青含量的百分比；

W_{T}——试验试样的总质量，g；

A_{v}——新沥青质量，g；

A——混合料总量中沥青含量的百分比。

在制备试验试样时，应注意几个特殊的事项。第一，要把再生沥青路面颗粒分离，以满足每个试样制备所需的准确数量是较难做到的，因此，有些试验技术人员就准备一大批制备每种沥青含量所需的所有材料。单个试验试样数量可从总量中取出1/4。分别加热再生材料，温度较低[约为140℉(60℃)]，低于拌和和压实的温度。新集料的加热要足够热以使材料在拌和时混合料达到规定的拌和温度要求。低温下加热再生沥青路面材料可防止再生沥青路面沥青过度的硬化。

混合料方法的平衡状态与新材料混合料所需的是完全一样的。再生的 HMA 应符合新材料的所有试验程序和标准。

4.7.3 面层混合料抗滑性

另一个混合料设计因素与表面混合料相关,即施工完成之后,在项目的使用期内,要设计这些与车载轮胎接触的混合料。这些混合料的表面在加速或减速的垂直荷载作用时不仅要稳定,而且还必须有足够的抗滑性以保证正常的转弯和刹车。这意味着摊铺施工人员要设计一种表面混合料以使在各种环境和现场车辆操作情况下有足够的轮胎-路面摩擦力。混合料设计者必须选择有一定抗滑性的集料来生产所有的表面混合料,并确保混合料的沥青含量不至于高到会产生泛油以及随后的抗滑性的损失。

为了选择一种抗滑性合格的材料,应该考虑四种集料特性:纹理、形状、粒径和耐磨性、抗磨光性。选择集料的来源很大程度上要取决于诸如纹理、*VMA* 和化学成分这样的因素。颗粒形状和粒度受 *VMA* 的影响而不会受制备集料所用的破碎工艺类型的影响。耐磨性和抗磨光性要受到以上所有因素的影响,还要受到石料各种 *VMA* 成分硬度、单颗粒 *VMA* 和各种交通因素的影响。

对设计者而言,虽然有必要考虑用于混合料设计的现有集料的纹理特点,但是有些机构不允许使用含碳的石料,比如通常受到交通影响会磨光的石灰石。石灰石集料的质量差别相当大,因此,有些石灰石集料不会磨光,而其他则会。

许多州和美国石材行业协会认为,通过适当的配比,不同磨损率的集料可以成功地把不同来源的石灰石集料应用于表面混合料中,这是可行的。试验室研究表明不同磨光率的集料拌和是有效的,因为混合料的抗滑性与根据混合料中粗集料的百分比得出的加权平均值是成正比的。但是,在制订配合比设计的预备研究中,拌和要求进行细致的试验和评估。拌和当然是值得考虑的,因为在美国有大量可磨光的集料。因此,考虑的内容应扩大到确定这类集料与其他类集料配比才可生产具有一定抗滑性的表面。还应该考虑到从交通量和交通速度两方面使材料的拌和符合交通的需求。

有关用于评估集料或是混合料加速磨光和磨损特性的试验室设备详见第 3 章和第 8 章。

这些试验室设备的主要目的是筛选拟用于 HMA 表层的粗集料。大多数州都在表层使用主要来源集料,并观察其现场的路面性能。但是,在引入新的集料时,可用这些设备来试验该种集料在使用期间是否具有良好的抗滑性。如果抗滑值低得让人怀疑,那么,这种集料则限于较低交通量的道路,直到得出现场的经验和抗滑性检测数据和观察到由于交通荷载导致的抗滑性损失。

特殊集料可用于特殊用途的抗滑性高的混合料设计。集料诸如矿渣、膨胀土页岩和其他的人工制品有时也用于交通量大的表层或是用于需要有极高抗滑性的高速赛道上。有关更多的抗滑性的内容详见第8章HMA表层性能一节。

4.8 混合料设计示例

示例包括了马歇尔、维姆和Superpave配合比设计方法。

集料取样来源是承包人的料堆,送到试验室用于混合料设计试验。通常,每次马歇尔和维姆配合比设计需要约200lb(90kg)的集料和2~3gal(8~12L)的沥青。Superpave配合比设计所需的是约500lb(225kg)的集料和3~5gal(12~20L)的沥青。根据第2章和第3章中的标准取样程序进行取样。每个集料试样都代表着料堆性质的平均值。把集料干燥后,每个试样都要破碎为适于测量级配的粒径。

有关四种集料和所有集料级配的技术规范详见表4-18。下一步是要确定每种集料的百分比以使拌和的混合料符合规定的要求。有关的计算详见表4-19。采用反复试配法确定集料配合比。经过两次试拌之后,集料的比例为1号集料25%、2号集料15%、3号集料35%和4号集料25%。每种集料采用25%的首次试拌超出了技术规范的范围,筛分孔径为8号、16号和30号筛(2.36mm,1.18mm,0.600 mm)。混合集料的重度(G_{sb})确定为2.620。沥青的相对密度为1.030。

集料级配和技术规范范围 表4-18

筛分孔径	1号集料	2号集料	3号集料	4号集料	技术规范范围
1/2 in(12.5 mm)	100	100	100	100	100
3/8 in(9.5 mm)	89	100	100	100	95~100
4号(4.75 mm)	3	58	99	100	47~77
8号(2.36 mm)	1	10	81	99	52~70
16号(1.18 mm)	1	8	71	94	46~63
30号(0.600 mm)	1	5	46	86	37~57
50号(0.300 mm)	1	4	26	68	24~39
100号(0.150 mm)	1	3	15	18	8~25
200号(0.075 mm)	0.1	2.2	10.0	2.5	2~8

根据表4-19确定了每种集料的比例,大约制备了20个集料试样。马歇尔的方法是把拌和的集料加热到ASTM D1559中规定的温度,维姆的方法是按ASTM D1560进行加热。每个试样的总质量要足以制备一个规定直径和高度的试样,比如直径4in(101.6 mm)、高21/2in(63.5 mm)的试样。

4.8.1 马歇尔配合比设计

把加热过的集料试样与不同沥青数量进行拌和，有的高出预期的最佳沥青含量，有的则低于最佳沥青含量。按 ASTM D1559 的规定用标准马歇尔锤击实每边 75 下来压实试样。每种沥青含量制备 3 个试样，共制备 18 个试样（6 种不同沥青含量，每种含量制备 3 个试样）。有关试验结果和计算详见表 4-20。

压实后，从模子里取出试样进行冷却，然后称其干质量（W_D），把试样浸泡在水中 3min，在水中称湿质量（W_{sub}），从水中取出试样，干燥后称质量（W_{SSD}）。

确定符合技术规范要求的集料比例　　表 4-19

集料	筛孔径								
	1/2in (12.5mm)	3/8in (9.5mm)	4 号 (4.75mm)	8 号 (2.36mm)	16 号 (1.18mm)	30 号 (0.600mm)	50 号 (9.300mm)	100 号 (0.150mm)	200 号 (0.075mm)
第一次试拌									
1 号集料(25%)	25	22	1	0	0	0	0	0	0.0
2 号集料(25%)	25	22	14	2	2	1	1	1	0.6
3 号集料(25%)	25	25	25	20	18	12	6	4	2.5
4 号集料(25%)	25	25	25	25	24	22	17	4	0.6
技术规范总计	100	97	65	47	44	34	24	9	36
	100	95 ~ 100	47 ~ 77	52 ~ 70	46 ~ 63	37 ~ 57	24 ~ 39	8 ~ 25	2 ~ 8
第二次试拌									
1 号集料(25%)	25	22	1	0	0	0	0	0	0.0
2 号集料(15%)	15	15	9	2	1	1	1	1	0.3
3 号集料(35%)	35	35	35	28	25	16	9	5	3.5
4 号集料(25%)	25	25	25	25	24	22	17	4	0.6
技术规范总计	100	97	70	55	50	39	27	10	4.4
	100	95 ~ 100	47 ~ 77	52 ~ 70	46 ~ 63	37 ~ 57	24 ~ 39	8 ~ 25	2 ~ 8

试样 G_{mb} 的毛体积相对密度计算如下：

$$G_{mb} = \frac{W_D}{W_{SSD} - W_{sub}} \tag{4-31}$$

以 mL 为单位的试样体积等于 $W_{SSD} - W_{sub}$，称其质量时的单位为 g。单位为 lb/ft^3 的试样密度 γ 的计算如下：

$$\gamma = G_{mb} \times \delta_w \tag{4-32}$$

马歇尔配合比设计的试验结果和混合料性质　　表 4-20

试件编号	沥青含量	空中质量	水中质量	表干质量	体积	毛体积密实度	理论最大密实度	空隙率	VMA	饱和度	稳定度	稳定度修正	流值
1	5.0	1167.8	650.7	1169.0	518.3	140.6					2400	2400	11
2		1164.9	647.0	1166.2	579.2	140.0					2630	2630	11
3		1165.1	651.0	1167.0	516.0	140.9					2560	2560	12
平均						140.5	153.1	8.2	18.3	55.2		2530	11
1	5.5	1166.4	652.4	1167.5	515.1	141.3					2520	2520	11
2		1179.0	661.4	1180.6	519.2	141.7					2690	2690	12
3		1169.4	650.9	1171.0	520.1	140.3					2650	2650	13
平均						141.1	152.5	7.5	18.4	59.2		2620	12
1	6.0	1170.4	656.7	1171.0	514.3	142.0					2620	2620	13
2		1181.1	664.7	1181.9	517.2	142.5					2710	2710	13
3		1187.3	670.9	1189.0	518.1	143.0					2980	2980	12
平均						142.5	151.3	5.8	18.1	68.0		2770	13
1	6.5	1174.2	661.4	1174.7	513.1	142.8					2800	2800	12
2		1185.3	667.7	1186.0	518.3	142.7					2730	2730	13
3		1182.3	667.7	1182.9	515.2	143.2					2900	2900	14
平均						142.9	149.9	4.7	18.3	74.3		2810	13
1	7.0	1171.5	663.0	1177.9	514.9	142.7					2820	2820	14
2		1183.4	665.4	1183.6	518.2	142.5					2730	2730	14
3		1192.8	675.7	1193.3	517.6	143.8					2790	2790	15
平均						143.0	148.5	3.7	18.6			2780	14
1	7.5	1181.9	663.3	1182.3	519.0	142.1					2650	2650	16
2		1173.0	660.2	1173.5	513.3	142.6					2380	2380	16
3		1182.2	666.1	1182.7	516.6	142.8					2590	2590	14
平均						142.5	147.1	3.1	19.4			2540	15

示例 1 的 5.0% 沥青含量的计算如下：

$$G_{mb} = \frac{1167.8}{1169.0 - 650.7} = 2.253$$

$$\text{试样密度}(\gamma) = 2.253 \times (1) = 2.256\text{g/mL}$$

每个试样的总混合料空隙率（*VTM*）的计算是比较每种沥青含量的平均毛体积密度与同样沥青含量的理论最大密实度（*TMD*）。计算理论最大密度的最为常见的方法是 ASTM D2041 中规定的 Rice 方法。总的混合料空隙率按下式计算：

$$总混合料空隙率 = \left(1 - \frac{G_{mb}}{G_{mm}}\right) \times 100 \tag{4-33}$$

或者：

$$总混合料空隙率 = \left(1 - \frac{试样毛体积密度}{最大理论密实度}\right) \times 100 \tag{4-34}$$

针对这个问题，三个沥青含量为 5.0% 试样的平均值，其毛体积密度为 2.252g/mL，其理论最大密实度则为 2.454g/mL。接着计算空隙率：

$$空隙率 = \left[1 - \frac{2.252}{2.454}\right] \times 100 = 8.2\%$$

5.0% 的沥青含量混合料的 *VMA* 可按下式计算：

$$矿物集料空隙率 = 100 \times \left[1 - \frac{G_{mb}(1 - P_B)}{G_{sb}}\right]$$

$$= 100 \times \left[1 - \frac{2.252(1 - 0.05)}{2.620}\right] = 18.3$$

5.0% 的沥青含量混合料的沥青饱和度（*VFA*）的计算见下式：

$$沥青饱和度 = \left(\frac{矿物集料空隙率 - 空隙率}{矿物集料空隙率}\right) \times 100$$

$$= \left(\frac{18.3 - 8.2}{18.3}\right) \times 100 = 55.2\%$$

在称完试样的干质量和湿质量以及所有计算都做完之后，再次测试试样的稳定度和流值。当采用标准马歇尔设备试验时，加载直到材料衰竭的荷载（磅），是马歇尔稳定度。流值是指从加载到荷载开始下降时的变形，以 0.01 in（0.25 mm）表示。检测到的稳定度等于实际测到的荷载，且修正的稳定度包括了对试样体积的修正。就这种设计方法而言，所有体积都在规定的范围以内（ASTM D1559）；有关稳定度和流值的结果详见表 4-20。

采集到所有的数据后，绘制成图 4-24，以阐述各种性质和沥青含量之间的关系，绘入图中的变量包括：重度、马歇尔稳定度、流值、总混合料空隙率、沥青饱和度及 VMA。

要选择最佳沥青含量，就必须了解技术规范。针对这种混合料，有关技术规范详见表 4-21：

技术规范中的有关规定　　表 4-21

试验性质	项目技术规范	试验性质	项目技术规范
马歇尔稳定度[lb(N)]	1500(6667)	总混合料空隙率(%)	3~5
流值[0.01 in(0.25 mm)]	8~16	沥青饱和度(%)	70~80

采集到数据之后,有许多的方法可以选择最佳沥青含量。只要是实施路面施工,每个业主都会有自己的选择最佳沥青含量的方法。

方法1 一个常用的方法是NAPA[14]推荐的,包括准备绘制图4-24中的标志区。首先通过找出与技术规范规定的中值空隙率(4%)相对应的沥青含量,再计算最佳沥青含量。利用得出的沥青含量确定马歇尔稳定度的数值、VMA、流值和图4-24中每块标出位置的空隙率。每个数值都按技术规范对适当性质的要求加以对比,若是都符合要求,则4%空隙率时的沥青含量是最佳选择(见表4-22)。如果有些数值超出了技术规范的要求,那么,就必须重新设计混合料。根据示例中的问题,初始最佳沥青含量为4%空隙率时的沥青含量。

试验结果与技术规范对照 表4-22

性 质	技术规范	结 果	说 明
马歇尔稳定度	1500lb(6667 N)min	2775lb(12333 N)	好
流值	8~16	14	好
沥青饱和度	70~80	79	好
VMA	无要求	18.6	

方法2 第二种常用的方法要求所选择的沥青含量要有最大的稳定度、最大重度和总混合料孔隙率达4%。因此,从采集的数据中来选择下列沥青含量(见表4-23)。

沥青含量的选用 表4-23

性 质	选择的沥青含量
稳定度曲线峰值	6.5
重度曲线峰值	6.8
4%空隙率	6.9
平均值	6.7

求出三种沥青含量平均值以确定试验性的最佳沥青含量。此刻,必须要评估混合料性质以确保符合技术规范上6.7%的沥青含量要求(见表4-24)。

试验结果与技术规范对照 表4-24

性 质	技术规范	结 果	状 态
马歇尔稳定度	1500lb(6660N)min	2800lb(12 430 N)	良好
流值	8~16	14	良好
总混合料孔隙率	3~5	4.2	良好

依据上述结果，选择的最佳沥青含量 6.7%。确定最佳沥青含量的第二种方法的困难之一是——并不是所有的混合料都会表现出图 4-24 中所绘制的类型。事实上，有些含有 75% ~100% 破碎颗粒的混合料并没有出现密度曲线的峰值，使得应用第二种方法变得不可行。

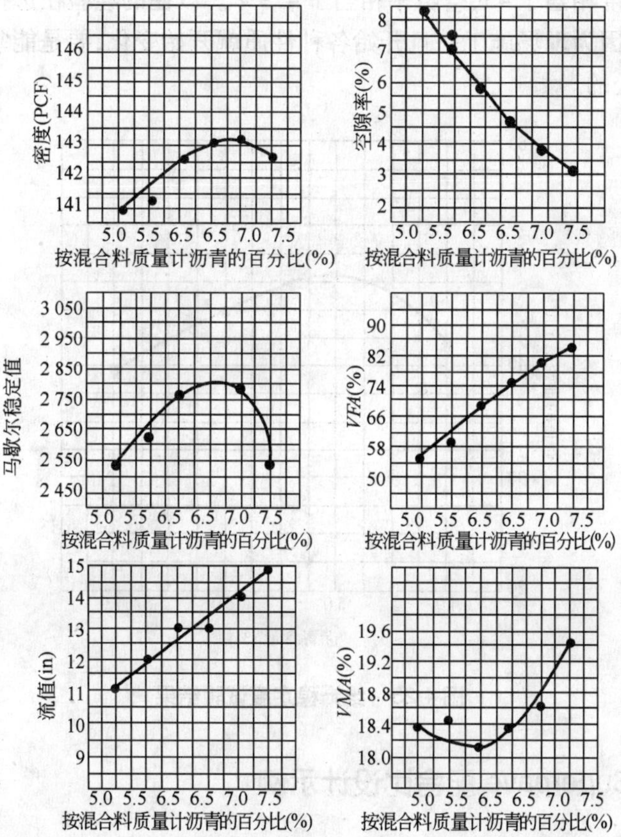

图 4-24　利用马歇尔方法计算 HMA 设计数据示意图

4.8.2　维姆配合比设计

维姆配合比设计与马歇尔配合比设计的方式相差不多。维姆试验（ASTM D1560）采用的是揉搓压实机压实试样。性质计算诸如空隙率、VMA 和沥青饱和度都是一样的。不论利用的是何种配合比设计方法。

由于使用的是相同的集料，假设也会有相同的性质诸如空隙率、VMA 和沥青饱和度，如同马歇尔配合比设计方法一样。实际上这些性质是不同的，不管怎样，由于使用这两种设计方法的同时，应用的压实方法是不同的。

维姆配合比设计程序中选择最佳沥青含量时要评估的性质为维姆稳定度和孔隙率。对这种配合比设计而言，空隙率的要求为3% ~5%，维姆稳定度的要求为40% ~50%。6.9%的沥青含量可以再作为最佳的含量：但是，6.9%的沥青含量对应的维临界姆稳定度为40（图4-25）。可能较好的作法是降低最佳沥青含量至6.3%左右，维姆稳定度相当于43，空隙率相当于4.9%。以往的经验在选择最佳沥青含量时是有帮助的，因为现场施工一旦开始各种性质就开始变化，要是能掌握通常的变化方向才是有用处的。

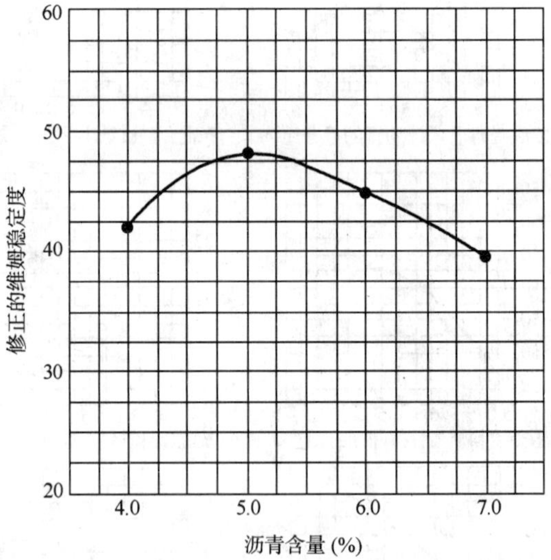

图4-25 维姆稳定度试验结果

4.8.3 Superpave 配合比设计示例

路面使用期限内的HMA表层（38mm厚），设计承载量为15000000*ESALs*。公称粒径集料要求为9.5mm。可采用表4-18中所示的集料。有关控制范围和禁区界线详见表4-14。根据环境资料，采用PG 64-22为结合料。

4.8.4 结合料评价

确定符合PG64-22要求的结合料。针对此例，假设这些试验都符合第2章中所述的要求。

4.8.5 集料评价

进行试验确定技术规范上要求的适当集料性质，包括相对密度、吸水性、洛杉矶磨耗性和硫酸盐侵蚀。没有具体针对相对密度或是吸水性的要求，但是在配合比设计程序中要求这种数据。试验结果表明洛杉矶磨耗性和硫酸盐侵蚀是符合规定要求的。有关 100mm 表面上的集料一致性性质详见表 4-25。

100mm 表面上 15000000*EASLs* 的集料一致性性质 表 4-25

性 质	技术规范	性 质	技术规范
粗集料棱角性	最低 95/90	扁平、椭圆集料颗粒	最大 10
细集料棱角性	最低 45	细集料砂当量	最低 45

确定了混合料中每种集料的百分比，要评估混合的集料以检查混合料是否符合技术规范的要求。每种集料都要做 4 个一致性试验以确定其数值。4 个性质中的 3 个，都可采用数学方式把每个成分混合 1 次以确定整体的性质。但是对于细集料的棱角性而言，必须要对细集料混合料进行试验。

有关 4 种单独拌和集料的试验详见表 4-26。

单独拌和集料试验结果 表 4-26

性 质	试 验			
	1 号集料	2 号集料	3 号集料	4 号集料
粗集料棱角性	100/100	100/100	—	—
细集料棱角性	—	48	47	42
扁平和椭圆粗集料颗粒	3	5	—	—
细集料砂当量	—	—	52	58

检查表 4-26 中所示每种集料的试验结果和表 4-25 中所示的要求之后，得出每种集料都符合粗集料棱角性、扁平和椭圆粗集料数量及砂当量试验的要求。唯一的问题是细集料是否符合细集料棱角性规定的要求。3 号集料符合 45 的最低要求，而 4 号集料则不符合要求。如果要在配合比设计中采用 4 号集料，那么，必须评估混合了 3 号和 4 号集料细集料的棱角性。

4.8.6 集料结构评价

要评估 3 种级配方可评估出最佳集料结构。在这个示例中，试着用一个高于限制范围的级配和两个低于限制范围的级配。由于 3 号集料不符合细集料棱角性要求，混合料中所使用的数量则会最大限度地减少。关于所选择的混合料详见表 4-27。

评估集料结构的试拌 表 4-27

拌 和	9.5mm	4.75mm	2.36mm	1.18mm	0.6mm	0.3mm	0.075mm
1 号 100%	89	03	1	1	1	1	0.1
2 号 100%	100	58	10	8	5	4	2.2

续上表

拌　和	9.5mm	4.75mm	2.36mm	1.18mm	0.6mm	0.3mm	0.075mm
3号100%	100	99	81	71	46	26	10.0
4号100%	100	100	99	94	86	68	2.5
第一次试拌	99	80	58	51	37	24	5.9
1号集料－10%							
2号集料－25%							
3号集料－50%							
4号集料－15%							
第二次试拌	96	53	33	29	23	14	3.3
1号集料－35%							
2号集料－30%							
3号集料－25%							
4号集料－10%							
第三次试拌	97	59	34	30	23	15	3.6
1号集料－25%							
2号集料－40%							
3号集料－25%							
4号集料－10%							

1号试拌超出限制范围，而2号和3号则低于限制范围。2号和3号试拌的集料级配之间区别不大。就现有的集料而言，这是关于可以解决的变化界限的问题，且仍处在控制范围以内和低于限制范围。即便是小的变化也会导致集料结构极大的不同。有关3种试拌级配曲线图如图4-26所示。

拌和3种试拌级配的每种细集料以评估细集料棱角性。1号级配的数值为46，2号和3号为47。

4.8.7 试拌

评估了试拌的最佳沥青含量后，制备试样以评估集料结构。该情况下，参照以往类似材料的经验，评估最佳沥青含量。3种集料混合的最佳沥青含量的估算值为5.0%。

这种设计所需的旋转次数是128，如表4-15中所示（根据15000000*ESALs*和41~42℃平均设计高温）。N_i和N_m分别为9和208。所以，所有混合料的压实旋转都在208次以上。N_d和N_i的密实度是通过压实时所测到的高度计算体积，比较检测到的密实度和N_m时的实际密实度，对密实度进行修改。

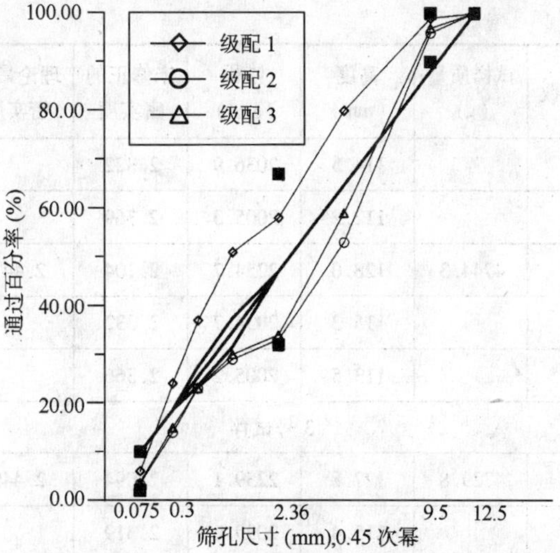

图 4-26 3 种试拌级配曲线图

压实试拌的试样，有关体积结果详见表 4-28。采集试验结果的间隔从 10 次旋转至 100 次，再通过 N_d 和 N_m，间隔为 25 次旋转。本文中只说明了 9、128 和 208 次旋转的结果，因为这些旋转次数是用于评估 HMA 质量的。这些试样的高度待试样压实后再确定。接着根据直径（150mm）和所测量到的高度计算体积。依照试样的质量和测得的体积计算未修正的密实度。每个试样压实到 N_m 时可计算实际密实度。根据实际 N_m 和 N_m 时所检测的密实度确定修正系数。把该系数应用到其他旋转水平的未修正密实度上以得出修正的密实度。

试 拌 体 积 参 数　　表 4-28

试样编号	旋转次数	试样质量（g）	高度（mm）	体积（cm^3）	未修正的密实度	理论最大密实度	未修正密实度	修正密实度
1 号试拌								
1 号试样	9	4693.6	123.6	2184.3	2.149	2.453	87.6	88.4
	128		114.3	2020.5	2.323		94.7	95.6
	208		112.2	1982.8	2.367		96.5	97.4
2 号试样	9	4684.0	123.3	2179.7	2.149	2.453	87.6	88.5
	128		114.5	2022.7	2.316		94.4	95.4
	208		112.2	1982.8	2.362		96.3	97.3
2 号试拌								
1 号试样	9	4750.5	123.3	2262.4	2.100	2.447	85.8	86.5

续上表

试样编号	旋转次数	试样质量(g)	高度(mm)	体积(cm^3)	未修正的密实度	理论最大密实度	未修正密实度	修正密实度
	128		114.5	2036.9	2.322		95.3	96.1
	208		112.2	2005.3	2.369		96.8	97.6
2号试样	9	4744.3	128.0	2254.7	2.104	2.447	86.0	86.9
	128		115.3	2034.7	2.332		95.3	96.3
	208		113.5	2005.2	2.366		96.7	97.7
3号试拌								
1号试样	9	4729.8	127.8	2259.1	2.094	2.449	85.5	86.6
	128		115.4	2039.6	2.319		94.7	95.9
	208		113.7	2009.9	2.353		96.1	97.3
2号试样	9	4721.1	127.6	2254.5	2.094	2.449	85.5	86.5
	128		115.3	2037.6	2.317		94.6	95.7
	208		113.7	2010.0	2.349		95.9	97.0

有关试拌和的压实数据详见表4-29。该数据需要换算成最佳沥青含量的预期数据(4%空隙率的沥青含量)以全面评价最佳沥青含量的预期拌和质量。首先把所采用(5.0%)的沥青含量修正到估算的最佳值。

用下式计算最佳值:

$$P_{be} = P_{bi} - [0.4 \times (4 - V_a)] \tag{4-35}$$

式中:P_{be}——估算的最佳沥青含量;

P_{bi}——试拌沥青含量;

V_a——空隙百分比。

试拌压实数据 表4-29

序 号	集料重度	沥青含量(%)	总混合料空隙率	*VMA*	饱和度	N_i 时的 G_{mm} (%)	N_m 时的 G_{mm} (%)
第1次试拌	2.631	5.0	4.5	15.4	70.8	88.4	97.4
第2次试拌	2.625	5.0	3.8	14.8	74.3	86.7	97.6
第3次试拌	2.622	5.0	4.2	15.0	72.0	86.6	97.2

因此,第一、第二和第三次试拌的最佳沥青含量估算值分别为5.2、4.9和5.1。利用下式计算估算沥青含量的*VMA*的估算值:

$$VMA_e = VMA_i + C \times (4 - V_a) \tag{4-36}$$

式中：VMA_e——最佳沥青含量的 VMA 估算值；

VMA_i——试拌 VMA 初始值；

C——常量，当空隙率小于4.0%时为0.1，当空隙率大于4.0%时为0.2；

V_a——空隙体积。

第一、第二和第三次拌和的最佳沥青含量的 VMA 估算值分别为15.3、14.8和15.0。用下式估算最佳沥青含量的沥青饱和度百分比值。

$$VFA_{估算值} = 100\frac{(VMA_e - 4.0)}{VMA_e} \tag{4-37}$$

第一至第三次试拌中，沥青饱和度分别为73.8%，73.0%和73.3%。估算最佳沥青含量在 N_i 时 G_{mm} 百分比。采用下式估算：

$$N_i\text{ 时估算的 }G_{mm}\text{ 百分比} = N_i\text{ 时试拌的 }G_{mm}\text{ 百分比} - (4.0 - V_a)$$

因此，第一至第三次试拌的最佳沥青含量在 N_i 时估算的 G_{mm} 百分比分别等于88.9、86.5和86.8。估算最佳沥青含量在 N_m 时 G_{mm} 百分比。采用下式估算：

$$N_m\text{ 时估算的 }G_{mm}\text{ 百分比} = N_m\text{ 试拌的 }G_{mm}\text{ 百分比} - (4.0 - V_a)$$

代入公式得出第一至第三次试拌的百分比分别为97.9、97.4和97.4。

最佳沥青含量的体积和压实的估算数据详见表4-30。

三次试拌最佳沥青含量估算值汇总 表4-30

试　拌	N_i 时 G_{mm} 估算值(%)	N_m 时 G_{mm} 估算值(%)	估算的最佳沥青含量(%)	估算的矿料间隙率 VMA(%)	估算的沥青饱和度 VFA(%)
第1次试拌	88.9	97.9	5.2	15.3	73.8
第2次试拌	86.5	97.4	4.9	14.8	73.0
第3次试拌	86.8	97.4	5.1	15.0	73.3

检查这些数据之后，发现第三次试拌是最佳的选择。第一次试拌只是刚刚达到 G_{mm} 百分比对 N_i 和 N_m 的要求。第二次试拌则未达到9.5mm公称粒径集料对 VMA 的要求。

4.8.8 最佳沥青含量

第三次试拌时，比较两个示例在不同取值上的区别，这些数值分别为低于最佳估算值0.5%、最佳估算值、高于最佳估算值0.5%和高于估算值1.0%。8个压实试样的结果如表4-31所示。

选择最佳沥青含量压实数据 表4-31

沥青含量4.6%									
旋转次数	试件1				试件2				修正平均密实度
	高度（mm）	体积（cm^3）	未修正密实度	修正密实度	高度（mm）	体积（cm^3）	未修正密实度	修正密实度	
5	130.9	2313.3	82.9	84.1	133.3	2355.3	83.0	84.2	84.1
9	127.5	2253.1	85.0	86.2	130.1	2298.2	85.1	86.2	86.2
20	123.0	1274.2	87.9	89.1	125.7	2222.0	88.0	89.2	89.2
30	120.8	2134.9	89.3	90.3	123.6	2184.0	89.6	90.8	90.7
40	119.3	2107.9	90.4	91.6	122.1	2158.6	90.6	91.8	91.7
50	118.1	2087.1	91.2	92.5	121.1	2139.5	91.4	92.1	93.3
60	117.2	2070.5	91.9	93.2	120.2	2124.7	92.1	93.3	93.2
70	116.5	2058.1	92.4	93.7	119.5	2112.0	92.6	93.9	93.8
80	115.9	2047.8	92.8	94.1	118.9	2101.4	93.1	94.3	94.2
90	115.4	2039.4	93.3	94.6	118.4	2092.9	93.5	94.7	94.7
100	114.9	2031.1	93.6	94.9	118.0	2067.6	94.6	95.9	95.8
128	114.0	2014.5	94.3	95.7	117.0	2067.6	94.6	95.9	95.8
208	112.2	1983.4	95.8	97.2	115.1	2033.7	96.2	97.5	97.3

沥青含量5.1%									
旋转次数	试件1				试件2				修正平均密实度
	高度（mm）	体积（cm^3）	修正密实度	修正密实度	高度（mm）	体积（cm^3）	未修正密实度	修正密实度	
5	130.9	2313.3	82.9	84.1	133.3	2355.3	83.0	84.2	84.1
9	127.5	2253.1	85.0	86.2	130.1	2998.2	85.1	86.2	86.2
20	123.0	2174.2	87.9	89.1	125.7	2222.0	88.0	89.2	89.2
30	120.8	2134.9	89.3	90.6	123.6	2184.0	89.6	90.8	90.7
40	119.3	2107.9	90.4	91.6	112.1	2158.6	90.6	91.8	91.7
50	118.1	2087.1	91.2	92.5	121.1	2139.5	91.4	92.6	92.5
60	117.2	2070.5	91.9	93.2	120.2	2124.7	92.1	93.3	93.2
70	116.5	2058.1	92.4	93.7	119.5	2112.0	92.6	93.9	93.8
80	115.9	2047.8	92.8	94.1	118.9	2101.4	93.1	94.3	94.2
90	115.4	2039.4	93.3	94.6	118.4	2092.9	93.5	94.7	94.7
100	114.9	2031.1	93.6	94.9	118.0	2084.4	93.8	95.1	95.0
128	114.0	2014.5	94.3	95.7	117.0	2067.6	94.6	95.9	95.8
208	112.2	1983.4	95.8	97.2	115.1	2033.7	96.5	97.5	97.3

续上表

旋转次数	试件1 高度（mm）	试件1 体积（cm^3）	试件1 未修正密实度	试件1 修正密实度	试件2 高度（mm）	试件2 体积（cm^3）	试件2 未修正密实度	试件2 修正密实度	修正平均密实度
沥青含量5.6%									
5	128.0	2261.9	83.6	84.6	129.3	2284.9	83.9	85.1	84.8
9	124.6	2201.9	85.9	86.9	126.0	2226.6	86.1	87.3	87.1
20	120.3	2125.9	89.0	90.0	121.8	2152.4	89.1	90.3	90.1
30	118.1	2087.0	90.6	91.7	129.7	2115.3	90.6	91.8	91.8
40	116.6	2060.5	91.8	92.8	118.2	2088.8	91.8	93.0	92.9
50	115.5	2041.1	92.7	93.8	117.1	2069.3	92.6	93.9	93.8
60	114.6	2025.1	93.4	94.5	116.3	2055.2	93.3	94.6	94.6
70	113.9	2012.8	94.0	95.1	115.5	2041.1	93.9	95.2	95.1
80	113.3	2002.2	94.5	95.6	114.9	2030.4	94.4	95.7	95.6
90	112.8	1993.3	94.9	96.0	114.4	2021.6	94.8	96.0	96.0
100	112.3	1984.5	95.3	96.3	114.1	2016.3	95.1	96.4	96.4
128	111.5	1970.4	96.0	97.1	113.0	1996.9	96.1	97.3	97.2
208	109.7	1938.6	97.6	98.7	111.4	1968.6	97.4	98.7	98.7
沥青含量6.1%									
5	134.4	2375.0	84.9	83.9	131.6	2325.6	84.5	85.5	85.7
9	130.9	2113.2	87.2	88.1	128.8	2265.5	86.7	87.8	88.0
20	126.4	2233.7	90.3	91.4	123.5	2182.4	90.0	91.0	91.2
30	124.1	2193.0	92.0	93.1	121.4	2145.3	91.6	92.7	92.9
40	112.6	2166.5	93.1	94.2	119.7	2115.3	92.9	94.0	94.1
50	121.3	2143.5	94.1	95.1	118.5	2094.1	93.8	95.0	95.0
60	120.5	2129.4	94.7	95.8	117.7	2079.9	94.5	95.6	95.7
70	119.8	2117.0	95.3	96.4	116.9	2065.8	95.1	96.2	96.3
80	119.3	2108.2	95.7	96.8	116.3	2055.2	95.6	96.7	96.7
90	118.8	2090.5	96.5	97.6	115.3	2037.5	96.4	97.5	97.5
100	118.3	2090.5	96.5	97.6	115.3	2037.5	96.4	97.5	97.5
128	117.3	2072.9	97.3	98.4	114.5	2023.4	97.1	98.3	98.3
208	115.9	2048.1	98.5	99.6	112.9	1995.1	98.5	99.6	99.6

根据压实和体积数据确定最佳沥青含量。选择最佳值便是选择达到4%空隙率的沥青含量。有关空隙、旋转次数和沥青含量之间的关系详见图4-27。

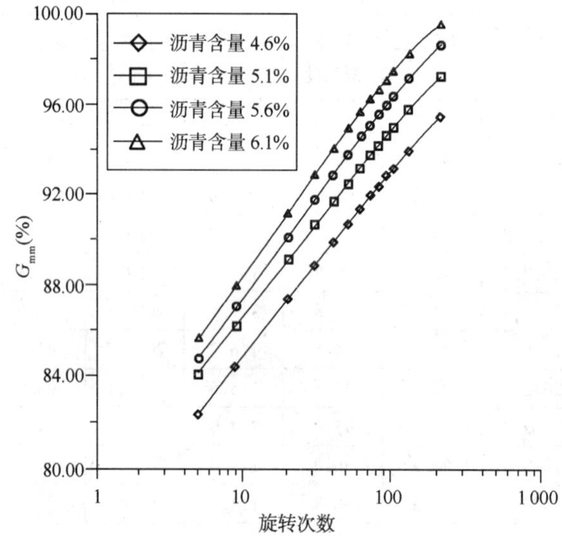

图4-27　旋转次数与 G_{mm} 的百分比的关系

根据图得出最佳沥青含量为5.2%且符合 N_i 和 N_m 的要求。

检验一下沥青含量为5.2%时的压实和体积性质是否满足要求，包括 N_i 时 G_{mm} 的百分比、N_m 时 G_{mm} 的百分比、*VMA* 和饱和度。最佳的确定方法是绘出每个数据与沥青含量的关系，如图4-28所示。这个数据的计算在试拌时就做过了。有关数据汇总详见表4-32。

沥青含量范围的压实和体积性质　　表4-32

沥青含量(%)	N_m 时的空隙	G_{mm}	*VMA*	饱和度	N_i 时的 G_{mm}(%)	N_m 时的 G_{mm}(%)
4.6	6.0	2.465	15.7	61.8	84.4	95.5
5.1	4.2	2.445	15.2	72.4	86.2	97.3
5.6	2.8	2.426	15.1	81.4	87.1	98.7
6.1	1.7	2.406	15.3	88.9	88.0	99.6

根据表4-32和图4-28，沥青含量为5.2%的混合料应该达到4%的空隙率，要符合 *VMA*、饱和度、N_i 时的 G_{mm} 百分比和 N_m 时的 G_{mm} 百分比。经过数值推理得出最佳的沥青含量 *VMA* 为15.2、饱和度为74.2、N_i 时的 G_{mm} 百分比为86.4和 N_m 时的 G_{mm} 为97.6。所有这些数据都符合规定的要求。因此，最佳沥青含量的选择应

为 5.2%。

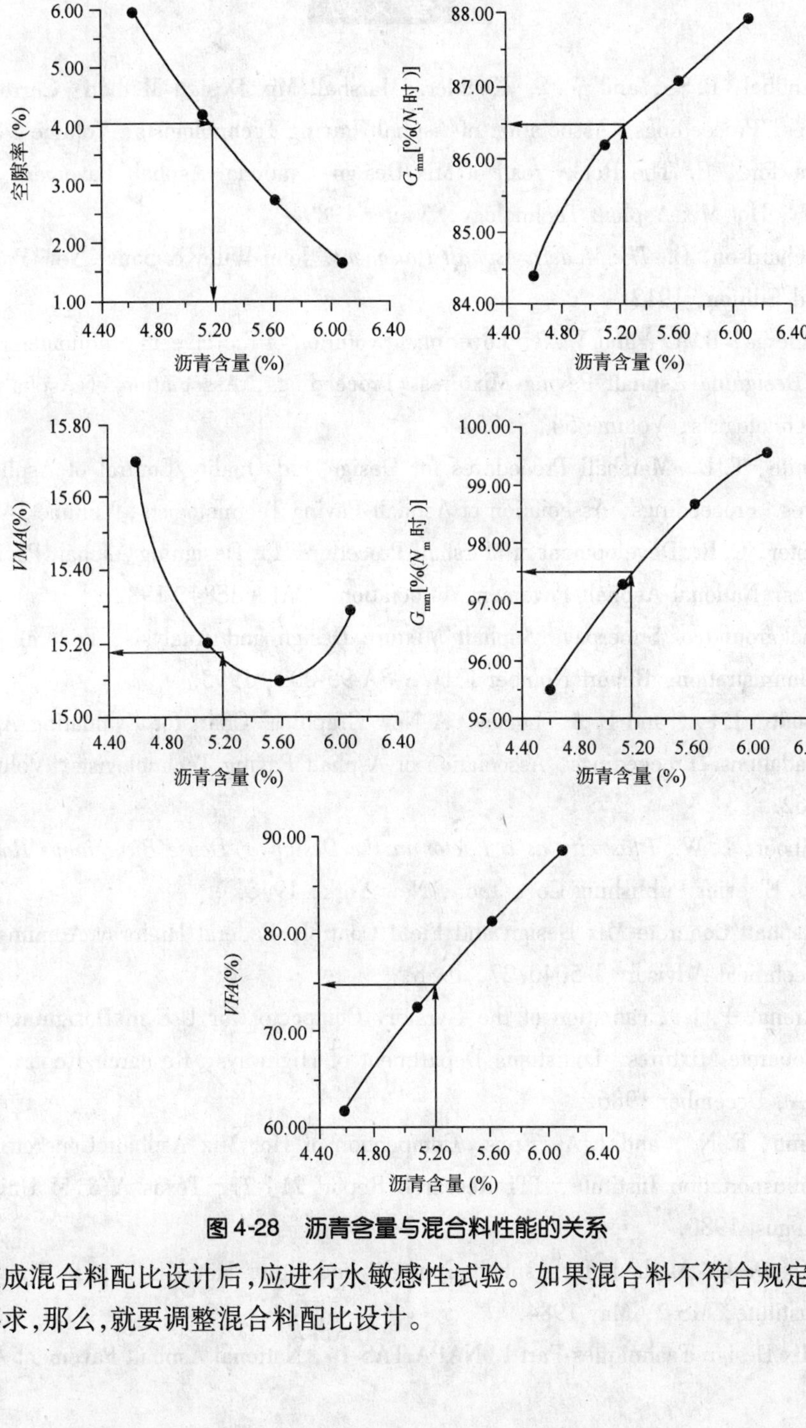

图 4-28 沥青含量与混合料性能的关系

完成混合料配比设计后，应进行水敏感性试验。如果混合料不符合规定的水敏感性要求，那么，就要调整混合料配比设计。

参考文献

[1] Kandhal, P. S. , and W. S. Koehler. Marshall Mix Design Method: Current Practices. Proceedings, Association of Asphalt Paving Technologists, Volume 54,1985.

[2] Crawford, C. The Rocky road of Mix Design. National Asphalt Pavement Association, Hot Mix Asphalt Technology, Winter 1989.

[3] Richardson, C. *The Modern Asphalt Pavement*. John Wiley & Sons, New York, Second Edition, 1912.

[4] Vallerga, B. A. , and W. R. Lovering. Evolution of the Hveem Stabilometer Method of Designing Asphalt Paving Mixtures. Proceedings, Association of Asphalt Paving Technologists, Volume 54, 1985.

[5] White, T. D. Marshall Procedures for Design and Quality Control of Asphalt Mixtures. Proceedings, Association of Asphalt Paving Technologists, Volume 54, 1985.

[6] Foster, C. R. Development of Marshall Procedures for Designing Asphalt Paving Mixtures. National Asphalt Pavement Association, NAPA IS84, 1982.

[7] Background of Superpave Asphalt Mixture Design and Analysis, Federal Highway Administration, Report Number FHWA-SA-95-003, 1995.

[8] Goode, J. F. , and L. A. Lufsey. A New Graphical Chart for Evaluating Aggregate Gradations. Proceedings, Association of Asphalt Paving Technologists, Volume 31, 1962.

[9] Nijboer, L. W. *Plasticity as a Factor in the Design of Dense Bituminous Road Carpets*. Elsevier Publishing Co. , Inc. , New York, 1948.

[10] Asphalt Concrete Mix Design and Field Control. Federal Highway Administration, Technical Advisory T 5040. 27, 1988.

[11] Arena, P. J. Evaluation of the Gyratory Compactor for Use in Designing Asphalt Concrete Mixtures. Louistiana Department of Highways, Research Report No. 26, LA, December 1986.

[12] Finn, F. N. , and J. A. Epps. Compaction of Hot Mix Asphalt Concrete. Texas Transportation Institute, TTI Research Report 214-21, Texas A & M University, August 1980.

[13] Mix Design Methods for Asphalt Concrete and Other Hot Mix Types. The Asphalt Institute, MS-2, May 1984.

[14] Mix Design Techniques-Part I. NAPA TAS-14, National Asphalt Pavement Associa-

tion, Instructors Manual, April 1982.

[15] Foster, C. R. The Effect of Voids in Mineral Aggregates on Pavement Performance. National Asphalt Pavement Association, NAPA IS96, 1986.

[16] Superpave Asphalt Mixture Design: Illustrated Level I Lab Methods, Federal Highway Administration, Report Number FHWA-SA-95-004, 1995.

[17] Superpave Level I Mix Design, Asphalt Institute, Lexington, KY, Report Number SP-2, 1995.

[18] Superior Performing Asphalt Pavements (Superpave): The Product of the SHRP Asphalt Research Program, Transportation Research Board, Report Number SHRP-A-410, 1994.

[19] Brown, E. R. and Cross, Steve, A National Study of Rutting in Hot Mix Asphalt (HMA) Pavements, Journal of the Association of Asphalt Paving Technologists, Volume 61, 1992, p. 535-573.

[20] Kandhal, P. S., Field and Laboratory Evaluation of Stripping in Asphalt Pavements: State of the Art Report. Transportation Research Record 1454, 1994.

[21] Kandhal, P. S. et. al., Performance of Recycled Mixtures in State of Georgia, Report No. FHWA-GA-94-9209, January 1994.

第 5 章

沥青混合料特性

5.1 引言

如本章所述，材料特性是 HMA 混合料对荷载、变形和/或各种荷载和温度等环境因素的反映。现行的试验本质上是属于经验型的，但是正在进行的研究是开发可检测工程基本性质的试验。经验型试验（如马歇尔稳定度、流值和维姆稳定性）是常规试验，但在情况超出试验范围时则不可靠。比如，在观测随着轴载和轮胎压力持续增加的路面性能时，这些试验用处不大。本章的重点是关于混合料性质和检测与性能相关的试验。混合料的性能主要取决于混合料的性质而不是结合料或集料的某一个性质。只评价试验混合料的性质不足以确保有良好的性能，因此，必须评价每种材料的性质。当沥青结合料和集料都适宜时，混合料性能却较差，这可能是因为压实不够、结合料含量欠妥、黏附性差或是混合料的其他问题。

如果 HMA 路面平稳且摩擦性能良好，驾驶员才会认为道路是令人满意的。但是，路面工程师懂得车辙、开裂、松散等会导致表面不平、摩擦损失和性能降低。本章的试验程序适用于表 5-1 所示路面问题的混合料评价，用于甄别问题的原因。有关路面缺陷的详细内容见第 8 章。

影响 HMA 使用性能的沥青混合料性质 表 5-1

使用性能问题	性能问题	可能造成性能问题的原因
平整度	车辙	结合料含量高，过量圆形集料，水敏感性
	温缩裂缝	僵硬的结合料，结合料含量低，油石也较高
	疲劳开裂	结合料含量低，沥青过硬，水敏感性，支撑不得当
	反射开裂	通常与混合料关系不大
	松散	压实不够，结合料含量低，石油也较高，水敏感性
抗磨性	磨光	集料质量差
	泛油	结合料含量高，水敏感性

5.2 材料鉴定技术

尽管多年来人们要求不断地了解材料特点,也进行了大量的研究工作,但是,在整个行业里,就预测混合料性能所需的试验类型及程序方面还没有达成一致性意见。解决问题的方法仅涉及众多不同研究人员的一小部分,因为许多机构的研究是相对独立的,却努力想为单一问题寻找答案,而不考虑其他机构的研究工作。在过去 50 多年里,路面设计机构总是迫于为其需求和问题寻找答案。因为时间与费用的关系,长期的、考虑周全的、系列性的研究工作通常受到拒绝。其后果则是结构和混合料设计程序未完善,整体性的设计和分析系统未能开发出来。

战略公路研究计划(SHRP)试图弥补这种情况。SHRP 的研究涉及广泛,须制定出以性能为主的沥青技术规范、基础性试验和完善的结构设计及分析系统。SHRP 的研究工作于 1993 年完成。正在进行的后续研究工作是开发一种可观测路面性能的模型,这项工作应该在 2000 年前完成。

5.3 沥青混合料试验标准

路面沥青混合料易受到荷载和环境条件的影响。对这些作出的反应是复杂的,涉及材料的弹性、黏弹性和塑性特点。因此,关于 HMA 路面良好的混合料和结构设计要求,对用于承载范围广的材料的荷载—变形和强度性质要有所了解。强度代表着一种极端的情况,但荷载—变形特点可以是单一荷载或是多种荷载所致。

现有许多计算机程序,采用层状弹性分析评估规定荷载情况下路面的应力—应变情况。要求输入到层状弹性分析中的基本材料性质包括弹性模量、每个面层及路基的泊松比。不幸的是,即使不是全部,也是大多数的路面材料包括路基在内都不是弹性的(即模量是随着温度、荷载或应力情况而变化的)。对于沥青结合层来说,模量是随着温度和荷载速度的变化而变化的。因此,检测沥青混合料的特点和考虑到水敏感性和老化的负面影响,是至关重要的,因为这些是与温缩裂缝、疲劳开裂和永久变形相关的特点。确定这些混合料特点的试验类型要取决于下列常用的标准:

1)材料的变异性及项目规模;

2)鉴定基础性质能力;

3)试验的简便性;

4)试验结果可重复性。

5.3.1 材料的变异性及项目规模

虽然与材料性质没有直接的关系，但是，在设立材料试验程序时必须要考虑到项目的规范与成本和材料内在的变异性。

5.3.1.1 变异性

材料变异性必须量化才会使 HMA 项目的质量控制有意义。根据观察到的路面缺陷，材料变异性是路面性能要考虑的最重要的因素之一，这是显而易见的。例如，如果 10% 的路面损坏，那么，从性能而言整个路面就坏掉了。所有路面损害都是从一些小部分路面缺陷开始的，随着时间的推移，这个比例不断加大直到需要维修为止。

变异性的概念和其与缺陷的关系详见图 5-1，图中说明了假定路面应力—应变的变异性。重叠曲线的地方代表了有缺陷的情况，即应力超过混合料强度。如果材料性质的变异性加强的话，那么，缺陷的可能性也就增加了。还可以举出类似的有关其他性质或是这些性质的综合作用的例子。

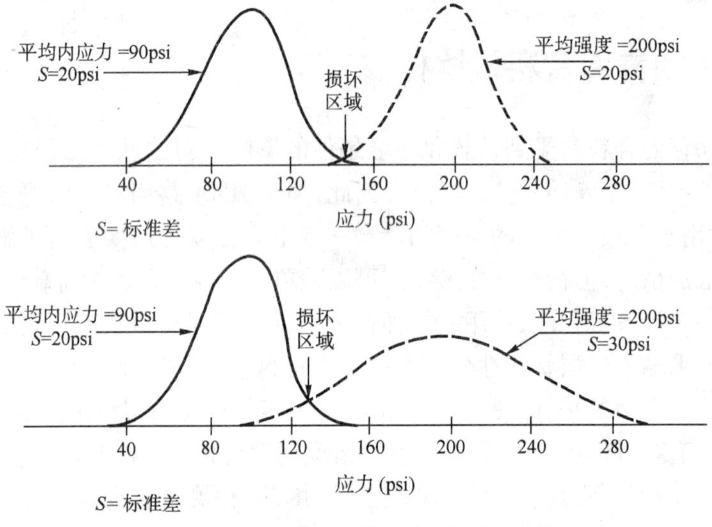

图 5-1 平均数相同但变异性不同的两种情况下路面缺陷示意图

与内在材料变异性紧密相连的是这样一个问题，即要进行多少试验？对从大的材料中选出的一部分进行详细而广泛的检测会得出大量的信息，但只针对路面的一小部分做检测才是明智的。同样地，高变异性材料的检测有很大的局限性，其提供的信息有限、对材料性质描述也不准确。可行的方法是进行大量的检测以求出材料性质均值并确定材料的变异性，以便确定出预期范围内的百分比。

评价材料性质时,应了解所采用方法的准确性和偏差。了解这点可使工程师利用试验数据确定在试验结果和预测结果之间是否有较大的差别,也可以对两种不同试验结果进行评估以确定两者是否存在较大的差异。在同一试验室内由同一个技术人员或在两个试验室内对这两个试验进行比较。有关准确性和偏差详见相关的ASTM试验方法。

5.3.1.2 项目规模

项目规模和成本在制订分析HMA混合料特点的试验计划时是很重要的。随着项目规模的扩大,材料性质的变异性也会随之增大,因为材料性质会随着时间的变化和设备的磨损而变化。当项目规模扩大或成本提高时,设立一个更为广泛的试验计划的理由就更为充足了。因此,检测计划的广度和性质最终是与材料的变异性、试验方法、项目成本和性能缺陷后果相关的。做更多的试验会让工程师更多地了解混合料的真实性质,但是试验过度也是耗费巨大的,当试验成本超过整个项目成本确定的比例时,也是不合理。

5.3.2 鉴定基础性质能力

另一个标准是与检测前面所述的基础性质的试验能力相关的。经验型试验结果只对那些经验型设计程序有用,因为试验是从该程序中开发出来的。采用经验型试验通过相互关系估算基础性质的尝试经常是不够的,应慎用,只有在无法获取到更有价值的信息时方可使用。真实性能和试验性质之间的多数相关性已经表明,沥青混合料的物理性质与性能的相关性极大。但仍需进行大量研究来开发可在配合比设计中使用的基础试验和质量控制试验,以评价具有高可靠度水平的混合料性能。

5.3.3 试验简便性

试验的简便性也是一个应用于所有试验方法中的重要标准。但一种“不完美”的试验方法常常会受到偏爱,因为其简便性和做试验时无需花费过多的时间、昂贵的设备或大量的人员培训。随手可做的试验是很受欢迎的。

然而,简单和低成本不应作为选择规定试验或是试验程序的主要依据。与设计、施工和维修路面的总成本相比较,试验的费用通常是最低的。重要的是应利用与性能相关的试验才可确定各种交通和气候条件下的HMA混合料的使用寿命。

5.3.4 试验结果可重复性

另一个标准与试验偏差有关。理想的试验方法应是两个试验室对相同的混合料进行试验,且取得类似的试验结果。这种重复性的检测方法是许多试验室中针对完全相同的试验室制备的和试验规定的混合料试样取得的变异系数。采用这种技术取得的变异系数体现了与试样制备、试验设备和人员经验相关的试验方法固有的变异。要使试验成功,试验必须包含由试验设备的变化和技术人员操作导致的最低限度的偏差,这样才可检测到混合料性质中的真实变异情况而不只是试验方法上的变异。材料性质检测中,出现高偏差的试验是无用的,因为不能准确地确定材料真实的性质。

5.4 现行试验

多年来,人们已经开发出了各种各样的试验方法和程序,今天有许多仍在使用当中。这些试验方法可分为不同种类,包括现场与试验室试验、经验型与基础型试验和依据方式归类的试验(比如,直接拉伸试验、间接拉伸试验、压缩试验、抗剪试验、弯曲或扭曲试验)。直接得出这些基本性质的试验是合乎要求的。试验技术是不断变化的,其趋势是根据习惯,针对一种材料偏爱采用一种试验方法,而对另一种材料则采用另一种方法。

间接检测 HMA 混合料工程性质的现场试验的示例是检测偏差的方法,比如贝克曼梁、动态弯沉仪(DyneFlect)和落锤式弯沉仪。现场试验基本上只是用于评估当时的情况。因此,在设计前,现场试验可用于评估拟建路面的路基、评估现有路面以确定基本的结构性能或是评估现有的路面以确定大修设计中有用的性质。通常试验结果要把试验进行时的情况考虑在内,涉及计算各种路面面层和路基弹性模量的反算技术。这些无破损的现场检测是重要的,但本章中未把其考虑在内。

现行用于检测沥青混合料特点的试验室试验包括除 HMA 混合料评估以外的沥青和集料的评估。最常用于评估混合料性能的沥青试验详见第 2 章。HMA 混合料温缩裂缝是一种主要由沥青性质决定的缺陷。由于 HMA 混合料中抗拉强度主要由沥青来承受,裂缝的生成通常与沥青承受应变而不损坏的能力相关。

有关集料对混合料性能的影响详见第 3 章。集料的主要作用是为交通荷载提供支撑。在抵抗永久变形时,材料的棱角性、表面纹理、级配和硬度都是重要的因素。沥青混合料的试验用于衡量 HMA 的整体质量。在某种程度上,这些试验检测沥青质量、集料质量、沥青含量和密度。理论上,这些试验应该为沥青混合料的整体性能提供指导。但混合料试验不能单独用于检测混合料整体性能,因此,还必须用集料和沥青的试验加以补充,以确定混合料性能的合格性。

待评估的混合料是在试验室制备的或是从施工的 HMA 设备中取来的。准确地评价混合料特点要求把试样压实到与通行几年后路面所达到的密度相同。现场 HMA 混合料密度在整个路面使用寿命期间都在增加,在开始通行的 2 ~ 3 年间增加最多,条件是交通没有较大的变化。设计和施工得当的混合料通常在施工完成后的空隙率为6% ~8%,通行2~3年后的空隙率约为4%。

检测沥青混合料的两种常用试验类型是物理和力学试验。物理试验包括检测密度、空隙率、矿料间隙率、沥青饱和度和老化的特点。除老化检测以外,其余的试验详见第4章。力学试验有马歇尔稳定度和流值试验、维姆稳定性和黏着性试验、旋转抗剪指数(*GSI*)、动态模量、弹性模量、抗弯劲度模量、间接抗拉伸强度、蠕变和水敏感性试验。

采用马歇尔配合比设计程序时,检测沥青混合料特性通常包括空隙率、矿料间隙率、沥青饱和度、马歇尔稳定度、流值和水敏感性。采用维姆配合比设计程序检测混合料特性包括空隙率、矿料间隙率、维姆稳定性和水敏感性。其他试验,如旋转抗剪指数、动态模量、弹性模量、抗弯劲度模量、间接抗拉伸强度、压实强度、抗疲劳和蠕变的试验,都是主要用于研究的。这些试验是重要的,将来有些会成为常规试验,但是至今尚未广泛地用于配合比设计或质量控制。在SHRP计划完成之后,有些仅用于研究的试验有可能会成为配合比设计和HMA混合料施工质量控制的常规试验。

5.4.1 物理性质

5.4.1.1 空隙率

通常与性能相关的物理性质是混合料的空隙率(详见第4章中空隙率的计算一节)。研究表明HMA混合料中空隙的数量影响着稳定性与耐久性。当现场空隙率降低至3%以下,塑性流动就会导致沥青混合料中产生车辙[2~4]。但是当空隙率接近8%时,空气和水渗入到混合料,而且会使得沥青结合料的氧化速度大大地加快[5~7],从而导致永久开裂和/或松散。氧化速度是空隙和沥青膜厚度的函数。选择的试验室压实(马歇尔方法50~75次/面)要达到具有相当于通行2~3年后现场预期空隙率的混合料密度。因而,试验室压实试样的空隙率是开放交通后预期的最低空隙率。

5.4.1.2 沥青饱和度

沥青饱和度与空隙率成反比。当空隙率达到零时,沥青饱和度则达到100。刚建成的沥青混合料具有一定百分比的沥青饱和度(通常为50% ~70%)。随着沥青混合料在交通作用下继续增加密度,这个比例的饱和度也增加了。当饱和度超过80% ~85%时,沥青混合料一般就变得不稳定且有可能出现车辙。

5.4.1.3 矿料间隙率

矿料间隙率(*VMA*)主要是集料级配、集料形状和表面纹理作用所致。当矿料间隙率过低时,无法把足够量的沥青加入到混合料中以达到满意的厚度而且还不会使空隙过度饱和。相对高间隙率的矿料,低矿料间隙率的混合料更易受到沥青含量因微小变化而产生的影响。许多业主没有规定最大矿料间隙率;但是,如果矿料间隙率过高,混合料的稳定性可能会降低到一个不符合要求的水平。所以,应遵守第4章中关于矿料间隙率的指南。

5.4.1.4 老化

沥青混合料的老化影响到沥青结合料的硬度且会导致过度硬化。要适当地评价沥青混合料的特性,就要求待评估的试样模拟HMA混合料现场性质去老化。SHRP计划开发沥青和HMA混合料的老化试验。

可采用旋转薄膜烘箱老化沥青以模拟场拌时的老化,也可采用压力老化仪模拟通车几年后的老化过程来老化沥青。仅老化沥青不足以预测使用寿命期间沥青混合料的性质,尽管这是一个好的且可以容易地、粗略地检测沥青潜在老化可能性的方法。

由于混合料中沥青老化的速度受到混合料如现场空隙率性质的影响,整体混合料也是要老化的。Superpave配合比设计要求在拌和和压实前把混合料老化2~4h。这个过程模拟了现场施工和摊铺混合料的老化过程。粗集料吸收沥青以模拟施工中的情况。

Superpave也开发了一种模拟使用当中的路面老化的方法以老化压实混合料。把压实试样摊铺在烘箱中,保持较长的时间,以使沥青结合料氧化。以这种方式老化的试样,可以对道路上类似情况的材料进行试验,这样,对预期性能会有一个较好的检测。

5.4.2 力学试验

评价或设计HMA混合料所采用的最为常用的两种试验是马歇尔稳定度试验和维姆稳定性试验。这两种试验和配合比设计程序都在行业内得以广泛应用,且会继续下去直到开发出和认可了更好的试验方法为止。

由于这两种方法都属于经验型,与性能关系不大,因而有必要完善这些试验方法。

5.4.2.1 马歇尔稳定度试验

马歇尔试验(详见ASTM D1559)是工程兵部队于20世纪40年代开发的,它是根据密西西比州交通厅的布鲁斯·马歇尔开创的方法和概念形成的。试验的目的是检测采用标准试验室压实后沥青混合料的强度。该试验也成为马歇尔配合比设计程序中选择设计沥青含量和沥青混合料质量控制的一个组成部分。

马歇尔试验是对直径4in(101.6mm),高度为2.5in(63.5mm)的圆柱形试样如第4章所述通过半圆试验头施加荷载。试样的温度为140 ℉(60℃);加载速度为2m/min。选择140 ℉(60℃)温度的原因是这个温度接近夏季路面最高温度,因而是HMA混合料情况最差的时候。马歇尔稳定度是试样能够承受的最大的荷载或是造成试样损坏所必须施加的最大荷载。流值是试样在最大荷载时的垂直总变形[0.01in(0.25mm)]。流值是从荷载开始直到荷载开始下降时的总变形。有时,用马歇尔劲度指数说明沥青混合料的特性，即用马歇尔稳定度除以流值。这是个经验型的劲度数值，有些工程师，尤其是欧洲，用其评估沥青混合料的质量。稳定性除以流值的得数越大，说明混合料抗永久变形能力越强。很少有性能数据说明马歇尔稳定度/流值是与性能相关的。有关马歇尔稳定度的其他叙述详见第 4 章。

5.4.2.2 维姆稳定仪

维姆稳定仪是由福朗西斯·维姆在加州公路局工作时开发的。它是一种检测混合料内部摩擦力的经验型试验。但是，HMA 混合料的强度或稳定性与黏附性和摩擦性有关。因此，一种伴随性的试验设备，黏结力仪，就开发出来以检测黏附性。总之，在直径为 4in(101.6mm)和高度为 2.5in(63.5mm)的 HMA 混合料试样上施加垂直荷载，测量移位。试验时的温度为 140 ℉(60℃)以使混合料的性质与主要的现场情况类似。稳定度可在 0 ~ 100 之间变化不定，水稳定性为 0，钢稳定性为 100。

不同的业主对程序和公式都做了小小的改动。稳定仪上的橡胶膜有种沥青常有的限制性压力(黏附性)。因此，稳定仪数值对于沥青特性相对不敏感，但却可说明集料的性质。有关维姆试验详见第 4 章。

5.4.2.3 黏聚力仪

开发黏聚力仪是为了检测 HMA 混合料的抗拉伸特点，是稳定性仪的配套试验设备。试样直径为 4in(101.6mm)，高度为 2.5in(63.5mm)，温度为 140 ℉(60℃)。通过一个杠杆臂把拉伸荷载施加在试样上，从试样上可采集到经验型的黏聚力仪数值或是抗拉伸强度的估算值，也可收集到变形的数据。现在黏聚力仪很少使用，因为该试验离散大，而检测到的黏性与性能关系又不大。而且，多数 HMA 混合料都会通过这种试验。最近，大多数试验室都采用间接拉伸试验来评估拉伸的性质。

5.4.2.4 弹性模量

动态复数模量和回弹模量试验用于检测弹性模量。Papazian[8] 论述了复数模量的概念和定义，Seed 等人[9] 引入了回弹模量。两种试验中，都对试样进行重复加载，检测其移位。这些数值是从单轴压力或是间接拉伸试样收集到的。模量值是重复荷载条件下应力与可恢复的(回弹)应变之比。回弹模量与复数模量之间的主要区别是，在复数模量试验中可以检测到弹性以及弹性变形。另一个不同点是复数模量试验采用正弦波加载，而回弹模量则是使用方波加载。回弹模量试验的应力应变的计算详见“间接拉伸”一节。

第三个劲度试验是采用一个承受重复弯曲作用的梁以检测其弹性模量。根据施加荷载时中心点偏移计算弯曲劲度模量。采用这种方法计算劲度详见“弯曲疲劳”一节。

现行的劲度试验检测的大多数都是采用重复荷载间接拉伸试验(径向试验)。试验常常在多种温度下进行，以绘图形式来说明回弹模量与温度之间的关系。

5.4.2.5 回弹模量(M_R)

由于试验现场芯样的简便性和实用性,许多试验室都做 M_R 试验。这是检测 HMA 劲度模量的最为常用的方法。试验的安排与检测 M_R 时采用间接拉伸试验的内容类似。主要区别是试验设备必须可以施加重复荷载。有关这类试验的程序详见 ASTM D4123,典型的数据绘制图如图 5-2 所示。抗拉强度和间接拉伸试验的应变—损坏计算公式可用于计算回弹模量试验的应力—应变。施加的荷载与计算抗拉强度方式是一样的;但是,当检测回弹模量(重复荷载间接拉伸)时试样不是加载到损坏的程度。针对回弹模量试验,试样的加载常常为间接拉伸强度的 5% ~20% 的应力水平。因此,在进行回弹模量试验之前,必须要检测或估算抗拉强度。典型的加载时间是 0.1s,0.9s 的间歇时段(无荷载)。因此,HMA 试样每秒承受一次荷载。也可采用一些其他的加载与间歇时段的组合。

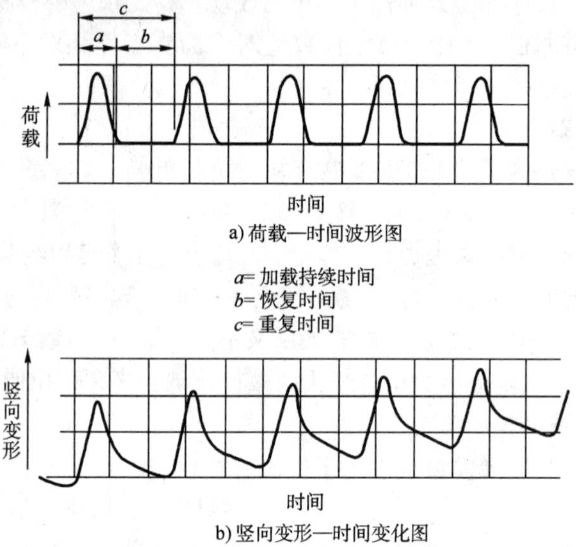

图 5-2 荷载—变形与时间关系

评价泊松比的公式在计算 4in(101.6mm)和 6in(152.4mm)试样时有少许的不同。两个公式如下:

计算 4in(101.6mm)试样

$$\mu = 3.59\frac{H}{V} - 0.27 \tag{5-1}$$

计算 6in(152.4mm)试样

$$\mu = 4.09\frac{H}{V} - 0.27 \tag{5-2}$$

式中:μ——泊松比;

H——横向变形,in;

V——纵向变形,in。

如前所述,泊松比常假设为0.35,因而,不需用上式计算。但是,泊松比会随着时间而变化。温度为41 ℉(5℃)时所采用的典型数值为0.25,温度为104 ℉(40℃)时所采用的典型数值为0.40。

回弹模量(M_R)的公式在计算4in(101.6mm)和6in(152.4mm)试样时有少许的不同。公式如下:

$$M_R = \frac{P}{Ht}(0.27 + \mu) \tag{5-3}$$

式中:M_R——回弹模量,psi;

P——荷载,lb;

H——横向变形,in;

t——试样厚度,in;

μ——泊松比。

假设泊松比为0.35,上述公式可进一步简化为:

$$M_R = \frac{0.62P}{Ht} \tag{5-4}$$

由于试验的重点是检测基本的工程性质,回弹模量试验在许多试验室里正成为常规的试验。因此,M_R 和车辙之间没有关系,但在低温下 M_R 与开裂有一定关系。有资料表明低温下较硬的混合料比有柔性的混合料更易开裂。

例题5-1 假设在HMA试样上重复施加100lb(444N)的荷载。环形的试样高为2.5in(63.5mm),横向变形为0.00015in(3.8μm)。试求回弹模量。

解 因为:

$$M_R = \frac{0.62P}{Ht}$$

代入公式:

$$M_R = \frac{0.62(100)}{0.00015(2.5)}$$

$$M_R = 165000\text{psi}(1138.5\text{MPa})$$

5.4.2.6 劲度模量

确定普通沥青和HMA混合料的劲度模量(间接方式取得)的方法最初是由Van der Poel[10]研发并采用诺模图展示的。许多参考文献中都说明了这种程序,在第2章也有论述。参考文献[11]是一份完整的说明,包括Heukelom和Mcleod作出的修改。方法简便快捷,用针入度和软化点数值计算规定时间和温度下的沥青劲度。然后,沥青劲度用于计算混合料劲度。由于这些相互关系都涉及经验型的性质,所以计算出的混合料数据最多也只是近似值。

5.4.2.7 动态复数模量

动态复数模量，有时被称为复数模量，在圆柱形试样施加正弦曲线荷载得出动态复数模量，与此同时检测其变形。确定动态模量的试验程序详见 ASTM D3497。试样高度与直径比至少应为 2～1 以最低限度减少试样上面和下面的摩擦作用。当摩擦力减少的材料摊铺在试样和加载板之间以减少终端效应时，也有采用高度与直径比低至 1.0 的。试样直径必须至少比最大粒径大两倍。常用的试样尺寸为 4in×8in（101.6mm×203.2mm）和 6in×12in（152.4mm×304.8mm）。

施加的荷载通常高达 35psi（241.5kPa），常常定义为混合料强度的百分比。试样通常用三种不同温度和三种荷载频率进行试验。常用的温度为 41 ℉、77 ℉和 104 ℉（5℃、25℃和 40℃），常用的荷载频率为 1Hz、4Hz 和 16Hz。

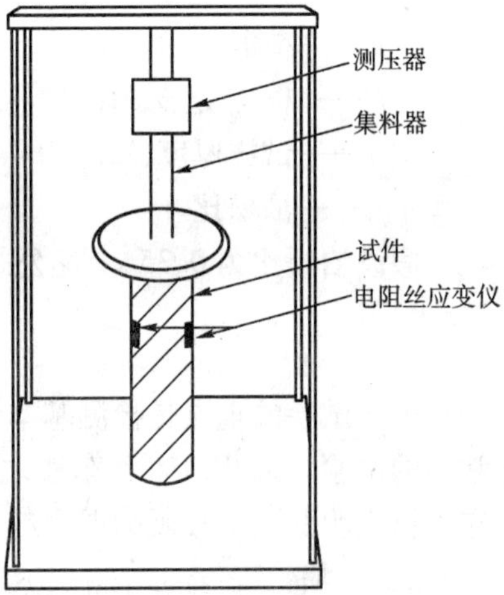

图 5-3 动态模量的典型试验仪

用截面面积除以施加的荷载计算在试样上施加的应力。把应变仪放置在试样两边来检测应变，求两个仪器测得应变的平均值，或根据线性可变器位移传感器（LVDTs）测量的纵向变形计算变形。典型的检测动态模量的试验程序如图 5-3 所示。根据试验中所采集的数据绘制的图详见图 5-4。数据表明施加了重复荷载（恒定的持续时间和数量）并检测到了变形。

用重复应变除以重复应力可得出动态模量：

$$E = \frac{\sigma}{\varepsilon} \tag{5-5}$$

式中：E——动态模量；

σ——施加的应力；

ε——检测到的纵向应变。

试验中采用检测的横向变形来计算泊松比。检测混合料的泊松比通常是不成功的。

检测动态模量的主要目的在于确定在路面结构承受荷载时的应力—应变关系。由于动态模量不是测量强度的，那么具有较高动态模量的沥青混合料不必要具有较高的强度。较高动态模量说明了一定应力会导致混合料中较低的应变。

由于时间、试验所用复杂设备和试样高度要求等因素的影响，这种试验有一定的局限性。该试验不宜用于路面芯样的试验，因为路面面层厚度通常不会超过 2in，而芯样要求至少有 8in（203.2mm）高，直径为 4in（101.6mm）。有些检测中，把芯样重叠放置以达到 8in(203.2mm)的要求,但这种做法是有问题的。

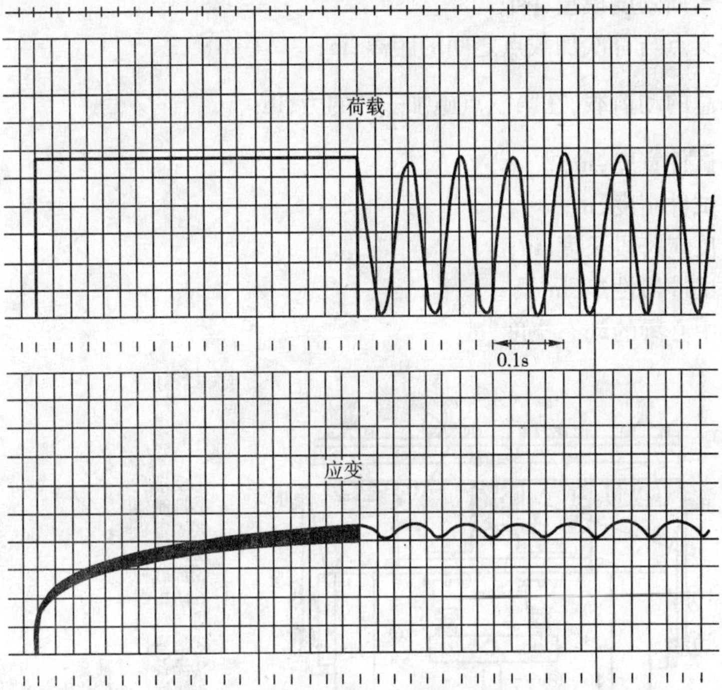

图 5-4 动态复数模量试验的记录迹线[1]

5.4.2.8 弯曲试验

重复弯曲试验可评价沥青混合料的疲劳性质,进而可以评价开裂路面的使用寿命[12~14]。重复半正矢荷载在梁试样的第三个点上施加,荷载速度是可变的,但通常为每秒 1~2 个循环。在梁的中心部位施加一个恒定的弯矩。在相反的方向施加荷载,在静止状态中迫使回到初始位置上保持零位。在梁的中心位置检测由荷载引起的挠度。设备的示意图如图 5-5 所示。

利用梁外部纤维的应力和应变的基本关系计算材料的应力与应变,在加载约 200 次之后,计算其劲度模量。简化后得出下列公式:

$$\sigma = \frac{3aP}{bh^2} \tag{5-6}$$

$$\varepsilon = \frac{12hd}{3l^2 - 4a^2} \tag{5-7}$$

$$E_s = \frac{Pa(3l^2 - 4a^2)}{48Id} \tag{5-8}$$

式中:σ——梁外部纤维拉应力,psi;

ε——梁外部纤维拉伸应变,in;

E_s——弯曲劲度模量,psi;

a——支点与首次加载点之间的距离,in;

P——总的动荷载,在第三点施加$\frac{1}{2}P$的力,lb;

b——试件宽度,in;

h——试件高度,in;

l——反应跨段长度,in;

I——试件惯性矩,in^4;

d——中心梁的动态挠度,in。

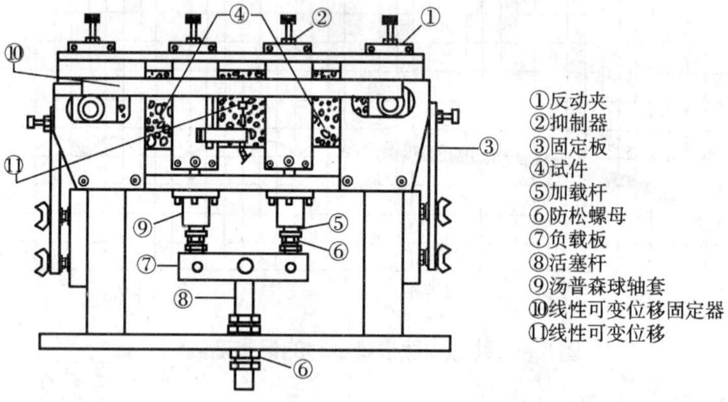

图 5-5　检测劲度和疲劳特征的重复弯曲设备

这种试验可在恒应力或恒应变加载中进行。在恒应力加载中,P是重复作用直到损坏出现为止。这时,试样最终断裂产生损坏。针对小的应力,做这样一个试样的试验需要 1h,几天,甚至是几个星期。把试验周期次数对数与加载应力对数绘制成图(图 5-6)。在恒应力加载中,劲度大的材料性能比劲度小的要好。

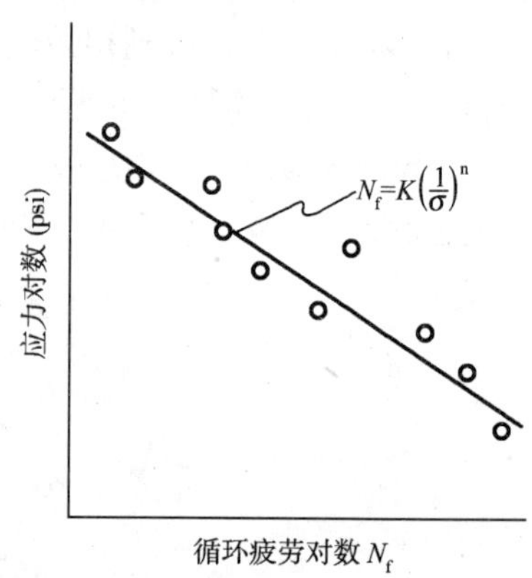

图 5-6　恒定应力加载的疲劳数据图

另一个经常绘制的恒定应力加载图是初始应变对数与试验周期对数。

在恒应变加载中,挠度保持恒量,施加的荷载随着试验周期的增加而下降。在恒应变试验中损坏是更难以界定的,因为试样常常不会被破坏。损坏点通常是在荷载达到初始加载的预定百分比的地方。比如,常常被选定的典型损坏点 j 是初始加载值的25%和50%。通常根据试验中得到的数据准备绘制两幅标志图。第一幅是施加应变对数与试验周期至损坏的对数。当绘制加载应变对数与试验周期至损坏图时,较柔(低劲度)材料性能在恒定应变中较好。

例题5-2　试验梁的弯曲疲劳。反应跨段相隔12in(305mm),在第三点的每个1/3点上施加总荷载为100lb(444N)。1000次应力试验之后,每次加载检测的挠度为0.0011in。计算弯曲应力、弯曲应变和劲度模量。梁的横截面尺寸为3in×3in(76.2mm×76.2mm)。

解　因为:

$$\sigma = \frac{3ap}{bh^2}$$

所以:

$$\sigma = \frac{3 \times (4)(100)}{3(3)^2}$$

简化公式,本例中荷载弯曲应力为:

$$\sigma = 44.4\text{psi}(306.4\text{kPa})$$

根据下列公式计算弯曲应变:

$$e = \frac{12hd}{3l^2 - 4a^2}$$

所以:

$$e = \frac{12(3)(0.0011)}{3(12)^2 - 4(4)^2}$$

$$e = 108 \times 10^{-6}\text{in/in(mm/mm)}$$

现在把应力除以应变或是代入到下式中可计算弯曲劲度:

$$E_s = \frac{pa(3l^2 - 4a^2)}{(48Id)}$$

矩形截面的惯性矩(I)为:

$$I = \frac{bh^3}{12}$$

代入公式:

$$I = \frac{3(3)^3}{12} = 6.75\text{in}^4(281.0\text{cm}^4)$$

代入劲度模量的公式:

$$E_s = \frac{100(4)[3(12)^2 - 4(4)^2]}{48(6.75)(0.0011)} = 413000$$

公式也可以表示为劲度模量等于应变除以应力。该例中：

$$E_s = \frac{\sigma}{e} = \frac{44.4}{108 \times 10^{-6}} = 411000\text{psi}(2835.9\text{MPa})$$

两个计算劲度值之间的差是四舍五入的原因。

弯曲疲劳试验需要较长的时间，而大约10个试样才会采集到足够的数据绘制规定的图[13]。绘制图表需做足够的试验，其时间可能超过两个星期。此外，所需设备较为复杂且成本高。因此，试验通常不用于研究和评价配合比设计或质量控制中的混合料。

经验表明厚的沥青路面[大于5in(130mm)]通常与加载的恒应力模式接近，而薄的沥青路面性能则接近加载的恒应变模式。然后，对于最佳疲劳性能，较厚的路面要求较硬的HMA混合料，较薄的路面要求较为柔性的混合料。但是，实践中，对于不同的路面厚度，不会修改混合料的劲度。

恒应力模式中，应力对数与试验周期至损坏次数的对数关系如下：

$$N_f = K_1\left(\frac{1}{\sigma}\right)^{n_1} \tag{5-9}$$

式中：N_f——试验周期至损坏的次数；

σ——最大纤维的弯曲应力，psi；

K_1, n_1——回归常数。

当把试验周期至损坏次数的对数与应变对数相比较时，会得出类似的公式。

$$N_f = K_2\left(\frac{1}{\varepsilon}\right)^{n_2} \tag{5-10}$$

式中：N_f——试验周期至损坏的次数；

ε——最大纤维的弯曲应变，in/in；

K_2, n_2——回归常数。

在分析初始应力或应变时，可采用两个公式。比如，根据恒应变模式计算的初始应力可与试验周期至损坏次数[14]绘制成图。根据试验室数据的回归分析计算K_1，n_1，K_2和n_2。

弯曲疲劳试验用于评估路面的疲劳寿命。在规定的路面和加载情况下，可计算最大的弯曲应力和应变。了解了应力或应变与周期损坏次数之间的关系，可估算到损坏程度的交通数量。试验结果示例详见图5-7。由于无法在试验室里复制现场的情况，预测的交通损坏情况不是对实际损坏的准确评价。即便是在试验室内高度控制的环境中，弯曲疲劳试验的结果变异性也较高。因此，这种试验通常不用于比较各种混合料，也不对其性能进行排名，更不会用于评估具体项目中导致性能损坏的交通量。

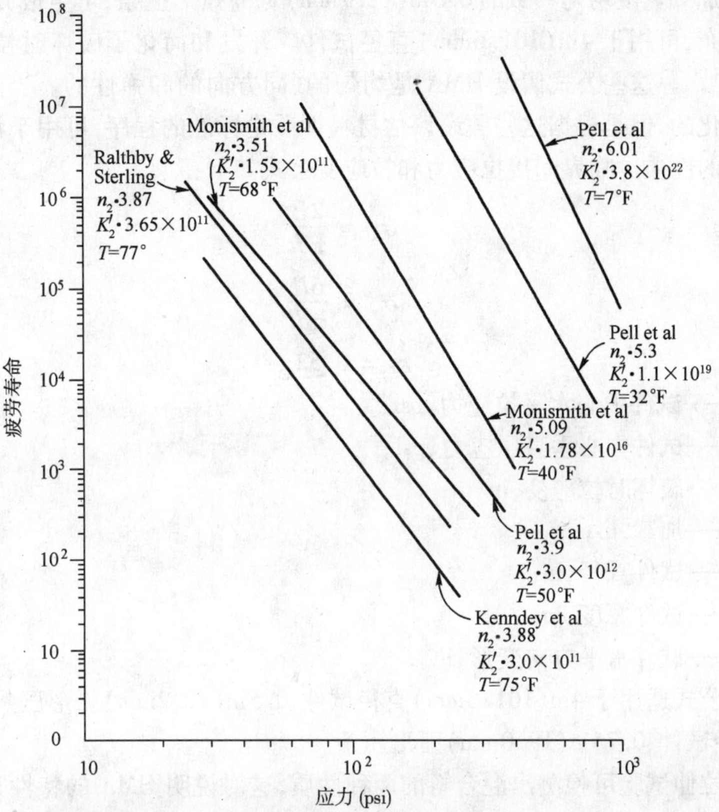

图 5-7 典型的应力—疲劳寿命关系图[15]

5.4.2.9 间接拉伸

间接拉伸试验是在圆柱形试件上施加一次或重复的受压荷载，平行荷载沿着垂径向平面进行（图 5-8）（ASTM D4123）。这种加载形式产生和沿垂直的直径面相一致的水平拉应力，该拉应力最终导致试件沿垂直的直径方向损坏（图 5-9）。

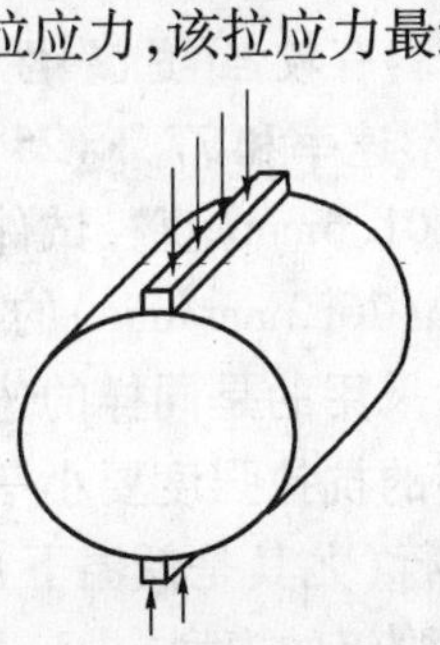

图 5-8 加载时的间接拉伸试验

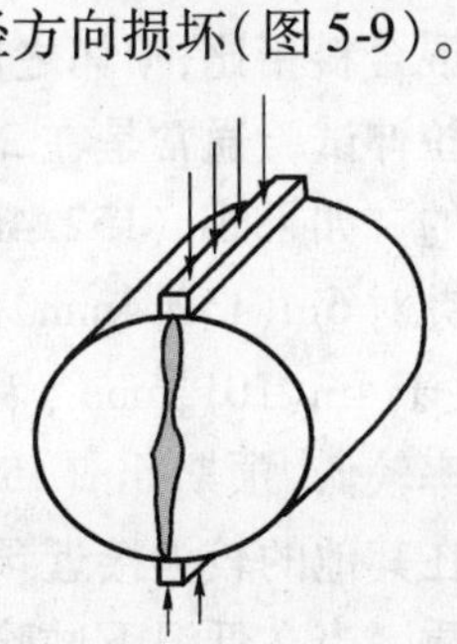

图 5-9 破坏时的间接拉伸试验

一种加载宽度均匀一致的0.5in(12.7mm)宽的弧形压条,可生成几乎均匀一致的应力分布,可用于4in(101.6mm)直径试件。开发和简化了破坏时拉伸应力与应变公式[16~18]。这些公式假设HMA是均匀的、同方向的和弹性的。当然,这些假设都是理想化的,但是根据这些假设评估材料性质是标准的程序,可用于评价HMA混合料相对的性质。临界间接拉应力和拉应变公式如下:

$$\sigma_x = \frac{2P}{\pi dt} \tag{5-11}$$

$$\sigma_y = \frac{6P}{\pi dt} \tag{5-12}$$

$$\varepsilon_f = 0.52x_t \tag{5-13}$$

式中:σ_x——试件中心水平拉应力,psi;

σ_y——试件中心垂直压应力,psi;

ε_f——破坏时拉应变,in/in;

P——加载,lb;

d——试件直径,in;

t——试件厚度,in;

x_t——试件水平方向变形,in。

上述公式适用于4in(101.6mm)直径试件、0.5in(12.2mm)弧形压条和6in(152.4mm)直径试件、0.75in(19.0mm)弧形压条。

间接拉伸试验可检测出混合料的两种性质,这对说明HMA的特性是有用处的。第一个性质是抗拉强度,通常用于评价混合料水敏感性。就水敏感性而言,抗拉强度是在试验水中试样之前和之后检测到的,以确定残留的以初始抗拉强度百分比计的抗拉强度。百分比数值较高说明达到了预期的性能,而一般较低数值则说明性能较差。有时抗拉强度也用于评价沥青混合料潜在开裂的可能性。但是,根据间接拉伸试验计算的第二种性质是临界拉伸,在预测开裂可能性时较有用处。与不能承受较强应变的混合料相比,损坏之前可承受较大应变的混合料有较强的抗裂性。

间接拉伸试验通常是在2in/min(50.8mm/min)变形速率和77 ℉(25℃)温度条件下进行的。如果6in(152.4mm)试件的应变与4in(101.6mm)直径试件应变率类似,那么,针对6in(152.4mm)的试件,就应采用3in/min(76.2mm/min)的变形速率。实际上,关于4in(101.6mm)和6in(152.4mm)的试件,采用的是同样的速率;但是,由于应变率较低,预期6in(152.4mm)的试件上所检测的抗拉强度要小一些。拉伸试验也可在其他的较为接近预期性能温度的条件下进行(尤其是低温下)以评价混合料的性质。当在低温下试验时,数据可用于预测温缩裂缝的模型。

例题5-3 从现有路面取一个4in(101.6mm)直径的芯样。芯样的厚度为2in

(50.8mm),试验模式为间接拉伸试验。设定临界荷载为835lb(3711N),水平变形设定为0.0023in(58μm)。求临界抗拉强度和应变。

解 由于4in(101.6mm)直径试件的抗拉强度等于:

$$\sigma = \frac{2P}{\pi dt}$$

代入公式:

$$\sigma = \frac{2(835)}{3.14(4)(2)}$$

$$= 66\text{psi}(455.4\text{kPa})$$

4in(101.6mm)直径试件临界拉伸(假设采用0.5in压条)为:

$$e_f = 0.52x_t$$

检测的变形为0.0023,所以:

$$e_f = 0.52(0.0023)$$

$$= 0.0012\text{in/in}$$

5.4.2.10 蠕变和永久变形

蠕变试验用于评估沥青混合料出现车辙的可能性。在HMA试样上施加静止荷载,检测随着时间的推移而产生的永久变形。典型的蠕变图详见图5-10。

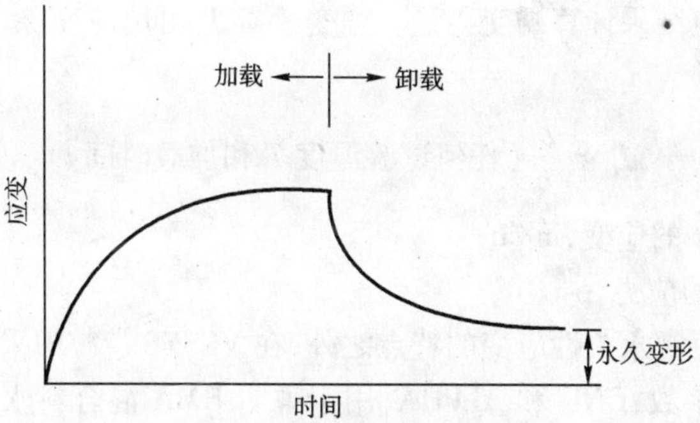

图5-10 典型的蠕变关系图

检测蠕变有三种方式:

1)单轴的、静态的、无侧限抗压试验;

2)单轴的、静态的、有侧限抗压试验;

3)间接拉伸。

间接拉伸蠕变通常用于检测低温开裂,而单轴蠕变(有侧限或无侧限的抗压)则是用于检测车辙出现的可能性。

永久变形试验与现场实际交通关系较大。试验要求在试样上施加临界压力和重复荷载以代表重复的交通荷载。这种试验的费用较高且难以实施。由于这些原因，目前动态试验通常不用于评估永久变形。

最常用的蠕变试验是静态的无侧限抗压试验。在规定的时间和温度内在试样上施加静止荷载，检测试样的变形程度。该试验经济且易于实施，但是试验预测性能的能力是有问题的。由于试验压力为无侧限的，施加的压力通常不能超过30psi（206.9kPa）（否则试样会损坏），试验温度通常不超过140 ℉（40℃）。通行道路上沥青混合料通常要在140 ℉（40℃）以上的高温下承受约为120psi（828kPa）的货车轮胎压力。因此，这种试验与现场实际情况相差太远。

一种相对简单和易于操作的试验是静态的有侧限抗压试验，与现场情况更为接近。施加有侧限的压力［通常约为20psi（138kPa）］，在垂直压力为120psi（828kPa）以上和温度为140 ℉（40℃）以上试验试样。这些试验条件比静态无侧限压力试验更接近现场的真实情况。研究建议在预测现场性能方面，静态有侧限压力蠕变要好于静态无侧限压力蠕变试验。

蠕变试验整体可利用的一部分是加载后曲线回弹的那一部分。如果加载取消后有大量回弹，那么，路面蠕变不是问题。试验室中，静荷载一般维持1h，然后取消加载，让试样回弹1h。永久变形等于最大变形减去回弹变形量。当比较各种不同混合料时，永久变形才是评价性能中最为重要的。

根据蠕变试验结果计算蠕变柔量。蠕变柔量 J_t 可用应变除以施加的应力得到，如下所示：

$$J_t = \frac{\varepsilon_t}{\sigma}（任何试验温度 T 和加载时间 t） \tag{5-14}$$

式中：ε_t——时间 t 的应变，in/in；

σ——施加的应力，psi。

除了一般的正常永久性应变的特点之外，在VESYS[19,20]中采用的永久变形性质涉及两个基本的参数：GNU 和 ALPHA，用于说明 HMA 混合料永久变形的特点并预测车辙。VESYS是一种利用了联邦公路局开发的黏弹性概念的路面设计程序。

有理论假设重复荷载和永久应变之间的对数关系在一系列荷载范围内基本上是线性的（图5-11），下列公式可以证明这种理论：

$$\varepsilon_a = IN^S \tag{5-15}$$

式中：ε_a——累积永久应变；

I——永久应变截距（数学应变值，不是对数值）（图5-11）；

N——加载次数；

S——对数关系的线性部分的坡度。

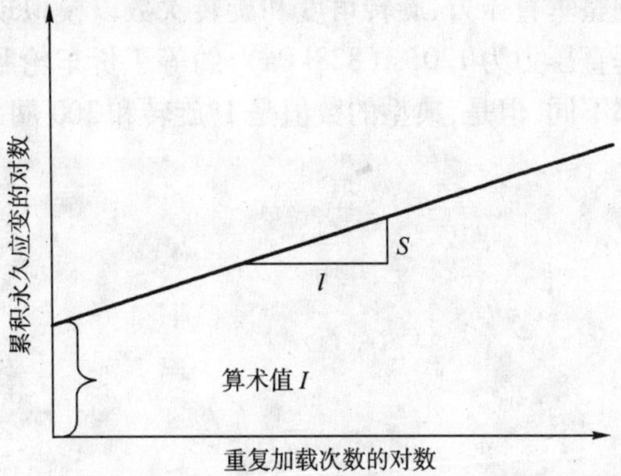

图 5-11 永久应变与重复荷载次数之间假设的对数关系图

GNU 的定义如下：

$$\mu = \frac{IS}{\varepsilon_{r}} \tag{5-16}$$

ALPHA 的定义如下：

$$\alpha = I - S \tag{5-17}$$

式中：ε_r——几次荷载后被认为是恒定的弹性应变（图 5-12）。

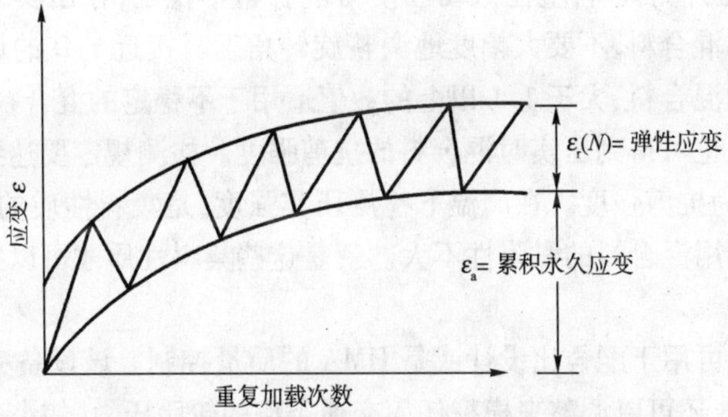

图 5-12 应变和重复加载关系之间典型关系图

初始的概念用于重复荷载试验以显示出积累的永久应变的关系。接着，采用大量的蠕变试验。不同试验采用一个公式说明试验中涉及的拉应力的永久应变关系是类似的，但是，与三轴压缩试验的关系是不同的。

5.4.2.11 旋转压实仪

由工程兵部队开发的旋转压实仪（GTM）在评价 HMA 混合料质量方面是一种有效的工具。该机（图 5-13）利用模拟施工中压路机动作的揉搓工序压实 HMA 混合料。

旋转压实仪可调整垂直压力、旋转角度和旋转次数以模拟现场压实设备和其后的交通情况。一般垂直压力为120psi(828kPa),约等于货车轮胎充气压力。旋转角度和次数各试验室都不同,但是,典型的数值是1°旋转和300圈旋转。

图5-13 旋转压实仪

采用旋转压实仪压实试样时,要确定几种特殊的混合料性质。旋转剪切指数(*GSI*)用来检测混合料稳定性且与永久变形有关系。中间旋转角度除以初始角度即得出*GSI*。由于沥青混合料塑性流动性使得混合料不稳定,在压实时要加大旋转角度。对于稳定的混合料,不要大幅度地调整旋转角度。接近1.0的旋转剪切角度数值可用于稳定的混合料,大于1.1以上的数值适用于不稳定的混合料。

旋转压实仪也可得到压实时混合料的抗剪强度。检测规定要达到旋转角度的压力,把压力换算为抗剪强度。在高温下检测压实强度,是集料性质的主要体现手段,因为沥青黏度低用混合料的黏附性不大。就是这些集料性质才可以抵抗交通造成的永久变形。

旋转压实仪可用于配合比设计或是HMA的质量控制。该设备完全可达到现场效果的最终密度,还可以调整来模拟任何交通类型的轮胎压力,如小车、货车和飞机,它是唯一一种可监测密实混合料变化的设备。这对交通量或交通影响的研究是至关重要的。

5.4.2.12 试验室车辙试验

人们开始使用Superpave是从性能等级沥青和体积配合比设计程序开始的。体积配合比设计程序这一个因素与性能是无关的。Superpave性能试验在其体积程序应用时还未得以应用,似乎Superpave体积方法应用与根据混合料试验得出的性能之间有段时间间隔。

许多技术规范的编制一直在寻找可以利用的另一种试验直到Superpave混合料

试验最终完成为止。评价HMA混合料抗车辙的可能性的最有价值的试验应该是试验室车辙试验(图5-14)。几个制造厂家已经生产出一些试验室车辙试验的机械。有些可进行浸水试验,有些在控制室温的条件下试验。但至少有一种设备可以在干燥的情况下或是浸水条件下进行试验。

图5-14 试验室车辙装置

这些试验通常被视为验证试验。这些设备确实有可以检测试验室车辙的可能性。但是,有关试验与实际观察的性能的资料发表得很少。

5.4.2.13 水敏感性试验

过去,人们曾发明并利用大量的试验方法来预测HMA混合料的水敏感性[21~23]。但是,没有一种试验方法得到广泛使用。这是由于其可靠度过低且试验室和现场情况之间的联系不足所致。现仅对一些机构广泛使用的试验方法作一简要阐述。

5.4.2.14 定量或主观试验

1)水煮试验(ASTM D3625或补充材料) 把松散的HMA混合料放入沸水中,ASTM D3625规定水煮10min。据估算,煮过但仍然保留了原有裹覆层的总集料可见区域的百分比为95%左右。该试验可用于初始筛选HMA混合料。有些业主用它进行生产中的质量控制以确定抗剥落剂的百分比。该试验不涉及任何强度分析,而且,确定细集料的剥落性非常难。比起石灰,该试验通常更适宜于液态抗剥落剂。

2)静态浸泡法(AASHTO T182) HMA混合料试样浸泡在77 ℉(25℃)下的蒸馏水中,时间为16~18h。然后观察水中试样,估算煮过仍然保留了原有裹覆层的总集料可见区域的百分比。注意,该方法不做任何强度试验。

5.4.2.15 定量强度试验

1)Lottman试验(NCHRP 246) 该方法是Lottman[26]在全美合作公路研究计划246研究中开发的。把9个直径为4in(102mm),高度为2.5in(64mm)的试样压实以达到预期的现场空隙率。把每3个试样分为1组,共分3组。第1组不设任何条件进行试验。第2组试样真空泡水(26in或660mm)30min。第3组试样如第2组那样真空泡水后,再冻15h(0 ℉或-18℃,),解冻24h(140 ℉或60℃)。检测所有9个试样的回弹模量(M_R)和/或在55 ℉(13℃)或是73 ℉(23℃)时的间接抗拉强度(*ITS*)。直接抗拉强度试验采用的加载速度为0.065in/min。

第2组反映4年以上的现场性能。第3组反映4~12年的现场性能。第2组和第3组试样的残余抗拉强度比(*TSR*)计算如下:

$$抗拉强度比=\frac{设定条件下间接抗拉强度}{无设定条件下间接抗拉强度}$$

Lottman 和 Maupin[24,25]建议采用最低0.70的抗拉强度比,研究表明剥落和无剥落 HMA 混合料之间的数值差异为0.70和0.75。对此有不同的意见,认为 Lottman 的程序太严格,因为真空饱和和冻过的试样温水浸泡会产生水的内压。但是,Stuart[26]、Park 和 Gharaybeh[27]找到了一种试验室结果与现场结果之间的良好关系。俄勒冈州已成功地应用了这种试验,并用模量比代替抗拉强度比。

2)Tunnicliff 和 Root 试验条件(NCHRP 274)　该方法是由 Tunnicliff 和 Root 在研究 NCHRP 项目274中发明的[28]。该法推荐制备六个空隙率为6%~8%的试样,每3个试样分为1组,共分两组。第1组是在不设任何条件下进行试验。第2组试样则真空饱和(20in 或508mm Hg 约5min)使得水的饱和度保持在55%~80%的水平。饱和度超过80%以上的试样废弃不用。再把饱和试样浸泡在水中24h,温度为140 ℉(60℃)。所有的试样都试验直接抗拉强度,温度为77 ℉(25℃),加载速度为2in/min(51mm/min)。通常规定最低抗拉强度比为0.7~0.8。根据上述方法编制的 ASTM D4687—88中没有要求采用冻融循环,它只是备选试验。主要是强调试样的饱和,据研究表明约为24h的时间是不足以诱发水损害问题的出现的[29]。

3)改良法 loftman(AASHTOT 283)　该法是由 kandhal 研发的,于1985年被 AASHTO 接受[30]。该法综合了 Lottman 试验(NCHRP 246)和 Tunnicliff 以及 Root 法(NCHRP274)的长处。6个试样的压实达到6%~8%空隙率。第1组的3个试样在正常条件下试验。第2组是水中真空饱和(55%~80%的饱和度),再按 Lottman 的建议进行一次冻融循环。所有的试样都试验直接抗拉强度,温度为77 ℉(25℃),加载速度为2in/min(51mm/min),计算残留抗拉强度。通常规定最低残留抗拉强度为0.7。该法在规定机构中得到越来越多的认可。

4)浸压试验(AASHTO T165)　制备6个试样,直径4in(102mm),高度为4in(102mm),双击压实,压力为3000psi(20.7MPa),时间为2min,间隙率达到6%左右。第1组的3个试样在正常条件下进行试验。第2组在水中浸泡4d,温度为120 ℉(49℃),或是温度为140 ℉(60℃),时间为1d。有些试样全部试验直接抗拉强度,温度为77 ℉(25℃),加载速度为0.2in/min(5.1mm/min),计算残留抗拉强度。通常规定最低残留抗拉强度为0.7。即便是很明显的剥落,该法所产生的残留抗拉强度仍在100%左右。Stuart[31]把这归结为内孔水压和适当地检测水害的压缩测试的不敏感性。该法的主要问题是缺少准确性。

5)其他试验　水—蒸汽敏感性、膨胀试验以及加州交通厅采用的薄膜剥落试验。波多黎各和其他一些州采用了残留马歇尔稳定性试验。

很显然,各种机构采用不同的试验方法。但是,没有一种试验证明是“万能”的.

可以在所有的试验中确认水敏感性的混合料。如果采用这些试验和标准的话,就意味着许多现场的HMA混合料虽然有着令人满意的性能却有可能被认定是不合格的材料。采用这些试验只是鼓励更多的州使用抗剥落剂。

对于需要完善的试验方法的几点要求和建议:

(1)试验程序和标准的广泛应用。

(2)多数试验方法的重复性不令人满意。比如,试样空隙率的小偏差会极大地影响抗拉强度比的结果。

(3)有必要考虑设定条件的试样最低的湿气强度(如果可设立期望值的话),而不仅根据抗拉强度比。比如,有些外加剂会提高干、湿强度但抗拉强度比却较低。

(4)试验室和现场性能间缺乏让人满意的相互关联性。

但是,根据各州的调查[22],改良的 Lottman 方法(AASHTO T283)是目前检测HMA混合料水损害的最适宜的试验方法。采用该法时,建议把最低抗拉强度比设定为0.70。该标准应用于现场的拌和而不是试验室拌和的混合料。Superpave 配合比设计程序纳入了 AASHTO T283 的标准。

战略公路研究计划(SHRP)有两项研究是涉及HMA混合料水敏感性的。SHRP项目A-003A"沥青—集料相互作用和混合料性能的试验与检测"的研究目的是开发一种改进的方法来评价水敏感性。SHRP项目A-003B"沥青—集料相互作用的基本性质——黏附性和吸收性"研究的是沥青—集料黏结力的基本性质。

SHRPA-003B 研究由全国沥青技术中心开发并完成的一种基本的净吸附试验(Net Adsorption Test,NAT)。该法是一种以吸附性和解吸附性为原理开发的矿料配合比和沥青的预筛选试验[32]。在装有集料试样的化学反应瓶里加入沥青和甲苯的溶剂并使其溶解。一旦溶剂温度稳定下来,去除4mL的溶剂,用分光光度仪检测吸收率。在反应瓶中加入50g4号(4.75mm)次级集料并在料堆中溶解6.5h。然后,去除反应瓶里第二次加入集料中的4mL试样溶剂并检测其吸收率。由于沥青分子成分中集料的化学吸引力,吸收率读数误差可用于计算从溶剂中去除的沥青数量(吸附性)。一旦去除第二个4mL的试样溶剂,往反应瓶里加入575μm的水,然后,使其再溶解2h。试验结束时,从反应瓶中去除第三个4mL溶剂。吸收率的加大是衡量由分子置换(解吸附)的沥青数量的标志。净吸附试验(Net Adsorption Test,NAT)中有数据是需要求证的。SHRP A-003A[33]项目开发了环境调节系统(ECS),使HMA试样置于代表真实现场情况的潮湿和加速的冻融循环中,比如模仿交通的重复荷载。在每个循环之后调节中都要监测HMA试样的模量在空气和水中渗透性的改变,在调节结束时,检测抗拉强度和抗剥落情况。可实施温暖和寒冷的两种气候调节试验。在完成每次调节之后计算模量比和水敏感性比。暂定的AASHTO现行标准,标识TP34,"冻融气候条件下压实沥青混合料水敏感性特点的标准试验方法"。环境调节系统投资较大,用途却很多;但是,目前(1995 年)尚无有效的现场确认的数据来确保可以用环境调节系统来替代 AASHTO T283。

参考文献

[1] Kennedy, T. W. , R. Haas, and F. R. Meyer. Characterization of Pavement Materials for Fundamental Structural Analyses. Inter-American Conference on Materials Technology, Caracas, Venezuela, 1975.

[2] Brown, E. R. and Stephen Cross. A Study of In-Place Rutting of Asphalt Pavements. Proceedings, Association of Asphalt Paving Technologists, Volume 58, 1989.

[3] Ford, Miller. Pavement Densification Related to Asphalt Mix Characteristics. Paper presented at 67th annual Transportation Research Board, January 1988.

[4] Huber, G. A. and G. H. Herman. Effect of Asphalt Concrete Parameters on Rutting Performance: A Field Investigation. Proceed-ings, Association of Asphalt Paving Technologists, Volume 56, 1987.

[5] Zube, Ernest. Compaction Studies of Asphalt Concrete Pavement as Related to the Water Permeability Test. Paper presented at the Annual Meeting of the Highway Research Board, 1962.

[6] Brown, E. R. , R. Collins, and J. R. Brownfield. Investigation of Segregation of Asphalt Mixtures in State of Georgia. Paper presented at the Annual Meeting of the Transportation Research Board, 1989.

[7] Santucci, L. E. , D. D. Allen, and R. L. Coats. The Effects of Moisture and Compaction on Quality of Asphalt Pavements. Proceedings, Association of Asphalt Paving Technoloists, Volume 54, 1985.

[8] Papzian. The Response of Linear Viscoelastic Materials in the Frequency Domain with Emphasis on Asphaltic Concrete. Proceedings, International Conference on the Structural Design of Asphalt Pavements, University of Michigan, 1962.

[9] Seed, H. C. , C. K. Chan and C. E. Lee. Resilience Characteristics of Subgrade Soils and Their Relation to Fatigue Failures in Asphalt Pavements. Proceedings, International Conference on the Structural Design of Asphalt Pavements, University of Michigan, 1962.

[10] Van der Poel, C. A General System Describing the Viscoelastic Properties of Bitumens and Its Relation to Routine Test Data. Journal of Applied Chemistry, Volume

4, May 1954.

[11] Haas, R. C. G. A Method for Designing Asphalt Pavements to Minimize Low-Temperature Shrinkage Cracking. The Asphalt Institute, Research Report 73-1, January 1973.

[12] Epps, J. A. and C. L. M onismith. Influence of Mixture Variables on the Flexural Fatigue Properties of Asphalt Concrete. Proceedings, Association of Asphalt Paving Technologists, Volume 38, February 1969.

[13] Kallas, B. F. and V. P. Puzinauskas. Flexural Fatigue Tests on Asphalt Paving Mixtures. *Fatigue of Compacted Bituminous Aggregate Mixtures*, American Society for Testing and Materials, STP 508, 1972.

[14] Brown, E. R. Evaluation of Fatigue Properties of Recycled Asphalt Concrete. Proceedings, Sixth International Conference on Structural Design of Asphalt Pavements, Volume I, 1987.

[15] Kennedy, T. W. and J. N. Anagnos. Procedures for the Static and Repeated Load Indirect Tensile Tests. University of Texas, Research Report 183-14, August 1983.

[16] Hadley, William O., W. Ronald Hudson, and Thomas W. Kennedy. An Evaluation of Factors Affecting the Tensile Properties of Asphalt-Treated Materials. University of Texas, Research Report 98-2, August 1972.

[17] Hadley, William O., W. Ronald Hudson, and Thomas W. Kennedy. A Method of Estimating Tensile Properties of Materials Tested in Indirect Tension. Center for Highway Research, University of Texas, Research Report 98-7, July 1970.

[18] Anagnos, James N. and Thomas W. Kennedy. Practical Method of Conducting the Indirect Tensile Test. University of Texas, Research Report 98-10, August 1972.

[19] Moavenzadeh, F., J. E. Soussou, and H. K. Findakly. Synthesis for Rational Design. Volume II, Final Report for FHWA Contract 7776, January 1974.

[20] Moavenzadeh, F., J. E. Soussou, H. K. Findakly, and B. Bradeneyer. Synthesis for Rational Design-Operating Instructions and Documentation. Final Report for FHWA Contract 7776, January 1974.

[21] Kandhal, P. S. Field and Laboratory Investigation of Stripping in Asphalt Pavements: State of the Art Report. Transportation Research Record 1454, 1994.

[22] Hicks, R. G. Moisture Damage in Asphalt Concrete. NCHRP Synthesis of Highway Practice No. 175, October 1991.

[23] Kandhal, P. S. Moisture Susceptibility of HMA Mixes: Identification of Problem

and Recommended Solutions. National Asphjalt Pavement Association Quality Improvement Publication (QIP)119, December 1992.

[24] Lottman, R. P. Predicting Moisture-Induced Damage to Asphaltic Concrete-Field Evaluation. TRB, NCHRP Report 246, 1982.

[25] Maupin, G. W. The Use of Antistripping Aditives in Virginia. Proc. Assoc. of Asphalt Paving Technologists, Vol. 51, 1982.

[26] Stuart, K. D. Evaluation of Procedures Used to Predict Moisture Damage in Asphalt Mixtures. FHWA Report FHWA/RD-86/091,1986.

[27] Parker, F. and F. Gharaybeh. Evaluation of Indirect Tensile Tests for Assessing Stripping of Alabama Asphalt Concrete Mixtures. Transportation Research Record 1115, 1987.

[28] Tunnicliff, D. G. and R. E. Root. Use of Antistripping Additives in Asphaltic Concrete Mixtures, TRB, NCHRP Report 274, 1984.

[29] Coplantz, J. S. and D. E. Newcomb. Water Sensitivity Test Methods for Asphalt Concrete Mixtures-A Laboratory Comparison. Transportation Research Record 1171, 1988.

[30] Resistance of Compacted Bituminous Mixture to Moisture Induced Damage, Test Method T283-85. AASHTO, Part II-Methods of Sampling and Testing, August 1986.

[31] Stuart. K. D. Moisture Damage in Asphalt Mixtures-A State-of-the-Art Report. FHWA, Report FHWA-RD-90-019, August 1990.

[32] Curtis, C. W., K. Ensley, and J. Epps. Fundamental Properties of Asphalt-Aggregate Interactions Including Adhesion and Absorption. Final Report SHRP A-003B, 1991.

[33] Al-Swailmi, S. and R. L. Terrel. Evaluation of Water Damage of Asphalt Concrete Mixtures Using the Environmental Conditioning System (ECS). Journal of the Association of Asphalt Paving Technologists, Vol. 61, 1992.

第6章

设备与施工

6.1 引言

本章内容涉及 HMA 施工的设备和程序,包括 HMA 拌和设备、运输设备、摊铺设备和压实设备。本章是 HMA 混合料设计之后关于 HMA 混合料生产、摊铺和压实时所需的指南。

6.2 HMA 设备

HMA 设备配置的基本宗旨是合适的配比、拌和以及生产符合现场拌和设计要求的 HMA。集料一般是由 2~4 个不同料堆的材料拌和而成,而沥青一般是添加一种或不添加外加剂的路用沥青。

目前,在美国使用的 HMA 设备主要有两种类型,间歇式搅拌机和滚筒式搅拌机。第三种类型为连续式搅拌机,人们仍在使用但很少鼓励使用这种设备,且好几年都没有生产出新型的连续式搅拌机。间歇式搅拌机和滚筒式搅拌机用途一样,当选用的材料成分相同时用任意一种设备生产的 HMA 应是类似的。本章中详尽地论述了这两种设备。在详细介绍设备之前,先对这两种设备布置简要说明一下。

6.2.1 设备布置

6.2.1.1 滚筒式搅拌机

典型的滚筒式搅拌机构件详见图 6-1。

材料走向基本上是从左至右。一般是用前悬式装载机把料堆的集料送到冷料仓。所需最少料仓数目要取决于 HMA 所使用的不同集料数量。许多设备有 4~5 个冷料仓。金属冷料仓带有振动斜边(如果自然送料不行的话),可保持材料不断地从冷料仓的底部送出。一般在每个冷料仓的底部装有一个可调节的阀门和变速喂料机以使每个料仓的材料按比例出料,达到现场拌和(JMF)级配的要求。收集送料机

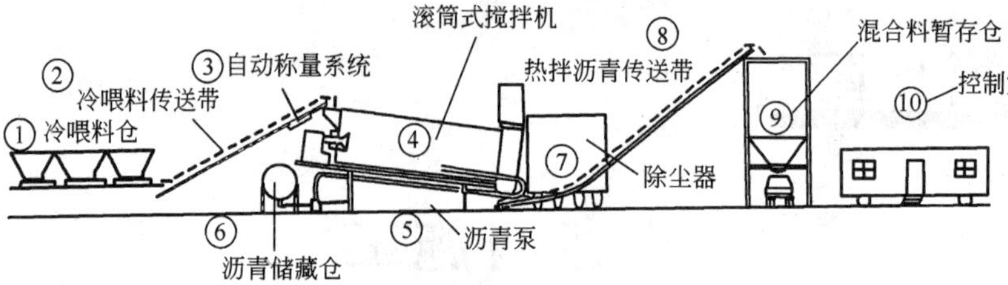

图6-1 典型的滚筒式搅拌机主要构件示意图

把材料送到冷料升降机,升降机再把材料送到干燥机。升降机上装有一个自动称量系统,可以连续不断地称量要进入滚筒式搅拌机的带有水分的集料数量。在控制室内,针对集料的含水率修正总的集料质量,这样使得沥青配比系统可把适量的沥青泵送到滚筒式搅拌机里。把料堆上的含水率或是收集输送带上集料的含水率输入计算机,会自动计算含水率的修正值。

典型的滚筒式搅拌机是一种顺流式设计,即集料与废气(平行的)朝着同一方向流动,但也建了许多逆流式设备。因此,在燃烧器末端把集料加入到滚筒里,集料向下移动至出料口的同时,也对集料进行干燥和加热。在离出料口约三分之一处加入沥青。有些拌和站采用类似于搅拌机的涂布机。在集料离开滚筒式搅拌机以后,再把沥青添加到涂层机里的集料上。沥青加入搅拌机时,把沥青泵送至搅拌机底部,它也是矿料和/或袋式除尘器的细料再次被添加进来的位置。相继加入沥青和矿粉的同时,可使得沥青捕捉住矿粉并在被高速废气流带走之前罩住矿粉。废气经过除尘器,其中大量粉尘被截住和清除以达到排放的要求。

当集料沿搅拌机向下移动余下的1/3距离时,集料都裹上了沥青。经出料口的HMA混合料离开搅拌机,由传送系统把HMA送入暂存仓(或其他类型的储藏仓),经自动称量系统把混合料从料仓送入货车里。然后再把混合料送到摊铺工地。从冷料仓到暂存仓的所有材料活动都在HMA设备控制室的监控之下。设备上各处的传感器监测着传送带的速度、集料质量、温度和其他影响生产效率的关键数据。

6.2.1.2 间歇式搅拌机

典型的间歇式HMA设备构件的示意图详见图6-2。间歇式设备主要构件在图例中都编了号并有说明。间歇式和滚筒式搅拌机的最重要的2~3个构件的比较证明,两种类型机械的冷料配比系统是类似的。干燥操作这部分的主要区别是滚筒式搅拌机冷料传送机上的自动称量系统,由冷料传送机把配合好的材料送入干燥机里。

间歇式搅拌机的干燥机一般是逆流设计,即搅拌机中的集料流与废气流的方向相反。干燥机上的燃烧器是热能的来源,可蒸发掉集料上的水分并把集料加热到出料的温度,一般为285~300 ℉。经密封的热升降机把从干燥机里出来的加热的集料提升送到塔式混合料暂存仓上。从干燥机里出来的热的带着灰尘的废气经过除尘系统,去除粉尘颗粒后方可达到排放标准。收集到的灰尘返回到热的材料升降机或是填料仓,按规定可在HMA中重复使用。

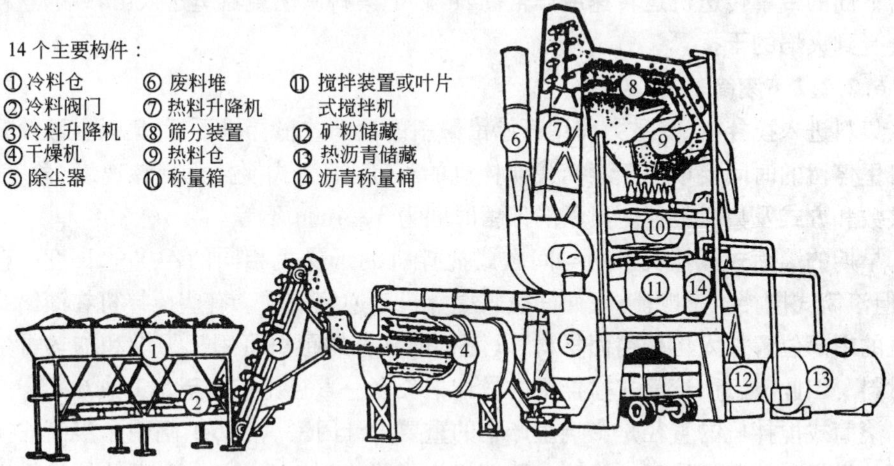

图6-2 间歇式搅拌设备主要组成部分示意图

塔式设备包括了一系列构件,包括过筛、储藏、按质量配比、拌和和把HMA送入货车或储料仓。在集料离开塔顶的热升降机之后,集料被送到振动筛上,把材料筛分成各种尺寸的材料。集料过筛后,被储藏在热料仓里。储藏集料之后就配比生产HMA。最细的集料首先经振动筛被分离出来进入一个料仓;特大材料被第一层筛滤出并排出设备。其他粒径的材料由振动筛分离并储藏在其他的料仓里。之后控制系统从料仓里配比热集料并送入装在一系列秤上的称量箱里。干燥的集料被送入搅拌机,经过几分钟的干燥拌和之后,把称过质量的热沥青喷洒到搅拌机里。搅拌机是一种使沥青快速地覆盖住集料的典型的双轴、逆时针旋转的机械。拌和之后,可直接把HMA送到货车里,或是传输到储藏仓里,再由货车运送到摊铺工地。

除了上述生产HMA的滚筒式搅拌机和间歇式搅拌机的组成部分以外,还有储藏和配制矿粉或其他干的外加剂,包括石灰和再生沥青路面(RAP)。两种类型搅拌机都有一个沥青热储料仓。

6.2.2 滚筒式搅拌机

滚筒式搅拌机的目的是经济地干燥和加热集料,并用沥青与集料拌和以使出料端的HMA都均匀地被覆盖且达到规定的温度。为了达到这个目的,滚筒式搅拌机包括了下列各组成部分。

6.2.2.1 集料

冷料仓里未经加工的集料经一系列斜槽或是带罩的传送带进入搅拌机。斜槽以直接对准出料端、搅拌机底部并远离火焰的角度通过重力把集料送入搅拌机中。燃烧器下面的带罩传送机运转速度非常高,可以把集料从燃烧器里送入出料端,这样就不会受到火焰的干扰。

6.2.2.2 滚筒

集料进入搅拌机,受重力作用开始沿倾斜的滚筒式搅拌机下行,集料在滚筒式搅拌机里停留的时间要取决于滚筒式搅拌机的长度、滚筒式搅拌机旋转速度、角度、旋转次数和方式及集料粒径。典型的停留时间为 3 ~4min 不等。

早期的滚筒式搅拌机采用与间歇式搅拌机的干燥机相同的 4:1 的长度—直径比,但滚筒式搅拌机是顺流式,而间歇式搅拌机是逆流式的。有些搅拌机在滚筒式搅拌机的中部位置加入再生路面材料,以使有足够长的距离可用于干燥和加热再生路面材料。因此,最近,滚筒式搅拌机的设计把长度—直径比扩大至 5:1 或 6:1。

滚筒式搅拌机的直径是影响生产率的重要设计因素。表 6-1 阐明了滚筒式搅拌机高效生产时的典型比率。滚筒式搅拌机直径增大时,名义上含水率低的集料生产率也以滚筒式搅拌机直径的平方形式提高。

不同直径顺流和逆流滚筒式搅拌机的典型生产率[1]　　表 6-1

设计	直径	最大废气体积 (in^3/min)	不同含水率的各种百分比生产率(t/h)					
			3	4	5	6	8	10
顺流	6	28000	286	233	193	169	131	106
	7	38500	390	318	267	230	178	145
	8	50000	511	416	350	301	234	190
	9	63500	648	528	444	382	297	240
	10	78500	802	645	550	473	367	298
逆流	6	28000	322	262	221	190	148	119
	7	38500	439	358	301	259	200	163
	8	50000	575	468	394	339	263	214
	9	63500	730	595	500	430	334	270
	10	78500	903	736	619	533	413	336

注:料堆温度为 310 ℉(154℃);出料温度为 300 ℉(149℃)。(1t = 1364kg,1ft = 0.305m)

含水率提高时,生产率受到的影响增大了,因为需蒸发掉大量额外的水分。因此,尽管滚筒的直径是影响生产率的最大的设计因素,而集料的含水率是影响现场生产率的最大因素。

方向控制器是焊接或是用螺栓固定在滚筒式搅拌机内四周的金属构件，作用是控制集料在滚筒式搅拌机内的运动。尽管每个生产厂家的方向控制器采用不同的模式、形状、数量和位置，但是所有的设计都只有一个目的，即加热和干燥集料，利用最少的燃料用沥青有效地包裹住集料。

第一套方向控制器（底座控制器）相对于滚筒式搅拌机成急转直下的角度，为的是把集料向下推入仓中并离开火焰。如果集料穿过火焰接近入口处，就会产生火焰淬火，造成无效物燃烧，使得未燃尽的燃料颗粒被集料表面吸收。集料上这层未燃烧的燃料会极大地减少沥青膜与集料的黏附性，降低 HMA 的耐久性和强度。让集料远离火焰可使火焰扩展开，充分燃烧，把热量沿滚筒式搅拌机向下辐射。

第二套方向控制器（环状的、锯齿状和锥形的），把搅拌机底部的部分集料托起，当搅拌机旋转时，集料穿过废气从方向控制器上落下来。当集料一直向下运动时，有更多的集料被掀起，穿越废气成瀑布状落下。材料向下运动时，方向控制器掘出了较大颗粒的和较大数量的干燥集料。方向控制器的设计形状各异，有环状的、锯齿状和锥形的，每个都比前一个会掘出更多的材料。经过环状的方向控制器后，瀑布状的集料在搅拌机中形成了一道帘子，提高了热量传导效率，防止火焰和过热的气体接触到再生路面材料或是沥青。

接近搅拌机中段的再生路面材料入口处，有些厂家安装了可减缓新集料流动速度的装置。这些集料延迟环也被称作是圆环或是障碍物，安装在搅拌机的四周，起着阻碍材料流动的作用，使得集料在圆环前堆积起来。当掘起较大量的集料并形成瀑布状时，在再生路面材料入口前立即形成了一个密级的集料帘子，这有助于改善集料的干燥并防止火焰穿过再生路面材料，但这也会产生蓝烟和与环境有关的问题。其他厂家在搅拌机中采用底座方向控制器，把集料逆流倒回搅拌机前方。每种做法都是要把集料集中在再生路面材料入口前。

拌和的方向控制器就安装在搅拌机的中后部。这些控制器，因其形状常常被称为J形方向控制器，作用是掘起集料和沥青，通过旋转作用进行材料拌和，然后再把穿过废气的拌和料扔出。沥青接触到充满废气的潮气时，便开始起泡沫，体积变大。沥青覆盖集料的过程很快，持续不断地使覆盖好的集料穿越废气流，完成了搅拌机拌和过程。

在搅拌机末端安装了出料控制器。这些控制器占了搅拌机一小部分位置，作用是在侧面或是出料槽送出材料。

6.2.2.3 燃烧器

了解燃烧过程是十分重要的，因为这是成本和效率的关键所在。点燃燃料可蒸发掉集料上的水分并提供热能，还可把集料和 HMA 加热到规定的温度。而燃烧器则是一种有效地燃烧燃料，并为干燥集料提供热能的装置。这些燃烧器是专门为加热和干燥集料而设计的,并采用了其他燃烧设备中所利用的技术组合。

在强制燃烧器里,100%的燃烧空气由鼓风机送入燃烧器。强制空气通过压缩区域至燃料入口处。由一个小开口的喷管输入加压的燃料。然后形成喷雾状的小滴,由鼓风机强制散布到空气中,再由引火点燃。就完整的燃烧而言,必须有充足的空气,燃料滴必须要小,直径约为80μm。

第二类燃烧器为鼓风机燃烧器。在燃烧器的对面装有一个排气扇,可把70%的供燃烧的空气送入燃烧器。燃烧器有一个喷管可雾化燃料,还有一个引火用于点燃火焰。自动调节装置则用于控制流向喷管的燃油量以保持恒定的燃烧速度。

HMA设备上的燃烧器是由强制燃烧器和鼓风机燃烧器组合而成的。许多设备中,所需的70%空气由排气扇送入(次要送风)和30%由燃烧空气鼓风机送入(主要送风)强制空气。图6-3是组合燃烧器的示意图。在HMA设备应用中,强制空气鼓风机提供空气供雾化燃料。排风扇送入引风供给燃烧空气所需的空气差额。

图6-3 典型的HMA设备的强制燃烧器和鼓风机燃烧器组合图[2]

不论采用的是何种燃烧器,必须得有最低限度的空气才能保证燃烧完全。100%燃烧所需的最低空气量定义为化学计量条件。一般要有超过25%的空气量才会在燃烧过程中以秒计算的瞬间保证有充足的额外空气。但是,燃烧器基本上是燃料喷雾器和喷射器,只供给燃烧所需的燃料和部分空气。其余的空气则由排风扇供给。因此,排风扇必须提供充足的气流来控制蒸汽和水汽的蒸发、煅烧产品、额外废气和漏气。有关250t/h(TPH)(227Mg/Hr)生产速度(表6-2)的滚筒式搅拌机的废气构成成分详见参考文献[3]。随着材料含水率的增加,蒸汽和水汽体积比废气流中的其他任何成分增大的都要明显。

有关蒸汽和水汽对生产的影响评估详见表6-2。表6-1和表6-2表明,如果要保持250t/h(227Mg/Hr)的生产速度,所需搅拌机的规格随着含水率的加大会扩大很多:针对5%的含水率,所需搅拌机规格为7ft(2.14m),针对10%的含水率,所需搅拌机规格为9ft(2.74m),并且15%的含水率、10ft(3.05m)搅拌机不能提供足够的废气来维持250t/h(227Mg/Hr)的生产速度,而在新墨西哥州或亚利桑那州,由于料堆的含水率不同,一台5ft或6ft(1.52m或1.83m)搅拌机就可满足要求。

很明显,影响某一规格搅拌机生产率的一个最大因素是料堆含水率。

废气成分和不同集料含水率的废气体积[3] 表6-2

各种比例含水率的废气体积(CFM)				
废气组成部分	1	5	10	15
蒸汽和水汽	2440	12200	24390	36580
燃烧产品	10140	16900	26190	35480
额外空气	1800	3000	4640	6280
漏气	760	1690	2910	4120
设备气体总体积	15140	33790	5830	82460

注:此数据依据为250t/h(227Mg/Hr)生产速度、6%沥青、310 ℉(154℃)废气温度、5%的漏气、25%额外空气、在海平面上生产。$1ft^3=28.3L$。

因此,承包人应特别注意这些可最大限度地减少集料保温处理区域的数据,还应该培训前端装载机的操作人员在往冷料仓装料时要一直在材料堆旁进行干燥工作。在施工季节降雨量大的区域,要把材料放到摊铺好的表层上,覆盖料堆或是用一个可调整的建筑物进行遮盖。

为了最大限度地减少每吨(909kg)HMA的生产成本,设备操作人员应注意影响能源的那些因素,这些因素包括集料含水率和设备的露气,它可使空气进入到除尘器和燃烧器之间废气系统中的任何地方。典型的漏气位置包括搅拌机出料口的触发阀门、设备各种构件间的封口、除尘器顶部的盖子以及冷料倒入搅拌机的入口处。这些地方任何一处漏气都会对生产造成不利的影响,因为漏气占用了有用废气体积流的位置,还必须加热这些漏气,却不会生产出任何HAM的产品。

为了HMA节能生产,燃烧器必须高率地工作。所有的燃烧器都有自动控制器,可以调节燃料的输入以保持稳定的拌和出料温度。如果燃料燃烧有变化,可利用气体分析仪分析废气流气体,并且进行适当地调整或修复。

6.2.2.4 干燥和加热

当燃烧器火焰尖端的温度超过2500 ℉(1371℃),引导空气开始在火焰四周流动时,典型的搅拌机中的温度会快速地提高至1400 ℉(760℃)。正是这个1400 ℉(760℃)的废气用以加热和干燥集料。图6-4为废气和集料穿越典型的搅拌机时的温度解析图。集料温度解析图有三个清晰的区域。第一个区域是拌和前准备,把集料加热至100 ℉(38℃),但此刻热的废气开始蒸发掉集料表面的水分。第二个区域,持续烘干,这里蒸发了大部分的水分,集料加热温度为180~200 ℉(82~93℃)

之间。第三个区域,加热集料,把集料加热至混合料出料时的温度。在第三个区域的末端,泵送沥青进入搅拌机里,与加热好的集料一起拌和。

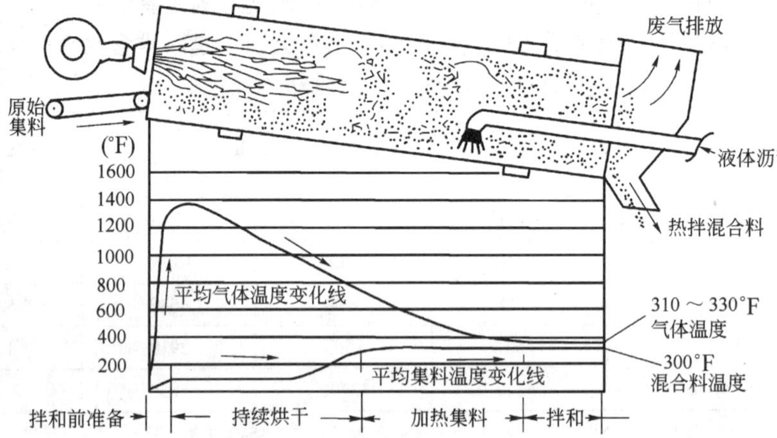

图 6-4 典型的滚筒式搅拌机设备中废气和集料的温度解析图

废气温度解析图也如图 6-4 所示。空气温度快速上升至约 1400 ℉(760℃),然后随着热量传递给搅拌机,空气温度稳定地下降,水分蒸发,这时再把集料的温度提高至拌和温度。在拌和区域,废气和集料的温度在 10 ~ 30 ℉(6 ~ 17℃)之间,并且都在一个高效运转的 HMA 设备里,混合料出料温度和废气温度之间的差别应在 25 ℉(14℃)以下。

图 6-5 为在搅拌机中间位置可加入再生路面材料的、改进的滚筒式搅拌机温度解析图。请注意,废气解析图与图 6-4 有很多相似之处。但是,集料温度解析图是极不相同的,如恒温干燥区域不够长。初始集料在滚筒搅拌机里保存,过度加热至约 500 ℉(260℃)。逆转方向控制器或障碍物位于滚筒式搅拌机的中部,以增加集料在搅拌机前半部分的停留时间。过度加热的集料用于加热 50% 再生路面材料,进而形成图 6-5 中的温度解析图。请注意,当再生材料加热时,平均集料温度下降,水分在图 6-5 中的"烘干、加热再生路面材料区域"被蒸发了。在搅拌机的后部、混合料的温度提升至出料温度。

搅拌机里的热量传递过程为三个明显的机理区域:①按常规方式——热量来自废气;②按传导方式——通过集料两个颗粒表面之间物理接触,把热量从较热的集料颗粒传输到较凉的颗粒上;③按辐射方式——通过这些被燃烧器加热了的气体与较热金属部件的紧密接触,热的金属方向控制器和搁板把热量辐射到冷集料上。

6.2.2.5 沥青喷射

如图 6-4 和图 6-5 所示,通过滚筒背后插入的管子送入沥青。管子直径要与设备生产速度相匹配,一般 2 ~ 4in 不等。通常把沥青倒入滚筒式搅拌机的底部,而不是由喷管喷射进去。沥青加入后的确切位置变化极大,但是通常会朝着出料口的地方向下超过滚筒式搅拌机的 2/3 处。对于多数设备而言,可调整沥青出料口以符合滚筒式搅拌机里的干燥情况。

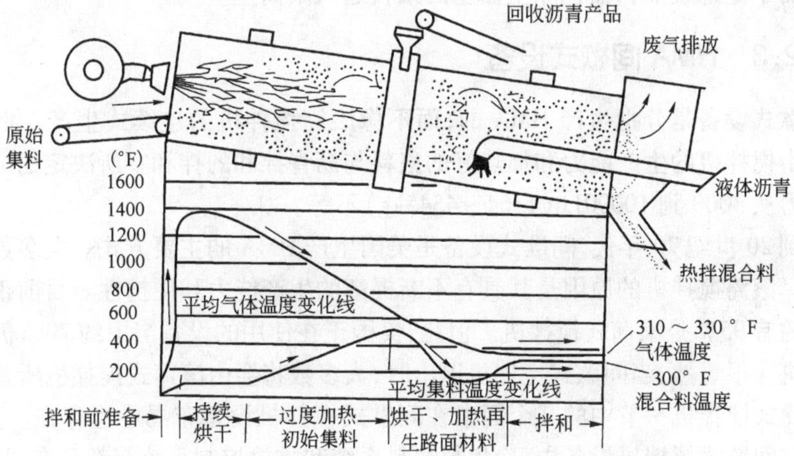

图 6-5　采用 50% 再生路面材料的滚筒式搅拌机温度分布图[1]

有的生产厂家去掉了沥青送料线,并且在搅拌机的出料端加上了一个轴式混合器,称为涂料机,与连续式搅拌机设计类似。有些厂家则改用双滚筒的、同中心的搅拌机,让集料和沥青在滚筒的内筒和外筒之间的环形空间里拌和。

6.2.2.6　矿粉喂料系统

矿粉由货车运送至 HMA 拌和站,用气动方式自动送至竖储料仓。用重心法使矿粉从料仓流到料仓的底部螺旋喂料器上。有些矿粉仓配备有称量装置,该装置安装在料仓下面,它可使过秤材料流入搅拌机的送料系统以确保材料流的准确性。接受到 HMA 设备上电脑输入的信号,喂料机相应地旋转起来。通常,这类喂料机配备有通风设备以保持填料能均匀地进入到螺旋喂料器里。螺旋喂料器出来的填料经送料管传送至滚筒搅拌机,一般是直接送到滚筒的底部或是在进入滚筒底部之前送入沥青覆盖填料的拌和箱里。

在沥青出料口的上游或是下游投入矿粉。由于矿粉极为细小和干燥,如果在沥青出料口的上游进入的话,高速的废气流里的细料会在空中弥漫开来。若是在沥青出料口的下游送入,在变成弥漫状和丢失之前,大部分的矿粉都已被沥青覆盖住了。有些填料几乎是快要丢失了,除非在进入滚筒底部之前用沥青与其拌和。有些滚筒搅拌设备配有搅拌机,其作用是用足够量的沥青与矿粉拌和,防止填料在空中扩散。

除了商用矿粉以外,除尘器中的细料可送回至配备有空气污染控制系统的滚筒里。除尘器内装有成排的、在废气流穿过料堆离开前要通过的纤维过滤器。除尘器中收集的细料送入滚筒搅拌机里可重新使用。根据材料的等级,所有除尘器里的细料或部分细料都被传送至暂存仓里,经螺旋喂料器计量后送入供料管。如果矿粉和除尘器的细料都送至滚筒里,可用共用管子或分开的管子送料。有些厂家采用螺旋传送带而不是螺旋喂料器把除尘器里的细料送入滚筒里。

6.2.3 HMA间歇式设备

间歇式设备是分批生产HMA的,而不像滚筒搅拌机的连续式生产。批量生产规模是由搅拌机的生产能力和加热好的集料与沥青拌和的拌和室所决定的。一般的生产能力从3000到10000Lb(1364~4545kg)不等。

直到20世纪70年代,间歇式设备是美国生产HMA的主要方式。大多数美国承包人选择滚筒搅拌机的原因是其具有不断提高的生产能力和便携性。目前正在制造的设备约有95%是滚筒式搅拌机。但是,美国正在使用的设备当中约70%仍是间歇式搅拌机。很显然,当间歇式搅拌机退出时,大多数将会由滚筒式搅拌机所替代。

滚筒式搅拌机一节中的几个因素在间歇式搅拌机设备布局中也存在。比如,所有这些在间歇式搅拌机设备中,冷集料喂料系统和排放控制系统等都具有同等功能。因此,下列内容重点放在间歇式搅拌机与滚筒式搅拌机那些不同的特点上。

6.2.3.1 集料干燥机

典型的间歇式搅拌设备中的集料干燥机是按逆流设计的,即冷料从燃烧器的另一端进入干燥机,与废气流流动方向相反(逆流)。由于冷的湿集料仅在废气离开干燥机之前进入,废气温度通常低于它离开滚筒搅拌机时的温度。事实上,废气温度的控制因素在于气体流的露点温度。如果控制污染系统里有除尘器的话,废气温度必须高于露点温度。高于露点温度可防止水分蒸发,使灰尘结块而堆积在空气袋中过滤。如果出现冷凝,会使结块的灰尘变为软泥。为防止这种现象发生,多数除尘器生产厂家建议废气温度要高达250 ℉(121℃)以上,但露点很少达到200 ℉(93℃)。间歇式搅拌设备中逆流干燥机的废气温度比滚筒搅拌设备中顺流干燥机的温度低50~60 ℉(28~33℃)。逆流设计的热能量传输效率的提高不仅可以以较低的成本生产出相同温度的集料,而且较低废气温度对除尘器也是较适宜的。

干燥机也配备了翻起集料并在集料穿越燃烧器的热气体时使其成瀑布状分布的纵向控制器。集料离开干燥机时的温度是决定成品混合料温度的主要因素。若是集料过热时拌和会使沥青过度氧化,出现永久的硬化,在HMA混合料中可能会过早地产生裂缝。如果集料温度不够,那么,裹覆集料就有困难。

一旦集料离开干燥机,便由吊式升降机把集料运送至有过筛装置、热料仓和搅拌机的塔式设备顶部。下面将逐一介绍这些设备。

6.2.3.2　燃烧器

间歇式设备的燃烧器与本章中论述的滚筒式搅拌设备中的燃烧器是一样的。

6.2.3.3　过筛与热料仓

热过筛设备示意图详见图 6-6。热集料从左侧进入热的振动筛。过第一遍筛时,过大的材料被分离出来并经过倾斜的振动筛移到右侧,送出料槽,通常是跌落至地面上。最上层筛子和第二层筛子之间保留下来的粗集料会送至右侧远端的 4 号储料仓。第二层和第三层筛中保留的材料为中等颗粒的粗集料,经过振动筛进入至 3 号储料仓,2 号储料仓里是保留在 3 号和 4 号筛上的中等细集料。1 号储料仓里是最细的集料颗粒。根据混合料设计制定的现场配比,这 4 个储料仓里的材料必须按比例配比。除了这些储料仓里的集料以外,生产混合料须加入的另外两种集料成分是矿料和再生路面材料。

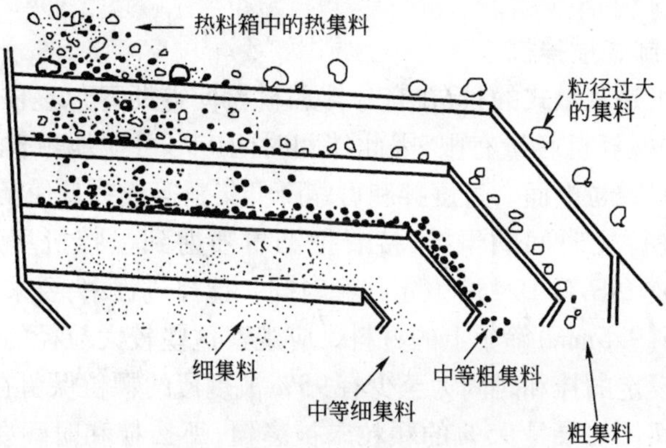

图 6-6　间歇式搅拌机的热集料过筛示意图[2]

热筛的表面面积须与干燥机的输出、集料冷料系统的比例和搅拌机的能力成比例。如果冷料的材料与每个储料仓所需的材料数量不成比例,那么,有些储料仓会超载,其他则又储料不足。这类比例问题生产出不合格的混合料,因为不符合技术规范的要求,或由于缺料等待进料延误了时间,使得生产设备输出不符合要求的混合料。

因此,由于生产率较低以及额外处理储料仓过量的材料,效率受到不利的影响。筛子或是损坏或是撕破,使得过大的颗粒进入到较细材料的储料仓。如果这种现象较严重时,生产出来的混合料比现场配比规定的集料粒径要大些,并且混合料中缺乏细料。当筛眼堵住时,细料不能顺利通过筛子,导致有些细集料进入至粗集料的料仓里。这种情况下生产出来的混合料集料粒径小于现场配比规定的粒径且在混合料里缺乏粗集料,这会使得有些集料颗粒不能被沥青覆盖。提高材料的喂料速度会减少过筛的效率,造成材料堆积在筛子上进入到粗料仓里,导致混合料里细料粒径过小。

热料仓应该有充足的空间来储藏一定量的材料,才可使搅拌机正常运转。由于1号料仓装的是细料,混合料里要使用到较大比例的细料,细料仓是最大的料仓。料仓之间的设计距离必须防止邻近料仓集料混合在一起。每个料仓都装有溢流管以避免过量材料堆积而流向邻近的料仓或是干扰料仓上方的过筛,从而导致传送带和筛子的损坏。每个料仓都应装探测器,在集料低于或是高于规定水平时可以提醒操作人员。把每个料仓出料比例乘以集料盘质量得出间歇式搅拌机每个料仓所需的材料数量。

6.2.3.4 料斗和沥青桶

每个料仓取料数量经料仓斗称量。与此同时,集料过秤,沥青在喷入搅拌机之前泵送至称量桶。

集料称料斗和沥青桶都是悬挂在秤的上面。一旦料斗总质量称出来,首先把集料倒入搅拌机里,然后再倒入沥青。应利用鉴定的试验配比定期校准集料称料斗和沥青桶。

6.2.3.5 强制式搅拌机

强制式搅拌机是双轴式的,旨在充分拌和材料使得沥青包裹住集料。由于间歇式HMA设备中的搅拌机容量有限,因此拌和时间应尽可能地短暂才能使沥青均匀地裹覆在所有集料颗粒上面。过度拌和可能降低集料等级并且使沥青氧化。集料进入搅拌机之后,进行短时间的干拌,接着把沥青喷射到搅拌机里进行湿拌。根据AASHTO T195或是ASTM D2489设定拌和时间。搅拌过程中,要采集HMA的试样,并去除留在3/8in(9.5mm)筛子上的材料。应观察这些较大粒径的颗粒是否全部或是部分被裹覆。设定的拌和时间为至少有95%被裹覆的颗粒保留在3/8in(9.5mm)筛子上所需的时间。如果是95%的颗粒未被裹覆,那么拌和时间要加长,再加入额外的材料,进行另一轮拌和。

强制式搅拌机包括一个拌和室和两个可逆向旋转的轴,还有几个桨叶柄其末端都装有桨叶(图6-7)。桨叶的造型旨在在拌和过程中产生最大的效用,且必须将其固定住,这样桨叶的顶端和拌和室墙壁之间的距离小于最大集料粒径的一半。否则就会形成材料未被拌和和沥青未裹覆集料的死角。

分盘拌和的数量应与搅拌机速度相匹配,才可保证所有的材料都在搅拌机的活动范围之内。要避免过轻的分盘,因为拌和室内材料不足时材料运动不充分。拌和之后,HMA送到货车上或是暂时储藏在储料仓里。

6.2.4 空气质量控制系统

间歇式和滚筒式搅拌机的干燥装置中的废气流有少量的灰尘。

灰尘的数量取决于待干燥材料的体积、质量以及干燥机的气流速度,还有些滚筒式搅拌机要取决于沥青的使用量,因为沥青可以裹覆较小颗粒使其留在搅拌机里并且脱离废气流。由于有些细料会变成灰尘,必须要有污染控制设备在灰尘被排放到空气中之前捕捉到它们。这些排放不得超过各州和联邦空气污染的极限。

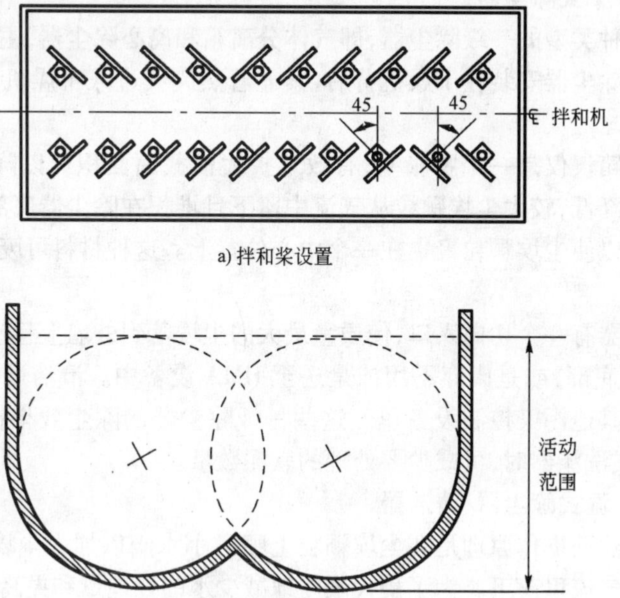

a) 拌和桨设置

b) 拌和机旋转轴活动范围

图 6-7 搅拌机的构件[2]

搅拌机内的空气流主要取决于搅拌机的直径。对于空气流在搅拌机内的穿越速度,人们通常认可的行业标准为每分钟约 1000ft(305m),所以排气扇规格要适宜以保证有适当的气流。当开始使用滚筒式搅拌机时,废气速度处于每分钟 600 ~ 800ft(183 ~ 244m)之间,但也发现在含水率适中或要求集料生产速度较快时,这是不适宜的。根据每分钟 1000ft(305m)的废气速度可以确定表 6-1 和表 6-2 中最大的废气体积。

对于有特定粒径分布的集料,废气速度是影响潜在灰尘数量的主要原因。灰尘数量是按气体速度平方值的增加而增加的。

另一个影响尘埃进入滚筒式搅拌机的污染控制系统因素是沥青入口的位置。沥青入口位置越接近火焰,沥青捕捉和阻止由除尘系统收集的灰尘数量就越大。把沥青入口置于火焰附近会有两个潜在的问题。第一,沥青会氧化或使得料堆里生成蓝烟的不易挥发成分脱落;第二,在沥青覆盖集料之前集料干燥不够。设备操作人员必须要优化沥青入口的位置以最大限度地减少污染控制系统里的尘埃数量和烟尘,与此同时要符合技术规范编制机构规定的 HMA 含水率要求。

多数 HMA 设备的空气污染控制系统中包括了一个或是多个下列类型的除尘器

(1)一级干式除尘器,(2)湿式除尘器,(3)纤维过滤器(袋滤室)。下面将一一介绍各种类型的除尘器。

6.2.4.1 干式除尘器

目前有两种类型的一级除尘器,即气体分离箱和离心除尘器,主要用于间歇式搅拌机上。干式除尘器安装在干燥机背后,紧靠着热废气进入干燥机和料堆之间的管道系统。

气体分离箱仅仅是一个膨胀室,有效地扩大横截面面积可以降低废气的速度。随着废气速度降低,较大尘埃颗粒从气流中落下且堆积在除尘器底部,因为除尘器底部充分倾斜可以使尘埃颗粒聚集在一个中心位置上。这种材料可废弃不用或是送至HMA设备中。

离心除尘器有一个切向入口,使质量最大的尘埃落到外墙上且速度慢下来,最后落到除尘器的底部,或是废弃不用或是送至HMA设备中。清洁过的废气经里面的圆筒再进入到其他污染控制设备里。这些一级除尘器的除尘效果在60%~85%之间,当配有湿式洗涤器时,可减少要处理的软泥数量。

6.2.4.2 湿式除尘器/清洁器

湿式除尘器的操作原理是在尘埃颗粒上喷洒小水滴以加大尘埃颗粒的质量,迫使气载尘埃从气流里落下。为了最大限度地减少水的处理量和提高喷水区域里尘埃颗粒的聚集性,管道系统的横截面减少了,如图6-8所示。喷管安在文式管管口的上游处[图6-8a)]并且对准减少的横截面。带有加湿尘埃颗粒的废气被送入筒状分离机里。在分离机里加湿尘埃颗粒沿着分离机螺旋路径向下,由离心作用甩在墙上,然后沿墙向下流动,这些尘埃颗粒被装在墙上的熨平板器截住并送到沉淀池里[图6-8b)]。典型的横向湿式除尘器剖面图如图6-9所示。

犹如其名称所包含的意思一样,沉淀池是用于从水中沉淀(分离)灰尘,减少反复操作时所需水的总用量。带灰尘的水进入沉淀池,最重的灰尘很快沉淀至池的底部。一般把这些沉淀池分成区,从一个区至另一个区的沉淀,水就变得越来越清。在最后一个区里的水从顶端排出,循环回到熨平板装置里。收集的细料必须从沉淀池里清除出去并废弃掉,因为过量堆积对沉淀池的效率有不良影响。

当采用熨平板时,软泥里的灰尘颗粒与HMA混在一起,因此,使得成品材料的等级与将要混合的集料等级不一致。如果从废气中捕捉到的灰尘体积较大时,在混合料级配中就会有极大的改变,尤其是细集料部分。如果某地矿粉所需的细料较少,建议采用湿式除尘器,因为尘埃不能返送回到搅拌机里。

6.2.4.3 纤维过滤器(袋滤室)

袋滤室是极为有效的,可以从废气中去除约99%的灰尘。纤维过滤器的操作原理很简单。充斥着灰尘的废气被吸入过滤布,在布的一面拦截灰尘,但清洁的空气可

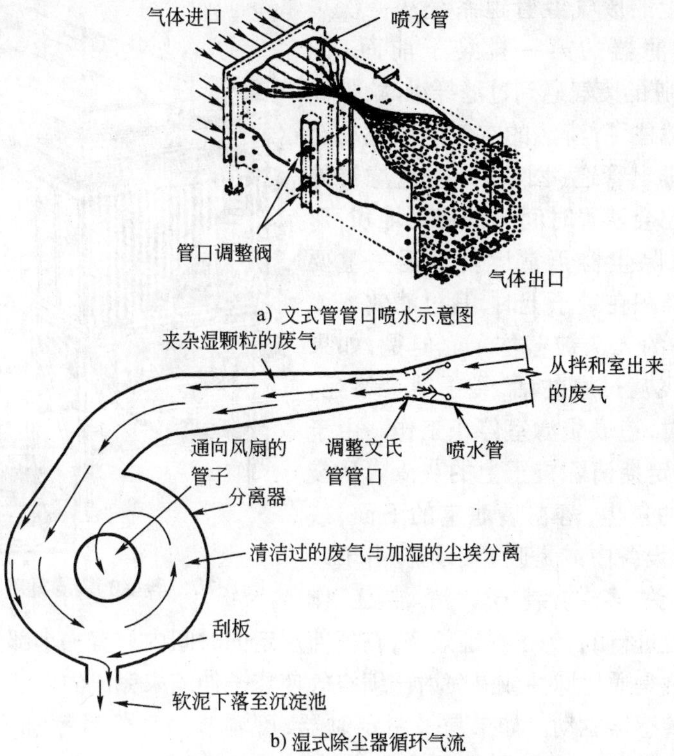

图6-8 湿式除尘器管道系统示意图

穿过过滤布。其操作原理与家用真空清洁器类似,两者最大的区别在于规格。袋滤室的规格(过滤布总面积)取决于要过滤的空气体积。有经验表明由于缺少干燥机空气体积,5:1 和 6:1 之间的气体体积与过滤布面积比($ft^3/min \cdot ft^2$)在清洁空气而又不减少设备生产能力的同时是极为有效的。一般除尘器里有 300 ~ 800 个不同的袋子。

把这些袋子缝成圆柱状,一端缝死,安在一个金属的笼子上以防止这些袋子在过滤过程中塌陷下来。袋子由尼龙织物制成,在清洁过程中可承受高达 450 ℉(232℃)的温度和重复拉伸。

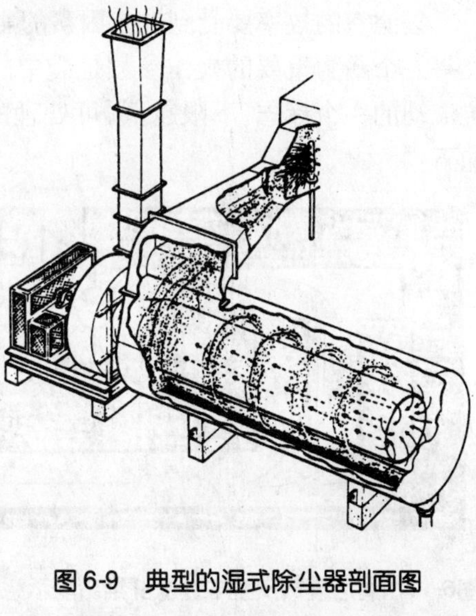

图6-9 典型的湿式除尘器剖面图

充满灰尘的废气经管道系统从一次袋滤室送至过滤器的第一排袋子前面(图6-10)。当肮脏的废气遇到过滤纤维时,外面一侧把灰尘截住了,清洁的空气继续流动至废气扇并被排出管道(图6-11)。过滤器外面的灰尘颗粒会随着时间的推移而堆积,形成灰渣,这对除尘器正常运转是至关重要的。当飞灰堆积在袋子上时,其过滤效率增加了,更细小的飞灰被截住了。但是,如果袋子外面的飞灰过厚的话,袋子就会堵死,空气无法穿过,造成袋滤室停止工作。由于这种情况,须定期清除袋子上的灰渣。从袋子外面掉下的灰尘,落在袋滤室的下面,或是送回HMA设备中或是废弃不用。由于袋滤室里有许多的袋子,清洁工作是以组为单位进行的,为了保证效率,在任何规定的时间内只有一小部分袋子不工作。

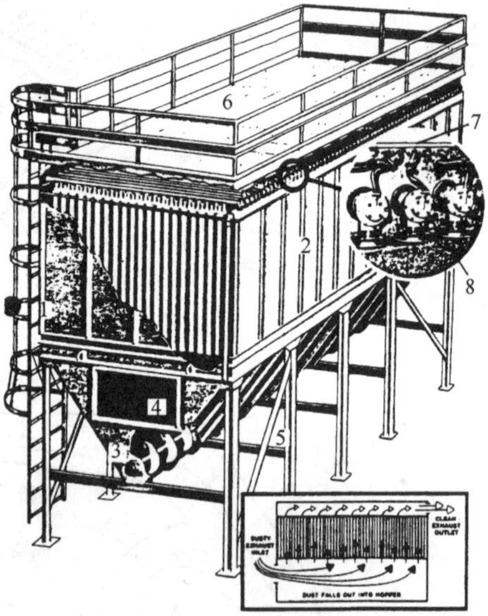

图6-10 典型的袋滤室剖面示意图[2]

清洁通常是通过脉冲或是喷射压缩空气使袋子伸缩来完成的。清洁周期是由定时器或压力传感器驱动。如果是采用定时器,可调节循环的频率和压缩空气脉冲的持续时间。若配备的是压力传感器,根据选好的压力下限可自动调节袋滤室的频率。

袋滤室的效率要受到许多因素的影响。如果规格和维修都适宜时,在袋滤室中唯一一个最为重要的操作参数是袋中的压力下限(图6-12)。由于压力下限是微量抗流动的一个标志,下限越低,可处理的空气体积越大。提高压力下限的一些理由如下:

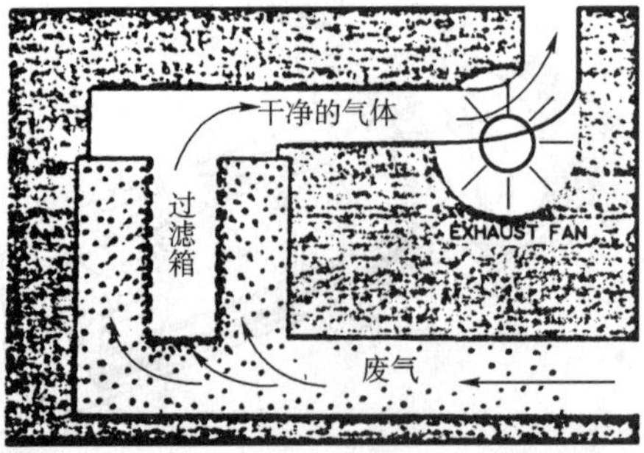

图6-11 清洁废气灰尘中过滤纤维功能示意图

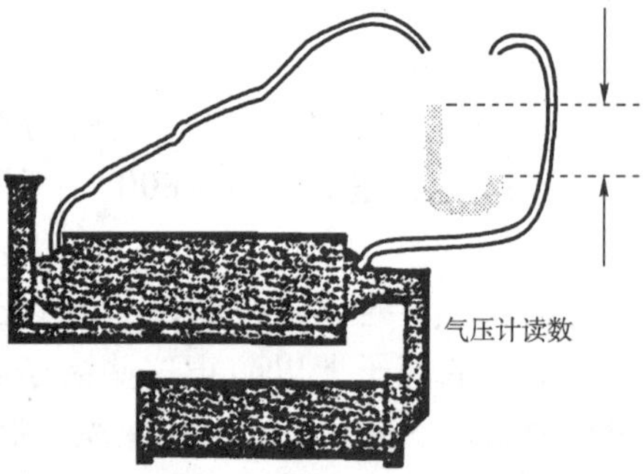

图6-12 袋滤室过滤袋中的压力下限

1)生产安排大于额定的能力　这将排放出过量的灰尘。

2)水分　如果气流温度降至露点以下,就会在袋子上冷凝下来,与收集的灰尘一起形成软泥并堵塞袋子。

3)清洁系统　清洁系统故障或是压缩空气下限低于90psi时,便要清洁系统了,因为压力过低使得空气不能在袋中流动。

6.3　运输及摊铺操作

工地上两个最为重要的操作是把HMA从拌和站运送至施工工地和路面摊铺工地。运输的重要性在于对项目成本和HMA质量的影响。

路面摊铺的重要性在于它会对HMA表面的质量产生巨大的影响。下面将逐一分析这些内容。

6.3.1　运输

运输包括了从HMA设备把HMA运输至摊铺机上的货车以及所利用的设备和程序。这些程序包含了把HMA装入货车,称量和开出票据,保护HMA不降温、运送至工地、倒入摊铺机料斗和开货车返回HMA拌和站。整个运输操作通常被称为货运周期,须认真分析,决定需要多少辆具体规格的货车才能使得HMA拌和站的输出与道路上压实和摊铺设备相匹配。项目所需货车的数量要受到装载和卸载等级时间、装载时间、打卡与覆盖HMA时间、生产工地和摊铺工地之间的距离、平均货车速度、HMA设备的输出及暂存仓或是储藏设备的影响。按HMA卸料方法分类的车辆的主要类型有后卸式货车和活底(传送带)车辆。不管是采用何种卸料方法,所有车辆都应是金属车身,干净、平滑、没有破口孔洞。隔热可延长运输距离(时间),对于项目而言,是可接受的。

6.3.1.1　后卸式货车

这些货车一般是三种AASHTO车辆中的一种:串联后轴(3D)或是三联轴(4T);或是牵引车——半拖车的背后为串联的牵引车半拖车(3—S2)。这些车辆中每种都有由州或联邦法令规定的质量限制的最大毛重。联邦桥梁公式限定车辆毛重(GVW)和车辆有效荷载,主要是轴间距起作用。

后卸式货车必须有能力提升和旋转货车车身,卸下所有的HMA而货车后部不会压迫摊铺机的料斗。先打开后挡板,让HMA倾卸到料斗上,沥青混合料是一起涌出,可防止少量粗集料倒入料斗中产生离析,当卸下货车上的HMA装入摊铺机料斗时,货车车身应有轻微的提升。但是,装填料斗时不应让材料溢出到摊铺机前。

6.3.1.2 底卸货车

底卸式货车是一种漏斗类型的3—S2型货车,可直接把材料卸到道路上或是倒入车下方的箱式摊铺机的箱子里,再由箱子把材料卸到道路上。对于直接把材料卸在道路上的车辆而言,卸料速度是由位于拖车底板中心位置的抓斗颚板的开启宽度所控制。底板有倾斜边,可加快材料从底板流向卸料区域。因此,宽度的控制和材料体积是关键,因为通常是由料车把材料送入摊铺机。如果摊铺机前材料不足时,这种机械没有很大的储藏量来保存过多的材料或是供给过多的材料。因此,如果用料车/摊铺机摊铺 HMA 的话,需准确控制底卸式车辆卸下的材料数量。

6.3.1.3 活底货车

在底部安装一条传送带的活底货车的应用越来越多。这些车辆曾成功地应用于一些项目,以帮助最大限度地减少材料的离析,尤其在货车装载结束时。板条式传送机把材料从货车底板上拖出来,卸到摊铺机的料斗里而无需提升底盘。采用这类车辆增加了成本,因为拖车的额外费用和传送机的维修增加了额外的运营成本。它的优势是提高了有效荷载,与3D和4T车辆相比,降低了每吨英里的成本,与底卸式3—S2型货车相比较,它的安全性提高了。

6.3.1.4 货车装载程序

不论使用何种类型的车辆,都有必要清洁货车底板并涂上一层润滑油以防止黏结。不应使用石油为主的产品,比如柴油,这是因为环境的问题和对沥青混合料潜在的有害影响。取而代之的是在底板上喷洒石灰水、肥皂水或适当的商业制品,在装运冷却的 HMA 之前排干多余的润滑油。采用润滑油能防止黏结和冷却 HMA 的堆积。因此,可以降低运输的单位成本。

当把 HMA 装入货车时,应使用多个料斗以最大限度地减少由大颗粒集料从卸下材料的锥形边缘滚下而产生的离析。采用单斗式装载货车底板时,这些粗集料离析的典型模式详见图6-13a),摊铺机后面道路上也出现了图6-13a)所示的呈一种独特模式的货车底板离析,因为离析的区域会散布在整个摊铺的车道上。当摊铺机的两翼打开,把材料倒入摊铺料斗时,离析加重了。货车装载结束时是离析的高发时段。

图6-13b)所示的多斗卸料造成的货车底板有轻微离析可能在道路上不会出现,尤其是料斗1和料斗2靠近货车尾部时,因此防止使用单个料斗时前面和后面出现离析。当离析集中在货车中部时,摊铺机的螺旋布料机可以略微地拌和材料,搅动一下四周大块的集料以最大限度地减少道路上的离析。

料仓和暂存仓的阀门结构应较大并且可伸长,可以很快地把大体积的 HMA 送出,因此可防止材料下落形成锥体,从而加重离析。最糟糕的下落情况是材料流到底板中心很慢,使得粗集料滚离了料堆,在其边缘产生了离析。有研究表明,道路运输时造成离析的最大原因是储藏仓使用不当所致。

a) 单斗式装载方式将使混合料在卡车四周产生离析

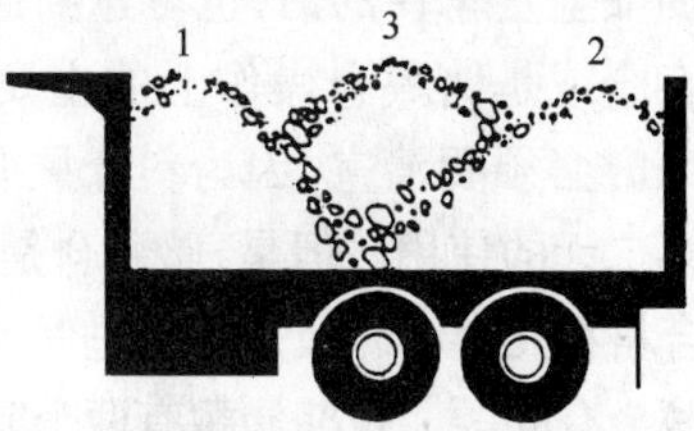

b) 多斗式装载能使混合料在卡车上产生的离析最小

图6-13 货车装载程序

6.3.1.5 运输防护

当天气较冷或是运输距离较长时,HMA应有防护性盖子以阻止过度降温并在表面形成硬的表面。不过,更重要的一点是要把防护性盖子安全地系好以防空气进入盖子和沥青混合料之间。因此,所有的盖子都应包住货车底板的四个边并在各个边和后面都系好。

6.3.1.6 影响货车周期因素

如前所述,货车周期包括了从HMA生产到摊铺工地的运输中的不同环节,返程也包括在内。考虑到要减少运输成本的技术,就必须提高每趟的有效荷载或是通过减少一个或多个运输环节来缩短总的运输时间。运送拌和站每日产量所需的车辆数量是所生产的总吨数、总的货车周期时间和每辆车的有效荷载的函数。

暂存仓或是储藏仓通常可缩短货车装载HMA所需的时间,也可减少货车等待装载的时间。一般暂存仓都呈圆锥形(漏斗形的),通过圆锥底部成排的阀门把HMA送入货车。阀门的设计是可以快速开关的,这样较大数量的HMA可以成堆地送入货车。设计中有几个因素必须认真对待,以防止混合料进入料仓或是把混合料从料仓送入货车时产生离析。

暂存仓和储藏仓的基本原理:

1)替代货车作为一种HMA的储藏仓,因此,最大限度地减少所需货车的数量;

2)当没有货车时,可让HMA设备持续生产;

3)使得每盘的材料质量均匀一致且容量最优化;

4)使得混合料有个暂时储藏的地方,因此,可以调整设备或是调整另一盘拌和的生产而不会影响到工地的摊铺;

5)在运输或摊铺和压实开始之前,就可进行生产,因为有暂存仓或是储藏仓可以短时间储藏;

6)可使得混合料准确地装载到运输货车上以最大限度地减少每趟运输的有效荷载。如果在暂存仓或是料仓底部装上称量配料斗作为卸料装置的话,或是在卸料装置下面安上货车秤的话,也可达到这种目的。

暂存仓或是储藏仓操作上的主要区别是暂存仓在每天工作结束时必须要清空,因为料仓里剩余的混合料会冷却且不适于第二天的使用。但是,储藏仓是绝缘的,可进行加热以保证混合料在几个小时或是几天里保持温度不变。但是,有时长期储藏会有问题。长期储藏有两个问题,即沥青的流失和氧化。图6-14显示的是由链斗升降机送料的储藏仓。从上面控制盘把沥青混合料全部放下至绝缘的料仓。料仓把HMA卸入装在底部的称量控制器上,HMA再以多斗方式装入货车以最大限度地减少离析。通常储藏仓的容量大于暂存仓。

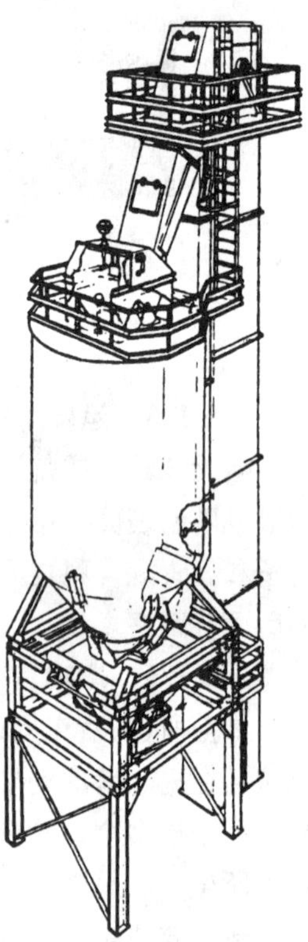

图6-14 带有链斗升降机和称量控制器的储藏仓示意图

小批量混合料生产不适宜采用滚筒式搅拌机。因此,在没有料仓时,小型项目的客户就不得不等待直到承包单位生产了所需的混合料。但是,如果有多个储藏仓的话,在非高峰时段可生产、储藏和随时都可向小型项目客户提供混合料。采用滚筒式搅拌机生产时,如果从一种配合比设计完全改变成另外一种时,所生产的混合料可能不符合任何一种配合比的技术规范要求。在没有料仓时,连续式操作的维修费用和废弃材料总数量比开机/停机的动作要低一些。

最近一家厂商采用一种暂时的道路运输储藏装置(MTV)或是混合料再拌转输车(shuttle buggy)。原理上是作为一个35t(32Mg)容量的移动暂存仓,它可快速地从货车上卸下材料,回到摊铺机上卸下HMA。当在摊铺中采用MTV时,摊铺机要有较大的25t(23Mg)的直立式侧面的料斗,以代替标准的带两翼的摊铺料斗。这个较大型的料斗可以让摊铺机的操作独立于材料运输车辆,提高了摊铺机的机动性,尤其是空间不大的住宅式和购物中心区的摊铺。这种材料运输车辆上有一个搅拌机,可以再次拌和所有的混合料以最大限度地减少到达工地前的离析。由于摊铺机的操作是独立于货车的,因此它可以连续地慢速运行而不会影响货车周期或是降低HMA设备生产速度。对于特殊用途而言,该设备有许多实用的优点,比如摊铺试验道路、严格等级控制的赛道及施工合同中不常见的施工要求。有经验表明采用MTV可以提高路面表面平整度。

6.3.2 沥青摊铺机

6.3.2.1 原理

如图6-15所示,摊铺机是接收货车上的材料并将材料储藏在板上的重要移动设备,摊铺机还配备有一个传送带,可以把料斗上材料送至机械的后面并倒在待摊铺的地面上。在把材料倒在熨平板前之后,一对横向移动的螺旋布料机熨平板把材料横向地铺到熨平板的整个宽度上。摊铺机由两种机械构成:第一机械是牵引机,可装上推动摊铺前进的橡胶轮胎或是履带,并为机械系统运转提供动力,第二个是安装在摊铺机后面的熨平板装置和安装在牵引车上的一个旋转轴。熨平板装置是自由升降的,因为在牵引车的固定连接点上没有扭矩。图6-15下面的摊铺机的平面图显示了两个处理材料的系统:(1)是把摊铺机前面料斗中的材料送到摊铺机的后面;(2)是在摊铺车道上把材料横向铺开。

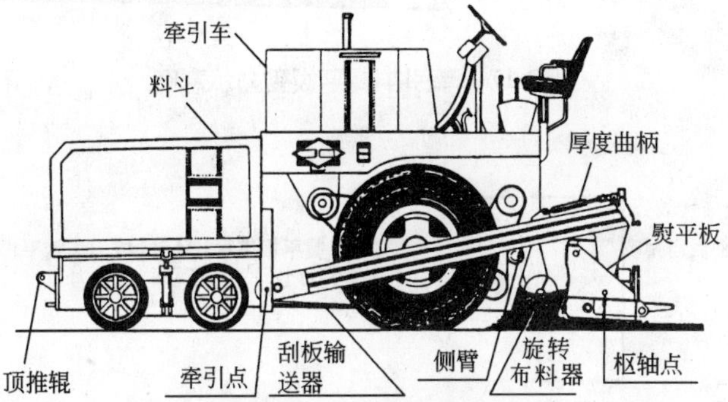

图6-15 摊铺机示意图

摊铺机最重要的特点是自动找平熨平板装置(图6-16),它可确定待摊铺材料的外形。当在路上牵引着熨平板移动时,装置上有许多作用力。第一,牵引机上的牵引力,在牵引点上施加的牵引力。第二,沥青混合料中产生的抗牵引力的力,如图6-17所示。第三,熨平板装置垂直压在熨平板下面材料上的重量。第四,是通过捣实棒或是振捣棒或两者兼备由熨平板施加的额外压实力。第五,是在熨平板底部和熨平板下面的材料之间的摩擦力。第六,被压实材料上抗熨平板底部的垂直力。这些力一直都在寻找一个平衡的位置,因此,可以绘制出自由体受力图来说明图6-18中所示的这些力之间的关系。

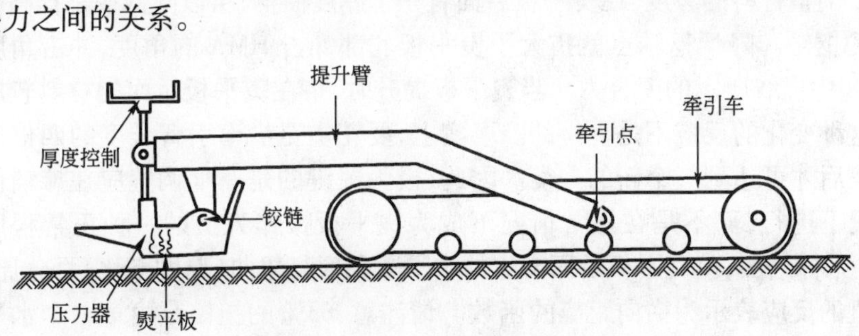

图6-16 自动找平熨平板装置构件

熨平板前的 HMA 是松散的，但是在熨平板后面倒下的材料则是稍微压实的。熨平板重量加上振动和捣实能量使得材料密度增加。

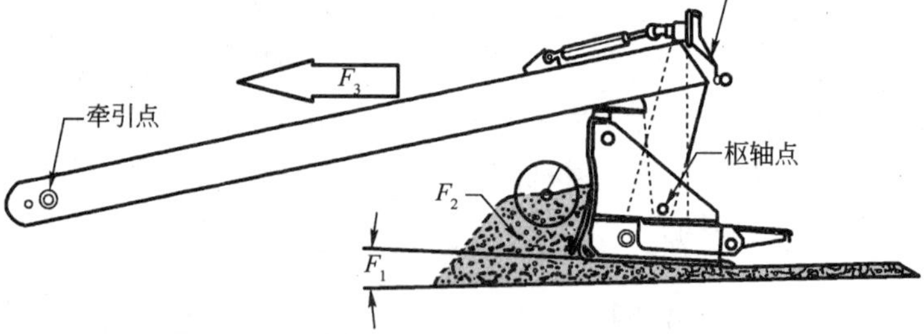

图 6-17　牵引中熨平板受力示意图

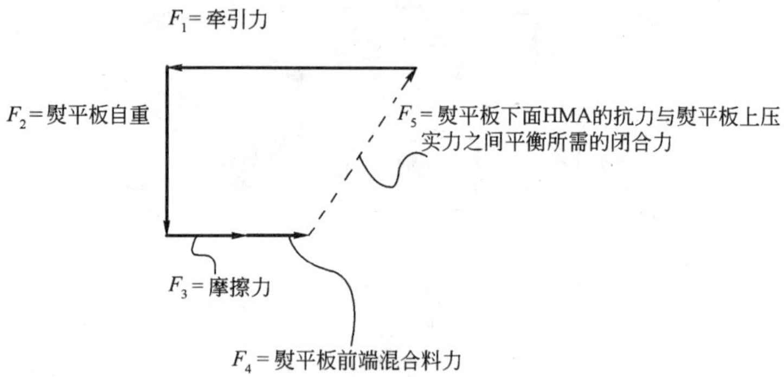

图 6-18　自动熨平板自由体受力图

如果设定熨平板处理板前规定体积的材料且熨平板后面材料的密度大于前面的密度，后面材料的厚度则小于前面的。材料厚度不同是熨平板滑行或是在 HMA 上滑行角度所致。由于熨平板是自由浮动，其形成的角度是这些力平衡的结果，如图 6-18 中虚线所示。

为了调整材料的厚度，在熨平板后面有一个厚度曲柄，可以降低或是提高图 6-17 中后面的枢轴。降低枢轴点就扩大了熨平板底部冲击 HMA 的角度，冲击角度产生了图 6-18 中虚线所示的闭合力。当熨平板提升时，挤在熨平板后面的材料较厚。熨平板对这种变化的反应不是直接的。事实上，要花上至少牵引臂长度的四倍反应的时间间隔后才可达到一个新的平衡。因此，极为关键的是厚度调整应在摊铺机不正常的情况下进行，而不是在正常情况下成为熨平板操作人员的一种正常程序。图 6-19是一张标绘图，就熨平板后面产生的水平臂长度与扭曲（厚度变化）百分比而言，把摊铺机的反应表示为横向距离的函数。请注意，63% 的扭曲是由第一个水平臂长度复原的，87% 是由第二个水平臂长度复原的，95% 是由第三个复原的，98% 是由第四个复原的。经过五个水平臂长度后，99% 的扭曲已调整过来，再次达到平衡。由于水平臂长度为10ft(3.1m),这种标绘图的实用结果是直到50ft(15.2m)的混合料已经摊铺了,熨平板才从一个步骤输入的调整中恢复过来。因此,过多地调整厚度曲柄会阻止熨平板最终平整路面的高低点。

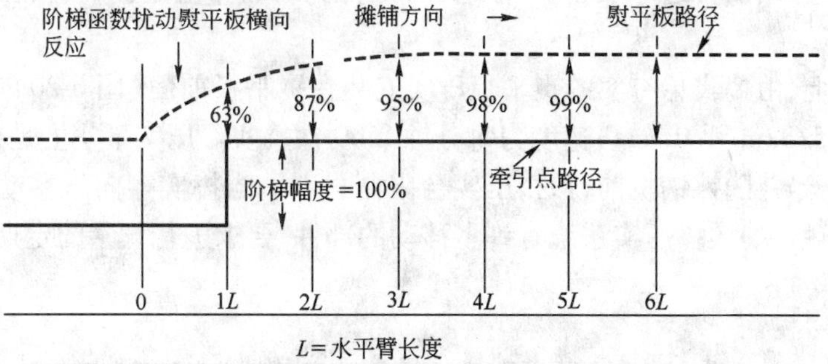

图6-19 自动熨平板对厚度控制的人工调整的反应图

输入扭曲到熨平板的第二个来源是牵引装置垂直提升或是轴距的下降。车辆在现有路面表面的波动中移动时,熨平板牵引点也上下移动。

当摊铺机停止后,力 F_4(图6-18)在摊铺机移动时在已有的平衡中发生变化。熨平板可以稍微固定一下,或熨平板前的材料可以冷却下来,这要取决于装载的时间间隔和表面温度情况及空气温度。因此,当施加新荷载时,熨平板前面材料前面部分所产生的力是不同的,使得熨平板或是升或是降以达到一个新的平衡。如果摊铺机连续移动时,便可消除或是最大限度地减少这些效果。有时,要保持摊铺机不断地移动是不实际的;这些情况中,应快速停止摊铺机,不过要平稳地停机,尽可能快地装载,再快速地和平稳地加速到摊铺的速度。

影响熨平板的第二个与现场有关的因素是改变摊铺的速度。在摊铺过程中,经过熨平板下面的材料要承受一定的重量和压实力,当材料从摊铺机的前面流向后面时会导致HMA的密度增加。如果摊铺机加速,熨平板下面的混合料流动所承受的压实时间较短,因此,材料密度较低。这种低密度材料比低速下密度较高材料的抵抗力要低,结果是力 F_4 较小(图6-18)。抵抗力提高以达到平衡和熨平板落下。因此,如果要使路面摊铺平滑的话,重要的是把摊铺机保持在一个匀速状态下以避免速度改变所造成的波动。

摊铺机流量阀门和螺旋布料机的设置控制熨平板前材料前端。可调整的流量阀门是紧靠在螺旋布料机前面,位于每个板条式传送机上面。流量门的作用在于控制由板条式传送机传送至螺旋布料机的材料数量。重要的是把流量门高度设置在可以把足够材料传送至螺旋布料机室的高度,只让约50%的螺旋布料机露出混合料之外,当摊铺机向前移动时螺旋布料机可返回。当螺旋布料机里的材料厚度落后于预设的数值时，螺旋布料机的移动是由驱动螺旋布料机的传感器控制的。

每个螺旋布料机都是独立操作的，在待摊道路上横向布料。在两个螺旋布料机的连接处，即是摊铺机的中心位置，是布料机的齿轮箱。为了要把 HMA 压在齿轮箱的下面，在齿轮箱的旁边一般会有一个反向布料机以确保把足够的材料压送至齿轮箱下面。

从传统上，由捣实棒夯实的熨平板压实安装在熨平板前面（图 6-20）。一般捣实棒上下移动 5/32in（4.0mm），速度为每分钟 1500 次捣实。压实事实上是在捣实棒斜前方发生的，当伴随摊铺机前行时，压实会限制材料。当捣实棒向下移动时，材料与捣实棒面接触。捣实棒压实系统有许多移动的部件，要求进行大量的定期维修，且棒子很重。

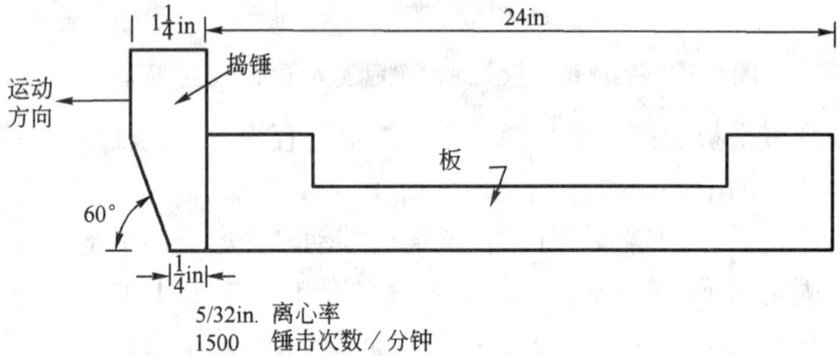

图 6-20 振捣—熨平板示意图

捣实棒 1/4in（6.4mm）底部施加的压实经证实是有害的，因为每次捣实会使得 HMA 表面有轻微的缩进。

捣实棒在路面留下印记的问题可采用振捣—熨平板来解决（图 6-21）。振捣—熨平板包括一个弯曲的槽形板，板上安了一个电子振动器。振动器每分钟振动 3600 次，振幅为几千分之几英寸。该熨平板压实技术很快就被市场认可。振捣器振出的表面极为平滑，这是因为振捣器的低幅度和高频率振动使得砂子和沥青都移到了表面所致。这种光滑的表面与用捣实棒压实机振荡出的开放纹理是很不同的。有些国家振捣棒或是振捣—熨平板的应用仍较为广泛。

振动熨平板使用的早期阶段，混合料生产中遇到一些问题，在熨平板正面弯曲部分会堆积材料，要是突然从材料堆积的地方把熨平板提起就会在道路上形成一个小丘。在熨平板正面加上一块挡板以防止在熨平板正面弯曲的顶部堆积起来的材料（图 6-22）。

熨平板还有其他调整和控制装置可方便 HMA 层的摊铺。每天摊铺前，用熨平板加热器可提高板的温度。把板加热到 300 ℉（149℃）左右可保证第一次摊铺的材料不会粘在熨平板上，使得摊铺层的纹理较粗糙。在摊铺了一小段距离后，HMA 可保持板的温度，便可关闭加热器。

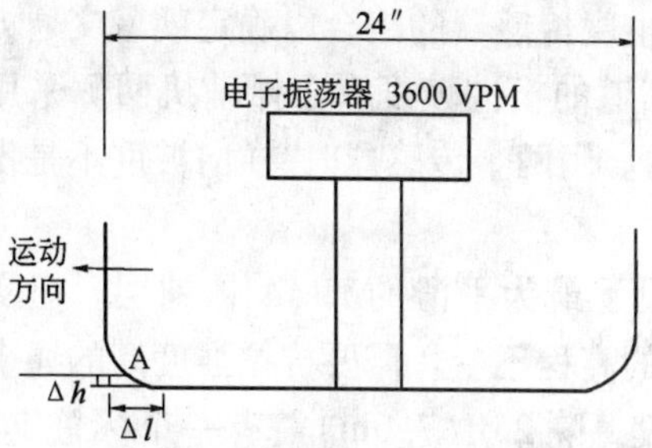

图6-21 振动熨平板示意图

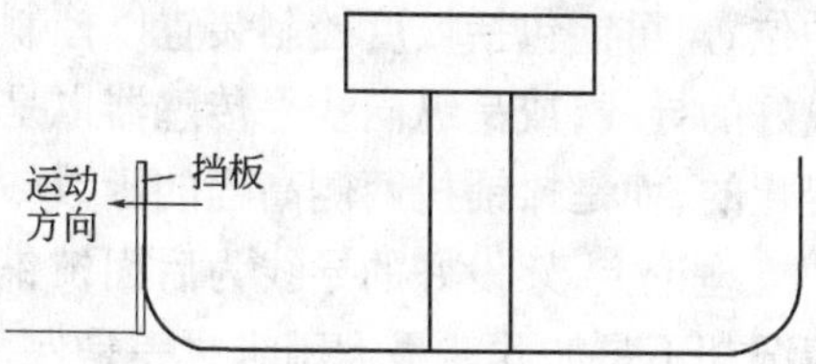

图6-22 带挡板的振动熨平板

另一个熨平板调整是路拱控制。一些路面车道上的路拱有助于排除道路表面上的降雨。可调整路拱以符合道路几何形状的要求,通过调整松紧扣来活动熨平板的底部以达到所需的路拱。

有时,待摊铺的宽度超过了摊铺机的宽度,一般小型摊铺机的宽度为8ft(2.4m),大型摊铺机的宽度为10ft(3.0m)。当出现这种情况时,采用刚性的熨平板加长板或是液压熨平板加长板可以加长摊铺宽度。刚性加长板用螺栓固定在摊铺机的熨平板上,一般是加长0.5ft、1ft、2ft、3ft(15.2cm、30.5cm、61.0cm、91.4cm)。摊铺宽度加长,摊铺机宽度加长,那么,螺旋布料机也应加长方可在加长的熨平板前提供适量的材料。应注意的是要确保熨平板加长部分的前后对准摊铺机熨平板前后。

通常摊铺路面宽度有变化时,比较安装和调试刚性熨平板的加长板所需的时间而言,采用液压加长板是种较为经济的作法。采用液压加长板有一个问题,就是表面纹理不同,且熨平板加长板下的HMA密度低于主板下面材料的密度。

6.3.2.2 自动摊铺机熨平板控制

如果摊铺机在水平坡度上摊铺,那么,熨平板就会摊铺出平坦和均匀一致的铺层。由于现有路表面很少有水平的,因此,摊铺机厂商已经开发出坡度控制器以修正牵引的高程或牵引点以适应坡度变化或调节摊铺机经过地方的高程。

为了整平摊铺机牵引点造成的垂直移动,所有的摊铺机厂商已经引入了自动摊铺机熨平板控制系统。即使是牵引装置在遇到待摊铺表面坡度变化而纵向移动时,这些控制系统也可保持牵引点高程不变。因此,通过保持牵引点的高程不变,熨平板整平的角度也保持在一个不变的水平上。这使得熨平板在较高点可以减少摊铺的材料,在较低点增加材料,因此,摊铺出的路面层表面会较为平整。

6.3.2.3 平整度基准系统类型

三种已经开发出的基本的找平基准系统包括了架设的导线①、移动式基准②和接

①导线=张紧绳法=固定式基准。

②移动式基准=基准梁法。

缝配接滑靴。这些基准系统一般采用纵向平整度传感器的组合以确定朝着交通方位的位置，可能包括坡度控制装置以控制摊铺车道的横向坡度。在摊铺机两侧采用架设好的导线，或是纵向找平传感器也是可行的。用两个传感器时，横向坡度不是没有变化的，而是摊铺机两侧高程的函数。

理论上，架设好的导线为后面摊铺机预设了最为平滑的 HMA 摊铺层。但实际情况却不是如此。最大困难之一是保持导线的高程不变。需要抗拉强度高的绳来保持其拉紧而不会有一点的下垂，直线区间一般每隔 25ft(7.6m)需有一个标桩支撑，横向曲线则是每隔 10ft(3.0m)需有一个标桩支撑。由于高程须由测绘人员设定，其过程是耗费时间且费钱的。此外，导线找平中的任何错误都会使得摊铺机重复这些错误。

导线的另一个缺陷是所有的设备和人员须远离导线才不会妨碍到导线。因此，货车司机在进入和退出摊铺机前面的区域时须极为小心。除非找平在摊铺项目中是一个非常重要的标准，那么，使用架设导线时增加的成本和忧虑很少证明是正确的。但是，许多机场摊铺项目中导线的应用是十分重要的，因为该方法可以控制实际的坡度。比如机场建成路面须与滑行道、混凝土面板和其他现有结构连接，机场的坡度变化受到严密地控制时，导线方法是必需的。在这些摊铺面较大的地方，比如机场和停车场，采用导线可防止车辙的出现。

最近把激光技术应用到路面摊铺工程中，在导线以外又提供了一个备选方法。氢—氖激光发射机在工地上用于建立横向基准平面。当前的激光技术可确立横向平面、单向坡度平面或是双向坡度平面以利于坡度或是斜面控制。这些系统可与现有的摊铺控制器连接，或是自动控制或是手动控制，在充斥着灰尘的、强电子的和有灯光—噪声的地方，比如机场，都得以应用。比起一般的自动控制系统而言，这些系统的优势具有较为均匀一致的厚度控制和较为平稳的行驶质量。当路面表面中有较多的坡度变化时，难以使用这种方法。

移动式基准的目的在于平均一段距离里现有路面表面大于牵引车轴距的偏差效果。因此，移动式基准系统扩大了摊铺机的基础长度，目的是使摊铺机在平滑的表面移动(图 6-23)。厂家已经采用了几种类型的移动式基准系统，如：

图 6-23　移动基准系统

1)管状滑行，范围长度从 20ft 到 40ft 不等(6.0m 到 12.2m)；

2)每侧有带轮子的管状滑行器；

3)浮动基准梁。

第三种类型的基准系统是短程接缝配接导靴,可在相邻已经摊铺好的待连接的铺层或路缘石上滑行。这种类型的移动式基准设备只用于传感探测的坡度平缓时使用。由于滑行路程较短,该基准系统不会清除相邻路面表面的偏差,而只是复制摊铺好的铺层坡度。

6.3.2.4 技术规范对摊铺机作业的影响

技术规范关于工地摊铺 HMA 数量的内容通常会以三种方式中的一种来编写:①要求压实铺层的设计厚度;②要求每平方码(1yd =0.9144m)摊铺平均数量的混合料;③对整平路表面要求达到规定的高程。

要符合设计厚度要求,承包人有必要先铺一层大致相当于设计厚度的平均厚度层。铺层厚度变化取决于现有路面的平整度。越是不平整的路面就越是难于符合设计厚度的要求。

当技术规范要求每平方码摊铺混合料的平均数量,技术规范实际上就是平均产量的规范。通过测量牵引长度,用路面宽度乘以牵引长度,再用其得数除以第一辆货车装载的 HMA 质量,便可快速地计算第一辆货车混合料装载的摊铺混合料平均数量。适当地换算一下是有必要的,因为混合料平均数量一般规定的单位是每平方码磅。比如,如果 20t(18.2Mg) HMA 可以摊铺 200 延长英尺,12ft 宽(3.7m),摊铺速度为 150lb/yd($57.1kg/m^2$)。

如果规范要求 HMA 路面摊铺按预定的高程,有必要采用张紧绳法或是其他方法来控制高程,也可以使用张紧绳法与斜坡控制装置来控制。

6.4 压实

压实是通过外力作用减少 HMA 混合料中的空气体积。气体的排除使得混合料所占体积变小,因而提高了摊铺层的单位质量或是密度。

压实混合料应有足够的空隙,方可在温度变化时沥青可以膨胀和收缩而不是填满空隙造成泛油。道路在开始几年使用中要有足够的空隙率允许交通荷载碾压,密级配混合料的空隙率不应低于 3% ~4%。如果密级配混合料的空隙率低于 3%,就会产生大量永久性变形。不过,根据 Iinden 等人的研究[5],对于密级配混合料,7%以上空隙率的路面每提高 1 个百分点就减少约 10% 的使用寿命。

HMA 压实受压实过程一些限制性因素的影响。在试验室,这些因素来自于模具和冲击锤的边和底部。试验室的压实能量是可以计算的。但是,在工地,限制性因素来自于 HMA 材料周边、地基下卧层和压实机接触的区域。无法确定在工地材料中所施加的压实能量。但是,检测压实所产生的密度提高可以计算压实的效果。

6.4.1 影响压实混合料因素

针对有效压实,由压路机施加的压实力须超过混合料里抗压实的力。混合料抗力是集料相和填孔用沥青相的综合作用[6]。集料—沥青系统的模拟是土壤力学中的土壤—水的系统,其抗力与应力的关系如下:

$$S = c + \sigma\tan\varphi \tag{6-1}$$

式中:S——土壤的抗剪力;

c——黏结力;

σ——施加的垂直应力;

φ——由于颗粒抗互锁力而产生的内摩擦角度。

比较土壤—水和集料—沥青系统,人们立即就认识到沥青混合料的黏结力比土壤—水系统要大得多。这是因为沥青的黏滞阻力比土壤和水之间的表观黏聚力要大得多。

料堆中颗粒棱角性变化会提高内摩擦的角度,即由圆的河砾石和砂子构成的混合料,其内摩擦力比由破碎的集料颗粒构成的混合料的内摩擦力要小。一般,料堆中破碎率越高,其内摩擦力角度就越大,较难于压实。

当液体沥青加入到正在压实的料堆中时,起初液体的润滑作用可减少集料颗粒之间的内摩擦,集料颗粒可相互紧靠着形成一个较为密实的构造。不过,沥青含量高时,沥青则迫使集料分开,不允许集料移动形成较为密实的结构。

沥青的性质不会极大地影响混合料的黏度。由于混合料黏度是主要的抗压实力,集料因素对压实的影响比沥青性质对压实的影响大[6]。针对压实,似乎:

1)空隙率应是一个小的因素,因为多数混合料设计约在4%左右;

2)填料—沥青因素是很重要的,因为它会影响到粗集料颗粒结构体的整体黏度;

3)填料的有效公称粒径是重要的,因为通常填料有效直径越小,其材料黏度就越大;

4)尤其是当颗粒最大粒径增大时,粗集料体积的收缩可能对混合料黏度产生较大的影响,因为集料体积密度也会相对增加。

剪切速率也是非常重要的,它是承包人有绝对控制力的一个因素。因此,如果某种混合料的黏度比正常的要高,承包人可以降低压路机的速度以减少剪切速率,这样可产生足够的剪切应力使集料靠近形成较密实的构造。当然,承包人或许能提高压实机的质量以获得相同的效果。

6.4.2 压实设备

自行式振动压路机用于降低新铺 HMA 体积所需的压实能量以达到规定的密度。通常压实机包括了两个或更多的滚筒,其目的如下:

1)为符合技术规范的要求,要达到规定的密度;

2)要压出平顺的表面。

采用初始压路机和复压压路机可达到规定的密度,用终压压路机去除压路机的痕迹。初始压路机和复压压路机可以是一个或是多个滚筒,这要取决于摊铺机的速度和初始压路机的生产能力。如果初压路面可以达到规定的密度,就不需要复压压路机。通常都需要终压压路机。

第一种类型的压路机为初始压路机,为钢轮压路机,通常是压实新铺的HMA,但也可以是轮胎压路机(PTR)。压路机可以是钢轮的或轮胎的,但是两种情况中,第一遍压实混合料的滚筒应有驱动力来推动压路机。在驱动滚筒下可使松散的HMA紧靠在一起。如果非驱动滚筒压实新铺HMA时,HMA有横向推挤的趋向,在滚筒前马上就形成了一个凸起,在压路机向相反方向行进后,仍留了下来形成隆起。以这种方式压实后沥青混合料也会形成网状裂缝。轮胎式压路机也可作为初始压路机使用,但是,有时,很难用终压压路机去除掉压路机的痕迹。热沥青混合料也可能粘在橡胶轮胎上造成表面缺陷。因此,轮胎式压路机常常作为复压压路机。终压压路机是钢轮压路机。

压路机在摊铺机后的压实区域工作,压实路面长度主要取决于规定密度所需的压实碾压次数。而碾压次数又是由达到规定密度压路机的有效性、摊铺的HMA的紧密性、压路机宽度、摊铺车道宽度、压路机速度和摊铺层冷却速度所决定的。压实必须在摊铺层温度降至175 ℉(80℃)左右之前完成。摊铺层冷却速度要受到层厚、摊铺时铺层的温度、大气温度、HMA摊铺在基层上的温度和风等条件的影响。现有数据类型样品表明,冷却时间与影响冷却速度的因素详见图6-24。

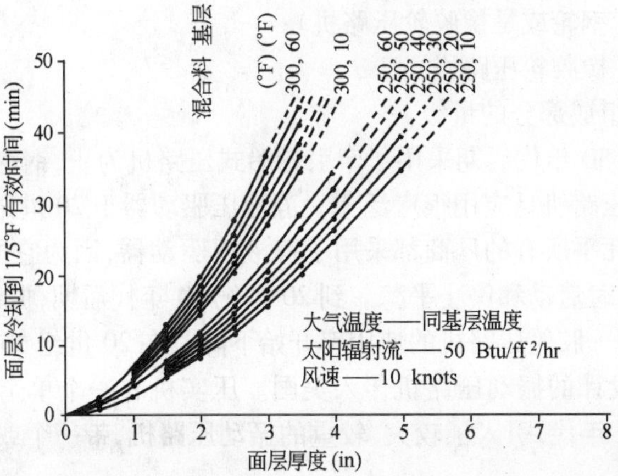

图6-24 根据摊铺层厚度和温度以及地基下卧层的温度确定压实时间

压实总是压力在接触面积上作用的结果[8]。当集料颗粒结合得较为紧密时集料中接触点数量就增加了。因而,压实只有在HMA受到压路机、基层的支撑和周围混合料颗粒共同作用才会产生。如果没有一定的压力,HMA会横向移动造成分解,而不是纵身移动产生压实。当制订压实机压实模式时,须考虑密度下降的可能性(图6-25)。当混合料温度下降和接触点数量增加时,其反作用力也会增加。这个过程一直持续着直到没有额外的密度产生为止。在最终密度点上,混合料的内部抵抗力等于或是超过压实抵触压力。如果最终密度不等于或超过技术规范规定的密度,操作人员必须增加压实压力。改善工地密度的混合料设计变更是许多摊铺项目经常犯的一个错误。作为一个原则,配合比设计不应为了提高工地密度而进行修改。

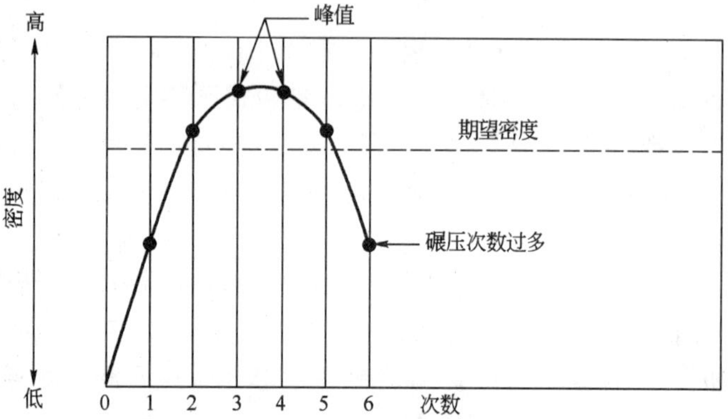

图6-25　通过试压确定压路机的模式

压路机驾驶员改变接触压力的能力提高了其达到规定密度的机会。驾驶员提高接触压力的现行方法有:

1)提高压载(钢轮或是橡胶轮压路机);

2)提高压力(橡胶轮压路机);

3)提高动力组成部分的量级。

直到20世纪30年代后期采用了牵引轮胎式压路机为止,钢轮压路机是HMA摊铺中早期使用的压路机且应用很广泛[9]。静液压驱动器于20世纪50年代早期得以应用,到60年代几乎所有的厂商都采用了静液压驱动器,因为它的压路速度控制较好、相反方向压实时启动和停止平稳。到20世纪60年代后期,振动—钢轮压路机开始受到关注,气动—胶轮压路机的使用率开始下降。在20世纪60年代末期,首批专门为HMA压实设计的振动压路机传入美国。压实机有一个单个振动滚筒,为气动轮胎。20世纪70年代,引入了较大、较重的振动压路机,带一个或是两个滚筒,规格在25t以上(23Mg)。

6.4.2.1　钢轮压路机

这些压路机轮子一般是一前两后的三个轮子类型,质量和造型各不一样。三轮压路机一般在8~14t之间(7Mg和13Mg)。后面两个轮子直径一般为55~69in(140~175cm),宽度为18~20in(46~51cm)。在压实的开始阶段,这种压路机一般用初始压路机,紧靠着摊铺机进行压实。钢轮压路机不再得到广泛的应用。其最大的优势是施加较大的压力,由于后轮较窄,可改善纵向接缝的密度。

两轮串连钢轮压路机是双轴的,两个滚筒的宽度是一样的。通常质量为5~14t(4.5~13Mg)[10]。可用水或沙作为额外质量对压路机进行加载。一般滚筒的直径为48~60in(122~152cm),宽度为42~54min(107~137cm)。这些压路机许多都是单个传动轮驱动的。传动轮的直径大于转向轮。

由于热沥青要粘在钢轮上,所有压路机都有一系列的垫块,安在横向杆上,垫块保持潮湿,与钢轮表面接触。垫块保持潮湿可最大限度地减少粘贴,尤其当钢轮冷却时。压路机在轮子横向上有一个刮削器,可以去除掉粘在轮子上的沥青混合料。在滚碾压实时采用淋湿垫块的水系统,但是却不会用终压压实。

钢轮压路机的真正压实是由钢轮和待压实的HMA混合料之间接触压力所决定的。垂直的荷载是由压路机和压载毛重决定的。接触面积是由轮子直径和轮子进入HMA材料厚度来决定,它是HMA压实的函数(图6-26)。表6-3是几种不同轮子直径和静态荷载的压路机钢轮压实新摊铺层深度的接触压力资料(图6-26的h_1、h_2)。当钢轮压实深度加深时,由于接触面积较大,接触压力降低。针对接触压力,较大轮子的接触角度小于较小轮子,因为其角度是弧形长度A_1A_2的函数,再除以轮子的半径(图6-26)。由于较大轮子接触面较小,也有一个较小的横向阻力可推开正在压实的铺层。

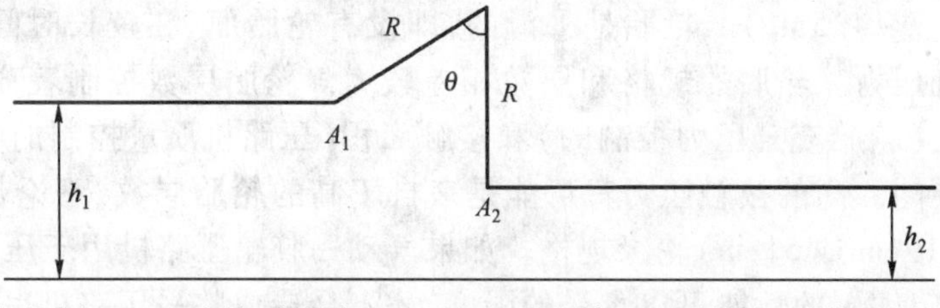

R=钢轮压路机的半径;h_1=压实前面层厚度;h_2=压实后面层厚度;θ=面层某点压实前后与轮子形成的角度

图6-26 钢轮与正在压实的HMA铺层的接触角度[11]

钢轮压路机各种压实深度的接触压力　　表6-3

等级	压轮直径	静态荷载			压实深度(in)							
12~15t 三轮静压	69″	条件			1/16	1/8	3/16	1/4	3/8	1/2	5/8	3/4
					接触压力							
		无加载	341pli	psf	174	112	92	83	66	58	53	48
		无加载	429pli	psf	220	142	116	104	83	73	66	60

续上表

等级	压轮直径		静态荷载		压实深度(in)							
8~12t 双轮静压	60″	无加载	180pli	psf	96	64	53	45	38	33	29	26
		无加载	250pli	psf	132	88	74	63	53	46	41	36
超 14t 双轮振动	60″	190pli		psf	101	62	56	47	40	35	31	27
9~11.5t 双轮振动	48″	低档	130pli	psf	78	51	43	38	31	26	24	22
		高档	175pli	psf	105	68	58	51	42	35	32	30
6~9t 双轮振动	41″	低档	115pli	psf	74	50	41	36	29	25	23	21
		高档	135pli	psf	87	58	48	42	35	30	27	24

6.4.2.2 气动—胶轮压路机

这种压路机可称为橡胶压路机或是气动—胶轮压路机(PTR)。其名称来自于压实 HMA 所用的气动(充气)橡胶轮胎。

在铺层上达到规定接触压力的轮胎,其充气压力是不同的。轮胎式压路机的设计旨在给轮胎施加一种搓揉行为,轮胎单独安在压路机构架上。轮胎式压路机的造型是压路机前面有 4、5、6 或 7 个轮胎,后面有 3、4、5 或 6 个轮胎,排列成行,压实前面轮胎经过的材料。Geller 研究表明这类压路机的质量为 1500~10000lb(0.7~4.5Mg)。轮胎是平滑的,即没有轮胎面,在较长时间里,能承受较大的充气压力。轮胎的规格和层数相差较大。轮胎层数控制着充气压力,但是接触压力(轮胎充气压力控制的)和接触面积(压路机质量控制的)在 HMA 压实中是重要的。高的接触压力只可能是来自于高的轮胎层数,不论是否是 7.50 或是 20in(19cm 或 51cm)轮缘规格。如果气动—胶轮压路机用于压实,那么,充气压力应是 HMA 的性能可以承受的限度,才不会造成整平压路机也难以消除的严重车辙。

气动—胶轮压路机可用于振动式或是中等程度压实。在振动式压实中,气动—胶轮压路机通常会造成整平压路机无法消除的变形。

因此,混合料性能决定是否可有效地把气动—胶轮压路机用为振动压路机使用[12]。Geller[10]指出,把气动—胶轮压路机作为振动压路机有效地使用,只有在第二个压路机整平表层之后才可决定下来,这样核子仪可平稳地放在表层上进行密度测量。

惯例上,气动—胶轮压路机已经作为复压压路机使用。Geller[10]建议处在 75~

90psi(517 ~621kPa)之间的地面接触压力时可以采用以上方法,因为20in 的边缘和16或18层数便可轻而易举地满足要求。除了压实密度以外,用于复压压实的气动—胶轮压路机可以有利于去除初压钢轮压路机造成的裂缝。这种裂缝主要是由钢轮压路机在HMA 铺层表面上产生的一个细小的网状的横向裂缝。通常是钢轮压路机在压实过程中混合料横向移动造成的。它可能是混合料(较软的混合料)造成的,也可能是压实技术使用不当导致的。

由于沥青会粘在冷的橡胶轮胎上,每个接触铺层的轮胎都要进行湿润,如钢轮压路机一节所述。一旦轮胎变暖,沥青就不会粘在轮胎上,也就不再需要水了。压路机就应停在热铺层上,因为这会导致无法去除的缺陷。如果轮胎是冷却的,就得以上述相同的方式使其变暖。当压实密级配 HMA 时,据研究表明气动—胶轮压路机有几个优势[12]:

1)相比钢轮压实机,气动—胶轮压路机的压实度较为均匀;

2)压实的表面较为紧密和密实,因此降低了路层的渗透性;

3)可提高密度,这是用钢轮压路机进行许多次压实都达不到的效果;

4)气动—胶轮压路机压实混合料,而不会造成细裂缝,并可以帮助去除钢轮压路机留下的小裂缝。

6.4.2.3 振动式钢轮压路机

最近发展的压实 HMA 的压路机是振动式钢轮压路机或称为振动压路机。在执行压实模式中振动压路机需要更多的操作人员规则。如果选错了压力标准,压实过快以及压实次数过多都会产生许多问题。不过,现代压路机设计有许多特性有助于操作人员遵守压路机模式规则,并且这些特性还在改进当中[10]。

HMA 压实中使用的五种振动式压路机包括:

1)单轮—刚构架;

2)单轮—铰接车架;

3)双轮—刚构架;

4)双轮—单铰接车架;

5)双轮—双铰接车架。

有关这些不同构造的示意图详见图6-27。这些机械中最为常用的是单轮—铰接车架和双轮—单铰接车架。

振动压路机是具有动荷载分量的 HMA 压实机的唯一类型,一般比不振动钢轮压路机轻,因为总的压实等于动静荷载的总和。振动压路机的典型轮子宽度为58 ~84in(147 ~213cm),轮子直径为40 ~60in(102 ~152cm)。振动压路机施加的动荷载是产生 HMA 压实密度的主要受力。

动荷载是由轮子中心旋转轴的离心力施加的。当离心力朝着正在压实方向旋转

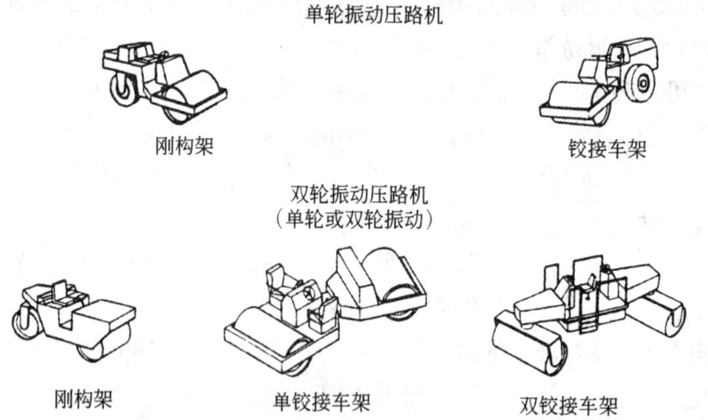

图 6-27 HMA 压实常用的振动压路机的类型[13]

时,所施加的总荷载是静荷载减去离心的荷载。Geller[10] 的研究表明,在压实过程中振动减少摩擦,但是却在其后增加了机械的锁紧。振动压实对含粗集料比例较高的粗糙混合料较为有效。

为了有效地压实特殊 HMA 铺层,需先选择频率和幅度来满足工地条件,这样总的压力与所要达到的密度相适应,但振动压力过大会造成分解。通常较厚的铺层需要较大的幅度,而较低频率适用于较薄的铺层。现场密度变化的监测方式是采用核子密度仪监测压路机每次压实的情况,这或许是最简单的方式来确立一个项目的幅度和振动。

有几个研究机构已经评估了碾压间距和路表面痕迹之间的关系[13]。针对面层混合料,平顺的行驶是验收的一个主要标准之一。因此,冲击间距应较短才可使得在整平后表面上没有振动痕迹。要达到这种要求,建议冲击间距规定为 1.5in(38cm)以下(每英尺 8 次以上的冲击)。

6.4.3 影响压实的工地因素

一组工地压实 HMA 时影响达到最大密度的因素有 HMA 性能、摊铺工地上 HMA 温度、铺层厚度、正在摊铺着的 HMA 铺层的温度和稳定性、大气温度、风速和湿度以及太阳辐射水平。这些因素大多数都会直接地影响 HMA 铺层冷却速度和待压实的混合料温度保持的时间长度。压实冷却速度和可用时间信息一般是用表格或图形形式陈列出来。表 6-4 包括一组关于一系列基层温度和铺层厚度范围内推荐的最低摊铺温度。这些压实温度是估算值,会随着不同的沥青和集料的变化而变化。该表格专为美国采用的典型沥青混合料编制的表格[14]。请注意对于薄的铺层,可供压实的时间较短。比如,在推荐的最低摊铺温度下 3/4in(19mm)铺层只有 6min 的时间完成规定密度的压实。压路机速度提高较快会对密度有不良影响，因此，在低温摊铺时可能需用额外的压路机。

推荐的最低摊铺温度(℉)[14]　　表6-4

基层温度(℉)	铺层厚度(in)					
	1/2	3/4	1	$1\frac{1}{2}$	2	>3
20~32	—	—	—	—	—	258①
32~40	—	—	—	310	295	280
40~50	—	—	310	300	285	275
50~60	—	310	300	290	280	270
60~70	310	300	290	280	275	265
70~80	300	290	280	275	270	260
80~90	290	280	275	270	265	260
>90	280	275	270	265	260	255
压实时间②(min)	4	6	8	12	15	15

注：①当在含有冷冻水分的基层或底基层进行摊铺时，温度提高15℉(8℃)。

②铺层压实万一要停工时，表示在所推荐的摊铺温度和停工时的温度(175℉)(80℃)之间的可用时间。

6.4.4 碾压模式

当与路拱或超高铺层相比较时，根据恒定横截面坡度确定摊铺层上不同的碾压模式。在碾压恒定的横向坡度无支撑铺层时，压路机的第一遍压实应是在铺层的外侧边缘，再连续向前移动朝着铺层较高的边缘移动，如图6-28所示。接下来的碾压应重叠第一遍碾压至少6in(150mm)。

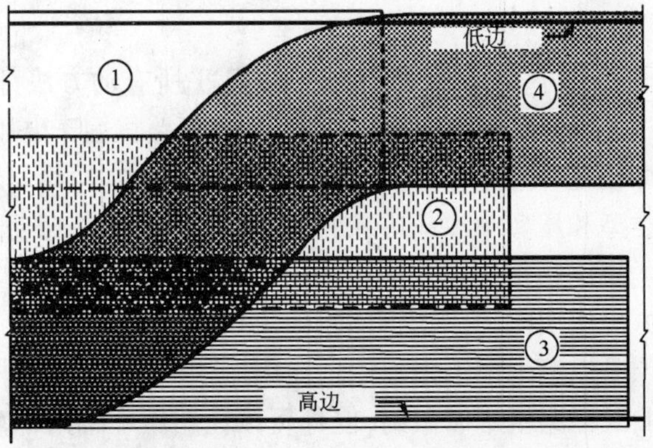

图6-28　恒定的横向坡度、无支撑薄的铺层(2in)碾压模式[15]

碾压应在不同位置上停止以防铺层变得凹凸不平。压路机最后一遍在高边向前碾压应重叠较高的边至少6in(150mm)。

为了确保接缝的平顺密实,碾压横向接缝是重要的。如果可能,横向接缝应以横向方向进行碾压。这要求在HMA混合料相邻处采用模板以防对边缘的损坏。模板的厚度应与正在摊铺的沥青混合料厚度一样。许多时候,由于交通和施工空间的因素,横向接缝须以纵向方向来压实,因此,就不需要模板了。当以纵向方向碾压时,热铺层会与冷沥青混合料分离,从而导致缺陷。

纵向接缝是重要的,因为在多数HMA摊铺项目中数量众多。应适当压实纵向接缝,以确保在穿过时几乎是看不出来的平顺的接缝。如果纵向接缝压实不适当,接缝会很粗糙且穿越时有噪声,将来会成为水害或路面松散发生的位置,并且会有潜在的行驶危险。把可用于压实HMA混合料其他位置的压路机用于纵向接缝压实。

有几种方法可进行纵向接缝的压实。当摊铺两条车道的路面时,按梯形摊铺可有效地去除纵向接缝(即第二遍压实紧接着第一遍压实之后)。有些项目工期很短,在第一个车道冷却之前,便可开始摊铺第二个车道。当纵向接缝两边都是热的时候,接缝压实不会成问题。

压实纵向接缝的常用方式是在铺层冷却之后,后面铺层要挨着前面铺层[有2~3in(51~76mm)重叠]。使用这种方法在接缝处很难达到较高的密度。另一种方法是用接缝加热器使接缝周围冷却的铺层加热,像是刚铺好的新铺层。经验表明这种作法其结果不明确。有些效果较好,有些则不好。最后一个方法,曾在机场和其他较宽的路面上使用过,是用切割机把边缘附近冷却的铺层周围切掉2~3in(51~76mm),露出密度良好的垂直面。相邻车道的摊铺要重叠切割面2~3in(51~76mm)。这项技术表明铺层密度良好,但对于许多要使用相邻车道通行的道路而言,它是不实用的。

碾压纵向接缝可使用许多不同的技术,但是,几乎所有的方法都是先压接缝,再移到摊铺车道的另一边,朝接缝处向后压实。当振动压路机用于碾压纵向接缝时,必须确保振动不会破坏接缝冷却边缘的混合料。造成接缝冷却边缘材料破坏主要取决于混合料中的集料类型和压实中冷却边缘的温度。关键是要使振动压路机不破坏集料或是沥青混合料。

压路机向相反方向压实时,必须在移向另一个方向之前停下来。压路机停车的方式较为关键。必须是逐渐地停下来,压路机应略微地拐一下弯,这样轮子就不与行车方向呈直角。轮胎式压路机难以做到,但却可以让胎压在铺层深度降到最低。压路机驾驶员必须注意在压路机改变方向时不要划破和擦破HMA材料。如果压路机停车后的轮子与行车方向呈直角且产生压实痕迹,那么,去掉这些是很难的。不过,与行车方向呈斜角度的印记是不难去掉的,在车上也能感觉得出来。现代设计的振动压路机都配备有可调式行驶速度开关装置,当压路机与行驶方向相反进行压实时,可自动开始或是停止振动。应避免在新铺层上停车,因为这会造成缺陷。可取的方法是不停止压路机,但是如果要长时间停车的话,就应把压路机停在冷却了的铺层上或是尽可能地远离新铺层。

碾压完成时,应目测检查刚刚压实的表面情况。整平机应该去除压路机的痕迹。横向或纵向的路面表面上都应没有起伏。表面纹理应是一致的,没有划痕。

许多州的交通厅都要求用一定长度的直尺检查一下表面平整度,一般长为10ft(3.0m)。观察路面与直尺的偏差,并与技术规范要求相比较。一般10ft(3.0m)直尺的最大偏差为0.16ft in(3.2cm)。用直尺检查所有横向接缝和其他可目测到的表面不正常现象。直尺平放在路面上,与中心线平行,可测出道路表面和直尺底之间的最大偏差。

按规定的速度在表面上行驶时,许多州都通过检查道路的平整度来衡量表面的质量。有些州则是由监理工程师来定出平整度。其他一些州用诸如断面式平整度检测仪或平整度仪(详见第8章)。如果道路过于颠簸,打磨突起点可提高平整度。

6.4.5 HMA施工所用密度技术规范种类

HMA混合料中空隙率可能是唯一一个在路面整个使用寿命中影响混合料性能的最为重要的因素。假设某个级配的集料中,其空隙率是由沥青、施工中的压实和交通压实所决定的。密度要求和测量密度的方法也各不相同。有些业主会做一条试验路,测量试验路上的密度,把这个密度作为其项目的标准密度,而其他的业主则会在施工的现场试验室里压实试样。还有一些业主测量最大理论密度(详见ASTM D2014)并把该密度中一些比例作为标准密度。所有这些技术都已成功地应用于性能良好的路面施工中;不过,所有这些技术也有滥用的,造成性能不良路面的出现。

编制密度技术规范的难处之一是说明测量的方法。测量密度主要的两种方法是:(1)从工地取芯样并在试验室测量其体积密度,(2)采用核子密度仪测量工地密度。多数业主认为核子密度仪不如芯样密度程序那么准确。许多业主都用核子密度仪制定压路机模式,但规定要做钻芯试验来作为混合料验收的标准。但是,有些业主则相信验收试验中适当地校准和操作核子密度仪也会有较为准确的结果。应时常在摊铺的路面采取芯样以核实核子密度仪的校准性。

沥青混合料的空隙率直接与密度相关,因此,密度须严密控制方可保证初始现场空隙率达到验收的标准。有充分的证据表明,密级配混合料的初始现场空隙率不应高于8%,在路面使用寿命期内永远也不要低于3%[16~21]。空隙率较高会使水和空气进入到结构中导致水害、氧化、松散和开裂。低空隙率则会产生车辙和沥青混合料推挤。以上建议的现场空隙率范围只适用于密级配 HMA 混合料。其他级配的混合料,尤其是专门设计的较高或较低空隙率的混合料,当采用适当技术设计时,其混合料性能良好。

Ford[16] 的研究表明,阿肯色州的 HMA 沥青混合料的设计与施工中,其现场空隙率应在 2.5% 以上。空隙率在 2.5% 左右时,根据从通行路面上的芯样和车辙深度测量得出的空隙率,其数据说明预测车辙深度低于 10/32in(7.9mm)(图 6-29)。

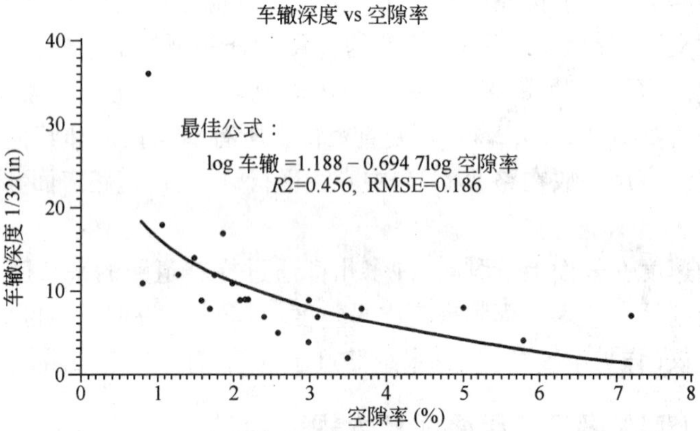

图 6-29　阿肯色州空隙率和车辙深度关系图

Brown 和 Cross[17] 的研究认为试验室压实的空隙率为 3% 以下的混合料中可能产生大量的车辙。而当采用适当的集料且空隙率在 3% 以上时,几乎观察不到车辙。Huber[18] 在加拿大 HMA 路面的研究中研究了大量造成车辙的原因,确定车辙的主要原因是空隙率低于 3%。

Zube[19] 认为空隙率约为 8% 的密级配 HMA 路面变得极具有可渗透性。图 6-30 表明只要是低于 8% 的空隙率的渗透性是不会出现问题的,但是当空隙率超过 8% 时,其渗透性就很快增加了。

Brown、Couins 和 Brownfield[20] 关于佐治亚州混合料离析的研究也表明,只要空隙率低于约 8% 时,HMA 混合料渗透性不高。有关空隙率在 8% 以上时渗透性快速增加的情况详见图 6-31。

Santucci 等人[21] 的研究阐述了沥青残留针入度受到沥青路面空隙率的影响。图 6-32 表明当空隙率超过 8% 时,沥青渗透性严重缺失。因此,如果密级配混合料的空隙率低于 8% 左右时,可避免快速氧化导致的开裂和松散且性能良好。

根据上述的研究,人们总结出密级配 HMA 混合料的初始空隙率应低于 8%,通行后空隙率应在 3% 以上。良好性能只有在这些限制得以遵守,并使用了适当的集料和沥青时才会出现。

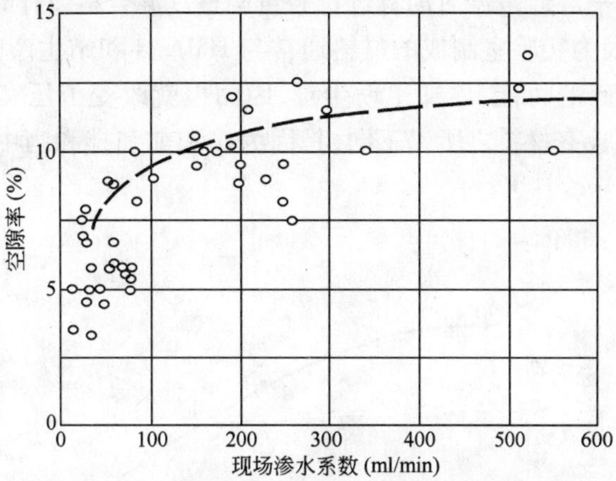

图6-30 加州10个项目的空隙率和渗透关系

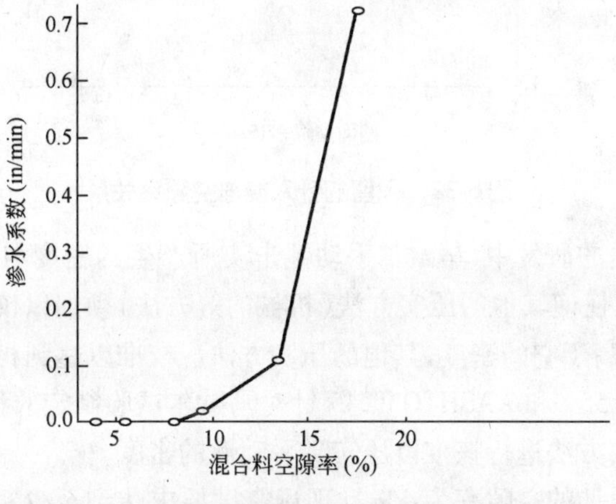

图6-31 路面渗水与空隙率的关系(乔治亚州)[20]

6.4.5.1 实验室密度

制定施工现场密度的一个方法是工地材料应该达到实验室密度的某一百分比。

马歇尔方法规定实验室试样的压实要采用马歇尔锤,击实次数为50或75次。近些年来,大多数州已经要求现场密度至少应达到实验室密度的95%,并且有时,至少要达到其密度的98%。有些规范禁止现场密度大于100%实验室密度,因为低空隙率的结果易造成车辙过早地出现。

为了使这类规范得到有效地执行,有几点要求。第一,HMA拌和站生产的混合料须在现场实验室进行压实,以制定一个基准密度和评估达到基准密度的混合料空隙率的数量。如果实验室压实材料空隙率不达标,那么,须调整混合料,这样才会达到验收的空隙率水平。通常需对沥青进行微量调整。混合料设计时所产生的密度不应作为基准密度,因为实验室制成的材料通常与 HMA 拌和站生产的材料有些不同。集料在拌和中有破碎的可能,增加了粉尘量,因而也就改变了压实沥青混合料的性质。现场材料与实验室材料之所以不同,是因为拌和前和拌和当中的常规取样与试验的错误所致。

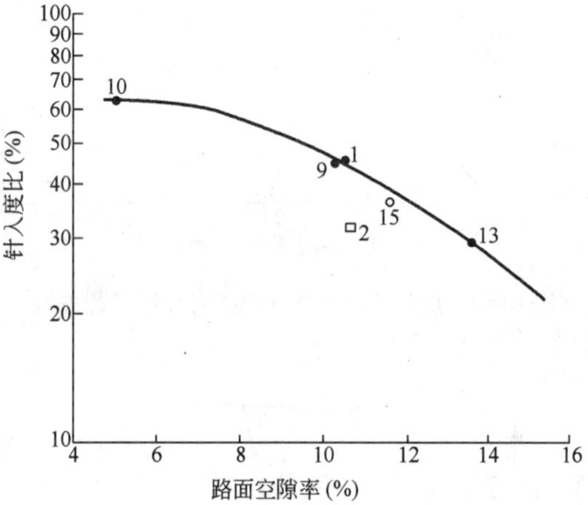

图 6-32　残留的针入度与空隙率关系

在马歇尔方法的研发中,马歇尔手动锤击实所产生的密度与通行后现场密度是关联的[22]。因此,任何其他的压实方法(机械的等方法)须加以校准以达到与手动锤相等的密度,甚至高于它的密度,其他的压实方法应校准以达到相当于通车几年以后的密度。ASTM D1559 和 AASHTO T245 针对马歇尔试验制定的程序要求,采用手动锤或是指定的压实方法进行核准以压实到手动锤的密度。

假设混合料设计的空隙率为 4% 且现场密度要求达到至少实验室密度的 95%。那么,压实后,这种规范的结果是空隙率达到 9%(100% 实验室密度的 4%,加上 95% 实验室密度的 5% 以上),通车几年后的空隙率为 4% 左右。初始空隙率(9%)是有点高,但是最终的空隙率(4%)是可接受的。初始空隙率高会导致快速氧化,从而造成开裂和松散机会的增加。如果这种混合料承受大交通量,那么,车道上会出现小的车辙[层厚的 5%,2in(51mm)层厚上车辙为 0.10in(2.5mm)]。这种 0.10in(2.5mm)车辙不算大问题,是交通密实作用造成的。

假设混合料设计的空隙率为 4%,压实度大于 100%,在路面使用寿命中会过早地出现车辙,因为初始现场空隙率低于 4%。如果实验室压实度可以达到通行几年后路面所能达到的密度,那么,以往的经验表明承包人无法合理地压实混合料以达到高于实验室的密度程度。因此,如果任何项目的密度连续地达到或超过 100% 实验室密度的话,有可能是出于多种原因,基准实验室密度过低,不可能是承包人在工地进行了过度的压实。

对设计合理的混合料,评估现场压实度这项技术的结果使得路面性能良好,如果:①施工中压实了实验室试样以确立基准密度;②实验室试样压实所采用的压实技术是正确的;③规定最低限度的压实要求以确保压实后现场空隙率约为8%或低于8%。

6.4.5.2 最大理论密度

控制压实密度的第二种方法是要求承包人达到最大理论密度(*TMD*)的最低限度。压实要求有规定现场空隙率的直接方法和控制压实的间接方法,包括施工中取沥青混合料的试样并试验最大理论密度(ASTM D2041)。现场混合料压实和与最大理论密度比较之后,测量沥青混合料体积密度。

这类压实技术规范要求最大理论密度,作为基准密度,在施工中应经常测量。在配合比设计中测到的最大理论密度应是施工的起点,但不应作为现场拌和材料的基准密度。

有些州施工中不在实验室压实现场拌和材料的试样。有些工程师认为实验室压实试样是没有必要的,因为基准密度的依据是最大理论密度,它是在无需压实试样情况下确立的。施工中必须要采集HMA的试样且在实验室压实试样以控制施工程序和验证混合料的空隙率是否达到要求。须测量实验室压实试样的空隙率,评估通行后现场的空隙率。在路面经历了一个夏季的交通之后空隙率降低了1% ~2%的话,路面建造的初始空隙率为7% ~8%,这是不可取的。评估现场空隙率的唯一方式(或许是沥青混合料最为关键的性质)是采用规定的实验室压实技术(人工或类似的)在实验室压实试样,再测量其空隙率。假如这些空隙率达不到验收的水平(一般约为4%),那么,就须改良混合料以达到合格的空隙率。

这类密度技术规范常被滥用,因为过度地关注要达到最大理论密度所要求的百分比了。许多项目中,压实后如此地强调初始密度以至于沥青含量被人为地提高了,以提高现场密度达到最大理论密度的某个百分比。提高了沥青含量,填入孔隙里,使得压实度得以提高。可以达到现场较低的密度,但这不是提高压实度的结果。道路通行后空隙率会持续降低直到空隙率降至约3%,这时由于沥青混合料塑性流动,有可能会形成车辙。在寒冷的气候条件下或是在难以达到密度的时候,沥青的含量通常会增大。如果在寒冷的气候等条件下施工时空隙率较高,在改良配合比设计之前应试着去多压实和改进压实模式。

因此,如果密度是主要的验收标准,这种规定密度的方法鼓励加入额外的沥青和填料以轻松地达到现场密度[23]。施工中须进行实验室压实试验以确保实验室压实试样密度处在合格的范围以内。必须经常测量摊铺材料的最大理论密度以获取用于比较现场密度的正确的最大理论密度。不应加入额外的沥青，目的只有一个，即降低现场密度以达到规定的要求。混合料中的沥青只有在对实验室压实混合料进行改性(主要是空隙率)时方可改变。

6.4.5.3 试验路段密度

确定密度的第三种方法是比较现场混合料毛体积和采用所选择的碾压程序进行压实的试验路段的毛体积。采用试验路段的大多数的技术规范要求试验路段的压实达到设计实验室密度的最低百分比或是最大理论密度的最低百分比。如果技术规范未对试验路段的最低密度作出要求，那么，监理须仔细地评估压实设备和碾压程序以确保沥青混合料的压实是合理的。施工中任何混合料的较大改变都要求修筑一段新的试验路并要评估该路段。

这种密度控制的方法允许评估混合料的压实度，并把压实度作为技术规范要求中的一个组成部分。利用核子密度仪监测密度可以获得正在使用中的压路机是否达到最大密度的有用信息。如果最大密度低于规定要求，那么，压路机的规格可能要提高或碾压技术要改进。影响密度的众多因素和因素的任何改变都会使得试验路无效。影响密度的常见因素包括集料级配(尤其是过200号筛的百分比)、沥青、含水率、混合料温度、空气温度、铺层厚度、下层的坚固性、压路机质量、压实模式和压实速度等。

一般的试验路段技术规范对试验路的密度有最低限度的要求。以后的施工须达到试验路密度的最低限度。规范编制可较为简单，要求压实混合料达到实验室密度或最大理论密度的某种百分比。试验路的建造可确保达到规定的密度和制订适当的碾压模式。比如，假设技术规范要求试验路的密度至少要达到最大理论密度的94%，试验路之后摊铺的HMA的密度至少要达到试验路密度的98%。这种技术规范的编制也可简单些，要求现场混合料压实密度达到最大理论密度的92%的最低限度，因为这两个例子都会达到相似的压实要求(0.94×0.92)。

采用试验路确定密度的方法可取得满意的结果。但是，应该编制技术规范，这样HMA初始现场空隙率就不会降至3%。为了要确保空隙率永远不低于3%，施工中必须压实实验室试样以评估道路通行后的现场空隙率。

6.4.6 密度测量

6.4.6.1 钻芯方法

测量密度的钻芯方法是基本的方法，它是一个标准，用它与核子密度仪进行比较。用芯样测量密度确实是在压实完成与确定密度结果之间造成了延误，因为在取芯样之前路面要冷却下来，然后还要使芯样干燥以达到干质量。多数情况下，钻芯方法测量密度要在施工完成后的第二天进行。

从路面层取出芯样之后,新摊铺材料必须与附在芯样上的下层材料分离开来。有时,在摊铺 HMA 之前,在现有路面上铺上纸或其他隔离材料。隔离后,芯样分离就不难了;不过,纸的位置须仔细地画上记号,这样芯样就可在适当的位置上被取出来。利用纸或其他材料作为隔离材料时会出现一些问题,因为人们关注到在隔离材料上面的沥青混合料密度较低。

钻芯取样的最为常用的方法是确定任意的试样位置,切割出沥青路面全厚度芯样试样,锯掉下层的材料。这种方法被认为是评估路面整体密度的最适用的方法。

Burati 和 Elzoghbi[24] 研究表明密度试验结果的差异性中,采用芯样测量的密度低于采用核子密度仪测量的密度。其研究包括了三个不同厂家生产的核子密度仪,它们用于两个施工项目。他们发现用芯样测得的平均密度与用核子密度仪测得的密度在数据上有巨大的差别。

6.4.6.2 核子密度仪

核子密度仪多年来用于测量 HMA 混合料的毛体积。这项技术的优点是其结果可以快速地得出且是无破损检测。

大多数核子密度仪测量 HMA 的密度是反向散射方式。把仪器放在路面选好的位置上就可得出读数。根据读数确定的密度代表了路面顶部几英寸的平均密度。比如,平均密度代表顶部 6in(150mm)的路面,但是要测的路面层厚度不会只是 2in(51mm)。一种消除下层影响的方法是校准核子密度仪,这样可达到与相同位置芯样取样结果一样的密度。核准可修正下层材料的密度。即使采用这种校准方法,仍会有误差,这是由于沿着工程方向的层厚和下层材料密度不一所致。

近些年来,已经开发出可以测量薄层密度的核子密度仪。与以前的仪器相比较,这种新仪器在测量密度时有较高的准确性;但是,这类仪器的整体准确性还不得而知。

在研制碾压模式时核子密度仪的最佳之处是可以快速测量到 HMA 材料的密度变化。有些核子密度仪是装在压路机上,可持续地测量碾压中的密度。经常使用核子密度仪还可作为一个颇有价值的质量控制工具。由于核子密度仪的误差,不建议单独使用它作为验收试验的仪器,即便是每日都校准仪器也不行。应常取芯样以核实核子密度仪的准确性和保证密度达到验收标准。

6.5 混合料离析

离析是导致铺层性能出问题的另一个大问题。当摊铺机后面的 HMA 材料在全铺层上的级配不一致时就会产生离析,通常都是粗集料与细集料分离。当与正常铺层表面比较时,离析的混合料表面纹理相当粗糙。施工中的任何环节,在料堆和摊铺操作之间都会造成离析(图6-33)。由于离析的潜在原因较多,通常要辨认某种离析的产生原因是极困难的。根据离析的类型和位置,可判断出可能的原因并进行检查以确定解决问题的方式。Brock[25]编写了一本出色的解决离析问题的指南书。在美国的大多数地方离析是个很大的施工问题。Brock研究的离析类型如下:

图6-33　HMA 摊铺机上的典型离析

1)任意的离析;

2)货车间均匀间距的两侧离析;

3)中心线离析;

4)货车间均匀间距的两侧持续不断地离析;

5)货车间均匀间距的一侧离析。

施工中产生了离析时,应确定原因并解决问题。否则,可能导致性能变差。离析的地方较为粗糙,可能会松散并且会渗水。

6.6 合同及材料技术规范

6.6.1 总则

计划和技术规范用于向承包人说明完成项目的具体方式。计划会说明项目各个方面的规模和安排。技术规范则是说明项目的材料、工艺和其他一般要求。技术规范中对承包人的要求,对承包人和业主来说都应是明确的,这十分重要。技术规范编制不明确通常会造成承包人的成本增加,且导致业主评估的索赔,许多时候最终会以法庭的形式而结束。

6.6.2 招标方法

业主在选择承包人时已经采用的方法有很多种。最常用的三种方法是低标、最佳标和议标。每种方法都有其优缺点,详见下文。

6.6.2.1 低标

低标方法是公共管理机构选择承包人的最为常用的方法。低标法包括对众多的承包人提供有关项目的所有资料,并且使得每位承包人提交一份详尽的施工成本明细标书。假设每位承包人的施工都是合格的,因为计划和技术规范把做好项目必需的最低要求都明确了。那么,就与编制最低标的承包人签订合同。这种方法鼓励承包人间的竞争,其结果是初期成本较低。这种方法的主要问题是,承包人间的竞争非常激烈,为了得到合同,中标人会在标书中降低要求,就施工成本而言,这使得施工难以进行。当这种情况发生时,施工质量可能要受到影响。

6.6.2.2 最佳标书

选择承包人的最佳标方法与低标方法类似,但是在选定承包人之前要详细分析标书文件。业主采用这种方法仔细分析每位承包人的文件以确定承包人施工的方式,根据成本和施工计划选择承包人。这种方法应会使得业主对施工较为满意,但通常会导致较高的初始成本。

6.6.2.3 议标

议标合同常常用于小型项目上或是在极短的时间内须签订合同的项目。该方法包括确认一位或多位承包人,并与每位承包人确定最佳的施工方法以及合同成本。这种方法要求业主和承包人之间密切工作以确定执行合同和确立成本的可取方法。这种方法不允许业主预先选择承包人,因此,有可能比低标方法更费钱。这种方法会导致承包人之间的竞争,在大型项目上应用不广泛。

6.6.3 技术规范编制

保证HMA顺利施工的第一步是为项目编制适宜的技术规范。第二步是确保满足配合比设计和施工中技术规范的限制。总之,说明沥青路面施工的两种技术规范是方法和性能规范。

6.6.3.1 方法规范

方法规范详细地说明了达到沥青混合料预期质量的设备和程序。这类技术规范要求极为详尽地说明生产合格沥青混合料所需的所有变量。比如,影响密度的因素包括空气温度、混合料温度、压路机型号、压路机质量、压实次数、压路机轮胎压力(如果是橡胶轮胎的话)和压实速度。所有这些内容在方法技术规范中要详细明确地说明。

一般压实方法技术规范可能包括下列内容："如果上升，摊铺时候的大气温度应至少为40 ℉(4.4℃)，如果下降，温度至少应为45 ℉(7.2℃)。10t振动压路机的初始碾压应至少为两次。碾压后接着要用橡胶胶轮压路机复压6次。压路机最低质量为15t(13.6Mg)，轮胎压力应至少为90psi(621kPa)。在混合料冷却至175 ℉(79.4℃)之前，应完成碾压。用双铰接车架钢轮压路机进行整平碾压。整平碾压或是去除所有压路机痕迹和其他路面不整齐的地方时应采用整平压路机。所有这些压路机的速度每小时不应超过3mile(4.8km/h)。所有压路机应尽可能地紧挨着摊铺机之后或在压路机前面。"这种技术规范又长又繁琐，因为要恰当规定施工程序的所有细节。

方法技术规范要求监理时刻都在工地上。如果施工时没有监理人员，事后就无法确认承包人是否遵守了技术规范的要求。方法技术规范要求监理应与承包人一道工作，当施工进行时，要指出有无缺陷。这种技术规范的依据是以往碾压程序的经验和对达到合格密度要求的认识。

6.6.3.2　验收技术规范

验收技术规范通常比方法规范要短且较易编写。在编制验收技术规范中的最大困难是确定要规范的性质和针对这些性质所设的限制。就这类验收技术规范而言，这些规定的性质或是直接或是间接地与性能相关联。

比如，密度验收技术规范的说明为："每次评估沥青要分成1000t(909Mg)的批量。"每个批量要分成4个小批量和每个小批量中要采集一个随机试样。压实后，把试样做成芯样状，根据ASTM D2726确定毛体积。4个试样的平均密度至少应达到实验室密度的98%。如果平均密度低于98%，那么，这个混合料的验收就应以降低的价格进行验收。这种技术规范不要求监理时时刻刻都在工地上；有时施工之后也可进行检测。

验收技术规范应明确地说明几项有效的内容[26]，包括：

1)批量；

2)待评估的混合料性质；

3)每批次试验数量；

4)随机取样点；

5)取样方法；

6)每次试验结果测量数量；

7)试验或检测方法；

8)测出特点的指标值；

9)实际偏差；

10)与技术规范不一致时所要采取的措施。

质量控制或质量验收试验中批量是为支付目的而进行评估的材料数量。根据该批量随机抽样的规定次数得出的试验结果,分批次评估每个批量。批量常常规定为一天内要摊铺的材料数量。批量也可以设置为和生产数量相同,比如1000t。

每批试验数量在技术规范中不尽相同,但是,通常都设在4~5个批量。当评估质量时,数量较多的试验可以对真实的生产作出较好的评估。即便如此,由于试验成本和时间,采样和试验须是有限的。一般地,批量分为小批量时,从每个小批量中随机采集试样。这些分层次的随机试样有益于试验工作的开展,这样就要求在较短的时间里进行不止一次的试验。

材料取样可以在工地现场、货车、料堆、传送带或生产中其他的位置进行。规定取样点可减少试样间取样的误差并最大限度地减少试验变异性。真实的验收试样采集的唯一地方是道路。不过出于方便考虑,除了密度试验以外,HMA试样常常是从装载的货车取样。

有时,试验方法使得试验结果不同。比如,芯样中检测到的HMA密度可能与用核子密度仪测量到的密度是不同的。鉴于此,应对试验方法加以规定以确保承包人和业主采用相同的方式,这样可比较数据。采样的方法有两种,随机和有代表性的试样。从统计的角度来看,随机取样较为可取。如果在正在试验的批量或小批量中,混合料任何可能的试样如其他任何可能的试样一样都有被选择的均等机会时,试样才会被认定是随机的。采集代表性试样,与随机抽样是不同的,这样它代表了批量或小批量待试验的平均水平。如果料堆的平均级配是合格的,那么,就需要从料堆里采集有代表性的试样。一般地,代表性取样是从许多小的随机取样中得来的,再把这些随机试样综合在一起就构成一个平均的试样。

技术规范要求须确立起一个可为许多试验所用的函数。试验结果接近目标值且变异性较低,这是可取的。根据随机试样上进行的大量试验计算得出的平均试验性质是对真实的材料平均性能的良好评估。数量不大的试样不会是整体平均水平的评估,因为有较高的变异性。取样规格较小提高了劣等材料被认可或好材料被拒绝的机会。为了确定平均试验性质,规定要试验的试样数量是在取样试验的成本和试验结果预期准确性之间进行的折中。

检测试验性质的试验方法须加以规定,因为各种试验方法有不同的准确性。比如,沥青含量可用核子密度仪和几个沥青提取方法进行检测。这些试验得出的结果取决于测量沥青含量所采用的方法;因此,试验方法应加以规定或是应调整偏差以适应试验方法。

任何试验的目标值须在技术规范中作出详尽的说明。目标值是承包人在工地应努力达到的价值。生产完全符合目标值的混合料是不可能的,因而就须围绕着目标值设定偏差。偏差应把材料的正常变异性包括在内,但也应足够严格,以确保低质量材料不能通过验收。有时技术规范上的偏差是极为严格的，因此是有限制性的，会造成拒收高质量的材料。有时偏差太大，也会导致低质量的材料被采用。偏差应是正常材料变异性、试验可变性（试验方法）和材料性质对混合料性能的函数。如果试验可变性高于材料变异性很多，通常难以评估混合料的合格性。技术规范须采用法律上可执行的合理的偏差。

许多技术规范的一个主要问题，是当工程不符合技术规范要求时，对要采取的措施缺乏明确的说明。当略微超出技术规范要求时，许多技术规范降低了承包人的支付。如果试验结果与技术规范要求相差较大时，就会进一步降低支付量。解决不符合技术规范要求的另一个方法是“开始—停止”（go—no go）方法。当试验结果不符合技术规范要求时，采用这种方法的施工要停止。找出混合料的问题并在生产前解决这个问题。这种方法使得不符合技术规范要求的材料滞留在工地或是要求清除和替换。

技术规范中，应该指出通常承包人必须做的事和通常业主将要做的事。统一用词可减少沥青混合料检查和评估中的问题。有些技术规范使用了难以解释和理解的词和词组。含糊不清的用语应尽可能地减少，否则就要非常清晰地加以解释。这些模棱两可的词和词语有：达到监理的满意程度或是如监理批准的那样，差不多，拒绝，合理地，明确，坚实的，耐久的和干燥。

6.6.4 集料采样和喂料机校准

施工期间在 HMA 拌和站采集到合格的试样，是在适当地评估集料、沥青和 HMA 时必不可少的一步。采样程序包括料堆采样、喂料机、传送机上的集料、热料仓、沥青储藏罐、装载货车或是现场工地。

当要确定正在评估材料性质的平均值和变异性时，大量的随机取样通常是在生产过程中采集的。有代表性的试样应以这样的方式进行采集，保证材料可以达到规定数量材料性质的平均值。由于配合比设计只做一次试验，因此在配合比设计过程中，要从每个料堆上采集有代表性的且合乎材料平均性质的试样。

6.6.4.1 集料取样

一旦采集到了试样（不论是随机或是有代表性的）都必须在试验前将其划分到适当数量。对于集料，利用四分法取样或是试样分料器（详见 ASTM C702），这两种方法都不错，但是，试样分料器较易操作且多数技术人员更喜欢采用这种方法。

要从料堆里取出合格的试样不是件易事，因为较大颗粒易于从料堆表面滚下来，堆积在底部。鉴于此，从料堆底部取的集料试样粒径要大于从上面取下的试样。当集料按料径进行放置时，这个问题就最大限度地减小了。比如，典型的集料包括粗集料(1/2in ~4 号)(12.5 ~4.76mm),破碎的细集料(负4号)和天然砂子(未经破碎的细集料)。当按这种方式储存材料时,料堆里的集料粒径范围最大限度地减小,较易采集到准确的集料且生产出合格的HMA材料。把所有粒径的集料都堆放在一起的做法是不可取的(比如1/2in至200号的材料)(12.5 ~0.075mm),因为离析几乎总是一个问题。把所有粒径的集料都放置在一起时,要想生产出一致的HMA混合料是很难的,并且从这样的料堆里取样也是件难事。

在材料从冷料喂料机流到传送机时,在生产中也可进行HMA集料的取样。每台喂料机设置的目的是把一定数量的材料送入HMA搅拌机。要校准喂料机这样的设备,操作人员可快速地设置送料速度以满足材料任何规定的级配要求。针对这种材料,最为准确的方式是短时间里停止传送机,在规定长度的皮带上取出所有的集料(通常为5ft)(1.5m),然后进行试验以确定集料的级配。也可以在生产过程中利用分流槽进行取样,但是,这有点难度,因为喂料机高速运转,仅在1 ~2s之内就可提供一个大样本。比如,如果喂料机的生产额是300t/h(273Mg/h),1s内材料经过一个点的数量约为170lb(77kg)。

在校准喂料机且把材料送入干燥机之后,可从间歇式搅拌机取得额外附加的样本。但是,在滚筒式搅拌机里经过这个点之后就不能取样了。间歇式搅拌机的集料,在热料仓时就按粒径进行分离。当每个料仓的集料跌落时,在热料仓下面位置上可直接取样。每个料仓的集料级配和每个料仓材料比例可用于计算送入混合料的总集料级配。

6.6.4.2 集料喂料机标定

采用送入规定喂料机同样的材料,每送料一次进行一次校准。比如,如果1号机送粗集料,那么,就必须与那种粗集料进行校准。一般有两种方式来调整集料喂料机的材料流:改变阀门的开口和改变喂料机的皮带速度(如果喂料机上带有皮带的话)。每个料仓都有一个阀门,把阀门开至不同高度,可以改变材料流的速度。在校准过程中,根据集料粒径和要送入喂料机的材料速度,通常把阀门打开到规定程度。取样之后,改变喂料机的速度以改变传送带上的材料数量。在给定的设置中,材料经喂料机送入,之后到集料传送机,再把材料送入干燥机的传送机。为了要采集到样本,停止传送机,在一段长度上取下集料并称量。在各种皮带速度下重复取样。以t/h为单位的喂料机供料数量按下式计算得出:

$$R = \frac{1.8WS}{B} \tag{6-2}$$

式中:R——喂料速度,t/h;

W——B喂料机皮带上的试样质量,lb;

B——取样时皮带的长度,ft;

S——皮带速度，ft/s。

通过测量皮带长度和计算旋转一次所需时间来确定从传送带上取样的传送速度。

在确定了几种喂料机皮带速度之后，可把数据绘制成图，类似于图6-34中的X、Y、Z或Q。校准喂料机之后，可选择集体集料的皮带速度以供给规定的数量。

有些HMA设备(通常为滚筒式搅拌机)在冷料机和干燥机之间的皮带上都有质量传感器。这些质量传感器使得操作人员可以从控制室校准冷料机。这时，不在传送带上取样，因此，整个过程较快。须注意的是，要确保质量传感器得以准确地校准。可以在规定的时间把集料送到货车上和称出所收集材料的方式来验证质量传感器的准确性。

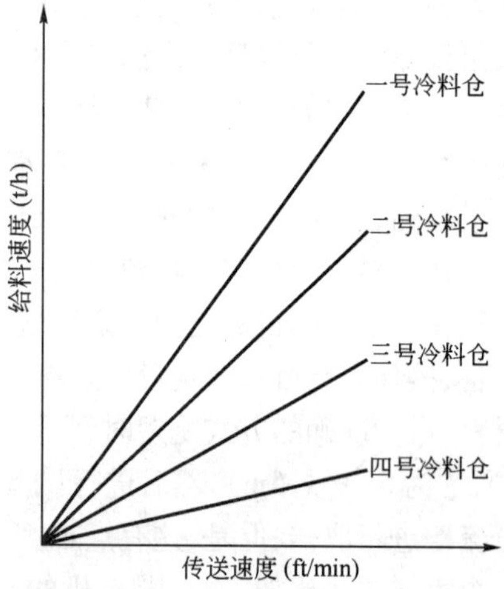

图6-34　各种皮带速度的冷集料喂料机的校准图

例题6-1　HMA拌和站的集料喂料机正在校准。喂料机阀门设置为6in开口，材料流动速度由集料喂料机下面的喂料机皮带控制。设置最大皮带速度的20%为喂料机的速度，把集料送到传送带上。皮带上取样长度为5ft，取样称量。材料质量为35lb(15.9kg)。之后再把皮带速度提升至最大速度的40%，5ft长度上集料质量为80lb(36.4kg)。皮带速度提升至最大速度的75%，从5ft长度上取下的集料质量为150lb(68.2kg)。传送机皮带有100ft长，旋转一周用时20s。求出每个皮带速度设置时送入搅拌机的集料量(t/h)。

解　计算公式为：

$$R = \frac{1.8WS}{B}$$

20%的皮带速度时的喂料速度为：

$$R = \frac{1.8(35)(100/20)}{5}$$

$$R = 63\text{t/h}$$

40%的皮带速度时的喂料速度为：

$$R = \frac{1.8(80)(100/20)}{5}$$

$$R = 144\text{t/h}$$

75%的皮带速度时的喂料速度为：

$$R = \frac{1.8 \times 150 \times (100/20)}{5}$$

$$= 270\text{t/h}$$

这三种喂料速度应与相应的皮带速度一起绘制成图。皮带速度与喂料之间的关系为直线关系。绘制成图后，可采用这些图来选择任何期望的集料的皮带速度。

6.6.5 沥青取样

配合比设计过程中进行沥青试验，不是每日进行 HMA 施工质量控制的部分。确定沥青各种性质时随时都需要试样。通常用1gal（$1\text{gal} = 3.78541\text{dm}^3$）的容器采样。这些试样或是来自运送材料的货车，或是来自沥青储藏罐。多数情况下，如果在 HMA 混合料中发现早期施工问题，可采样并保存下来待日后检测。

6.6.6 HMA 取样

HMA 的试样通常是从装载的货车上或是摊铺机后面的路面上采集的。由于把混合料装入货车时，沥青混合料会产生一些离析，在采集试样时须小心。裹覆沥青的粗集料可能会从 HMA 料堆的一侧滚下，靠料堆边和货车平板的末端聚集。尽管这个问题在某种程度上总是会发生，只要最大限度地减少它，摊铺时出现的问题就不明显。如果取样不适当的话，离析的类型会影响试验结果。粗集料百分比较高时，由于表面面积较低，沥青的百分比较低。通常沿 HMA 货车装载各点取几个小试样。常常从 HMA 货车料堆的边缘和顶部表面取样。这些小试样混合在一起形成一个大样本供试验用。

当从路面上取样时，须注意要确保把黏结层材料的污染最大限度地减少。路面取样可以是有代表性的（即是几个小试样）或随机取样（从一个地方取样），取决于试验结果中要评估的内容。多数情况下，要求采集随机试样，这样就可评估施工过程中的可变性。

6.7 统计原理

路面材料和混合料的试验结果变异性取决于材料、设备和试验程序的可变性。施工良好的项目中混合料性质的可变性较低，而施工控制逊色的项目中混合料性质的可变性较大。理解材料的变异性要求对统计有一定了解。

沥青混合料的性质很多,当将其绘制成柱状图时,其图与图6-35中所示的内容类似。从该频率图较高的点画一条曲线,正态分布曲线为典型的钟的形状。显示出的正态分布的沥青混合料性质包括了集料级配、沥青含量、密度、总混合料空隙率、稳定性、流动性和许多其他性质。了解到这些混合料的性质符合正态分布,可采用少量试验以预测分布数量。评估正态分布时,要了解一些专业术语:

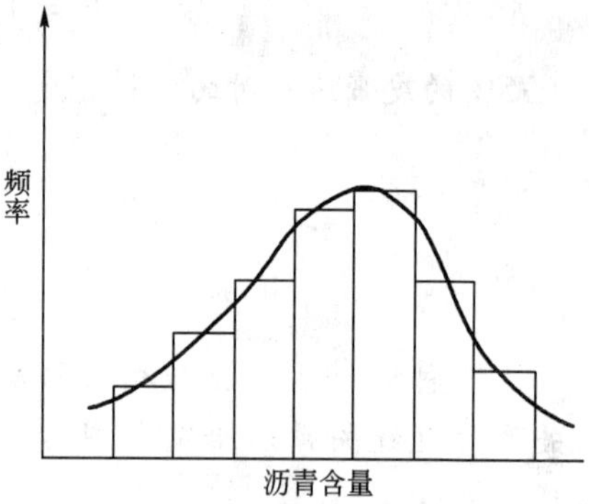

图6-35　沥青分布的柱状图

$$方差:s^2=\frac{\sum_{i=1}^{n_1}(x_i-\bar{x})^2}{n_1-1} \tag{6-3}$$

$$标准偏差:\sigma=\sqrt{s^2}=\sqrt{\frac{\sum_{i=1}^{n_1}(x_i-\bar{x})^2}{n_1-1}} \tag{6-4}$$

$$变异系数:CV=100\frac{\sigma}{\bar{x}} \tag{6-5}$$

$$平均标准偏差:\bar{\sigma}=\frac{\sigma}{\sqrt{n_2}} \tag{6-6}$$

式中:x_i——第i个试样的试验结果;

$\bar{x}$——测试结果平均值;

n_1——试验结果数量;

n_2——产生单一试验结果的平均试样数量。

例题 6-2 根据一个批量材料进行现场密度的试验。现场密度是以最大理论密度的某个百分比来表示的。

从试样采集的分布数量中计算估算的方差(s^2)、标准差(σ)和变异系数(CV)。

试验次数	密度	$x_i-\bar{x}$	$(x_i-\bar{x})^2$
1	93.0	0.0	0.00
2	92.1	−0.9	0.81
3	94.2	1.2	1.44
4	93.3	0.3	0.09

5	91.5	−1.5	2.25
6	95.0	2.0	4.00
7	93.5	0.5	0.25
8	92.2	−0.8	0.64
9	91.6	−1.4	1.96
10	93.2	0.2	0.04
	$\bar{x}=93.0$		$\sum=11.48$

许多计算机能自动计算统计数据，因此很少有必要绘制上述表格。但是，计算如下式所示，确定统计性质所需的步骤。

$$s^2=\frac{\sum(x_i-\bar{x})^2}{n_1-1}=\frac{11.48}{10-1}=1.28$$

估算的标准差为：

$$\sigma=\sqrt{s^2}=1.13$$

估算的变异系数为：

$$CV=\frac{\sigma}{\bar{x}}\times100=\frac{1.13}{93.0}\times100=1.21\%$$

目前，如果技术规范要求所有密度试验结果超过最大理论密度的91%，得数是多少？假设估算的批量平均密度为93.0，估算的平均差为1.13，随机抽样的试验结果超出了技术规范要求的概率是多少？

解 要分析这个问题，数据要简化到标准正态偏差，为了利用标准的概率分布表格计算正态的分布：

$$K_\alpha=(y-\bar{x})/\sigma$$

式中：K_α——标准正态偏差；

y——随机偏差；

$\bar{x}$——分布数量平均值的估算；

σ——分布数量标准差。

因此，针对要评估的问题，$\bar{x}=93.0$ 和 $\sigma=1.13$。对于这个问题，技术规范的较低限度91为随机变量y。然后把$\bar{x}$和σ代入公式求出K_α。

$$K_\alpha=(y-\bar{x})/\sigma=(91-93)/1.13=-2/1.13=-1.77$$

针对图6-36所示的标准分布，求出K_α和σ。

根据统计表格6-5，可以看出$K_\alpha=-1.77$，正态分布函数有0.9616（96.2%）的面积处在$\bar{x}+1.77$之下，有3.8%的面积在$\bar{x}+1.77$之下，因为正态分布函数下面整

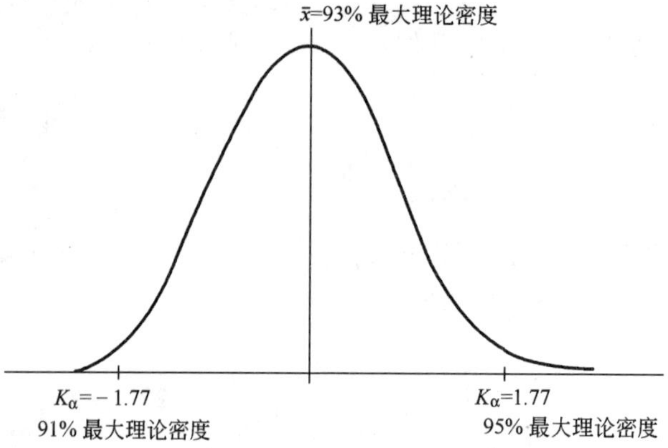

图6-36　密度概率分布函数

个面积为1.00。由于对称性，那么，$\bar{x}+1.77$ 有3.8%的数据处在这个点之下。如果设定分布数量估算的平均值和标准差，可以预期约4%的单一试验都会低于91%，或是达不到规范的较低要求。

正态分布的概率分布函数　　表6-5

$K_α$	.00	.01	.02	.03	.04	.05	.06	.07	.08	.09
0.0	.5000	.4960	.4920	.4880	.4840	.4801	.4761	.4721	.4681	.4641
0.1	.4602	.4562	.4522	.4483	.4443	.4404	.4364	.4325	.4286	.4247
0.2	.4207	.4168	.4129	.4090	.4052	.4013	.3974	.3936	.3897	.3859
0.3	.3821	.3783	.3745	.3707	.3669	.3632	.3594	.3557	.3520	.3483
0.4	.3446	.3409	.3372	.3336	.3300	.3264	.3228	.3192	.3156	.3121
0.5	.3085	.3050	.3015	.2981	.2946	.2912	.2877	.2843	.2810	.2776
0.6	.2743	.2709	.2676	.2643	.2611	.2578	.2546	.2514	.2483	.2451
0.7	.2420	.2389	.2358	.2327	.2296	.2266	.2236	.2266	.2177	.2148
0.8	.2119	.2090	.2061	.2033	.2005	.1977	.1949	.1922	.1894	.1867
0.9	.1841	.1814	.1788	.1762	.1736	.1711	.1685	.1660	.1635	.1611
1.0	.1587	.1562	.1539	.1515	.1492	.1469	.1446	.1423	.1401	.1379
1.1	.1357	.1335	.1314	.1292	.1271	.1251	.1230	.1210	.1190	.1170
1.2	.1151	.1131	.1112	.1093	.1075	.1056	.1038	.1020	.1003	.0985
1.3	.0968	.0951	.0934	.0918	.0901	.0885	.0869	.0853	.0838	.0823
1.4	.0808	.0793	.0778	.0764	.0749	.0735	.0721	.0708	.0694	.0681

续上表

K_α	.00	.01	.02	.03	.04	.05	.06	.07	.08	.09
1.5	.0668	.0655	.0643	.0630	.0618	.0606	.0594	.0582	.0571	.0559
1.6	.0548	.0537	.0526	.0516	.0505	.0495	.0485	.0475	.0465	.0455
1.7	.0446	.0436	.0427	.0418	.0409	.0401	.0392	.0384	.0375	.0367
1.8	.0359	.0351	.0344	.0336	.0329	.0322	.0314	.0307	.0301	.0294
1.9	.0287	.0281	.0274	.0268	.0262	.0256	.0250	.0244	.0239	.0223
2.0	.0228	.0222	.0217	.0212	.0207	.0202	.0197	.0192	.0188	.0183
2.1	.0179	.0174	.0170	.0166	.0162	.0158	.0154	.0150	.0146	.1043
2.2	.0139	.0136	.0132	.0129	.0125	.0122	.0119	.0116	.0113	.0110
2.3	.0107	.0104	.0102	.00990	.00964	.00939	.00914	.00889	.00866	.00842
2.4	.00820	.00798	.00776	.00755	.00734	.00714	.00695	.00676	.00657	.00639
2.5	.00621	.00604	.00587	.00570	.00554	.00539	.00523	.00508	.00494	.00480
2.6	.00466	.00453	.00440	.00427	.00415	.00402	.00391	.00379	.00368	.00357
2.7	.00347	.00336	.00326	.00317	.00307	.00298	.00289	.00280	.00272	.00264
2.8	.00256	.00248	.00240	.00233	.00226	.00219	.00212	.00205	.00199	.00193
2.9	.00187	.00181	.00175	.00169	.00164	.00159	.00154	.00149	.00144	.00139
K_α	.0	.1	.2	.3	.4	.5	.6	.7	.8	.9
3	.00135	$.0^3968$	$.0^3687$	$.0^3483$	$.0^3337$	$.0^3233$	$.0^3159$	$.0^3108$	$.0^4723$	$.0^4481$
4	$.0^4317$	$.0^4207$	$.0^4133$	$.0^5854$	$.0^5541$	$.0^5340$	$.0^5211$	$.0^5130$	$.0^6793$	$.0^6479$
5	$.0^6287$	$.0^6170$	$.0^7996$	$.0^7579$	$.0^7333$	$.0^7190$	$.0^7107$	$.0^8599$	$.0^8332$	$.0^8182$
6	$.0^9987$	$.0^9530$	$.0^9282$	$.0^9149$	$.0^{10}777$	$.0^{10}402$	$.0^{10}206$	$.0^{10}104$	$.0^{11}523$	$.0^{11}260$

目前,如果通过计算单一试样值的平均值来确定密度,那么其可变性降低,整个平均值保持不变,91%以下的百分比减少了。均数标准误差的定义如下:

$$\overline{\sigma} = \sigma / \sqrt{n}$$

式中:$\overline{\sigma}$——均数标准误差;

σ——分布数量的标准差;

n——每次求平均值都包括在内的单一试样数量。

比如,假设求出4个试验结果平均值,可得出所谓的平均试验结果。那么:

$$\overline{\sigma} = \sigma / \sqrt{n} = 1.13\sqrt{4} = 0.565$$

然后,标准正常偏差 K_α 就变为:

$$K_\alpha = (y - \overline{x}) / \overline{\sigma} = (91 - 93) / 0.565 = -3.52$$

根据统计表格可以看出如果 $K_\alpha = 3.52$,低于 $\overline{x} + K$ 的曲线面积为0.9998,这意味着数据的99.98%都低于 $\overline{x} + 3.52$,只有0.02%在 $\overline{x} + 3.52$ 之上或是 $\overline{x} - 3.52$ 之下。求出每个数据点的4个试样平均值,预期低于技术规范要求的材料百分比会从约

3.8%减少到0.02%。

经验表明特定项目的各种混合料性质的期望值 σ 是个好的目标。但是,每个项目的 σ 都是独一无二的,不能对所有项目都作出准确的假定。在收集到足够多的数据之后,可计算 σ 和试验结果的可变性及针对控制的好(σ 较低)与坏(σ 较高)进行判断。

关于评估路面性能的典型可变性已经收集了大量数据[26]。沥青和密度的典型值如下:

性能	标准差
沥青,按质量计百分比	0.20
HMA密度,实验室密度百分比	1.02

其他的研究表明,沥青的标准差可高达0.30。

研究表明,集料级配的标准差值与过筛孔径的材料百分比有一定的关系。典型的结果详见图6-37。目前,研究的问题是许多摊铺项目中遇到的实际问题。HMA可由业主和承包人制造和试验。采用可溶物分解试验检测沥青含量。由于集料吸水性较高,一些沥青陷在集料的气孔里,溶剂无法溶解,因此,似乎沥青含量较低。承包人的试验表明溶剂溶解的沥青多于业主的试验,因此,有两组数据存在(图6-38)。业主和承包人的数据都不代表实际的沥青含量,因为两者的试验都把一些沥青留在了集料里。试验结果偏差的定义为材料性质真实值和真实的试验结果之间的差异。

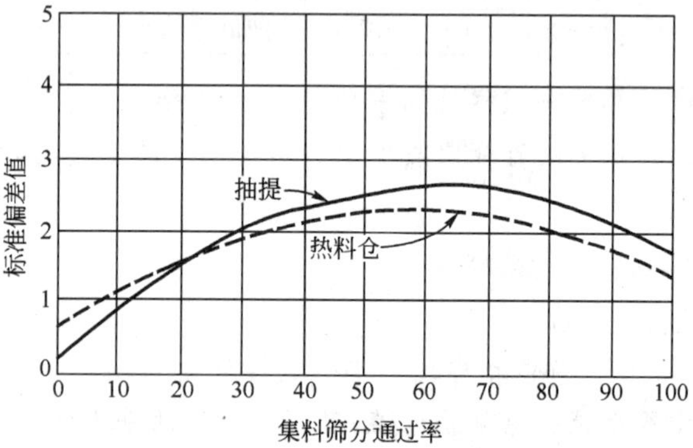

图6-37　集料级配典型的标准差值[26]

业主试验的偏差与承包人试验的偏差是不同的。检测的主要目的是把偏差减少到零并最大限度地减少试验过程相关的可变性。如果业主和承包人对每个数据点都求出大量试样的平均值,那么,数据点的可变性就减少了;但是,偏差未受到影响。只有在溶解试验中从集料中去除更多的沥青才可能减少更多的偏差。

例题6-3 如前所述,技术规范须有实用的偏差。假设HMA技术规范要求最大理论密度在93.0~96.0之间。如果百分比密度的标准差为1.0,那么,这是一个实用的偏差吗?如果承包人建造的HMA路面的平均密度为94.5%,那么,有多少试验数据预期会超出技术规范的要求?

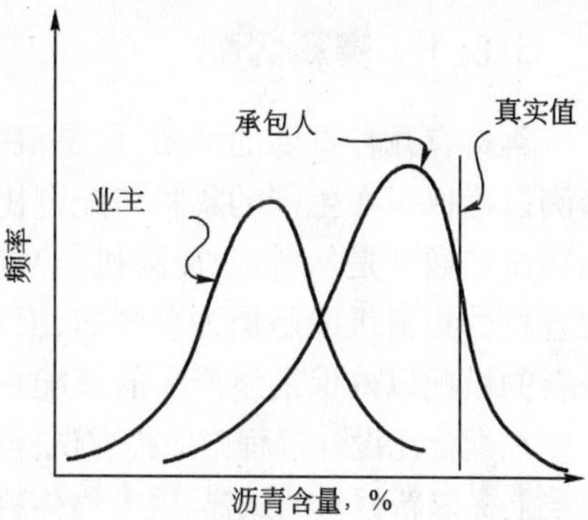

图6-38 业主试验结果、承包人试验结果和真实值的比较

解 因为 $K_{\alpha}=(96.0-94.5)/1.0=1.5$,所以,根据表6-5可以看出93.3%的数据处于最大理论密度96.0%之下,6.7%的数据处在最大理论密度96.0%之上。如果承包人的平均值为94.5(中等范围),约13.4%的试验(每个曲线末端为6.7%)会超出技术规范的范围。如果单一试验值用于确定材料的一致性,这种技术规范是不实用的。

如果求出每组中4个试验的每个报告结果的平均值,会出现什么情况?4个试验结果的均数标准误差的计算如下:

$$\overline{\sigma}=\sigma/\sqrt{n}=1.0/\sqrt{4}=0.5$$

目前,如果平均值为94.5,那么,$K_{\alpha}=(96-94.5)/0.5=3.0$。表6-5中当 $K_{\alpha}=3.0$ 时,这表明 $94.5+K_{\alpha}$ 有99.87%的数据低于这个数值,而 $94.5+K_{\alpha}$ 则包含了 $1.00-2(0.0013)=99.74\%$ 的数据。因此,如果平均值为94.5和标准差为1.0时,可以预期1000例试验中只有两例试验会超过技术规范的范围。从承包人所进行的施工来看,当采用了平均标准误差时,这种技术规范较为实用。当采用的是平均标准误差而不是标准差时,这个问题说明某种混合料性质的偏差是可以减少的。

6.8 质量控制/质量保证(QC/QA)

良好质量控制/质量保证的措施对合格工程是至关重要的。QC通常是指控制工程和确定工程的质量所必须做的那些检测。这些QC检测通常是由承包人实施的。QA是指验收工程时所需做的那些试验,因此,确保要评估的工程确实是业主所规定的那种工程。这些QA试验通常是由业主实施的。

施工过程中沥青混合料的检测对于确保合格工程来说是十分重要的。沥青混合料的生产和摊铺当中所应实施的试验包括集料级配、沥青含量、温度、实验室试样的混合料性质、最大理论密度、现场密度、平整度、高程(如果适用)及外观检测。

6.8.1 集料级配

集料有几种重要的性质,但是,在施工中常规试验通常仅限于级配性质。须进行目测以确保正在生产的集料与配合比设计开发中的集料试验相类似。QC/QA 试验,集料试样通常是从料堆、冷料机、热料仓(如果有)和抽提沥青混合料中取样。沥青混合料的集料级配是最为重要的,因为这是最终产品;但是,在其他控制点上须控制集料的级配以确保最终产品的级配是合格的。

在配合比设计过程中应提取试样、试验和使用前的批准。一旦生产开始,就只需从料堆上提取新材料的试样,因为整体料堆的级配已经确定了。新加入料堆的材料级配须与料堆上的初始材料一样,在偏差范围以内,否则,最终混合料的级配会受到影响。料堆级配变化的原因包括材料来源、运输或堆料期间的离析、取样和检测误差。

提取集料试样的第二个位置是冷料机皮带。这种皮带上包括了配比后的正送入 HMA 搅拌机的集料。这时的级配可变性是由于料堆级配、集料离析、冷料料仓装载不当、某些冷料料仓设置不当和取样及检测的误差。

集料取样的第三个位置是 HMA 间歇式搅拌设备热料仓(滚筒式搅拌机没有集料热料仓)。其可变性的原因包括送入冷料机集料的级配不当、除尘系统喂料不稳定、改变生产速度(随着生产速度改变之后检测效率的改变)、筛径堵塞、筛子上或料仓壁上出现孔洞、取样和试验误差。热料仓,如果操作得当,部分地纠正进入设备集料的级配。

确定级配的第四个位置是沥青混合料。试样一般是从装载的货车上提取,但是也可从沥青摊铺机的后面提取。这种检测是在最终产品上进行的,须加以控制,因为混合料验收是以此为依据的。这时的级配可变性(针对间歇式搅拌设备)包括热料仓级配不正确、每个热料仓材料的百分比不当、混合料离析(在储料仓或货车上)及取样和检测的误差。对于滚筒式搅拌机,这时的可变性包括冷料级配不正确、除尘器喂料不稳定、进入搅拌机或储料仓里集料离析以及取样或检测误差。

这几个位置级配评估可以使监理找出级配的问题,并快速地确认出现问题的位置。比如,如果料堆级配是合格的,但是,冷料级配却改变了,那么,问题位置有可能是混合料的离析、冷料仓装载不当,或是取样检测误差。可快速地检测这些事项并加以修正。

6.8.2 沥青含量

另一个混合料须评估的性质是沥青含量。为确保性能合格,混合料沥青含量是极为重要的。沥青含量较低的混合料是不耐用的,而含量较高则不稳定。沥青含量直接影响混合料性质,比如沥青膜厚度、空隙率、稳定度(维姆或是马歇尔)、马歇尔流值。因此,监测沥青含量是重要的,但是,正是这些混合料性质是需控制的。

混合料沥青含量是通过抽提试验(ASTM D2172)或是核子密度仪(ASTM D4125)进行检测的。核子密度仪用于检测沥青含量,检测方式与检测土壤含水率时是一样的。抽提试验是把溶剂加入到沥青混合料中以溶解出沥青。然后再用过滤纸过滤沥青和溶剂,但是,集料是无法通过的。这是一个准确性不太高的试验,但是却是检测沥青含量应用最为广泛的试验。抽提试验的一个优点是可以确定混合料集料级配。其缺点是溶剂是有害的且难以处理。一些州正在使用的是生物降解溶剂,但是,在广泛应用前,还需要做额外的研究工作。现行的沥青计量装置,比如,可变速度泵,可准确地控制沥青含量。这些装置应由 HMA 生产者经常校准。

全国沥青技术中心(NCAT)已经制定出确定 HMA 混合料沥青含量的燃烧试验法。试验方法是根据 NCAT1990 年开始的研究工作为基础的[27]。NCAT 燃烧法,HAM 混合料的试样点燃要受制于炉子里升高的温度并把沥青含量从集料里燃掉。NCAT 的研究结果是开发了试验程序和设备,可自动地检测 30 ~ 40min 里的沥青含量,采用标准筛分确定集料的级配。根据 NCAT 进行的联合研究,其中有 12 个实验室参加了试验,研究发现 NCAT 燃烧试验的准确性和精确性要好于溶剂抽提方法的准确性和精确性。因此,这种试验方法正在逐渐地替代溶剂抽提法,由于后者使用了氯化物溶剂而产生对健康和环境的不断顾虑,溶剂抽提法正在被淘汰。

间歇式 HMA 搅拌机里沥青含量不合理是由几个因素造成的。这些原因包括集料称量不当、沥青称量不当、沥青罐阀门渗漏、离析和取样检测误差。滚筒式搅拌机里的沥青含量不准确的原因包括集料皮带称量不当、沥青计量器未校准、集料含水率不当、离析及取样检测误差。适当地从货车装的材料上提取试样是困难的。当从拌和后离析、粗集料含量较高的混合料中取样时,检测到的沥青含量要低于规定的要求,因为粗集料的表面面积要低于细集料的表面面积。

6.8.3 体积性质现场管理

联邦公路局(FHWA)示范项目 74 号明确表明,实验室设计的和搅拌机制成的混合料的体积性质差别巨大。体积性质包括矿料空隙率(*VMA*)和总混合料(*VTM*)空隙率。联邦公路局项目结论是在 HMA 拌和站拌和材料的现场配合比的验证应包含在配合比设计程序里作为第二阶段。配合比验证的定义是在 HMA 生产开始时,在几百吨材料中验证的配合比设计。HMA 现场管理是一个可行工具,可以验证场拌和实验室拌和 HMA 混合料之间的区别,并有效地调整这些区别[28]。全国沥青技术中心(NCAT)通过对 24 个 FHWA 示范项目中现场数据进行统计分析,为 HMA 承包人编制了实用的指南来调整这些差别,因此,帮助其连续不断地生产出高质量的 HMA 混合料[29]。首先是分析现场数据并确认,如果可行,量化[比如沥青含量和过 200 号筛(0.075mm 等筛子)材料百分比]对诸如 *VMA* 和 *VTM* 这类应变量影响巨大的自变量。根据 NCAT 研究得出下列结论:

1)实验室设计的和场拌热混合料沥青的体积性质之间存在着极大差别。

2)*VMA* 是最易受到 200 号筛(0.075mm)(P200)材料数量和粗细集料相对比例的影响。

3)减少 P200(0.075mm)材料或 HMA 混合料中天然砂的数量,可提高 *VMA*。*VMA* 也可通过从最大密度线(MDL)把集料级配移开,尤其是 HMA 混合料中不含天然砂的集料,这样可提高 *VMA*。

4)*VTM* 是最易受到沥青含量、P200(0.075mm)材料和粗细集料相对比例的影响。

5)通过减少沥青含量和 P200(0.075mm)材料来提高 *VTM*。

流动流程图可作为实验室设计和场拌 HMA 混合料之间 *VMA* 和 *VTM* 差别调整的通用指南。

6.8.4 施工

生产时的混合料温度应严密检测。温度须高到可以裹覆集料和允许压实。当过度加热集料时,沥青就会产生多余氧化,再加上易挥发物质的损失,从而降低了混合料耐久性。压实也须延迟使得混合料冷却至压实的温度。

TMD(最大理论密度)应每日检测,因为有必要计算混合料的空隙率,有时利用最大理论密度来规定密度。最大理论密度的变化说明,沥青含量、集料级配、相对密度或是集料吸收或取样及检测误差。

压实沥青混合料至合格的现场密度要求有良好的性能。检查现场密度的两种方法是核子密度仪和钻芯取样。核子密度仪通常优先选择 QC 检测,而钻芯取样则较适用于 QA 检测。当采用核子密度仪检测 QA 时,须常规性地取芯样以验证核子密度仪的准确性。低密度的原因是基准密度不准确、级配不当或沥青含量不对、混合料温度或过高或过低、或过厚或过薄(快速冷却用)的层厚、压实技术不当、压实不充分、取样和试验误差。

施工中,用直尺或其他装置检测平整度以确保良好的行驶性。许多事项会在完工的沥青混合料中造成粗糙:包括下层材料过于粗糙、摊铺中摊铺机或压路机停车过多、整平调整过多、混合料温度变化、手工施工和材料离析。

有些项目,尤其是较大面积的地方,比如停车场和机场,要求拟建成的路面要达到设计高程。有必要确保不存在辙槽和保证平整度。摊铺后通过测量摊铺面表面高程,通常施工中用直尺控制并验证平整度。

目测在沥青混合料的 QC/QA 评估中总是很有必要的。试验结果不可能识别出所有 HMA 施工中会出现的问题。有时在混合料缺陷出现之前,目测会识别潜在的问题区域并纠正这些问题。其他时候，可从看上去有缺陷的并评估混合料是否符合技术规范要求的混合料中取样。

6.8.5 试验和质量控制图

6.8.5.1 试验频率

不可能为所有的项目设立一个预期的检测频率。影响试验频率的因素包括项目规模、项目的重要性及材料的变异性。但是，表6-6所列试验数量可作为项目应进行最低限度的试验数量的一个大致的指南。

试验频率要求 表6-6

试验	频率	试验	频率
料堆级配	每天1次	温度	全天常规检测
冷料级配	每天1次	目测	全天常规检测
热料仓级配（如果有）	每天1次	现场密度	每天6~10次
抽提沥青含量和级配	每天2次	平整度	全天常规检测
实验室压实试样空隙率、稳定度、流值	每天2组	高程	批量摊铺完之后
最大理论密度	每天2次		

6.8.5.2 技术人员

取样和检测误差在试验结果的整体变化中占很大的比例。鉴于此，检测技术人员应有合格的资格才能确保把取样和检测误差降低到最低限度（有些试验中有50%的变异性）。许多州已经开始要求技术人员（州和承包人）要有在州或联邦投资的项目工作过的证件。还应更加重视该名技术人员证件的认证以确保所有项目中都有合格的人员进行QC和QA的试验。

6.8.5.3 质量控制图

试验结果的分析与评估须在工程进行当中进行，方可对项目有适当的控制。监测施工中工程质量的最佳方式是采用控制图。控制图是以图的形式说明工程的QC数据的简单的方法。控制图的两个最为常见的类型是单一试验结果图和试验结果平均值图。

例题6-4 假设表6-7中的结果是源自HMA混合料的密度。技术规范说明密度须达到至少92%且4个试样的平均值不应超过最大理论密度的96%。有关数据和技术规范限制的控制图详见图6-39。

HMA 项目的密度数据

表 6-7

试验数量	密度,最大理论密度的百分比	密度,4点平均值
1	93.0	
2	94.0	
3	92.1	
4	95.1	93.7
5	93.3	93.8
6	94.2	93.7
7	93.5	94.0
8	91.6	93.2
9	92.5	93.0
10	93.7	92.8
11	94.2	93.0
12	92.2	93.2
13	91.5	92.9
14	95.6	93.4
15	93.6	93.2
16	94.1	93.7
17	92.3	93.9
18	91.7	92.8
19	92.1	92.4
20	94.3	92.5
21	96.0	93.4
22	92.2	93.6
23	91.3	93.4
24	93.5	93.2

解 这些控制图表明四个区域的平均值上没有明显的趋势也没有数据超出技术规范的限制。评估混合料生产中采用的工艺时,监理须寻找向上或向下移动的趋势,寻找超出技术规范限制的试验结果。施工中确认这些趋势使问题在变大之前就得以解决。图 6-39 表明正常材料变化引起的趋势。试验 10 和试验 19 表明平均值已接近较低的限制。此时,承包人应采取措施提高密度。

了解到控制图上生产过程中任何大的变化都是有益处的,包括什么发生了变化及什么时候发生了变化。

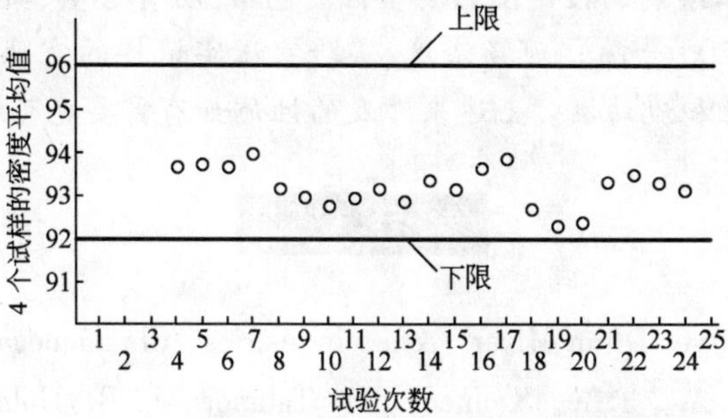

图6-39 数据和技术规范限制的密度控制图

变化发生时，识别出变化和试验的数量，让监理决定变化是否影响了施工控制，如图6-40所示。压路机质量增加似乎提高了混合料的密度。更换压路机驾驶员也几乎不会影响到平均密度，但是试验结果之间的可变性似乎对新驾驶员是较高的。

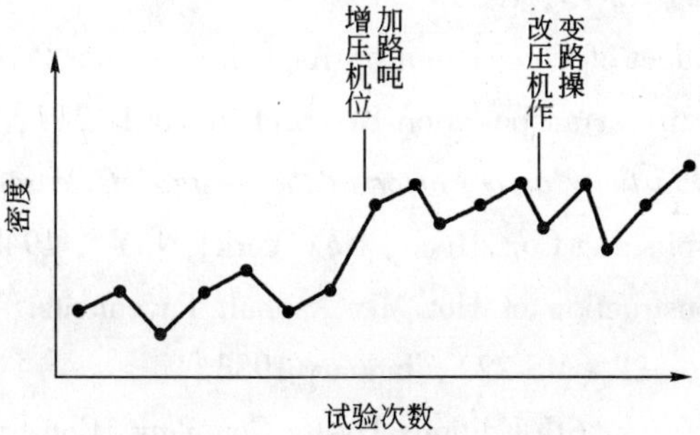

图6-40 生产工艺对密度试验结果的影响

有时用于分析试验结果可变性的另一个划分是图6-41所示的范围图。当范围值提高或下降时，可变性的变化也是类似的。

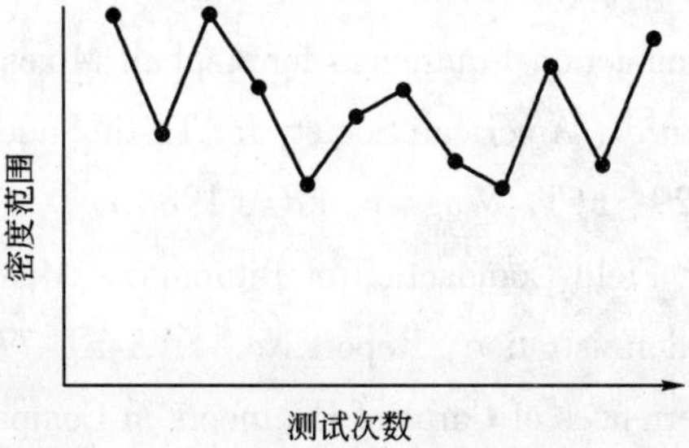

图6-41 最后四个点数据范围的密度范围图

针对HMA施工绘制的控制图的典型性质包括：沥青含量、集料级配（选定筛径，如3/8in、8号筛和200号筛）、现场密度、实验室压实试样的空隙率、最大理论密度、实验室密度、稳定性和流动性。上述未涉及的性质如有需要也可绘制成图。

参考文献

[1] Brock, J. D. Dryer Drum Mixer. Astec Industries, Chattanooga, TN, undated.

[2] Scherocman, J. A., T. W. Kennedy, M. Tahmorelsi, R. Holmgreen. Construction of Asphalt Concrete Pavement. Center for Transportation Research, The University of Texas at Austin, September 1986.

[3] Brock, J. D. and E. G. Mize. The Drum Mix Process. Astec Industries, Technical Bulletin Number T-110, Chattanooga, TN, 1984.

[4] Fugitive Dust Control and the Hot Mix Plant. National Asphalt Pavement Association, NAPA Report IS-73, 1980.

[5] Linden, et al. Effect of Compaction on Asphalt Concrete Perfor-mance. Transportation Research Board, Transportation Research Record 1217, 1989.

[6] Nijboer, L. W. *Plasticity as a Factor in the Design of Dense Bituminous Road Carpets.* Elsevier Publishing Co., Inc., New York, N. Y., 1948.

[7] Principles of Construction of Hot Mix Asphalt Pavements. The Asphalt Institute, Manual Series No. 22 (MS-22), January 1983.

[8] Compaction Handbook. 6th Edition, Hyster Company, Construction Equipment Division, Kewanee, IL, October 1986.

[9] Tunnicliff, D. G., R. W. Beatty, and E. H. Holt. A History of Plants, Equipment and Methods in Bituminous Paving. Proceedings, Association of Asphalt Paving Technologists, Volume 43A, 1974.

[10] Geller, Myron. Compaction Equipment for Asphalt Mixes. *Placement and Compaction of Asphalt Mixtures*, American Society for Testing and Materials, Special Technical Publication 829, F. T. Wagner, Ed., 1984.

[11] McLaughlin, A. L. Field Compaction of Bituminous Mixes for Airport Pavements. Federal Aviation Administration, Report No. FAA-RD-77-42, April 1977.

[12] Brown, E. R. Experiences of Corps of Engineers in Compaction of Hot Asphalt *Mixtures. Placement and Compaction of Asphalt Mixtures*, American Society for Testing and Materials, Special Technical Publication X29, FT Wagner, Ed., 1984.

[13] State of the Art: Vibratory Compaction of Asphalt Pavements. Transportation Research Board, Transportation Research Circular Number 242, April 1982.

[14] Quality Control for Hot Mix Asphalt Manufacturing Facilities and Paving Operations. National Asphalt Pavement Association, Quality Improvement Series 97/87, 1987.

[15] Hot Mix Asphalt Paving Inspection-Training Manual. Texas State Department of Highways and Public Transportation, 1983.

[16] Ford, M. C. Pavement Densification Related to Asphalt Mix Characteristics. Paper presented at the 1988 Annual Meeting of the Transportation Research Board, Washington, DC, 1988.

[17] Brown, E. R. and S. Cross. A Study of In-Place Rutting of Asphalt Pavements. Proceedings, Association of Asphalt Paing Technologists, Volume 58, 1989.

[18] Huber, G. A. and G. H. Heiman. Effect of Asphalt Concrete Parameters on Rutting Performance: A Field Investigation. Proceedings, Association of Asphalt Paving Technologists, Volume 56, 1987.

[19] Zube, E. Compaction Studies of Asphalt Concrete Pavement as Related to the Water Permeability Test. Paper presented at 41st Annual Meeting of the Highway Research Board, Washington, DC, 1962. 20.

[20] Brown, E. R., R. Collins, and J. R. Brownfield. Investigation of Segregation of Asphalt Mixtures in State of Georgia. Paper presented at 68th Annual Meeting of the Transportation Research Board, Washington, DC, 1989.

[21] Santucci, L. E., D. D. Allen, and R. L. Coats. The Effects of Moisture and Compaction on the Quality of Asphalt Pavements. Proceedings, Association of Asphalt Paving Technologists, Volume 54, 1985.

[22] White, T. D. Marshall Procedures for Design and Quality Control of Asphalt Mixtures Proceedings, Association of Asphalt Paving Technologists, Vol. 54, 1985.

[23] Brown E. R. Density of Asphalt Concrete-How Much is Needed? Paper presented at 69th Annual Meeting of the Transportation Research Board, Washington, DC, 1990.

[24] Burati, J. L., Jr. and G. B. Elzoghbi. Correlation of Nuclear Density Results with Core Densities. Transportation Research Board, Transportation Research Record 1126, 1987.

[25] Brock, J. D. Hot Mix Asphalt Segregation: Causes and Cures. National Asphalt

Pavement Association, Quality Improvement Series 110/86, 1986.

[26] Brown, E. R. Statistical Quality Control Procedures for Airport Pavement Materials. Federal Aviation Administration, Report No. FAA-RD-73-199, October 1985.

[27] Brown, E. R., N. E. Murphy, and S. Mager. Historical Development of Asphalt Content Determination by the Ignition Method. Asphalt Paving Technology, Vol. 64, 1995.

[28] D'Angelop, J. A. and T. Ferragut. Summary of Simulation Studies from Demonstration Project No. 74: Field Management of Asphalt Mixes. Asphalt Paving Technology, Vol. 60, 1991.

[29] Kandhal, P. S., K. Y. Foo, and J. A. D'Angelo. Field Management of Hot Mix Asphalt Volumetric Properties. ASTM Special Technical Publication 1299, 1996.

第7章

特殊沥青混合料、再生材料与外加剂

许多特殊 HMA 混合料有着不同的应用。但是本章中论述的是应用最为普遍的特殊沥青混合料。路面再生材料有几种类型,其生产方式各不相同;不过,本章只论述厂拌热再生沥青。同时还讨论了外加剂和改性剂。

7.1 开级配 HMA 混合料

尽管密级配沥青混合料在美国得到了广泛的应用,但是开级配沥青混合料也可作特殊用途。本章讨论的两种开级配沥青混合料分别用于基层和面层。

7.1.1 开级配基层混合料

根据用途这些混合料命名为“大粒径混合料”[1]或者“沥青碎石排水层材料”[2]。通常,这些混合料含有极少甚至没有细集料,如表 7-1 所示。粗集料应含有棱角,能够在粒料间提供良好的内部嵌锁力。这些混合料中,沥青的含量为 1.5% ~2.5%。然而,裹覆着集料颗粒的沥青膜明显厚于开级配混合料;因此沥青氧化(硬化)量将会更低。在混合料运送到摊铺现场的过程中,采用较低的拌和温度可以阻止厚沥青膜的流失。因为每磅混合料的表面积很小,所以只需要较短的拌和时间。这些混合料具有很强的渗透性,能够迅速排除表面积水。为了更有效,该层要么完全敞开,要么与边缘或者地下排水系统相连。其施工成本要远远低于密级配 HMA 混合料,主要的原因是其沥青含量较低。压路机碾压 2 ~3 遍就可以使集料成型而且能将混合料压实。碾压过度可能造成集料破坏。当这种类型的混合料置于水泥混凝土面板与密级配 HMA 罩面层之间时,能有效地减少反射裂缝。

开级配基层混合料的典型级配 表 7-1

筛 孔 尺 寸	田纳西级配[1]	宾夕法尼亚州级配[4]
2in(51mm)	100	—
1.5in(38mm)	75 ~90	100

续上表

筛孔尺寸	田纳西级配[1]	宾夕法尼亚州级配[4]
1in(25mm)	—	90～100
0.75in(19mm)	50～70	—
0.5in(12.5)	—	25～60
4号(4.75mm)	8～20	0～5
8号(2.36mm)	—	0～2
100号(0.15mm)	0～5	—

田纳西和印第安纳州已经报道使用了"大粒径混合料"[1]。这些混合料在重交通量下也不会发生变形。抗变形能力来自相对较大的集料尺寸和良好的集料内部嵌锁力。

几个州已经开始使用沥青碎石排水层来改善柔性和刚性路面的表面排水。Cedergren和Lovering为含有底基层和沥青碎石排水层的柔性路面提供了一项双层排水层[3]。在这个双层系统中,要排出的水能够向上穿过下面的透水基层从而进入沥青碎石排水层,并且能迅速从路表面以下的任何地方排出。然而,在含有底基层的单层系统中,进入底基层的水必须沿着排水通道流到排水出口。因此,对双层系统而言,排水路径的有效性取决于底基层的厚度。对单层系统而言,假设水从路面两边路肩的表面或者边缘排水系统中排出时,排水路径是路面宽度的一半。如果有多个匝道而且匝道很宽时,这种情况将会很复杂。

沥青碎石排水层的渗水性超过了10000ft/d(3000m/d)[4]。当沥青碎石排水层作为排水层在混凝土路面和密级配HMA罩面层之间使用时,它会成功排除严重破坏混凝土路面中的积水。然而,如果水从底下的混凝土向上排出,混凝土路面在铺设沥青碎石排水层之前就要锯缝。

7.1.2 开级配磨耗层(OGFC)

由HMA组成的开级配磨耗层具有较大的孔隙,以便水能从混合料的表面及内部通过。使用粒径较大的粗集料(通常8号筛孔的通过率小于20%)就有较大的空隙率。消除路表面积水可以减少打滑的危险而且能改善整体的抗滑性能。霍尔斯多德[5,6]已经提出了两种开级配磨耗层混合料。

一种开级配磨耗层混合料的沥青生产设备与密级配HMAR的相似。两种混合料的主要不同在于集料的级配。在开级配磨耗层中经常加入橡胶改性沥青来改善沥青集料的黏结能力。尽管空隙率很高,沥青膜的厚度要显著厚于密级配HMA。对于最大集料粒径相同的混合料而言,沥青的总含量在开级配磨耗层与密级配混合料中几乎是相同的,或者稍微高一点。通常开级配磨耗层混合料的设计方法是选择沥青含量,这对提供一些具体的沥青膜厚度很有必要。在混合料设计过程中要评价的一项性质是沥青结合料在集料中的析漏能力。美国某些州使用了联邦公路管理局(FHWA)[5]开发的设计方法来进行混合料的设计。FHWA 推荐的开级配磨耗层级配如下:

筛孔尺寸	通过率(%)
1/2in(12.5mm)	100
3/8in(9.5mm)	95~100
4号(4.75mm)	30~50
8号(2.36mm)	5~15
200号(0.075mm)	2~5

沥青含量由4号(4.75mm)筛孔上集料的残留量 K_c 来估算。K_c 由集料对10号汽油的残留量来决定,它代表了整个表面面积、集料的吸附性能及表面粗糙度的总体效果。粗集料空隙率由振动压实设备确定。填充粗集料间隙的细集料的最佳用量为恰好填充粗集料间空隙而不干涉粗集料堆积。这种混合料必须为要求的沥青含量和排水所需的内部孔隙提供足够的空间。通过不同温度下的沥青析漏试验,FHWA 设计方法确定了混合料的最佳拌和温度。

橡胶改性沥青混合料拌和温度一般比普通基质沥青混合料要高。混合料温度过高,就会使沥青从集料间隙中析漏,导致混合料中的沥青含量差异很大并且在路面中发生泛油。如果混合料拌和温度过低,集料将不会被沥青完全裹覆。

在混合料从拌和站运送到摊铺工地时,沥青有可能会从集料中析漏。当货车处于等待状态或是在货车底部形成沥青胶团,如果出现了沥青流失,沥青会从后挡板漏掉,因此,当货车卸车时,会在货车下面的路面上形成油斑。漏在开级配磨耗层表层上的沥青形成滑溜。

当开级配磨耗层到达摊铺现场时,由于沥青膜更厚以及缺少细料,沥青看来有富余,但这是正常的。通常开级配磨耗层较大的铺设厚度为3/4in(19mm),集料的最大粒径为1/2in(12.5mm)。

开级配磨耗层不宜用在不平整的旧路表层上。在现有不平整的路面上加铺开级配磨耗层时,应在开级配磨耗层之前铺设一层密级配的黏结层。在加铺过程中,当沥青摊铺机摊铺的开级配磨耗层厚度小于3/4in(19mm)时,罩面不平整路面产生的另外问题是拉裂或撕裂。

开级配磨耗层不宜在寒冷的天气下铺设。几项失败的工程经验表明:在天气寒冷时,开级配磨耗层与现有路面之间会失去黏结。大多数州制定了开级配磨耗层摊铺的最低温度,其范围在60~70℉(16~21℃)。

开级配磨耗层没有具体的密度要求。正常的压实程序是采用刚轮压路机碾压2~3遍。不宜使用振动或者胶轮压路机。振动压路机会压碎集料,胶轮压路机会吸附沥青。在胶轮压实中会出现另一个问题,由于橡胶轮胎的搓压作用,会导致孔隙过度减小。如果孔隙率很低,水就不能从良好的排水系统穿过路表面。

开级配磨耗层的质量控制程序与密级配 HMA 同样重要。主要的区别是没有室内和室外的压实标准。所需的试验指标一般包括沥青含量、集料级配、厚度和平整度。这些试验要按照试验规程来做,从而保证配制出令人满意的混合料。

正确的摊铺开级配磨耗材料是一门艺术,因此很难将它具体化。在施工和摊铺混合料的过程中,质量控制过程必须由称职的监理近距离监测混合料。检查工作包括沥青流失、摊铺机后的拉裂以及不正确的压实工序。

已经证明用开级配磨耗层罩面可以改善抗滑性,特别是在潮湿的天气下。然而,它也存在一个与性能有关的问题,从而减少了它在某些州的使用。据某些州报导,开级配磨耗层下面会直接发生开裂。许多州相信他们可以在下面设置防裂夹层来解决这个问题,而且他们在普通基层上继续使用开级配磨耗层罩面。某些州[7]在冰雪控制营运期间已经使用砂和煤灰填充开级配磨耗层的表面孔隙,来适当阻止水分析漏。

7.1.3 沥青玛蹄脂碎石混合料(SMA)

7.1.3.1 简介

美国自1991年就开始使用沥青玛蹄脂混合料(SMA)。当年有5个州铺设了SMA路面,而且第一条SMA路面修建之后,SMA就得到了广泛应用。在美国使用SMA以前,SMA已在欧洲已经用了20多年。当第一条SMA路面开发出来后,欧洲就用它来减小带钉轮胎的影响。研究表明,这种混合料在抵抗带钉轮胎的磨耗方面比其他任何类型的HMA效果都要好。因此那段时间欧洲国家都禁止使用带钉轮胎,但是由于其他性能的需要,SMA得以继续使用。现在欧洲国家继续使用SMA的理由是,它能抵抗车辙和延长耐久性。

就像欧洲一样,美国使用SMA的主要原因是它能改善车辙和延长耐久性。混合料的宏观构造表明,它能改善密级配混合料的表面排水,而且增加了潮湿天气下的摩擦力。

现在SMA在几个州已经成了一种标准类型混合料。随着SMA的使用量增加,每吨混合料的价格就会显著地减小,只稍微高于传统的HMA20%~25%。

7.1.3.2 SMA

SMA是由破碎的粗集料、破碎的细集料、矿粉、沥青和稳定剂组成。使用稳定剂可以阻止沥青的流动,它一般由纤维或聚合物组成。

SMA 混合料的粗集料(70% ~80%)、沥青(超过 6%)和矿粉(大约为质量的 10%)的含量都很高。粗集料用量很高时,石料和石料之间就会发生接触,形成的混合料就能抗车辙。图 7-1 显示了典型的 SMA 和典型的密级配混合料。SMA 混合料中高的集料含量应值得注意。还要注意密级配混合料中的粗集料好象是悬浮在细集料当中的。一般来说,SMA 中由粗集料承担荷载,而密级配混合料中由细集料承担荷载。SMA 的抗车辙能力更好,因为粗集料比细集料更能扩展剪应力。

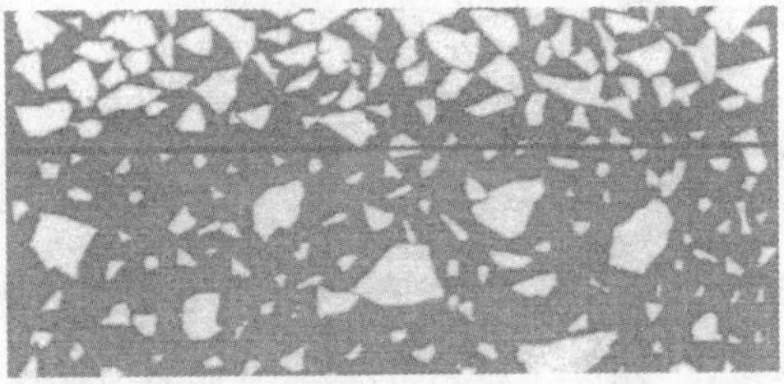

图 7-1 典型的 SMA 与密级配 HMA 混合料的横断面

SMA 的设计、生产和施工方法与密级配混合料的方法类似。下面将讨论 SMA 与密级配混合料的不同之处。

7.1.3.3 材料

在早期,生产 SMA 的材料包括集料、填料、沥青和稳定剂。大多数修建的 SMA 工程全部使用破碎的集料来提供最大的抗车辙能力。一般的规范[9]要求所有的集料都要有一个破裂面,90% 的集料要有 2 个或 3 个破裂面。这是一种优良的混合料,因此要有最好的性能就必须使用高质量的材料。

对于 SMA 混合料中集料的洛杉矶磨耗值,在美国一些州对其的要求要比对普通密级配混合料的要求高。因为 SMA 混合料的石料之间发生接触,在交通荷载下粗集料颗粒之间会有更大的应力,并且许多工程师相信:由于这种更高应力的影响,洛杉矶磨耗值就应该低些。

表 7-2[9] 显示了 SMA 混合料典型级配。值得注意的是这种混合料 4.75mm 筛孔(20% ~28%)的通过率相对较低,而 0.075mm 筛孔(8% ~10%)的通过率相对较高。4.75mm 筛孔的通过率较低对混合料提供石料之间的接触以及混合料满足最小矿料空隙率要求(一般为 17%)是必要的。0.075mm 筛孔的通过率较高对胶结料有足够的硬度以致混合料能抗车辙和保证在施工过程中沥青不流散是必要的。

SMA 混合料的典型级配　　表 7-2

设计筛孔(mm)	通过率(%)	设计筛孔(mm)	通过率(%)
19.0	100	0.60	12～16
12.5	85～95	0.30	12～15
9.5	最大 75	0.075	8～10
4.75	20～28	0.020	<3
2.36	16～24		

0.075mm 筛孔的通过率较高,混合料中就需要增加大量的填料。在密级配混合料中,由于细集料影响,0.075mm 筛孔的通过率达到了 6%。然而 SMA 中细集料的含量较低,导致了 0.075mm 筛孔的通过率较低。因此,SMA 中填料用量为 8%～10% 是正常的。SMA 中所用沥青的等级一般与密级配混合料所用沥青等级相同或者稍微稠一点。

SMA 在施工过程中的一个潜在的问题是沥青结合料会从集料中流出。使用稠一些的结合料可以减少任何潜在的流散问题。黏稠的结合料也有助于抵抗高温下的车辙。使用黏稠的结合料也会有一个问题,那就是温度裂缝。SMA 混合料的沥青含量相对较高,增加了沥青膜厚度,有减小温度裂缝敏感性的趋势。因此,使用黏稠沥青的消极影响通过增加沥青膜的厚度得到了补偿,这已成共识。此外,SMA 混合料的温度裂缝问题也没有密级配混合料严重。

聚合物改性通常用于 SMA 混合料的制备中。改性沥青能够减少沥青流淌,因此在施工过程中很有用。改性沥青与非改性沥青相比,其高温和低温性能都得到了改善。这种改性能够用来增加沥青结合料高温下的黏度,而且能减小低温下的黏度。就像第二章讨论的那样,Superpave 的结合料试验可以用来评价这些高温和低温性能。

施工过程中,必须用一些稳定剂来阻止沥青淌流。已经成功使用的稳定剂有纤维和沥青改性剂。在许多 SMA 项目中都使用了聚合物和纤维。其中,聚合物的作用是改善沥青在高温和低温下的质量并且能够阻止沥青流失。纤维主要的目的是保证沥青不发生流淌。

SMA 混合料中,经常使用两种类型的纤维:纤维素和矿物纤维。纤维有许多重要的性质,但是其阻止沥青流失长度和厚度是最重要的。正如纤维能在施工之前和施工过程中通过预先处理来阻止沥青淌流一样,因此它们充分地发挥作用。矿物纤维一般比纤维素重一些,因此在混合料中按质量来记,矿物纤维的用量要高一些才能提供足够的纤维。

7.1.3.4　混合料设计

SMA 混合料的设计方法与密级配混合料相似,但是也有一些明显的不同。SMA 采用马歇尔和 Superpave 设计方法来进行混合料的设计。两种方法的设计标准保证了粗集料中石料之间的接触，也保证了所选的沥青具有较高的含量。

混合料设计的第一步是保证 SMA 中具有石料间的接触。衡量这种措施的一种方法是仅把粗集料放入模子中捣实以确定干集料捣实的密度。这代表了粗集料中石料之间接触的密度。当然，如果 SMA 中粗集料的压实密度比干集料捣实密度要大，SMA 中就会按预期的那样是石与石相接触的。这种接触可以由 SMA 中粗集料空隙率（*VCA*）来评价。见下面公式：

$$\text{粗集料空隙率 } VCA = 100\left[1 - \frac{G_{mb}(P_{ca})}{G_{sb}}\right]$$

式中：G_{mb}——粗集料质量；

P_{ca}——沥青混合料中粗集料的百分率；

G_{sb}——所有集料质量。

因为粗集料空隙率与密度成反比，SMA 混合料中的粗集料空隙率要比仅仅为了石料之间接触而压实的粗集料间隙率低些。

当 SMA 混合料中的粗集料空隙率比粗集料压实试件的空隙率高时，可以通过减小细集料的含量来减小粗集料空隙率。随着细集料的减小，SMA 中矿料空隙率将会相应增加，因此就会减小粗集料空隙率（如图 7-2、图 7-3 所示）。

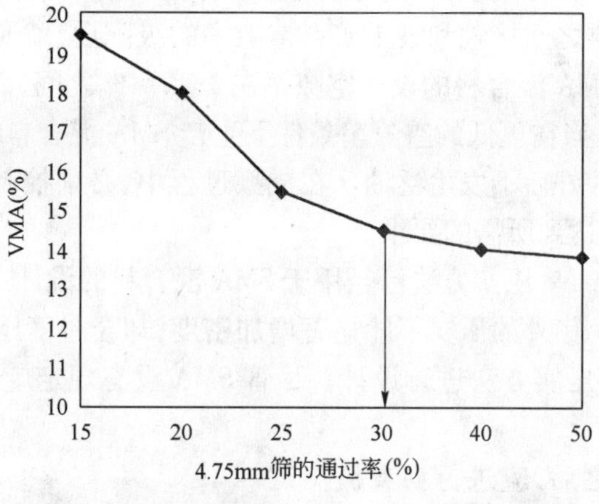

图 7-2 4.75mm 筛的通过率对矿料空隙率的影响

对混合料的设计而言，细集料的含量是变化的，以便决定集料结构能提供足够的矿料空隙率和石料之间的接触。换句话说，4.75mm 筛的通过率在允许的规范范围内将会减少，直到满足最小的矿料空隙率与最大的粗集料空隙率的要求。

SMA 混合料的研究表明，对大多数集料而言，4.75mm 筛的通过率大约为 30% 时，才开始发生石料之间的接触。这就是 SMA 混合料集料级配中 4.75mm 筛的上限通过率设置为 30% 左右的主要原因。

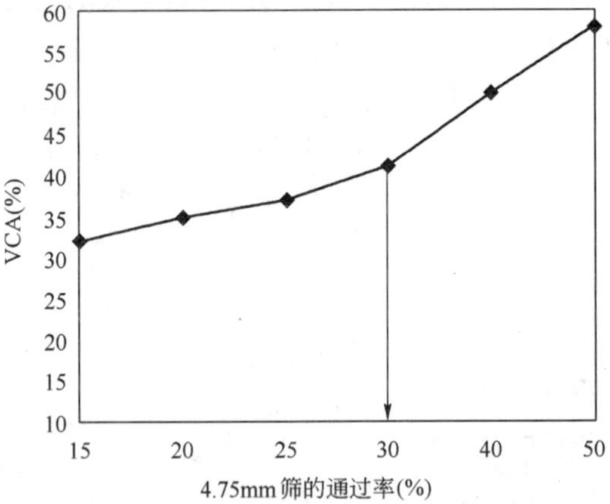

图 7-3　4.75mm 筛的通过率对粗集料空隙率的影响

为了保证 SMA 混合料中最佳沥青用量较高，矿料空隙率减小的程度也要相对较高。一般矿料空隙率的最小值为 17。随着 4.75mm 筛的通过率降到了 30% 以下，矿料空隙率值便会明显增加。如果矿料空隙率存在问题，通常的解决办法是把4.75mm 筛的通过率减小几个百分点。如果一些集料破碎过度的话会导致低的矿料空隙率值。选定了提供石料之间接触和最小矿料空隙率的级配后，就要调整沥青含量来满足空隙率的要求。SMA 混合料的设计空隙率在 3% ~4% 之间，而大多数混合料的设计空隙率接近 4%。当在更低的空隙率条件下生产 SMA 混合料时，必须采用精密的控制来保证混合料铺好后不发生泛油。在成型过程中，必须控制室内压实试件的空隙率，来保证空隙率达到所需的要求。

马歇尔和 Superpave 压实方法已经用于 SMA 混合料的设计。当使用马歇尔压实方法时，击实 50 次。额外的压实不能显著增加密度，却会过度压碎集料。一些 SMA 也用 Superpave 旋转压实方法进行设计。尽管 SMA 没有规定旋转次数，但是设计次数一般为 100 转。

在设计混合料之后，应进行沥青流淌试验以确保流淌不会形成问题。一项简单的试验已经开发出来，用来测量流动性。这项试验需要将 SMA 试件置于金属篮子中，在一定温度(一般是拌和温度)的烘箱中放置一段时间。把从篮子中流出的沥青收集起来并称量。从 SMA 混合料中流出的沥青一般每小时不能超过 0.3%。篮子的照片如图 7-4

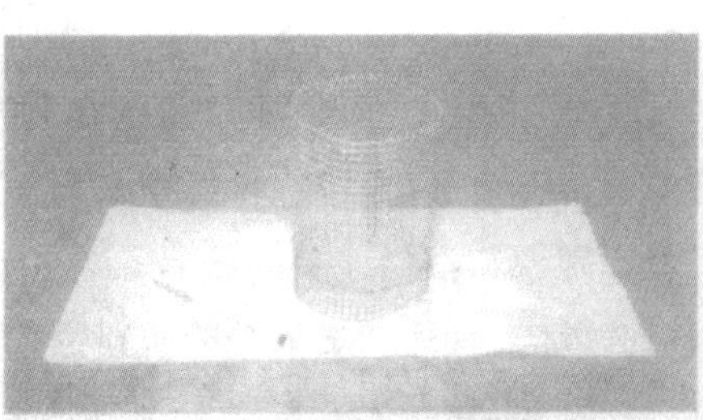

图 7-4　流淌试验中使用的金属篮子

所示。如果流出的沥青过量,就要重新配制混合料,通常的做法是增加纤维的用量。

7.1.3.5 施工

在HMA设备[12]中,对于SMA的使用需要作一些改变。通常添加6%~10%这样高含量的矿粉到沥青设备中。大多数设备不能处理这种含量很高的填料,因此这在生产中是一个瓶颈问题。更好的添加办法是在储存仓中精确计算加入到混合料中填料的数量。一些工程虽然用了集料送料机来运送填料,但是效果不能令人满意。

当使用聚合物时,在运送到HMA设备之前,要与沥青正常混合。然而,在一些项目中,聚合物加到了设备中。在这种情况下,聚合物可能与沥青和集料同时发生混合。预先混合聚合物可能会给今后处理和储存中的离析问题带来麻烦。在设备中混合遇到的主要问题是缺乏合适的流动性、混合不充分以及在进入混合料以前无法测定改性沥青的性质。

将纤维加入到混合料中时,必须进行严格的控制。尽管纤维数量不多,但是它对混合料的性质有显著影响。纤维可以称量并且能够一包一包地加入到间歇式搅拌机中,而按适当的速率把纤维吹进滚筒式搅拌机中。

SMA混合料比一般密级配混合料要黏稠一些,在设备中可能需要更高的温度和更长的混合时间。黏度增加的主要原因是填料含量高,并使用了改性沥青和纤维。

SMA的摊铺和压实程序与密级配混合料相似。SMA混合料一般比较稠,所以更难操作。由于稠度大和粗集料含量高,设置纵向接缝就会更困难。然而,经验表明也可设置好的接缝。如果混合料设计不合理或者混合料没有得到合适的控制,可能会导致沥青结合料的流出,造成压实路面上出现油斑。

为了起到良好的压实效果,压路机应紧随在摊铺机之后。当SMA混合料降温时,摊铺速度加快,经验表明一旦混合料开始降温,压实就会变得很困难。在SMA工程中,不能使用胶轮压路机,主要原因是混合料会粘住轮胎。在一些情况下,可能会过度破碎集料。如果存在这个问题,只有静态压路机可以使用。SMA混合料一般压实后的空隙率为5%~6%。

7.1.3.6 性能

自从1991年美国修建了第一条SMA路面以来,历年的性能足够下最终的结论。欧洲自从19世纪60年代就开始使用SMA,发现它们具有优良的性能。

已经表明,SMA混合料在繁重的交通量下具有优良的抗车辙性能。同时,它不易开裂。看上去SMA混合料对改善稳定性和增加HMA的耐久性也很有潜力。

7.2 密级配大粒径混合料

这些年,重交沥青路面的早期车辙已经成了一个严重的问题。这个车辙问题主要由于卡车轮胎的应力更大及轮载增加而产生。对于 HMA 混合料的设计而言,需要定期检测以便承受不断增长的应力。许多沥青外掺剂用来改善 HMA 路面在高温下的稳定性。然而,大多数沥青专家认为 HMA 中集料(例如尺寸、形状、纹理和级配)的根本性质才是抵抗车辙最重要的保证。在黏结层和基层中使用大粒径的集料可以减小或消除重交沥青路面的车辙问题,这已形成了共识。

大粒径混合料的使用不是一个新兴的课题。据 Davis 报道[13],Warren 兄弟公司在 1903 年注册了一个把集料的最大尺寸定为 3in(76mm)的专利。当时,大多数道路公司开始使用粒径小一些的石料,以避免违反专利的规定。尽管该专利已经过时,但是这种用法仍然沿用至今。

1984 年的一份调查显示[14]:美国 76% 的州使用马歇尔混合料设计方法。在马歇尔方法中的设备包括:一个直径为 4in(100mm)的压实模子,它仅能压实最大粒径为 1in(25mm)的集料。这也限制了集料粒径大于 1in 的 HMA 的使用,因为这种混合料不能由标准马歇尔混合料设计方法来测定。还有其他的试验方法,例如旋转压实,(英国)运输和道路研究实验室(TRRL)最终密度试验和明尼苏达州交通厅振动夯实试验,使用的模具直径为 6in(150mm),对应的最大集料尺寸[15]为 $1\frac{1}{2}$ ~ 2in(38 ~ 51mm)。由于费用和技术复杂性,大多数管理者很难购买新的设备。他们更愿意在现有的设备和方法(例如马歇尔方法)上面做一些改进。NCHRP 的沥青混合料分析系统(AAMAS)研究表明:与马歇尔方法[16]中用到的冲击压实相比,旋转压实更能模拟现场集料颗粒的性质。早在 1989 年之前的几年里,许多机构就开始推荐沥青混合料分析系统(AAMAS)的研究成果,使用旋转压实仪或者其他所建议的压实仪,但是在 1989 年才得以实现。在那段时期,迫切需要在当时的理论和经验下通过改进马歇尔设计方法来做 HMA 大粒径混合料的设计。

"大粒径碎石混合料"这个术语是相对的。大粒径集料定义为:最大尺寸超过 25mm、不能用于直径为 4in(100mm)的标准马歇尔试验仪的集料。

7.2.1 马歇尔改进方法

宾夕法尼亚交通厅在 1969 年做了一项研究,开发出了设备和试验方法来测定直径为 6in(150mm)的试件,该试件与集料最大粒径[17]为 $1\frac{1}{2}$ ~ 2in(38 ~ 51mm)的 HMA 基层混合料相对应。

将直径为 6in(150mm)的试件,高度增加到 $3\frac{3}{4}$in(95mm)来为直径为 4in,高$\frac{21}{2}$in(直径为 100mm,高 63.5mm)的试件提供相同的直径或高度比率。击实锤的质量从 10lb 增加到 22.5lb(4.5kg 到 10.2kg),按比例增大了击实面。锤子的下落距离保持在 18in(457mm),以便直径为 4in(100mm)的试件与直径为 6in(150mm)的试件能够使用相同的压实仪。直径为6in(150mm)试件的击实次数要比4in(100mm)试件的多出50%。增加的锤重和击实次数能给直径为6in(150mm)的试件在单位体积内，与直径为4in(100mm)的常规试件一样,提供相等的压实功。这就让6in(150mm)和4in(100mm)的试件产生了相同的密度。改进的马歇尔方法包含在由Kandhal和Wenger[18]创立的宾夕法尼亚试验方法705当中。参考文献[19]中给出了详细的试验方法及设备,如:模具、锤和压头。推荐使用的标准(现已被ASTM成为D5581—96)基本上是根据ASTM D1559—82[20]编制的,适用于直径为4in(100mm)试件的试验。除了以下几点不同外:

1)具有适用于6in直径的试模装置和压头。

2)由于击实锤重22.5lb(10.2kg),故只规定了机械操作落锤。

3)制作6in(150mm)的试件需要4.05kg混合料,而制作4in(100mm)的试件只需要1.2kg。

4)混合料在模具中分成大约相等的两层来制作。在每一层完成之后,按规定进行铲动。经验表明,这对避免试件表面出现蜂窝,以便获得预期的密度很有必要。

5)对给定的材料,为了达到相同的压实程度,直径为6in(150mm)高3¾in(95mm)的试件,其击实次数是直径为4in(100mm)高2½in(63.5mm)试件的1½倍。

由于锤重22.5lb(10.2kg),根据预测的交通量及对一些表面集料的挤压进行观察,每面击实次数为75或112次。然而,这种微小的挤压对马歇尔性质影响很小。

7.2.2 数据对比分析

对4in(100mm)和6in(150mm)的试件而言,来自许多条高速公路的管理单位和施工单位的数据表明:用4in(100mm)和6in(150mm)的模具,获得的压实水平相近[21],见表7-3。就像预期的一样,当6in(150mm)的试件用于大粒径混合料时,重复的稳定度和流值试验重现性很好。因此,直径为6in(150mm)的试件,应该用于大粒径混合料的设计。

大粒径混合料的稳定度和流值总结 表7-3

管理单位(数据获得年份)	击实次数		比 值	
	4in	6in	稳定度	流值
宾夕法尼亚交通厅(1969)	50	75	2.12	1.62
宾夕法尼亚交通厅(1970)	50	75	2.81	1.15
宾夕法尼亚交通厅(1988)	50	75	1.95	1.39
宾夕法尼亚交通厅(1988)	50	75	2.17	1.58
宾夕法尼亚交通厅(1989)	50	75	1.68	1.40
Jamestown 碎石有限公司(1989)	50	75	1.89	1.24

续上表

管理单位(数据获得年份)	击实次数		比值	
	4in	6in	稳定度	流值
肯塔基州公路局(1988)*	75	112	2.08	1.34
美国沥青摊铺有限公司(1989)*	75	112	2.37	1.63
美国沥青摊铺有限公司(1989)*	75	112	2.58	1.52
美国沥青摊铺有限公司(1989)*	75	112	1.98	1.68
美国沥青摊铺有限公司(1989)*	75	112	2.40	1.27
拌和次数(N)			11	11
平均值			2.18	1.44
标准差			0.33	0.18

注:* 这五种混合料的压实次数分别为 75 次和 112 次,其稳定度和流值分别为 2.28 和 1.49。

既然更大的试件有更高的稳定度和流值,那么有必要确定稳定度[6in(150mm)试件的稳定度/4in(100mm)试件的稳定度]比率和流值[6in(150mm)试件的流值/4in(100mm)试件的流值]比率。对 6in(150mm)的试件,其最小的稳定度和最大的流值能够由 4in(100mm)试件换算得出。

表 7-3 总结了许多管理和施工单位在大粒径基层或联结层(最大集料尺寸在 $1\frac{1}{2}$~2in 或者 38~51mm)的稳定度和流值比。11 个稳定度比率的平均值为 2.18,11 个流值比的平均值为 1.44。这些测量值与下文讨论的值非常接近。

理论上,施加在圆柱体周围的荷载可以认为直接作用在圆柱体直径的横断面上。这就可以计算每平方英尺上的应力。标准的 6in(150mm)试件高 3¾in,直径横断面为 22.5ft^2。标准的 4in(100mm)试件高 2½in,直径横断面为 10.0 平方 ft($6450mm^2$)。因此,基于单位应力,对于相同的混合料,作用在 6in(150mm)试件上的总荷载应该是作用在 4in(100mm)试件上总荷载的 2.25 倍。

当破坏面到达最大稳定度时试验仪记录下试件的总位移。当流值按统一的单位来记时(in/直径 in),6in(150mm)试件的流值是 4in(100mm)试件的 1.5 倍。这就意味着流值比为 1.5。

对于击实次数为 75 次和 112 次的试件 6in(150mm),稳定度和流值的平均值分别为 2.28 和 1.49,这与理论值 2.25 和 1.50 非常接近。

6in(150mm)试件马歇尔稳定度最小的需要值是 4in(100mm)试件的 2.25

倍。例如,如果采用ASTMD1559[4in(100mm)试件]标准,规定1000lb(4500N)最小稳定度,那么,用6in(150mm)马歇尔试验仪测定的大粒径混合料,其最小稳定度应该为2250lb(10125N)。同样,6in(150mm)试件的流值范围应该是4in(100mm)试件的$1\frac{1}{2}$倍。例如,如果4in(100mm)试件的范围是8~18,6in(150mm)试件就应该调整到12~27。

7.2.3 典型的混合料设计和现场试验

肯塔基州公路运输部(DOH)用6in(150mm)的马歇尔试验仪做了相当多的试验。其他的州也开始用6in(150mm)的马歇尔试验仪。肯塔基州公路局在重载[90000~150000lb(41~68Mg)或者更多]交通量很大的运煤道路上使用了大粒径混合料。轮胎压力也比平常的要高,在100~130psi(689~896kPa)之间[22,23]中给出了典型混合料的设计。

在肯塔基DOH所用的混合料都含有石灰岩集料,最大集料尺寸为2in(50mm)并且在1in(25mm)筛孔上剩余了很多材料。这就造成了混合料中1in~3/4in(25~19mm)的材料相当多。所有的混合料都使用6in(150mm)模具,双面击实112次。沥青含量在3.0%~4.5%之间,增量为0.5%。无论AASHTO级配467#($1\frac{1}{2}$in~4in)或者#4(1½in~3/4in)都使用于混合料含1英寸以上的粗集料肯塔基州的现场数据表明:如果压实过程正确的话,达到了预期密度(压实)的混合料不会出现问题[19]。在三项工程的研究报告中,施工的平均空隙率大约为6.5%。

对各个环节进行仔细的观察,为确保大粒径混合料在运输和卸载过程中不发生离析。下面的因素被认为很重要:

1)要求成分均匀的集料级配和良好的粒堆颗粒。

2)增加试件个数和试验次数是质量控制的保证。由于很难得到试验所需具有代表性的试件,用来控制级配和沥青含量的常规抽提试验可能是个问题。按适当比例重新组合的热拌和样品,对大粒径沥青混合料可能是更好的级配质量。

3)储仓中,离析更难控制。这种离析的趋势在卡车装载时也会发生。然而,对同一辆卡车,当采用从前面、从后面和从中间装载时,可能会消除离析。半拖挂车可以分五次卸载(前三次按前面、后面和中间的次序,后两次从前面和后面或者两次都从中间)。

4)粗颗粒在摊铺机翼板旁的接收料斗中聚集。如果在每天摊铺结束前清理料斗中的粗集料,这种影响才会减少。粗颗粒可能会浪费。

5)接收料斗混合料的最小厚度应保持在18～24in(457～610mm),跨过平板传送器来阻止在翼板上聚集的粗颗粒,防止粗颗粒再次进入混合料以及粗颗粒产生过度集中。

6)接收料斗的入口应该进行设置,保证平板传送器几乎能够连续作业。而且,为了以所需的速率将混合料送到刮板,传送装置需要连续旋转。

7)刮板前面混合料的厚度必须在刮板全宽范围内保持一致,来保证摊铺的统一性。螺旋分料器长度根据统一供料的数量来确定。如果不用扩展,粗颗粒就会滚动到扩展区的外边缘,形成低密度且多孔透水的区域。

8)摊铺速度相当重要。应该控制摊铺机运行的最小速率。如果摊铺的允许速率更慢,刮板下混合料的数量就会增加,而刮板提供的振动压实也会增加。这两点都有利于粗颗粒的定位。为了减少离析,应避免间歇式的摊铺,改善撒铺料的结构,并消除熨平板下沉。

7.3 沥青修补混合料

沥青修补混合料由集料、沥青结合料和外加剂(如果有必要)组成。这种混合料可用来修补坑洞、宽的破损严重的裂缝、严重破坏的区域以及小的切口。现有三种常见的沥青修补混合料[24]。

1. 热拌热铺碎石混合料

基本上是由优良级配的集料和沥青结合料组成。HMA 混合料必须趁热使用。这种混合料在所有沥青碎石混合料中质量最佳;然而它也有一些缺点:

1)适用性　大多数 HMA 的设备,特别是在美国北部,在冬季或者不施工的时期都处于停工状态。因此,冬季 HMA 不适合修补路面。

2)数量　除非有许多的坑洞,一般不需要一卡车的混合料。即使需要一满车,修补工作也会很耗时间,混合料在它用完之前通常已经变冷。使用了变冷的混合料就会造成压实不充分。然而,这个问题可通过使用加热箱或者便携式再生利用设备来解决。

如果有条件,大多数业主更愿意使用热拌热铺 HMA 混合料,因为他们能提供持久耐用的修补。

2. 热拌冷铺碎石混合料

这种混合料在 HMA 设备中生产,因此材料相当均匀而且混合很充分。集料经过干燥,加热到的温度实际低于 HMA 液态沥青结合料的生产温度,例如中凝控制沥青和乳化沥青。这些混合料为了日后的使用而储存起来,并且在各种天气条件下都可以使用。不应在高温下拌和,否则挥发物将从沥青结合料驱出,从而降低碎石混合料的可储存性。

3. 冷拌冷铺碎石混合料

这些混合料由混和前不必加热的集料和液态沥青结合料进行生产。集料与沥青的混合可以在 HMA 设备(不使用干燥器)、稳定装置或者以任何形式完成。混合料储存起来以备需要。这种混合料是所有沥青碎石混合料中质量最差的。

7.3.1　性质

大多数情况下,冷料失效可能会追溯到施工不当所致(如"倾倒",把材料堆入路坑里很少或没有压实)。失败的原因还可能与储藏堆里碎石混合料缺乏良好的性质有关。这种混合料预期优势如下[24]:

1)稳定性　碎石混合料在摊铺和压实后应该具有一定的稳定性,能够抵抗交通荷载作用下的水平和垂直应力。缺乏足够的稳定性就会引起沉陷和推挤。

2)黏结性　黏结性使得混合料能够粘住下面的路面和坑洞边缘,当混合料必须与薄的边缘相接时,更是所期望的。通常维修人员不会彻底清理和干燥坑洞,以便用上合适的黏结层。在这种情况下黏性的碎石混合料就相当有用。

3)防水性　沥青结合料与集料的分离会造成混合料松散,除非混合料能够防水。当混合料用于修补排水能力较差的坑洞时,这种现象更普遍。当混合料压实不充分时也会发生松散。

4)耐久性　耐久性是碎石混合料在荷载和天气因素下抵抗磨损和破坏的能力[24]。通常,耐久性问题以松散的形式出现。热拌冷铺碎石储存混合料,在 HMA 设备中按照控制的条件生产,可以认为是比冷拌冷铺混合料更耐久"高性能"的碎石混合料。在冬季用于临时修补的冷拌冷铺混合料,在高温季节通常用 HMA 代替。

5)抗滑性　长的且较大的修补路段需具备一定的抗滑性。如果混合料集料易于磨光或者有过量的沥青结合料,会造成泛油,产生打滑。

6)和易性　碎石混合料必须有足够的柔软性,易于翻动和耙平,特别是在低温季节。和易性差的混合料一般产生修补不良,这种混合料也很难压实,因此不要在储藏堆里放置很长时间。

7)储存性　储藏堆中碎石混合料在合适的储存期(一般 6 ~ 12 个月)内应该保持柔软性(和易性)。如果混合料不能保持沥青结合料处于液态,沥青就会挥发而且会随时间变得越来越硬。用防水布或者聚乙烯覆盖储藏堆,将会延长储存时间。混合料不应该含有过多的沥青结合料,否则会在储藏堆底部形成油团。

7.3.2 混合料设计

储藏堆中碎石混合料很难设计，因为混合料置入坑洞中后，材料的储藏、处理和性能要求就发生了相反的变化[25]。这些相反的要求如下：

1）集料级配　为了让混合料具有良好的和易性，需要选用开级配，但是在混合料施完工后，级配类型需要更密实，以改善稳定性和耐久性。

2）集料形状　为了获得良好的和易性，应该避免使用带棱角的集料。然而，一旦混合料开始摊铺，为了更好的稳定性，就需要高棱角的集料。

3）结合料黏性　为了储藏和保持和易性，需要低黏性的结合料。但是，在摊铺和压实后，为了让混合料有更好的凝聚性和稳定性，结合料需要高黏性。

4）结合料含量　为了让集料获得较厚的沥青膜来保持黏性和稳定性，混合料中需要含有较多的剩余沥青。但是，由于混合料趁热储藏之后，储藏堆中的沥青会发生流动，所以沥青含量有所限制。结合料含量过高可能会引起混合料不稳定。

使用高吸水性的集料也会出现问题。在这种混合料中湿度过高通常会引起储藏堆松散或沥青的流淌。选择吸收沥青结合料低的集料会造成沥青膜的性质与原始沥青的性质差异很大。

将常规混合料的设计方法用于冷拌混合料设计是行不通的，例如马歇尔和维姆法等。不仅是试样准备和检测有难度，而且对料堆修补，混合料也没有规定的设计标准。

7.3.3 新概念

过去，提出使用大粒径混合料（1/2in ~ 3/4in）是为了获得更好的稳定性。如果修补技术理想（如边缘做成垂直，清理和使用黏结层以及压实充分）的话，这种混合料可以获得成功。然而，理想的修补技术很少用得上，因此在交通荷载作用下，大粒径混合料会发生早期松散破坏，导致修补工作的失败。另一个概念是不考虑稳定性，让混合料变得更细更柔，能够抵消施工中的弊端，承受交通荷载的作用。这种经过细化了的混合料，如果在某个受限制的区域里铺设厚度小于 3in（76mm），应该能够稳定。如果坑洞更深或者更大，混合料就需要分层压实。

混合料黏结性能的质量主要依赖于胶浆的组成（沥青和细料）。混合料中细料或者矿粉［200 号（0.075mm）筛材料通过量］过多，会导致胶浆质量差，缺乏黏性以及易碎。这与大多数昂贵的商业修补产品来自清洁石料的观念不一致。对这种产品进行几项抽提试验发现：细料通常少于 1%。细料不足会让混合料很黏。因此，坑洞不需要黏结层。许多传统的储藏修补料由于细料过多而性能不佳。这些混合料质量差,易碎且缺乏黏结性。

7.3.4　改进的级配设计

在评价混合料设计的挑战和新概念时,为了让储存修补料质优价廉,期望以下性质:

7.3.4.1　集料更细且某个尺寸的级配要占主要地位

在表 7-4 中给出了某州交通厅使用的典型级配,取得了成功。一般情况下应使用两种尺寸的修补料。用来填充较深坑洞的基本尺寸(大约 3/4in 或者 19mm)集料和用来填充较浅坑洞或做表面修补的小尺寸(大约 1/4in 或者 6mm)集料。然而,两种尺寸修补料不能正常使用,因为养护部门仅能处理一种修补料。因此,正常使用的混合料应该在这两种尺寸之间。标准级配的 3/8in(9.5mm)筛孔的通过率为 100%,具有以下优点:

储存修补料推荐的级配组成　　表 7-4

筛孔尺寸	通过率(%)	筛孔尺寸	通过率(%)
3/8in(9.5mm)	100	16 号(1.18mm)	0~10
4 号(4.75mm)	85~100	200 号(0.075mm)	0~2
8 号(2.36mm)	10~40	剩余沥青含量(%)	4.5*

注:* 对吸水率不足 1% 的集料而言。

1)混合料具有柔韧性和和易性。

2)由于矿料间隙率增加,更多的沥青胶砂会进入混合料,从而改善稳定性。

3)混合料保持很长的柔韧性,在交通荷载下容易继续压密,以适应坑槽几何尺寸的变化。这条性质提高了保留它的机会。

7.3.4.2　洁净集料

正如前面谈到的,混合料中低矿粉含量(-200 或 0.075mm 段)的保持对增加黏结性很重要(-200 或 0.075mm 段)。这显著地改善了混合料的黏结性能。

7.3.4.3　有棱角的集料

有棱角的集料稳定性更好。因为,使用集料更细且某个尺寸占主要地位的级配时,集料棱角性对混合料的和易性影响很小。在修补料中,有棱角的碎石料是理想的材料。

7.3.4.4　使用吸水率最小的集料

应避免使用高吸水率的集料。集料的吸水率应限制在 1% 左右。

7.3.4.5　合适的结合料类型

为储存修补料而选择的沥青结合料必须满足两项条件。第一,低温(美国北部结冰温度附近或之下）应该具有相对低的黏性，保证混合料具有和易性。第二，它不应该挥发得很快，那样在预期的储存期内就会造成混合料难以工作。储藏修补料的沥青结合料由稀释油和乳液组成。稀释油包含 MC-250，MC-400，MC-800，SC-250 以及 SC-800。低黏性的类型（250）适合于储藏期较长，有可能在冬季使用的修补料。高低黏性的类型（800）通常用于春季和秋季。要用乳化程度中等、乳化时间慢的乳化剂。一些业主更喜欢高漂浮的乳化剂，因此它在低温下有更好的和易性。

7.3.4.6 结合料含量

有规定要求，由吸水性少于 1% 集料构成的料堆修补混合料中残余沥青结合料至少要达到 4.5% 。如果集料吸水率大于 1% ，残余沥青含量也按吸水率增加量而增加。例如，集料的吸水率为 1.5% ，残余沥青的最低含量应为 5% 。混合料中，沥青的最高含量制约因素是当混合料铺设以后沥青的流动问题。在第一个 48h 期间，通过降低混合料温度和把混合料高度限制在 4ft，可以减小或者消除沥青析漏。

7.3.4.7 合适类型的抗剥落剂及用量

在储藏混合料的设计中使用抗剥落剂很重要。在不利天气下、在处置时或者在摊铺后的坑槽中，储藏混合料应保持裹覆。因为储藏混合料比密级配 HMA 更好，所以不得不经受更多天气和交通荷载的影响。储藏混合料必须在不良条件下使用成功。这些不良条件（例如不良基层，排水不畅，相邻路面的破坏）会导致坑槽的产生。雨水和融雪会产生水源，汽车的充气轮胎会产生高压。这两项因素综合起来就会让沥青乳化，并且将它与集料剥离。如果产生了足够的剥离，交通荷载便会让集料颗粒分开。

市场上可以买到许多商业的抗剥落剂，它们与稀释沥青一同使用。大量的试验表明：没有哪种单独的外加剂可以与所有类型的集料一起使用[25]。因此，在混合料中试验了集料之后，选择抗剥落剂的类型和用量很有必要。

某些州需要沥青供应商用集料做湿涂覆试验，静态浸水试验和剥落试验。

在公路战略计划的研究中，由改良的配比设计生产的料堆修补混合料具有很好的性能。

7.3.5 生产、检查和储存

7.3.5.1 生产

储藏碎石混合料的生产过程与其他混合料相同。正如前面提到的，HMA 设备按比例和质量精确生产碎石混合料。在冬季使用 HMA 碎石混合料，大多数应在 HMA 设备停工之前、建设期末生产完毕。在热拌过程中准备好的液态沥青和储藏碎石混合料通常在混合之前应先加热。注意不能让过多的沥青在高温下挥发。表 7-5[24] 列出了混合料建议的温度。因为稀释沥青闪点低,安全预防很有必要(火焰入口和搅拌机附近)。

热拌碎石混合料的出料温度 表7-5

沥青材料	出料温度(℉)	沥青材料	出料温度(℉)
MC&SC-250	135~190℉	乳化沥青	50~170℉
MC&SC-800	165~220℉		

冷拌碎石混合料不需要加热集料。然而,液态沥青可能通过微热来得到良好的裹覆层。

7.3.5.2 检查和试验

机构人员应该检查热拌碎石混合料的生产并且获得试验样品。一般要做下列试验:

1)混合料组成

进行抽提试验或者HMA自动记录检查来确定混合料的组成成分与公式的一致性。

2)剥落试验

不同的机构采用不同的剥落实验。一些使用ASTMD1664“沥青混合料涂覆及剥落”。而另外一些州使用水煮法,混合料在开水中放置3min,试验涂层的残留量(通常残留量至少有90%)。与性能有关的试验仍不能令人满意。

3)和易性试验

现在,科学的能定量分析和易性的方法还没有问世。大多数规范要求“混合料能保持工作状态并且可以容易地处理及放置”。一些州使用主观试验。例如,在宾夕法尼亚州,大约5lb(2.3kg)的混合料冷却至20℉(-7℃)。混合料应该可以用8in长的刮刀切开。

7.3.5.3 储存

储藏堆挥发性物质的散失让混合料变硬,其和易性减弱。大多数机构提出碎石混合料“应该可以储存6个月不变硬并且保持和易性。”一些机构提出是12个月。

通常发生挥发时,储料堆上会结壳[24]。结壳的厚度有很大的变化范围,通常在几个月之后,结壳厚度为1in左右。结壳有两个优点,第一,它密封表面可以防水。因为水进入储料堆后会冻结并使储料堆变硬。第二,结壳有助于延缓储料堆进一步的挥发并保持内部材料的松软。

储料堆应放置在能够被卡车接触的水平表面,底部应该由硬的表面组成,例如HMA路面,这样当用装卸机装载货车时不会铲到泥土,造成污染。

储料堆正在逐步被油布或塑料薄膜覆盖来防止水和雪的入侵,尤其是在它们形成保护层以前。这也延长了储存时间。一些机构在储料堆中置入加热了的物质,来改善和易性和防水防雪能力。

非常高的储藏堆的底部材料会更密实,因此应该避免。热拌碎石混合料在第一个48h内堆积高度不应该高于4ft,以阻止沥青结合料的流淌及底部的压密。这就应该让储藏堆在堆积得很高之前就要降温。

7.4 水工结构物用HMA混合料

密级配HMA也可用于水工结构物的防水和防腐层上,如大坝和储水池。由于HMA混合料不会污染水,这些防水和防腐层可用来储存饮用水。这种水工结构物混合料一般空隙率设计得非常低,以保证水不发生渗透。如果使用马歇尔方法,试件每面要压实35次。与高速公路的HMA相比,沥青和200号筛(0.075mm)以下材料的含量更高,它们用来填充空隙。这些混合料通常铺设在斜坡上,不会有任何的附加的路用密实,不像要承受交通荷载的公路路面。沥青含量高也可通过增加围绕集料的沥青膜厚度来提高混合料的耐久性。

水工混合料对稳定度的要求不高。然而,混合料应该有足够的稳定度,以便趁热时能够在斜面上进行令人满意的铺设及压实。一般使用AC-20,AR-8000或者60%~70%针入度级的沥青。衬砌至少2in(50mm)厚,在铺设时空隙率不应超过4%。这就保证了水不可渗透。

在软的斜面上使用传统的摊铺机和压路机来修建HMA衬砌。然而,这种设备用缆索相连,通过绞盘上下传送到斜面上。陡峭的斜面需要摊铺设备做一些改进。

7.5 HMA混合料再生利用

7.5.1 介绍

从20世纪70年代中期到末期,沥青的再生利用已经普遍开展起来。在这段时期以前,几乎没有采用再生利用,因为缺乏再生利用的动机。参考文献[26]和[27]含有详细的再生利用路面材料指南。

20世纪70年代大规模再生利用的发展增强了大众再生利用的意识。也许最大的因素是石油禁止出入港口,导致了沥青价格的大幅增长。沥青价格的增长让沥青的再生利用产生了价值。在石油禁运之前,沥青价格很低以致挖除、堆放和再生沥青路面价格还高于购买、拌和及铺设的材料价格。

对再生利用有较大影响的第二个内容是道路铣刨机。在铣刨机发明以前,不得不从道路上撕下沥青路面,再在使用前进行破碎。这个过程很笨拙,需要把全幅的 HMA 路面都去除,并且在罩面之前,需要对路面进行重建。这个过程也需要延长道路封闭的时间。在铣刨机开发之前的另一工序是加热整平机。这项过程需要消耗大量的燃料来加热路面,这样会导致污染,而且过度加热会破坏铣刨掉的 HMA。铣刨机已经解决了加热整平机大多数的问题。它能够除去任何数量的材料,产生出所需的级配材料。由于不需要加热,所以不会产生污染物。用铣刨机除掉材料不需要再一次破碎,因为它已有足够的细度,在铣刨后立即可以再生利用。直到罩面结束,经过刨铣面层可以暂时开放交通。

再生利用能够普及的第三条理由是滚筒式搅拌机的发展。滚筒式搅拌机发展之前,工程师不知道怎样从间歇式搅拌机中再生混合料。再生利用的材料不能够经过干燥器供料,因为这将让沥青过度受热,产生污染问题。由于开发了滚筒式搅拌机,便针对间歇式搅拌机研发了明尼苏达州方法,可在干燥器中对新集料进行超高温的加热。经过了超高温加热的集料与沥青路面(再生沥青路面)再生利用的材料在计重箱和搅拌机中充分混合,使得集料的热量传递到再生材料当中。滚筒式搅拌机工序之一,是大约在滚筒中间部位把再生材料加入到搅拌机里,与新的集料和沥青拌和在一起。其他工序详见第六章。

7.5.2 再生利用条件

任何需要罩面或者大修的工程都可以进行再生利用。现场的混合料必须经过评估才能决定是否可以再生利用。例如,一些路面可能采用更加经济的修复罩面方案。如果路面相对较薄,铣刨机就可能将原有路面切成块,在再生混合料时就需要进行额外的破碎。铣刨成块的材料难以保证级配,可能需要对基层材料重新加工。在这种情况下,罩面会是一种较为简易和经济的方法。在修补前必须考虑的一个重要问题是现有路面的整体路况。有龟裂的路面说明有结构性问题,因此,要铺设足够 HMA 来保证结构承载力。增加 2 ~3 层沥青混合料的需求可能显示罩面会更快而且更便宜。如果决定只采用一层来提供足够的承载,那么就要考虑再生利用,以便铣刨破坏的面层并且在再生利用中重复利用。如果现有的混合料没有铣刨的话,裂缝可能反射到罩面层,降低使用性能。

如果现有路面的集料不能满足规范要求,再生利用可能不能令人满意。例如,如果现有集料没有破碎,再生利用产生的另一种混合料也会具有大量未破碎的材料。这种情况下,在再生混合料中再生沥青路面的用量不得不降到最低。现有混合料中,200 号(0.075mm)筛孔的通过率很高的材料可能很难再生利用。搅拌机的运行增加了 200 号(0.075mm)筛孔的通过率,而这就很难保证关键筛的集料通过率在规范要求的范围内。如果现有混合料中的集料有磨光的趋势，在再生利用表面层的集料时要引起重视。如果再生沥青路面的用量很少的话，大多数这些问题都可以解决。

许多外加剂已经得到使用，来改善沥青混合料的使用性能。当在使用这些外加剂时，沥青混合料可能很难或者不可能再生利用。所用到的外加剂包括橡胶乳液、橡胶粉、硫磺、聚丙烯和炭黑等。如果这些外加剂延缓了混合料的再生利用，在沥青混合料中就不应该使用外加剂。重新加热含有硫的混合料可能很危险，因为在较高温度下，与混合料结合的硫磺会放出有毒的烟雾。有些证据显示可能很难搅拌含有橡胶乳液的混合料。在一些项目中，搅拌齿轮被橡胶沥青粘住。在旧的橡胶沥青混合料中不能决定沥青的含量，也不能决定沥青的性质。在再生利用的混合料产品中，橡胶还可能造成更多的污染。几年前，在一些混合料中添加石棉来改善耐久性。很明显，石棉让混合料很难或者不可能再生利用。

可再生利用的路面有很多种，但是每个项目都要通过评估来决定再生利用是否可行。再生利用处理可以用来减少反射裂缝，与路面边缘和边沟相匹配，降低建设成本，在修建时保持更大的交通量，保持顶面清洁，发现应该铣刨或者修复的破坏层。现有路面中应该考虑再生利用的是那些具有明显车辙、裂缝或者是在城市道路或其他地方存在的结构物，如路面边缘和边沟。

7.5.3 再生混合料设计要素

再生混合料应该设计成与新拌混合料具有相同性质的混合料。设计过程基本与新拌混合料相同，对沥青结合料的分析有额外的要求。新拌混合料仅用一种沥青，而再生混合料可能用到两种或三种(新沥青、旧沥青以及再生沥青)。

再生混合料设计的第一步是获得用于再生混合料的样品材料。新的集料应按新拌混合料的方法来制作样品。沥青或再生沥青或者再生剂应按某个地区过去的经验或规范标准进行选择，以便按正确沥青含量设计的混合料具有相应的性质。结合料很硬的路面需要采用更软的沥青或再生剂。最好对 2 ~ 3 种不同的沥青进行评价，以便选出性质最佳的一种。

制作再生沥青路面样品更好的场所是现有的储料堆，但是这种情况不会经常出现。在许多大项目中，从该项目获得的再生沥青路面用来生产同一项目的再生混合料。在摊铺再生混合料的同时，对材料进行铣刨。制作再生沥青混合料样品最好的方法是在相同的深度处某一长度内铣刨表面，以便在施工时能够得到铣刨。这个过程会让再生沥青路面产生的性质与施工时相同。当材料不能被铣刨时，一种办法是把它切成几块，这样才能在设计深度下铣刨掉所有的材料，并且使用室内破碎机把再生沥青料尺寸充分减少。这种情况中，块的最小直径应该为 6in，据此确定需要切块的数量。

用于再生混合料中再生沥青路面的含量应该预先确定。施工单位认为再生沥青路面含量高在施工工程中可能会引起污染或者会生产出质量低下的混合料。因此，规范中给出了混合料中再生沥青路面用量的上限。在初步比例确定以后，再生沥青路面的百分率和每一种新集料的百分率就已形成，但需要满足规范级配要求。再生沥青路面的级配在沥青从再生沥青路面混合料抽提后确定。从再生路面材料中回收旧沥青，并且必须试验 140 ℉（60℃）的黏度。用图 7-5 来确定所需新沥青或再生利用剂的等级，以便为结合料提供全面的性质。

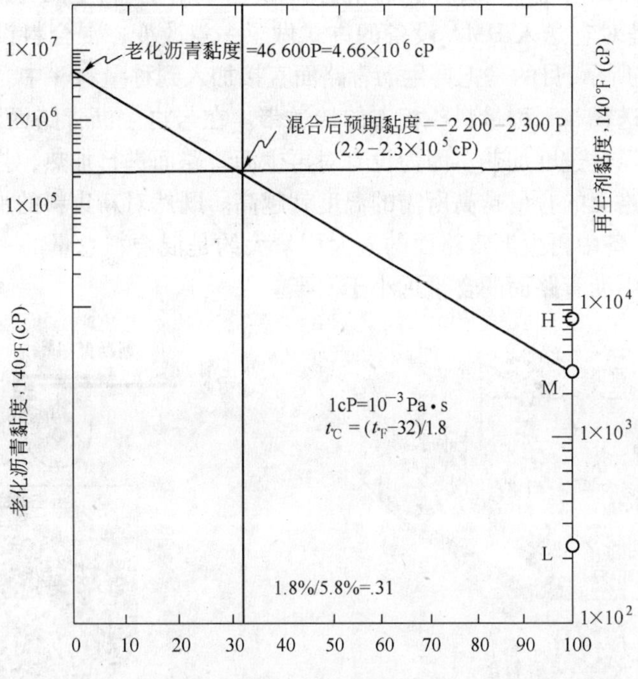

图 7-5　再生混合料设计黏度图（ASTM D4887）

设计过程的下一步是把含量不同的新沥青与选出的再生沥青路面和集料混和。加入沥青的数量要少于新拌混合料，因为再生沥青路面含有很多沥青。

准备好的再生利用样品需要按第四章所讨论的方法进行压实和试验。大多数机构要求再生混合料与新拌混合料具有相同的性质。

对再生混合料做的最终试验是沥青结合料的试验，而这在新制混合料中不需要执行。沥青按抽提试验（ASTM D2172）和阿布松法（Abson）（ASTM D1856）进行抽提。来自这种再生混合料的沥青应该与从新制混合料提取的沥青差不多。这项试验应该用室内准备好的样品来做，就像生产过程中评价沥青结合料性质的样品一样。

为了保证所做沥青混合料试验的正确,沥青混合料实际上在 HMA 设备中生产。经过回收的沥青,它的性质如针入度和黏度必须在规范所规定的范围内。增加到再生混合料中新沥青的等级必须进行改变,或者必须改变混合料中再生沥青路面的用量来改善沥青结合料的性质。

再生混合料的设计是一种初步设计,在 HMA 设备中生产再生混合料必须确定最终结果。一旦生产设备开始运行,可能需要对混合料的设计作出一些改变。

7.5.4 再生沥青混合料生产

再生沥青路面的生产与原始沥青混合料的生产相同。再生沥青路面作为一种集料来处理,只是对它送入 HMA 设备的方式做了一点改变。混合料设备也必须进行改变,如图 7-6 所示,目的是把再生沥青路面直接加入到称量料斗中。这种改变需要增加送料斗与送料斗和称量料斗相连的传送带。在与再生沥青路面混合之前,新集料在干燥器中经过过度加热。因为没有对再生沥青路面进行加热,对新集料来说,混合时再生沥青路面的含量越高所需的温度就越高。既然对新集料的加热有些实际的限制,在生产设备中再生沥青路面的最大用量大约是混合料总量的一半。大多数再生混合料中再生沥青路面的含量远小于一半。

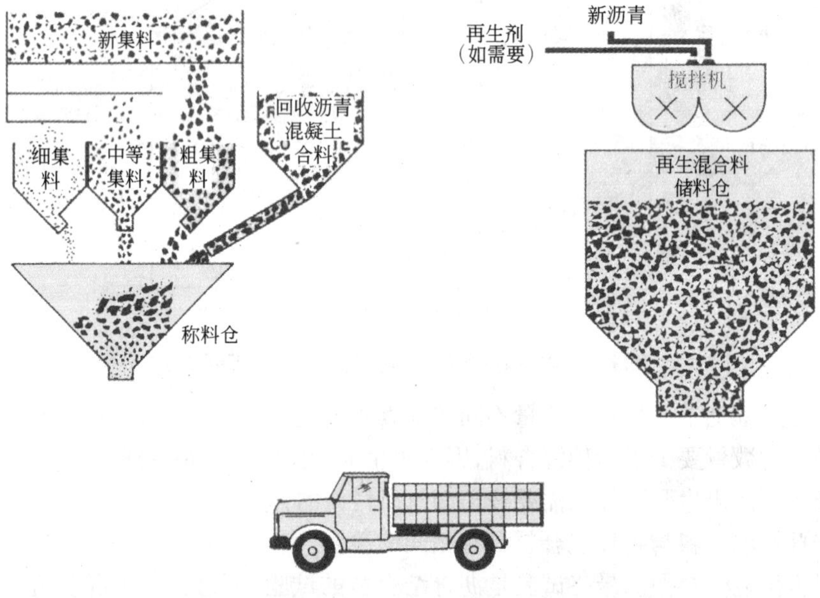

图 7-6 在间歇式拌和机中加入再生沥青(摘自陆军工兵部队)

有一种滚筒式搅拌机,在滚筒中部位置把再生沥青路面(如图 7-7)外加剂加入到搅拌机里。如果再生混合料中再生沥青路面含量过高,就没有足够的新集料在入口处为再生沥青路面遮挡直接的火焰；结果，过多的污染发生了，且将破坏 RAP 中沥青。如果使用双筒设备，就不会发生这种情况。集料在内筒加热，再生沥青路面和沥青加入到在外筒加过热的集料中。滚筒中再生沥青路面高达 60% ~ 70%；然而，大多数机构把再生沥青路面控制在 50% 或者更少。而且，大多数工程再生沥青路面的用量少于 50%，有一种使用微波加热的设备，再生沥青路面的用量达到了 100%。

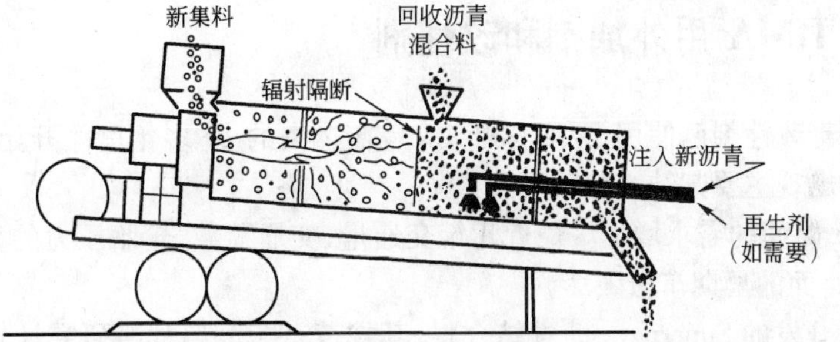

图 7-7　滚筒式搅拌机中段加入再生沥青（摘自陆军工兵部队）

在使用再生混合料时，需要考虑影响产量的几项因素。如果再生沥青路面料堆湿度大于新集料的湿度，难以清除且费用较高。在一些滚筒式搅拌机中，是在滚筒中部位置加入再生沥青路面，这样可以避免燃烧以及减少干燥时间，湿度过大时需要更多的燃料维持干燥过程，可能会降低产量，而且，如果没有清除，也会导致沥青从集料上剥落下来。

当使用间歇室设备时，加热后的新集料必须将热量传递给再生沥青路面，这种再生沥青路面与新集料的混合主要发生在叶片式搅拌机里面，因此不允许在除去水分上花太多的时间。覆盖再生沥青路面料堆是种很好的办法，可以减小再生沥青路面的湿度。

根据铣刨机铣刨路面深度的不同，再生利用的再生沥青路面材料具有不同的性质。如果铣刨的深度是均匀的，再生沥青路面的性质通常是均匀的。如果铣刨深度是变化的，再生沥青路面的性质也是变化的。当用铣刨机刨铣两条道路的沥青混合料时，应分开存放。如果这两种材料被混合，混合料之间的试验误差将会更高。

用间歇式搅拌机和滚筒式搅拌机都应有清除尺寸过大材料的构造。当再生沥青路面尺寸过大时，它们在混合及铺设时不可能完全破碎，因此会引起施工问题和性能问题。大部分规范要求最大尺寸不能超过 1.5 ~ 2in(38 ~ 51mm)。

现有路面如果要进行再生利用,就必须对它进行准确的评估来确定潜在的问题。在再生利用过程中,外加剂如硫磺、橡胶和炭黑,可能会引发一些问题。拌和时,某些外加剂在混合料的生产中会引起更多的污染。一些拥有混合物和材料性质的外加剂也很难测定和控制。

设计和铺筑的再生混合料可以同新混合料一样,在整个施工过程中保证质量控制的必要试验和评价,必须在常规情况下进行。否则可能出现不良情况。

7.6 HMA 用外加剂和改性剂

尽管沥青改性剂已使用了 50 多年,但是在过去的 10 多年里才开始尝试创新。这种尝试的出现主要归结为以下因素:

1)HMA 路面的需求增加。最近几年交通量、交通荷载、轮胎压力的显著增加引发了 HMA 路面的早期车辙破坏。

2)最近开发的 Superpave 沥青结合料,其规范基于公路战略研究计划(SHRP)。在 1993 年 3 月推荐的新结合料规范要求沥青满足高温及低温劲度要求。大多数沥青结合料在区域性极端气候条件下不能满足这些要求。因此,需要改进。

3)处理一些废弃材料和工业产品(如轮胎、屋顶木瓦、玻璃、硫磺及灰土)有环境和经济上的压力。

4)公共机构希望首次修建路面时花费更高的费用,来获得更长的使用寿命,或者减小早期破坏的危险。

所有沥青结合料和混合料都不需要改变。以下是在 HMA 中使用外加剂的具体原因:

1)混合料在高温下获得更高的劲度来减小车辙。

2)混合料在低温下获得更低的柔度来减小与温度有关的荷载裂缝。

3)改善 HMA 混合料的抗疲劳能力。

4)提高沥青与集料的胶结能力,减小剥落或者水敏感性的影响。

5)提高混合料的耐磨性来减小松散。

6)减小施工过程中混合料的变形问题。

7)更新旧的沥青混合料。

8)作为填料取代沥青。

9)允许集料上有厚的沥青膜,以便提高耐久性。

10)减少泛油。

11)提高抗老化或氧化能力。

12)减小路面结构层厚度。

13）减少 HMA 路面的寿命周期费用。

14）改善 HMA 路面的整体性。

目前（1996 年），与美国相比，欧洲应用沥青改性剂更加普遍，一些欧洲国家要求 HMA 的性能能够保持几十年。这就激发了沥青改性剂的使用，以便获得良好的性能以及降低寿命周期费用。在美国，低的初建费在项目合同中起决定性作用，这就限制了改性剂的使用，除非有具体要求。然而，某些州的高速公路管理机构现在开始要求使用改性沥青。

7.6.1　路面结合料

理想的路面结合料应该满足图 7-8[30] 所示的改善条件。

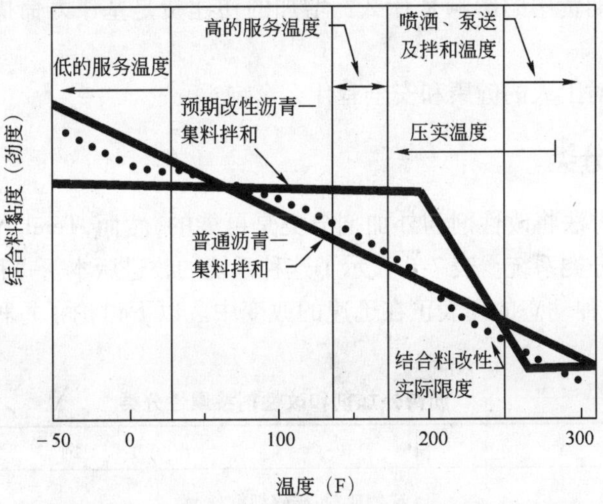

图 7-8　常用结合料和预期的改良结合料刚性特点[30]

1）在较高的施工温度下有较低的劲度促使液态沥青结合料的泵送、HMA 的拌和及压实。

2）在较高的服务温度下有更高的劲度，以便减小车辙和推挤。

3）在较低的服务温度下，劲度更低，松弛更快。

4）在现有湿度下增加沥青与集料之间的黏性来减小剥落。

过去，通过混合料设计以及调整沥青等级，HMA 的性质获得了一些改进，改性剂和添加剂已经创造了新的可能。然而，关于改性沥青的几个关键问题必须给予考虑[31]。

1）怎么样改进是必需的呢？这需要由所改善的性质来决定。

2）哪种改性剂的效果最佳？不是每种改性剂都适合每一种情况。有时 HMA 的某种性质得到了提高,而另一种性质却将其抵消了。例如,一些抗剥落剂减小了水分的破坏,但是有软化沥青的趋势,因此抵消了 HMA 的抗车辙能力。

3)改性剂怎样才能与沥青或者混合料融合呢?当更高级的改进系统形成时,这可能会成为关键的问题。

4)应该考虑兼容性吗?每个人对这个问题都会作出肯定的回答,但是,目前在所有项目中检查兼容性的这项技术还未完全开发出来。

5)沥青怎样保存才能让它的性质维持一段时间?

6)应该怎样规定沥青结合料?

7)改性剂影响常规试验结果吗?例如,当某种改性剂与 HMA 混合时,精确确定 HMA 的含量不太可能,有人对此提出了质疑。

8)寿命周期费用的影响是什么?增加的初建费是基于寿命周期费用分析得出的吗?

9)改性剂对工人的健康和安全有什么影响?

7.6.2 分类

用不同的方法将改性剂和外加剂分类是可能的,然而,Terel 和 Watter 首次提出了优良的属性分类系统。表 7-6 显示了这种系统的改进版本。每种目录下存在几种外加剂,然而这种动态的列表正在迅速的改变中。以下讨论了每种外加剂和改性剂的类型。

沥青外加剂和改性剂按属性分类 表 7-6

类型	示例
1. 矿粉	矿物矿粉:破碎细料 石灰 波特兰水泥 粉尘
2. 填料	硫 木质纤维
聚合物	
3. 橡胶 a. 天然乳胶 b. 合成乳胶 c. 聚合物 d. 再生利用橡胶	天然橡胶 苯乙烯—丁二烯或 SBR 苯乙烯乳胶 苯乙烯—丁二烯—苯乙烯(SBS),苯乙烯—异戊二烯—苯乙烯(SIS) 橡胶碎屑改性物

续上表

类　型	示　例
4. 塑料	聚乙烯或聚丙烯 乙烯—丙烯酸聚合物 聚乙烯醇(EVA) 聚乙醇(PVC) 乙烯—丙烯或EPDM 聚烯烃(类)
5. 合成物	3和4中聚合物的合成
6. 纤维	天然:石棉 　　　石棉石毛 人造:聚丙烯 　　　聚酯 　　　玻璃纤维 　　　矿物 　　　纤维素
7. 氧化剂	锰盐
8. 抗氧化剂	铅的化合物 碳 钙盐
9. 碳氢化合物	再生利用和再生石油类 硬质沥青和天然沥青
10. 抗剥落剂	胺类 石灰
11. 废旧材料	屋面板 再生利用轮胎 玻璃
12. 杂项	有机硅树脂 防冻氯化钙颗粒

7.6.3　填充料

填充料来自集料破碎的灰尘、石灰、波特兰水泥以及粉尘。其他材料如炭黑和硫磺主要用来改善沥青的性质,但是他们都没有起到填充料的作用。矿粉可以:①填充空隙,因此减小了最佳沥青用量;②满足集料级配要求;③增加稳定度;④改善沥青与集料之间的黏性。一般说来,增加矿粉用量会减小沥青最佳用量,增加密度,增大稳定度[33]。

矿粉主要用于填充集料颗粒之间的空隙,满足 HMA 级配规定的要求。然而,现在谈论过多的是它字面上的意思,即矿粉。例如,细尘粉会影响沥青及 HMA 混合料的性质[34,35]矿粉会增加 HMA 的劲度或强度。然而,劲度影响的程度取决于锐德根(Rigden)间隙率(在干压条件下,细料颗粒之间的空隙),它依次受矿物学分类、分布尺寸、颗粒形状以及矿粉表面质地的影响[34]。那些含有细颗粒的黏土增大了 HMA 混合料剥落的危险。

所有的矿粉必须按比例均匀加入到沥青混合料中。否则将会对混合料的性质产生不利的影响。过多的矿粉通常会减小矿料间隙率,为了混合料能够更耐久,不能再增加沥青用量。矿粉含量高也会增加集料表面积,因此极大地减小了沥青膜的厚度。一些规范设置了矿粉沥青比的限制。一般的规范要求按质量计算矿粉沥青比率在 0.6 ~ 1.2 之间。理想的规范要求这种比率基于体积并且应该考虑锐德根间隙率(通常控制劲度的影响)。

但是矿粉、石灰作为抗剥落剂用于 HMA 中来降低剥落程度。石灰在后面会作抗剥落剂来讨论。

炭黑非常细,所以可以作为微型矿粉来考虑。不同等级和类型的炭黑都可以使用,因为炭黑在其他工业领域应用广泛,例如橡胶轮胎、加筋混凝土。在 HMA 中用到了超细颗粒(大约 10^{14} 个分子/g)。由于这种材料非常细,它可能会悬浮于空气中,引发空气质量问题。因此,炭黑通常与高沸点的软沥青质油结合,形成球状物,在 HMA 中更容易被处理。所推荐炭黑的浓度是沥青质量的 10% ~ 15%。为了获得低温天气下良好的低温性质并且保持良好的高温性质,一些高速公路管理者使用了比常用沥青更软的沥青。炭黑通常用聚乙烯或者散装容器来供应。炭黑可以在精炼厂或者沥青设备中与沥青混合。混合温度可能需要增加 10 ~ 20 ℉(6 ~ 11℃)来补偿炭黑对劲度的影响。有报道称:炭黑加筋沥青混凝土改善了 HMA 的抗车辙能力,增强了 HMA 抗疲劳和磨损的能力,减小了氧化变硬以及沥青因暴露在大气下而脆裂的程度。许多研究机构已对 HMA 中使用炭黑作出了评估[36,37]。

7.6.4 增量剂

在 1973 年石油禁运后,增大沥青结合料的体积概念变得非常流行。它出现在沥青价格上涨的那段时期,沥青变得缺乏。联邦公路管理局(FHWA)提出在沥青结合料中加入部分硫磺和木质素取代沥青。用硫磺(硫化物)完全取代沥青也作了研究[38]。硫磺和木质素是其他工业领域产量较大的产品。硫磺来自天然气的脱硫作用,木质素来自纸浆和造纸生产。硫磺的供应及价格从 1973 年石油禁运后就开始了宽幅的波动,因此硫磺的使用已经是很普遍。目前(1996)由于沥青价格处于低位,而硫磺的价格有所回升,硫磺与沥青相比没有优势。在 HMA 中使用的木质素也开始作商业用途。许多木质素在工厂当作燃料被烧掉。

硫磺是一种储量丰富的非金属化学元素。室温下它是黄色的晶状固体物。在240 ℉(116℃)下,它会融化成自由流动麦秆颜色的液体。在310 ℉(154℃)以上时,液态硫会具有高黏性。在250～290 ℉范围内。通常为了HMA的生产和施工,硫磺改性沥青(SEA)的黏度比沥青结合料要低。硫用来改善HMA基层、结合料以及表层。

既然硫磺的相对密度(在68 ℉或20℃下重度为2.07)是沥青的两倍,硫磺改性沥青的相对密度随着硫含量的增加而增加。硫磺的含量大约是结合料质量的10%～15%;然而,大多数取代率只有结合料质量的20%～35%(按体积大约是10%～17.5%)。硫磺能用火车或卡车以固态或者液态形式运输。在HMA混合进行之前,就要将硫磺加入到沥青中。对液态硫磺系统而言,拥有单独的液硫储存仓、抽硫机、计量系统以及某些条件下预拌和设备是很有必要的。对固态硫磺而言,需要安排储存区域,传送系统,小型破碎机,钻头或者箱式喂料机及吹风机。已经开发出了很多方法和设备把硫磺和沥青与HMA设备中的集料混合。具有足够通风装置的温度控制对于阻止二氧化硫(SO_2)或硫化氢(H_2S)气体的生成是重要的。参考文献[39]给出了硫磺改性沥青结合料和混合料的评价方法。一般说来,硫磺改性沥青路面可以等效于传统的HMA路面。仅仅只有硫磺对结合料有改变,其余部分必为晶体,与矿粉性质相同。

熔融态的硫磺与HMA或者其他热的液体一样具有同样的危险。如果点燃硫可以燃烧,所有的火源如烟、火焰和火花都不允许接近液态硫。在任何时候将SEA混合料的温度保持在300 ℉(149℃)以下是非常重要的。超过了这个温度,硫化氢和二氧化硫就会释放出来,硫蒸气也会迅速增加,引发安全事故。

在HMA的商业生产中,木质素还没有作为沥青增量剂使用。然而,试验室的研究已评估了木质素替代沥青或成为增量剂的可能性。

7.6.5 聚合物

从表7-6可以看出,橡胶和塑料是作为聚合物来讨论的。简单说来,"聚合物"是一种由小分子(单体)通过化学反应(聚合)而成的长链或长束的高分子物质。单体的序列和化学结构决定了所生成聚合物的物理性质。单分子聚合物由随机或者块状排列的两种不同单体结合而成。例如,聚苯乙烯是一种硬而脆的塑料,而聚丁二烯是一种软橡胶。如果将这两种完全不同的单体随机混合并反应,一种性质不同的称做异分子的聚合物便产生了。然而,他们可分为两个基本的大类:弹性体(橡胶)和塑性体(塑料)。

用作沥青改性剂的弹性体或橡胶包括天然橡胶,苯乙烯—丁二烯橡胶(SBR)乳液或 SBR,苯乙烯—丁二烯—苯乙烯(SBS)嵌段聚合物,苯乙烯—异戊二烯—苯乙烯(SIS)聚合物。聚氯丁乙烯和橡胶碎屑改性(来自废旧轮胎)。抗弹性形变来自拉伸应力,当应力消除时,形状可以恢复。当沥青结合料被拉伸时,这些聚合物才给它提供很高的强度。然而,他们的抗拉强度随拉伸的长度而增长[44]。

用作沥青改性剂的塑性体或者塑料制品包括聚苯乙烯聚丙烯,聚乙烯醇(EVA),聚氯乙烯(PVC),三元乙丙橡胶(EPDM)或聚烯烃。塑性体具有粗糙和抗变形的三维网状结构。这些聚合物在加载时会迅速形成早期强度,但是在大应变状态下可能断裂[44]。

当用塑性体来改性沥青时,会让 HMA 路面产生更大的柔度和弹性。另一方面,塑性体通常会增加 HMA 路面的劲度模数。然而,两种情况下改性的结果高度依赖于浓度、分子量、化学组分以及具有聚合物的分子结构。原料、加工过程以及清洁沥青的等级同样也是重要的。

7.6.5.1 橡胶

如表 7-6 所示,许多弹性体(橡胶)和(塑性体)的合成物可能为改性沥青满足特定的条件提供了特殊的性质。橡胶如表 7-6 所示,许多橡胶材料(或者弹性体)可以用来改善沥青的性质,许多材料可用不同的商标名进行商业生产。可以从文献[29]中,获得这些产品的详细信息。橡胶材料的性质很复杂,当作为一种单纯的聚合物与沥青混合时可能发挥不了它们的性质。当 HMA 中用了改性剂时,它们的性质可能被冲淡甚至改变,尤其当沥青膜很薄时。每种改性剂可能与不同的沥青结合料发生不同的反应,是否有颗粒的结合将会改善预期的性质,这种情况是很难预测的。对改性沥青进行试验就变得很有必要。

在 HMA 中使用橡胶来改性的主要目的是为了在高温下获得较高的劲度。在常温下让弹性 HMA 能够抵抗疲劳开裂;在低温下具有更低或者不变的劲度来抵抗温度裂缝。如果通过使用橡胶改性剂可以达到预期的目的,Superpave 混合料设计以及评价方法有望在未来得到修正。

SBR 乳液是一种灰白色的液体,用 55gal(210L)的筒来盛装或者散装。橡胶固体的含量为沥青质量的 2% ~3% 。把乳液加入到提炼厂拌和机的热沥青中,并且改性沥青被送入 HMA 设备。该过程中,水被蒸发,最后蒸汽从旋流分离器中流出。乳液也可加入到 HMA 设备中。为了获得理想的结果,添加次序很重要。在放入到乳液之前,用纯沥青完全裹覆住集料。对于间歇式搅拌机,在纯沥青加入 8 ~ 10s 后再加入乳液。总的浸水时间为 10s,比传统的浸水时间要长。在滚筒式搅拌机中,乳液应在加入纯沥青与滚筒搅拌机卸料期间加入。当使用 SBR 乳液时,HMA 摊铺及压实过程中,一般要求不要有大的变化。

SBS 共聚物以固体形式使用。如:球状,颗粒或者袋装或者堆积的场料。通常的用量为沥青质量的5%。高剪切混合料设备用来在350～380 ℉(177～193℃)时将改性剂与沥青结合。改性沥青可以在精炼厂准备好,然后像传统的沥青一样运送到HMA生产厂。储存时不需要搅拌。由于在混合和压实的过程中,大多数混合料设计方法需要沥青保持在给定的黏度范围内,所以在进行室内试验时有必要增加混合和压实的温度。然而,现场经验显示,当处理和压实这种由高黏改性沥青产生出的HMA时,在混合料温度上与传统的没有什么不同。人们认为与试验室黏度检测所采用的较低剪切应力相比较时,由于现场施工的剪切应力相对较高,才有了施工的舒适性。因此,在现场和试验室都应遵循供货商对拌和和压实温度提出的建议。

再生利用橡胶主要来自轮胎,美国每年大约有285000000的轮胎要报废。对于这些轮胎大约有55000000可以再处理或再利用(重新卖出)。大约有42000000可以根据许多用途来使用。例如燃烧产能,作为外加剂。剩下的188000000轮胎就扔到废弃堆掩埋或者非法堆积。根据美国环保署的调查,1992年产生了20～30亿废旧轮胎[45]。几个州已经立法来调节废旧轮胎的问题。

从轮胎上获得的橡胶碎屑能够在室温下打磨(室温或者以上的打磨)或者低温打磨(在脆断温度下的打磨),通常使用液态氮。室温下打磨的橡胶碎屑具有海绵一样的表面。由于表面积很大,这种橡胶与沥青迅速发生反应。一些低温打磨的橡胶可能拥有难以想像的几何颗粒(结构)。这个过程产生了干净的表面。可能会减小HMA的反应速率。在一项研究中,低温打磨的橡胶与常温打磨的橡胶相比,弹性恢复率更低[46]。

使用橡胶碎屑来改性沥青已发展了25年之久。用于HMA的橡胶碎屑主要有两个过程,一般分成湿法和干法。

1. 湿法(沥青—橡胶)

湿法是在沥青加入到项目之前,先将橡胶碎屑与沥青混合,改性沥青通常叫做"沥青—橡胶"。一般说来,沥青质量18%～26%的橡胶碎屑(16筛眼以下)在375～425 ℉(191～218℃)下与沥青反应1～2h。混合要在高温下进行以便促进两种成分进行深层的物理化学反应。应用"湿法"的第一项技术称为"麦克唐纳(McDonald)"法。这种方法也用作应力吸收膜(SAM),应力吸收夹层(SAMI)和人造裂缝填缝料。SAM是一种用沥青—橡胶结合料的密封层。当SAM作为夹层设置在HMA之间时,它就叫SAMI。

2. 干法(橡胶—改性结合料)

这种方法是在橡胶碎屑与沥青结合之前,先把它与集料混合。橡胶粗颗粒的用量一般为集料的3%～5%(最大粒径为1/16in～1/4in或者1.6～6.4mm)。天然集料是间断级配的形式,以便容纳像粗集料一样的橡胶碎屑。干法中橡胶碎屑的用量是湿法中的2～4倍。美国首次使用的干法称作谱拉斯锐德("PlusRide")法。据称路面表面不易结冰,因为它的弹性高于常规的橡胶改性混合料。

在使用湿法时,为了生产合格的沥青—橡胶混合料,为沥青与橡胶碎屑的结合建立合适的浸煮温度及时间是必要的。在混合及蒸煮的过程中,要在不同的时间间隔下检查混合料的黏度。当均匀的黏度形成时,表示初始反应几乎完成,准备使用结合料。这种初始反应还未完全弄明白,但是看起来是由于沥青与橡胶碎屑发生了物理和化学上的交换,期间橡胶膨胀,引起黏度的增加。初始反应后不断将沥青和橡胶碎屑进行混合能减小混合料的黏度,因为橡胶碎屑在混合时分解了。然而,橡胶分解速度不快,需在高温下分解几个小时。

如果沥青—橡胶混合料黏度过高,可加入增量油。但是,若是橡胶碎屑用量少于10%(按沥青质量计),可不用增量油。

沥青—橡胶混合物在初始反应后马上就要使用,直到它能进行循环为止。混合物允许在储存仓中降温,在使用前再进行加热。当在 HMA 中使用沥青—橡胶结合料时,使用以下的拌和温度:

密级配 HMA 混合料:325 ~ 375 ℉(163 ~ 191℃)

开级配 HMA 混合料:275 ~ 325 ℉(135 ~ 163℃)

由于混合料温度的升高,烟尘可能会更高。含有沥青—橡胶的 HMA 混合料不应该长期存放在鼓筒仓内。通过储料仓来处理混合料是可行的。柴油不能用作卡车底版上的润滑剂。因为除了会溶解 HMA 外,它还会让混合料与平板之间更黏。使用石灰水、肥皂液或者硅乳液来代替柴油。

在摊铺混合料时,将混合料温度保持在合理的范围内很有必要。用静态钢轮压路机来压实。胶轮压路机有带走混合料的趋势。振动压路机可能会剪切和推挤混合料。如果压实后不得不开放交通,交通荷载也会带走混合料,推荐表面每平方英尺使用 1 ~ 2lb 的细骨料混凝土。

再生利用的 HMA 含有橡胶碎屑是个非常严重的问题。在大规模使用废旧轮胎之前必须予以解决。目前(1996)对这些混合料的再生利用经验有限,未来在生产过程中再生利用这些混合料时,可能会引起空气质量问题。再生利用时,沥青—橡胶沥青会发生什么情况?再生利用的混合料怎样设计?如果这些问题没有解决,就不可能对含有橡胶碎屑的 HMA 进行再生利用。在那种情况下,处理再生沥青路面(再生沥青路面)可能变成比再生利用轮胎更难解决的问题。

前面讨论的这种"McDonald"法(湿法)和"PlusRide"(干法)都是获得了专利的方法。然而,1992 年,"McDonald"的原创专利作废。最近引进了一些更新的概念,包括通用干法,块状橡胶沥青混凝土以及连续拌和沥青橡胶。

在所需的 PlusRide 系统中,通用干法允许橡胶碎屑加入到"通用"集料级配而不是断级配集料中。通用干法在纽约、佛罗里达、爱荷华州、堪萨斯州和俄勒冈州已经开始进行试验性的现场应用。

佛罗里达州交通厅已经开始使用连续混合沥青橡胶的概念，湿法中使用 5% ~ 15% 的细橡胶碎屑（180μm 或者 80 号筛）以避开反应槽，且便于连续拌和。在独立的便携式混合或计量装备中拌和橡胶碎屑与沥青。

7.6.5.2　塑料

如表 7-6 所示，许多塑性材料（塑性体）可以用来改变沥青结合料。参考文献 [29] 中给出了详细的商品名称。塑性聚合物的处理、储藏以及使用与橡胶聚合物相同。

低密度的聚乙烯（LDPE）已作为改性剂来使用。使用的聚乙烯是原始的或再生利用的。改性结合料是含有聚乙烯和沥青的双相结合料系统。聚乙烯的含量一般为改性沥青质量的 4% ~6%。在 HMA 拌和站，专利高剪切拌和法采用的是使用专门制造的设备（安装在机动搅拌机上）进行改性结合料的制备。改性沥青必须在搅拌中储存来防止层叠以及聚合物迁移到液态沥青之上。因为改性沥青有很高的黏度，混合及摊铺的温度应该比非改性 HMA 混合料的温度高 35 ℉。改性 HMA 混合料的压实在 270 ℉之下效果欠佳，因为在这个温度之下，聚合物会结晶。

醋酸乙烯乙酯（EVA）为沥青改性剂，颜色从透明到白色，用袋装或散装，为自由流动的小球。用量按沥青质量的 2% ~5% 变化。加入到 HMA 中的 EVA 保持在 300 ~340 ℉（149 ~171℃）温度下，只有适中的搅拌（如低剪应力，搅拌罐）或者循环搅拌对拌和是必需的。混合物可以储存几周而不需要将其离析。聚乙烯醇必须能够与清洁的沥青融合，以便获得所需的性质。

7.6.5.3　合成物

两种或更多聚合物的合成（如橡胶和塑料）可能引起 HMA 路面性能的改变。否则只可能有一种改性物。例如，塑性聚合物可以改善高温抗车辙能力，但是对低温天气下的温度裂缝却没有什么明显的不同。把橡胶聚合物加入到塑性聚合物中可能会提高低温性能。然而，两种不同种类的聚合物可能不能共存，发生合成反应。因此，全面调查合成的不利影响是必要的。使用两种或者更多聚合物在经济上可能行不通[29]。

7.6.6　纤维素

天然纤维素如石棉的使用已经家喻户晓很多年了。然而，因为石棉被认为是有害健康的，在美国已不再使用。人造或者合成纤维已经被开发出来用于取代石棉。纤维素在建造屋顶和工业防水层系统时，经常用作增强剂或者硬化剂，它们有增强剂和提高拉伸强度以及改善 HMA 黏性的潜力。纤维素也允许沥青含量高于传统 HMA 混合料，而不会出现任何大的流淌问题。这对开级配磨耗层和 SMA 路面尤其重要。

高沥青含量增大了沥青膜的厚度，增加了所摊铺混合料的耐久性。纤维素一般加入到 HMA 设备中的集料内。大多数生产商将纤维素加入到容易软化的塑料袋中，因为纤维素被分割得很小而且很细，他们不能轻易地在仓形设备中处理。对于筒形混合器，可用气压系统将纤维素吹入筒内。纤维厂家通常提供或是为 HMA 承包人提供特殊设备协助其处理特定的纤维。含有纤维素的 HMA 混合料用人工很难封涂和摊铺。

用作沥青增强剂的聚丙烯纤维大约长 10mm。一般说来需要增加 HMA 总质量 0.3% 的纤维素。聚丙烯纤维的重度大约是 0.91。HMA 混合料的温度不应该超过 300 ℉(149℃)。集料温度不应该超过 290 ℉(143℃)以防止聚丙烯纤维不被软化或者熔化。在间歇式搅拌机中，分散良好的纤维素通常可以获得 10s 的干拌周期，接着便是 35s 的湿拌周期。做好的 HMA 要对纤维素成束地进行检查。如果有块状物，湿拌周期就应该增加 5s，直到混合料拌和均匀为止。对滚筒式搅拌机而言，以中等速率传送纤维素的喂料系统需要纤维素供应商来提供。

不同长度的聚酯纤维已用来增强 HMA 混合料的强度。从基层混合料到密级配混合料，其聚酯长度在 1/2in(13mm) ~ 1/50in(1/2mm)变化，这些纤维的具体重度为 1.32 ~ 1.40。最低的熔化和燃烧温度通常分别为 480 ℉(149℃)和 1000 ℉(538℃)。根据经验，每吨 HMA 混合料纤维的用量为 3 ~ 7lb(1.5 ~ 3.8Mg)(大约是 HMA 混合料质量的 0.15% ~ 0.40%)。需要与纤维—改性混合料结合的沥青应该为 HMA 质量的 0.2% ~ 03.%。聚酯纤维与聚丙烯纤维的处理及混合相同。

欧洲在密级配、开级配以及 SMA 混合料中使用了矿物纤维。一般说来，高温下辉绿岩生产出的矿物纤维作原材料使用。SMA 中矿物纤维的用量是混合料总质量的 0.4%，在 SMA 中所用纤维的最大长度为 6mm。文献[47]中给出了 SMA 中所推荐矿物纤维的标准以及加入到 SMA 中的过程[47]。矿物纤维以预先包装或散装形式来供应。人们开发出把散装的纤维送入间歇式搅拌机或滚筒式搅拌机的方法和设备，并已投入使用。

欧洲的 SMA 中大量使用了纤维素纤维，主要目的是增加沥青含量而不至于发生泛油问题。这些纤维已经用于美国许多 SMA 现场试验中。文献[47]中给出了处理纤维素纤维的规范和指南[47]。所用纤维素的最大长度一般为 6mm。大约 70% 的纤维素可以通过 100 号筛(0.15mm)。纤维素纤维的用量是混合料用量的 0.3%。纤维素纤维用预先包装或者散装形式来供应。

7.6.7 氧化剂

有时需要增加 HMA 混合料的劲度来提高强度。这可能对低稳定度的混合料如砂、沥青很合适。一种方法是一开始就使用更硬的沥青。然而，这种方法可能会减小长期性能。另一种方法是使用氧化剂,它能在 HMA 路面上铺好后使沥青变硬。一种油状含锰化合物液体在 20 世纪 80 年代美国的现场试验路中使用很广泛。一般的用量为沥青质量的 1% ~4%。一些机构选用比普通沥青更软的沥青(例如 AC—10 代替 AC—20)。起初,这种改性剂降低了沥青 77 ℉、140 ℉和 275 ℉(25℃、60℃和 135℃)时的黏度。在某些情况下,这种软化可能会阻止重交通路面的早期摊铺。暴露在大气下的沥青,其黏度可以持续增长几周。在这段治疗期后,HMA 会变硬。美国早期的试验路表明:硬化过度会导致早期的温度裂缝。随后正式提出使用软化沥青来解决这个问题。目前这种改性剂的使用 还不是很广泛。看起来,这种改性剂可能更适合在基层使用而不是表层。

7.6.8 抗氧化剂

在 HMA 的生产、施工以及随后的服务期间,沥青会经历氧化变硬的过程。由铅或者其他复合物组成的抗氧化剂可以用来降低沥青结合料的氧化变硬,从而增加了 HMA 的耐久性。HMA 中抗氧化剂的使用经验相当有限。因此,没有指南可以遵循。大多数研究是在室内完成的,缺乏足够的现场经验和可靠性。加利福尼亚做了一些研究来评估填料碎片中所用沥青的氧化变硬程度。由于加入了抗氧化剂,在 HMA 的生产中,沥青短期老化被降低到最小限度,在摊铺和压实过程中,有可能会出现不稳定的混合料。

7.6.9 碳氢化合物

让沥青结合料为特殊的项目获得预期的性质不可能总能实现。(例如,黏度、针入度和延度)然而,通过加入使之变软或者变硬的碳氢化合物来对沥青进行改性还是可以实现的。例如,在再生利用的沥青路面(再生沥青路面)中,老沥青需要软化或者再生。另一方面,当作为 HMA 中的高应力区来使用时,一些沥青需要硬化剂来硬化。以下讨论了由碳氢化合物组成的再生利用剂和硬化剂。

7.6.9.1 再生利用剂

碳氢化合物作为再生剂、软化剂和再生利用剂来讨论时,它们主要的功能在于可以让老沥青达到目前沥青的要求。在大多数州,具有低黏度的"软沥青"统一作再生利用剂来使用。然而,某些州,尤其是在美国西部软化剂或者再生剂的使用降低了老沥青的黏度。再生剂试图把老沥青的物理和化学性质保存得像新沥青一样。下面给出了软化剂和再生剂的例子。

1. 软化剂

1) 沥青软化油　一般与沥青混合起来减小黏度。

2) 润滑油　原油的一部分,与润滑油具有相同的黏度。

3)润滑油或曲柄箱油　通常脂肪族含量高。

4)油浆　由于有潜在的危害健康的可能性,不推荐采用催化裂化法。

2. 再生剂

1)提取的润滑油　用溶剂提取法从润滑料里提取的环烷烃或者芳香烃。

2)增量剂油　来自润滑料的芳香烃油,大多数用于扩展沥青—橡胶的混合物。

根据热拌混合料再生利用剂的 ASTM 设计 D4552 标准规程,确定 140 ℉(60℃)黏度再生利用剂的预期等级。为了保证安全,这种标准为所有的再生利用剂确定了最小的闪点 425 ℉。最大的黏度比为 3,质量的最大改变量为 3% ~4%。清洁的沥青经过薄膜箱试验或者旋转薄膜箱后,会阻止轻质材料在 HMA 设备或者 HMA 路面上蒸发。

大多数再生利用剂在室温下是黏稠的液体,对大多数热拌混合料的再生利用而言,在 HMA 设备中需要储存罐时,就需要独立的注入管。小心控制再生利用剂的用量是必要的。因为在剂量很小时,可能引起 HMA 路面在行为和性能上出现很小的差异。当选择了合适的再生利用剂后[49,50]所再生利用 HMA 的结构性质一般都能令人满意。

7.6.9.2　硬化剂

正如以前谈到的,碳氢化合物硬化剂有时用来改变沥青某种用途的物理性质,例如在高应力区使用,以下是硬化剂的例子[29]。

1)天然沥青　树脂(黑沥青);特立尼达湖沥青。

2)提炼沥青　包括溶剂脱沥青[用丙烷提取的沥青,渣油超临界萃取(ROSE, residuum oil supercritical extraction)]和工业等级沥青。

黑沥青是一种黑色、易脆、质硬的粒状沥青材料,它埋藏在犹他州。针入度在 0 ~77℉(25℃),软化点在 300 ~315 ℉(149 ~157℃),其沥青含量为 60% ~75%,它在 HMA 的高应力区使用,例如交叉口、桥面铺装层、收费站。黑沥青取代了 10% ~15% 的沥青。混合料设计和最佳沥青用量不会因为使用了黑沥青而改变。黑沥青用塑料包装或者散装形式来供应。它能与沥青进行预拌和,拌和时不需要连续搅拌。对间歇式搅拌机而言,在黑沥青加入到沥青之前,它可以与热集料在 325 ~340 ℉(163 ~171℃)进行混合。然而,为了保证分布均匀,干拌周期要增加 15s。对于滚筒式搅拌机而言,黑沥青能够沥青预拌和或者通过再生沥青路面喂料机引入再生沥青路面中。黑沥青—改性 HMA 混合料也使用传统的方法和设备。

特立尼达湖沥青(TLA)是天然沥青的一种,在第二章中已经作了讨论。其中沥青的含量为 50% ~57%。其余是火山成因的胶态黏土再加上一些惰性物质。特立尼达湖沥青的重度大约为 1.41,软化点为 200 ~207 ℉(93 ~97℃)针入度在 3 ~10。它用于 HMA 的高应力区,如交叉口和收费站。它也用于地沥青中[51],一种可灌注的树脂沥青混凝土。重交路面推荐将25%特立尼达湖沥青掺入到75%的AC—20沥青混凝土中。通常用520lb(235kg)的圆桶装特立尼达湖沥青,在搅拌机中破碎和拌和。特立尼达湖沥青也可是粉末状,经填料管道加入到搅拌机里。可与沥青进行预拌和,但是,混合料应储存在搅动的槽里。不应使用轴承暴露在混合料中的泵,因为其含有硅粉。

7.6.10 抗剥落剂

抗剥落剂(AS)用来减小或消除HMA混合料中沥青与集料的剥离。剥落在第四章和第八章已作了讨论。液态的外加剂和石灰外加剂都可以用来抗剥落。

7.6.10.1 液态抗剥落剂

大多数液态抗剥落剂是表面黏性剂,当它与沥青混合时,可以减小表面张力。因此,提高了对集料的黏性。大多数商业用途的抗剥落剂产品的化学成分是带有产权的。然而,当前使用的大多数抗剥落剂必须具有热稳定性,也就是说,当改性沥青在高温下储存一段时间时,它们不会失效。

最简单最经济的方法是将沥青与集料混合之前把抗剥落剂与沥青混合。尽管这种方法使用最普遍,但是却是无效的。因为仅仅只有一部分抗剥落剂溶入到集料—沥青之间。直接把抗剥落应用到集料表面毫无疑问是最有效的方法。然而,平均分配是不可能的。因为通常所使用的抗剥落剂的含量非常低(例如只有沥青质量的0.5%),而且HMA混合料含有部分细料。

抗剥落剂的用量是很重要的。大多数可能效果不佳,剂量太多对HMA混合料有害。在HMA的寿命期内,液态抗剥落剂长期的效果还未确定。

某些机构保留了抗剥落剂的名称,并要求承包人在所有的HMA混合料中使用抗剥落剂,而不做任何吸水率试验[54]。这项试验有严重的不足。某些HMA混合料不需要任何抗剥落剂。因此,使用这些抗剥落剂是不经济的(有时是有害的)。一些抗剥落剂是沥青和集料,因此不会对所有的HMA起作用,除非通过试验验证。应不断地修改这样的标准以反应抗剥落剂供应商在技术上的进步和产品上的发展。

7.6.10.2 石灰外加剂

石灰外加剂不像液态抗剥落剂那样,需要加入到沥青中。石灰在与沥青混合之前需要加入到集料中。许多研究表明石灰是一种非常不错的抗剥落剂。然而,它的抗剥落原理还未揭示出来。目前已有多种假定的原理:(a)石灰与沥青结合料中即将在集料表面被吸收的酸发生反应;(b)石灰提供了钙离子,能取代氢离子、钠离子、钾离子以及集料表面其他的阳离子。(c)石灰与大多数硅酸盐集料反应形成硅酸盐絮状物,对集料有很强的黏性,并且有足够的间隙率来允许沥青渗入,形成了另一种强结合料[55]。

氢氧化钙 $Ca(OH)_2$ 和生石灰 CaO（以稀浆形式）很有效，前者使用得更普遍。镁石灰（S 和 N 类）也作抗剥落剂来使用。然而，碳酸钙 $CaCO_3$ 的效果不佳。一般情况下，石灰的用量为集料干质量的 1% ~1.5%。由于增加了集料的表面积，可能需要更多的细集料。

集料可以通过以下四种方法用石灰进行处理[55]：

1）干的熟石灰　使用干石灰时的主要问题是保持对集料表面的包裹，直到沥青被完全裹覆为止。这对滚筒式搅拌机尤为关键，因为在废气流动时会带走一些石灰。然而，加州公路运输部（交通厅）通过注入一些石灰到筒内来取代沥青，成功地将干石灰用于滚筒式搅拌机中。由气体带走的石灰通过飞行的改性物来将其阻止。在筒内形成了合适的屏障[56]。一些路面专家相信，尽管许多机构包括加州交通厅用干石灰取得了满意的结果，但是干石灰的使用效果不会持久。

2）熟石灰浆　这种方法需要将多余的水加入到集料中，这会增加燃料的费用以及减小 HMA 的产率。

3）干的熟石灰加入到湿集料中　在这个方法中，需要将熟石灰加入到湿集料中，水的含量通常为 3% ~5%，接着在搅拌机或者翻斗拌和机中进行拌和来获得性质均匀的混合料。

4）热（生石灰）浆　使用生石灰（CaO）浆最少有两个优点：（a）它的价格与熟石灰差不多。但是当热石灰消化时，体积会增加 25%。（b）消化产生的热量会导致温度的上升，这有助于所加入水分的蒸发。处理要小心，因为它会腐蚀皮肤。

通过对室内和野外四种处理方法的研究对比，其相对效果还未形成统一的结论。因此，增加了燃料和设备的费用，减小了与湿法有关的 HMA 的产率，这种情况在目前可能得不到解决。

7.6.11　废旧材料

许多废旧材料来自手工制品、服务工厂、污水处理厂、日用品以及矿料[57]。最近几年，某些州已经通过立法强制使用一些废旧材料或者检查这种使用方法的可行性。最近 HMA 混合料（HMA）领域面临很大的压力，要将大量的废旧材料加入到 HMA 路面中。涉及以下几个方面：

1）工程方面　例如，工程性质的影响（如 HMA 的强度和耐久性），产量的影响以及未来是否可以再生利用。

2）环境方面　例如排放物、烟、臭气、渗漏以及处理和试验过程。

3）经济方面　例如初建费、寿命周期费、残值以及资金的缺乏。

废旧材料可以分为以下几种：

1）工业废料　如废旧的纤维素、粉煤灰和飞灰。

2)城市垃圾 如垃圾化灰炉、废弃橡胶、废旧玻璃以及屋面板。

3)矿物废料 如煤矿废料。

HMA 中用到的一些废旧材料都是基于工程经验。

7.6.11.1 (沥青)屋面瓦

美国77家工厂每年屋面瓦的产量大约是90000000。大约1/3的瓦用于新建屋面,2/3的瓦用于房屋的翻修。当房屋翻修时,通常有大量瓦被移除和报废。而且,每一屋面瓦工厂都会产生废旧材料,它们占到生产能力的5%~10%。美国每年产生的废料估计有10000 000t(9000000Mg),这显然大于废旧轮胎的年产量(大约300万Mg或270万Mg),旧瓦材料和废旧轮胎的处理已经变成了一个难以解决的问题[58]。

据估计,(沥青)屋面瓦废料含有36%的沥青,22%的硬岩石颗粒(负10号筛),8%的矿粉和小部分杂料[59]。

屋面瓦已成功用于佛罗里达迪士尼乐园的HMA停车场。在加入到混合料之前,至少需要把瓦切成1/2in(12mm)或者更小的碎片以确保在HMA中均匀分布。根据成本预算[59],仅仅加入5%的有机屋面瓦,HMA的价格每吨可减小3.40美元。

7.6.11.2 废旧轮胎橡胶

聚合物一节中,已讲述了轮胎橡胶的再生利用问题。

7.6.11.3 废旧玻璃

当废旧的碎玻璃加入到HMA混合料后,混合物有时叫做玻璃沥青。美国和加拿大在20世纪70年代就对玻璃沥青做了几种室内和野外评价。10年来没有什么重大的突破。现在有关玻璃沥青的使用被重新提出。康涅狄格、弗吉尼亚和佛罗里达三个州已经做了可行性研究[60~62]。

康涅狄格州的报道给出了一篇关于玻璃沥青室内和室外评价的优秀文献。下列一般性的观测报告已在不同的研究中有所涉及:

1)在1969~1988年间,美国和加拿大至少在45个地区成功地拌和并铺设了玻璃沥青。然而,大多数玻璃沥青铺设在城市街道、行车道以及停车场,并没有铺设在交通量大、车速快的公路上。

2)使用玻璃的潜在问题有:沥青和玻璃间黏性损失;保持适当摩擦阻力,尤其是粗集料上的摩擦阻力;在带钉轮胎的作用下,玻璃破碎,随后会出现松散;玻璃缺乏足够连续的供应;生产费用增加(在康涅狄格,玻璃沥青的价格比传统HMA高5美元/t)。

3)玻璃纤维不应仅用作基层来减小潜在的抗磨耗及表面松散问题。

4)在玻璃纤维结合料中,玻璃的最大尺寸不应该超过3/8in(9.5mm),加入熟石灰来防止剥落。HMA混合料再生利用玻璃的最大含量为15%。

5）使用玻璃可以减小马歇尔试件的矿料间隙率以及空隙率。因此，沥青的最佳含量也会减小。

6）马歇尔稳定度会减小15%～20%。当15%的沥青被玻璃碎屑取代后，干燥状态间接拉伸强度将会减小20%。

7）潮湿条件下，在HMA中使用粗玻璃和细玻璃，马歇尔试件拉伸强度分别会减小15%和50%。剩余拉伸强度比（TSR）显示：使用液态抗剥落剂不能减小水破坏。

7.6.12 其他材料

虽然无法对许多杂料进行分类，但是在HMA混合料中作为外加剂和改性剂来使用。下面主要讨论两种材料：硅树脂和防冻氯化钙颗粒。

7.6.12.1 硅树脂

硅树脂是一种由硅、氧和有机分子组成的半无机聚合物。硅树脂可以是液态、凝胶或者橡胶状固体。道康宁（Dow Corning）公司生产一种名为DC200的二甲基硅油，通用公司生产一种名为SF96的HMA领域最常用的硅树脂。硅树脂的黏度范围变化很大，液态时77℉（25℃）的运动黏度为1000厘泊。加入到沥青的硅油树油很少，为了达到以下性质，通常每吨要加入$2\times10^{-6}\sim3\times10^{-6}$。

1）HMA生产平稳，摊铺时不会出现任何泡沫。

2）当HMA放在储存仓时，沥青氧化变硬程度低。

室内研究及野外经验表明：硅树脂不会对沥青的物理性质产生任何重要的影响，只要硅树脂的浓度不超过5×10^{-6}，它也不会对HMA产生决定性的影响。用硅树脂处理沥青的费用几乎可以忽略。

7.6.12.2 防冻氯化钙颗粒

商业上所用的产品叫做微格理米特（verglimit），它由氯化钙及5%的烧碱组成，并用亚麻种子油浸透。按总混合料质量与磨耗层混合料的比例，以5.5%～6.5%的速度加入微格理米特。它在HMA路面内（a）能减缓冰的形成，（b）促使冰或雪从路表面清除。它既不会让冰或雪融化，也不会取代常规的冬季养护。当微格理米特暴露在大气下并对路表面起作用时，它会膨胀。在路表面，它会吸收水分直到溶解。

因为微格理米特比集料轻，HMA最佳沥青用量需要增加0.1%～0.3%。在微格理米特湿拌周期结束前需要对它延长15s，以便获得令人满意的薄膜以及将开裂危险降到最低。当HMA路面1/16in（1.6mm）以上的微格理米特开始溶解后，大多数HMA表面看上去已松散。试验室研究显示：加入微格理米特可以增加HMA对水损害的敏感性。

在HMA混合料中使用外加剂和改性剂的目的是为了提高HMA路面的性能。如果不能以成本—效益的方式达到此目的，那么，其应用是没有意义的。

参考文献

[1] Fehsenfeld, Fred M. Performace of Open-Graded Big Rock Mixes in Tennessee and Indiana. National Asphalt Pavement Association, Information Series 104,1988.

[2] Cedergren, H. R. , J. A. Arman and K. H. O'Brien. Development of Guidelines for the Design of Subsurface Drainage Systems. Federal Highway Administration Report RD-73-14, February 1973.

[3] Cedergren. H. R. and W. R. Lovering. The Economics and Practicability of Layered Drains for Roadbeds. Highway Research Board, Highway Research Record 215, 1968.

[4] Kandhal, P. S. and M. E. Wenger. Experimental Asphalt Stabilized Base under Portland Cement Concrete. Pennsylvania Department of Transportation Research Project 71-5, Final Report, February 1974.

[5] Halstead, W. J. Open-Graded Friction Courses for Highways Transportation Research Board, NCHRP Synthesis 49,1978.

[6] Halstead, W. J. Criteria for Use of Asphalt Friction Surfaces. Transportation Research Board, NCHRP sYNTHESIS 104,1983.

[7] Kandhal, P. S. , R. J. Brunner and T. H. Nichols. Design, Construction, and Performance of Asphalt Friction Courses in Pennsylvania. Transportation Research Board, Transportation Research Record 659,1977.

[8] Bukowski, J. R. , SMA in America. Paper presented at the 1993 Annual Meeting of the Transportation Research Board, Washington, DC, 1993.

[9] Guidelines for Materials, Production, and Placement of Stone Matrix Asphalt (SMA). National Asphalt Pavement Association, IS 118, August 1994.

[10] Brown, E. R. et al. Designing Stone Matrix Asphalt Mixtures. National Academy of Sciences, Transportation Research Board, National Cooperative Highway Research Program, Report No. 9-8/1,1995.

[11] Brown, E. R. and R. B. Mallick, A Laboratory Study on Draindown of Asphalt Cement in Stone Matrix Asphalt (SMA). Transportation Research Record 1513, 1995.

[12] Scherocman, J. A. , "The Design, Construction and Performance of Stone Mastic Pavement Layers: the Continuing Story." *Proceedings*, Canadian Technical Asphalt Association, Vol. XXXVII, November 1992.

[13] Davis, Richard L. Large Stone Mixes: A Historical Insight. National Asphalt Pavement Association, Report IS 103/88,1988.

[14] Kandhal, P. S. Marshall Mix Design Methods: Current Practices. Proceedings, Association of asphalt Paving Technologists, Vol. 54,1985.

[15] Acott, Mike. The Design of Hot Mix Asphalt for Heavy Duty Pavements. National Asphalt Pavement Association, QIP 111/86,October 1987.

[16] Von-Quintus, Harold. AAMAS Mix Properties Related to Pavement Performance. Proceedings, Association of Asphalt Paving Technologists, Volume 58,1989.

[17] Compariso of 4 and 6-Inch Diameter Molded Specimens. Pennsylvania Department of Transportation, Bureau of Materials, Testing and Research, Status Report, February 21,1969.

[18] Marshall Criteria for Compacted Bituminous Specimens. Pennsylvania Test Method 705, Pennsylvania Department of Transportation, Field Test Manual, March 1983.

[19] Kandhal, P. S. Testing and Evaluation of Large Stone Mixes Using Marshall Mix Design Procedures. National Asphalt Pavement Association Information Series 108, 1990.

[20] Resistance to Plastic Flow of Bituminous Mixtures Using Marshall Apparatus. ASTM D1559-82, American Society for Testing and Materials, Vol. 04.03,1988.

[21] Kandhal, P. S. Design of Large Stone Asphalt Mixes to Minimize Rutting. Transportation Research Board, Transportation Research Record 1259,1990.

[22] Williams, Ellis G. Design and Construction of Large Stone HMA Bases in Kentucky. Hot Mix Asphalt Technology, Winter 1988.

[23] Kandhal, P. S. Large stone Asphalt Mixes: Design and Evaluation. Proceedings, Association of Asphalt Paving Technologists, Vol. 59,1990.

[24] Herrin, Moreland. Bituminous Patching Mixtures. Transportation Research Board, NCHRP Synthesis 64,1979.

[25] Kandhal, P. S. and D. B. Melott. A Rational approach to the Design of Bituminous Stockpile Mixtures. Transportation Research Board, Transportation Research Record 821, 1981.

[26] Epps, J. A., D. N. Little, R. J. Holmgreen, R. L. Terrel and W. B. Ledbetter. Guidelines for Recycling Pavement Materials. Transportation Research Board NCHRP Report 224, September 1980.

[27] Kandhal, P. S., E. R. Brown, and Steve Cross. Guidelines for Hot Mix Recycling in State of Georgia, Georgia Department of Transportation, 1989.

[28] Brown, E. R. Insuring Quality in Hot Mix Recycling, Transportation Research Board, Transportation Research Record 885,1982.
[29] Terrel, R. L. and J. A. Epp. Using Additives and Modifiers in Hot Mix Asphalt (Part A). National Asphalt Pavement Association, Quality Improvement Series QIP 114 A, 1989.
[30] Epps, J. A. Asphalt Pavement Modifiers. Civil Engineering Magazine, April, 1986.
[31] McGennis, Bob. Asphalt Modifiers Are Here to Stay. Asphalt Contractor Magazine, April, 1995.
[32] Terrel, R. L. and J. L. Walter. Modified Asphalt Pavement Materials, The European Experience. Proceedings, Association of Asphalt Paving Technologists, Vol. 55,1986.
[33] Brown, E. R., J. L. McRae, and A. Crawley. l Effect of Aggregates on Performance of Bituminous Concrete. ASTM Special Technical Publication 1016, 1989.
[34] Kandhal, P. S Evaluation of Baghouse Fines in Bituminous Paving Mixtures. Proceedings, Association of Asphalt Paving Technologists, Vol. 50, 1981.
[35] Anderson, D. A. Guidelines on the Use of Baghouse Fines. National Asphalt Pavement Association, Information Series 101,1987.
[36] Yoo, Z. And C. L. Monismith. Behavior of Asphalt Mixtures with Carbon Black Reinforcement. Proceedings, Association of Asphalt Paving Technologists, Vol. 55, 1986.
[37] Khosla, N. P. and S. Z. Zahran. Behavior of Asphalt Mixtures with Carbon Black Reinforcement. Proceedings, Assocition of Asphalt Paving Technical Publication 807, October, 1983.
[38] Kandhal, P. S., D. B. Mellott, and G. L. Hoffman. Laboratory and Field Characterization of Sulphlex as a Paving Binder. ASTM Special Technical Publication 807, October, 1983.
[39] McBee, W. C. State-of-the-Art Guideline Manual for Design, Quality Control, and Construction of SEA Pavements. Federal Highway Administration Report No. FHWA-TS-80-240, August, 1980.
[40] Kandhal, P. S. Evaluation of Sulphur Extended Asphalt Binders in Bituminous Paving Mixtures. Proceedings, Association of Asphalt Paving Technologists, Vol. 51, 1982.
[41] Fromm, H. J. Sulphur-Asphalt Pavement Performance and Recycling. Proceedings,

Association of Asphalt Paving Technologists, Vol. 50, 1981.

[42] Al-Otaishan, A. T. And R. L. Terrel. Material Characteristics and Predicted Performance of Sulphur-Asphalt Mixtures from In-Service Pavements. Proceedings, Association of Asphalt Paving Technologists, Vol. 49,1980.

[43] Terrel, R. L. and S. Rimsritong. Wood Lignins Used as Extenders for Asphalt in Bituminous Pavements. Proceedings, Association of Asphalt Paving Technologists, Vol. 48, 1979.

[44] Hines, M. L. Asphalt Cement Performance Improved by Styrelf—Laboratory and Field Data. Koch Materials Company, 1993.

[45] Heitzman, M. S. State of the Practice—Design and Construction of Asphalt Paving Materials with Crumb Rubber Modifier. Federal Highway Administration Report No. FHWA-SA-92-022, May,1992.

[46] Roberts, F. L. , P. S. Kandhal, E. R. Brown, and R. L. Dunning. Investigation and Evaluation of Ground Tire Rubber in Hot Mix Asphalt. National Center for Asphalt Technology Report No. 89-3,August, 1989.

[47] Guidelines for Materials, Production and Placement of Stone Matrix Asphalt (SMA). National Asphalt Pavement Association, Information Series IS 188, August, 1994.

[48] ASTM Standard D4552-92 on Practice for Classifying Hot-Mix Recycling Agents. ASTM Annual Book of Standards, Vol. 04.03,1995.

[49] Little, D. N. , R. J. Holmgreen, and J. A. Epps. Effect of Recycling Agents on the Structural Performance of Recycled Asphalt Concrete Materials. Proceedings, Association of Asphalt Paving Technologists, Vol. 50, 1981.

[50] Epps, J. A. , D. N. Little, R. J. Holmgreen, and R. L. Terrel. Guidelines for Recycling Pavement Materials. Transportation Research Board, NCHRP Report 224, September 1980.

[51] Kandhal, P. S. and D. B. Mellott. Pennsylvania's Experience with the Design, Construction, and Performance of Gussasphalt. Proceedings, Association of Asphalt Paving Technologists, Vol. 46, 1977.

[52] Kandhal, P. S. Moistures Susceptibility of HMA Mixes: Identification of Problem and Recommended Solutions. National Asphalt Pavement Association, Quality Improvement Publication. QIP 119, December,1992.

[53] Tunicliff, D. G. and R. E. Root. Antistripping Additives in Asphalt Concrete: State-of-the-Art Report. Proceedings, Association of Asphalt Paving Technologists,

Vol. 51, 1982.
[54] Kandhal, P. S. Field and Laboratory Evaluation of Stripping in Asphalt Pavements: State-of -the-Art Report. Transportation Research Record 1454, 1994.
[55] Hicks, G. R. Moisture Damage in Asphalt Concrete. Transportation Research Board, NCHRP Synthesis of Highway Practice No. 175, October, 1991.
[56] Kennedy, T. W. Use of Hydrated Lime in Asphalt Paving Mixtures. National Lime Association, Bulletin 325, 1984.
[57] Kandhal, P. S. Waste materials in Hot Mix Asphalt—An Overview. ASTM Special Technical Publication 1193, 1993.
[58] Brock, J. D. and D. Shaw. From Roofing Shingles to Roads. Technical Paper T-120, Astec Industries, Chattanooga, TN, 1989.
[59] Paulsen, G., M. Stroup-Gardiner, and J. A. Epps. Roofing Waste in Asphalt Paving Mixtures. Center for Construction Materials Research, University of Nevada, Reno, 1988.
[60] Larsen, D. A. Feasibility of Utilizing Waste Glass in Pavements. Connecticut Department of Transportation, Report No. 343-21-89-6, June, 1989.
[61] Hughes, C. S. Feasibility of Using Recycled Glass in Asphalt Mixes. Virginia Transportation Research Council, Report No. VTRC 90-R3, March, 1990.
[62] Hughes, C. S. Feasibility of Using Recycled Glass in Asphalt Mixes. Virginia Transportation Research Council, Report No. VTRC 90-R3, March, 1990.
[63] Murphy, K. H., R. C. West, and G. C. Page. Evaluation of Crushed Glass in Asphalt Paving Mixtures. Florida Department of Transportation, Research Report No. FL/DOT/SMA/91-388, April 1991.
[64] Stuart, K. D. and W. S. Mogawer. Laboratory Evaluation of Verglimit and Plusride. Federal Highway Administration Report FHWA-RD-91-013, March, 1991.

第8章

HMA 路用性能及损坏

8.1 路用性能概念

20 世纪 50 年代早期，美国西部各州公路协会（WASHO）未能就道路破坏条件定义达成一致意见，量化路面性能的需要就变得迫切了[1]。20 世纪 60 年代，美国各州公路工作者协会（AASHO）的道路试验正在设计当中，统计人员意识到如果需要建立路面设计方程的话，就要求有一些客观的衡量路面性能的方法。为了解决这个问题，Carey 和 Irick[2]建立了以下概念：

（1）设计和建造公路是为了给行车带来方便和舒适。因此，优良的高速公路应该具有平稳性和安全性。

（2）如何发挥公路功能的用户意见书是主观的。

（3）道路有许多客观的性质，通过实验以及适当的组合，能够对高速公路形成正确适中的主观评价。

（4）道路的路用性能可由道路用户群体平均的看法来表达。因此不要使用单个评价耐用性，因为不同的观点偏差太大，不足以产生可靠的评级。

（5）性能定义为曲线下从施工时间到性能评价时间的面积代表性能。

路用性能的概念首次在 AASHO 道路试验中得以应用。文献[2]中描述了一组路面评级人员对平均路用性能评价与路面性能的关系，并且用 AASHO 平整度仪和美国公路局（BRP）的平整度仪对路面平整度进行了检测。这些研究显示：路面轮廓平整度说明了路用性能 95% 的信息[3]。这就是说，所有客观检测到的只有 5% 的信息是与平整度无关的其他信息。初始路用性能方程是强调平整度的。现时路用性能指数与路面检测方法相关的起初回归方程如下[2]：

$$PSI = 5.03 - 1.91\log(1 + \overline{SV}) - 1.38\ \overline{RD^2} - 0.01\sqrt{C + P} \tag{8-1}$$

式中：PSI——现时路用性能指数；

$\overline{SV}$——坡度变化，用克劳（CHLOE）纵断面仪检测 6in 轮距坡度变化；

$\overline{RD}$——平均车辙深度，in；

C——路面裂缝量/1000 ft^2(路表面);

P——路表面修补面积/1000ft^2。

为了确定某个时间点上路面的路用性能,仅仅需要去道路管理处搜集包含路面路用性能指数方程的客观数据。将那些值代入方程,路面路用性能指数就确定了。正如前面所说,路面路用性能指数是一种对路用性能分级的平均评价,评级者想要参与评级,搜集到客观的数据,就要在同一天对路表进行测评。一般说来,新建路面的路面路用性能指数为 4 ~5,当路面路用性能指数在 1.5 ~2.5 之间时,通常就需要进行重建。

如图 8-1 所示,这种类型的关系说明路面性能概念是很有用的。值得注意的是,路用性能(路用性能指数)绘制于纵坐标,而累计交通量绘制于横坐标,时间可以绘制于横坐标。路用性能开始时水平较高,一般在 4.0 ~4.5。可以持续相当一段时间,接着下降很快,直到到达所选择的最终水平,此时需要进行维修,一般采用罩面,罩面后,图 8-1 中虚线表示路用性能水平恢复到较高的水平。路面性能指数与累计交通量曲线下面的区域表示了第一个时期的路用性能。可以通过对路面历史性能的评估和观察来确定可选厚度设计方案的合理性。

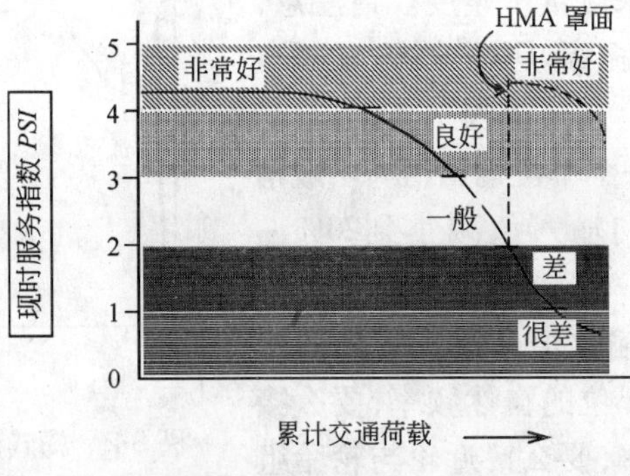

图 8-1 现时路面服务指数和累计曲线的一般关系

某一特定时期内累计曲线下的性能面积受那段时期初始路面路用性能指数的影响。因此,许多机构强调要考虑初始的路面路用性能指数值。事实上,许多州已经采用了粗略或者精确的规范来确定道路最大允许的平整度,以保证承包人能够完全再生利用投资。许多机构都选取了平整度的最大值作为维修的标准。如果平整度低于这个水平,承包人就要对路面进行修复来满足规范的要求;如果路面平整度超过了规范的要求,这些机构就会付给承包人一些奖金。

8.1.1 路面平整度

路面粗糙度源自表层偏差,是行驶在道路上的车辆的悬挂系统对表层偏差的回应。路面平整度很重要,因为对行车公众而言路面平整度是最显而易见的一个路面性能。

高速公路纵横向设计参数按道路线形设计规范来选用。尽管表面弯沉会引起车身的移动,但是设计弯沉通常不作为影响平整度的因素来考虑。然而,道路纵断面上纵向和横向的其他变化也是非常重要的,纵向不平整度是关键因素[2]。另一个不利影响是压实不均匀会导致车道内侧和外侧横向高程不相同。统一的或变化均匀的横坡通常可以接受,但是高程的随机变化会导致路面不平整。

因为大多数车辆行驶在轮迹带上,平整度的测量一般在一条或两条轮迹带上进行。比较两条轮迹带可以显示路面横断面横坡的变化。道路纵断面高程可由测杆和水准测量设备来确定,或者让纵断面测量车驶过测点来确定[4]。使用两种方法中的任一种就可以确定纵断面的波长。波长是道路为行驶的车辆提供的输入量。不同的车辆、不同的轮胎以及不同的轮子,其轮底响应性质有很大差异。同时,每种车辆对道路输出值的单位振幅随着输入值频率的变化而改变。例如,图 8-2 显示了某种车辆的响应曲线,该车辆配有"梅式平整度检测仪",通过确定车辆后轴与车身后部平板之间相对竖向位移的大小来测量平整度。请注意,图 8-2 中纵坐标是相对振幅,是对一个单位垂直输入的车辆垂直反应。在某些频率范围内,一个单位输入值会产生一个单位输出值。一般情况下,车辆能够将竖向输入值减小到20% ~ 80%。然而,在另一频率范围内,一个单位输入值会产生多个单位输出值。这些区域的响应要么接近车辆某个部位的自然频率,要么接近整个车身的自然频率,要么接近轮与轮胎组合或者弹簧减振器与车轴组合的自然频率。

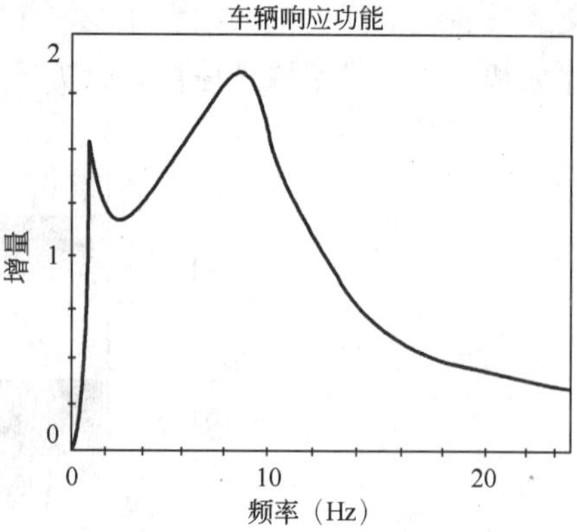

图 8-2 梅式糙度仪上的道路检测仪频率响应曲线

因为道路纵断面是静态的,这可以理解为车辆行驶在某个固定的纵断面上。特定波长输入值的频率随着速度的增加而减小。图 8-3 显示了大多数车辆的共振频率范围在 1 ~ 10cps 之间。这幅图表明,在任何速度下,道路纵断面波长能够引起车辆的自然频率。如果频率的振幅很大,驾驶的质量将会受到很大的影响。

8.1.2 平整度检测方法

多年来已经开发和应用了大量的各种各样的平整度检测设备,并有周期性的设备技术发展综述报告:Hveem1960 年[5],Hudson 等人 1968 年,Roberts1975 年[5],Wambolt 等人 1981 年[8]以及 Hudson 等人 1987 年[9],总结了各州的文献资料和施工规范，而评价路用性能和工程验收时最为常用的平整度装置有：

1）滚动直尺；

2）车载式平整度检测仪，波特兰水泥协会（PCA）式或者梅（Mays）式装置；

3）表面动态断面平整度仪。

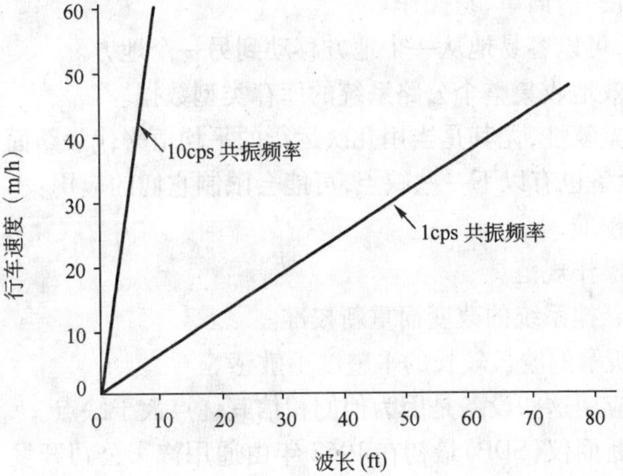

图8-3　车辆响应频率与车速和波长之间的关系（摘自汉斯和哈德森）[3]

以下对这些仪器作简单描述。

大多数州用滚动式直尺或者平整度仪来检测新建路面或罩面工程初始的平整度。该仪器提供了一组车轮，这种车轮与提供的基准面相隔10～30ft（3～9m）。与这个基准面的偏移量由位于纵断面中点上的记录轮来测量。竖向偏移量在路面长度方向上进行累计并转化成每米的竖向位移量，这就叫平整度指数。由于几何尺寸的限制，这种仪器不能按波长来探测平整度，因为波长只有滚动式直尺轮底长度的1/2，1/4，1/8等。由于这种仪器的运行速度低，它们主要用于不对外开放交通的新建路面或罩面工程中。大多数仪器是手动运行或者用每小时不足10mile的汽车带动运行。因此，它们不适合在任何高速交通流下的公路中使用。

车载式平整度检测仪（CRM = Car Road Meters）在检测新建路表面初始平整度以及检测已建路面路用性能指数能力水平方面已经是非常流行的平整度仪器。CRM有两种主流产品，即由布鲁特（Brokaw）开发的波特兰水泥协会（PCA）平整度仪和伊万梅斯（Ivan Mays）开发的梅式道路平整度仪（MRM = Mays Road Meter），最初是由费利普斯（Phillips）和斯威弗特（Swift）[11]开发并由瑞哈特公司（Rainhart Co.）[12]制造。

波特兰水泥协会式平整度仪一般是装在客车或是旅行车上。设备本身是一套机电系统，可检测车身与后轴中心之间竖向位移（in/mile）的次数和幅度。梅式道路平整仪一般能够像波特兰水泥协会式平整度检测仪一样检测车身与后轴中心之间的相对位移。然而,检测系统完全不同。梅式平整仪用分辨率为0.1in的光电传感系统来检测竖向位移。

这些平整度检测仪有以下优点:

1)能以正常的行驶速度运行。

2)价格相对便宜,简单、易操作。

3)非常轻便,可以容易地从一个地方移动到另一个地方。

4)可用于有效地收集整个公路系统的库存类型数据。

5)有很好的重复性,尤其是当用几次运行的平均值来代表路面条件件时。

然而,这些设备也有以下一些缺点,可能会限制它们的应用:

1)要求经常校准。

2)要求遵守操作规范。

3)要求随着悬挂系统的改变而重新校准。

4)对图8-2所示的波长较长的平整度不敏感。

大多数机构应用这些设备是因为他们相信其优点大于缺点。

表面动态纵断面仪(SDP)最初在1962年由通用汽车公司开发,由作出说明[13]。最初的设备只能在一条轮迹带上进行检测;后来经过改进,逐渐地可以在两条轮迹带上进行检测。

图8-4显示了表面动态纵断面仪的工作原理。在早期设备中,需要提供一组车轮与路表面相接触。这些小轮子通过一组扭力杆支撑在路表面。扭力杆给每个轮子施加300lb(1350N)的力。电位计安在道路跟踪仪车轮上方与载有跟踪仪的小型货车/面包车的车身之间的连接部位。加速计直接设置在车内电位计的底板上,它能够感知车辆竖向速度的增加量。竖向加速信号通过随车携带的电脑放大两倍,让车辆产生竖向位移。因为电位计对长波输入值很敏感,这可能会造成电位计满偏或者超限,一组信号调节的滤波器被置入电脑以便削弱与坡度或地形变化同步显示的长波

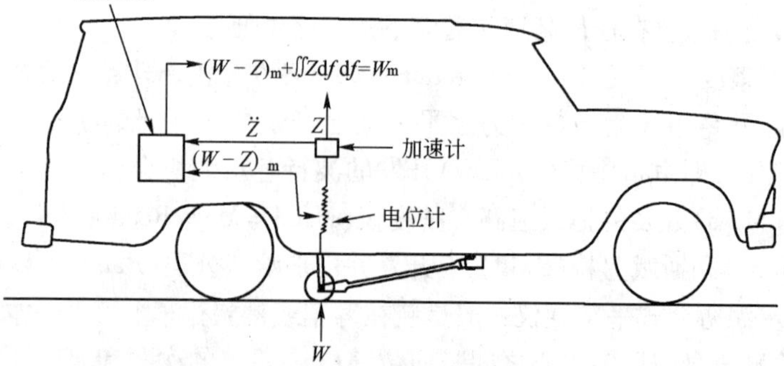

图8-4　表面动态断面仪[13]

信号的振幅。因此,这台电脑将过滤后的加速信号放大两倍,同时增加电位信号,从而产生了道路纵断面的代表值。

断面数据是模拟或者数字形式,可以通过功率谱密度方法对其进行处理。包括随车携带的处理技术,道路纵断面数据摘要很复杂且费时,需要考虑条件变化时怎样分析和选择对用户最有利的断面摘要类型。使用表面动态纵断面仪有很多优点;然而,高成本和高运作费用,系统的复杂性以及数据分析的高费用限制了这种仪器在高速公路机构中的应用。

表面动态纵断面仪几项明显的优点如下:

1)道路实际断面可以从设备中直接输出。

2)操作系统时间稳定,例如,设备输出值不会随着载波车使用时的损坏而改变。

3)重复操作很方便。

4)可以探测并测量长波,接着还可以对它进行分析。

5)运行速度可以满足许多类型道路的要求,在几天时间内可以运行合理的里程。

6)这种仪器为校准车载式道路仪提供了很好的时间稳定方式。

自20世纪70年代中期以来,几种能够搜集除了路面平整度以外的其他信息的设备和技术得到了发展和应用,如:自动道路分析仪(ARAN = automatic road analyzer)[14],事故多发地点(APL = accident prone location)[15]以及路面性能摄影投影调查法(GERPHO)[15]。这些设备和技术一般都能搜集除平整度外信息调查的数据。一些设备还有特殊的功能,可以对路表面拍照或者在电脑记录中有选项可以标记桥梁、涵洞、交叉口等发生的情况。本书不讨论这些设备。

8.1.3 路面施工平整度要求

由于路用性能的概念已广为接受,导致使用平整度数据成为高速公路系统中令人满意的主要试验方法。随着对路面管理行为的加强,平整度规范及测量方法引起了大众的兴趣。结果,AASHTO公路施工小组就行驶性能技术规范的应用,制订和传送了一系列的问卷。这些征询意见表在1981年、1984年和1987年分别被送出[16]。1987年的征询意见表主要关注于区分行驶性与颠簸规范、确定技术标准中所采用的平整度设备以及使用激励和抑制行动条款的范围。

技术规范采用的是与水平面竖向位移最大时的平整度。这种类型的标准已经使用了许多年,主要用来控制拥包或者裂缝处的隆起以及路面任何的不连续。这些拥包通常用10ft(3m)直尺来测量。把直尺放在路表面上,路表面与直尺的最大偏移量被检测并记录。行驶性能技术规范是在长距离范围内通过使用一些类型的平整度仪或者相应类型的道路仪确定的平整度。表8-1显示了一些州基于1981年、1984年以及1987年AASHTO调查,使用或者考虑了行驶性能技术规范。在1987年的调查中,只有8个州使用了颠簸技术规范,而所有其他的州使用了行驶性能技术规范和颠簸技术规范。很明显,规范撰写者认为两种类型的标准很有用,有不同的目的。如表8-2所示,很明显水泥混凝土路面比HMA路面更需要平整度要求。主要理由是,在完工后,水泥混凝土比HMA路面更加粗糙。1987年25%的州把平整度标准用于水泥和HMA表面。

各州采用或者考虑有用行驶性能技术规范控制路面平整度的总结[16] 表8-1

调查年份	行驶性能技术规范	
	使用中	考虑中
1981	17	13
1984	24	12
1987	32	5

行驶性能技术规范所用的路面类型[16] 表8-2

调查年份	行驶性能技术规范应用在		
	仅水泥路面	仅HMA路面	两者均可
1981	11	1	5
1984	11	1	12
1987	24	0	8

大多数用于HMA的技术规范是10ft中1/8in(3m中3mm)(已用于15个州)以及10ft中3/16in(3m中5mm)(已用于7个州),在行驶性的限值上意见不统一。造成行驶性能技术规范差异的原因主要有两个。首先,几种不同的仪器用来测量平整度,其次,某些州利用奖励或是其他支付手段处理不同的平整度水平。1987年有32家机构使用了行驶性能技术规范,其中约1/3既没有使用奖金也没有减少支付的条款,约1/3仅使用减少支付的条款。已确立作为技术规范一部分的验收限值上差异性较大。大多数州使用标准的极限值为7~12in/mile。这些极限值的选择是基于工程的评价的。

各州检测行驶性能的设备差异巨大。在1987年的调查中,使用了三种不同的仪器:

1)纵断面测绘仪

加州式——21个州

瑞哈特式——4个州

2)表面动态断面平整度仪——2个州

3)梅式平整度仪(MRM)——2个州

各个州的技术规范在对平整度设备供应商、试验人员以及数据处理人员的要求上差异较大。1987 年,14 个州提供了设备、做了试验并处理了数据。11 个州要求承包人提供设备;然而是州政府部门的人员进行测量,除了 3 个州外,都对数据进行了处理。其他 5 个州使用州或者承包人提供的设备,但是在所有的 5 个项目中,州职员对数据进行了处理。

目录[16]注释中提到,还没有哪个州研究过量化平整路面的好处,以此来作为建立奖金激励机制的基础。然而,Janoff[17]所做的研究表明:如果用梅式平整度仪检测的初始路面平整度由 35in/mile 下降到 5in/mile(由 555mm/km 下降到 80mm/km),每年每英里将会节约 600 美元。Janoff 所用的数据来自亚利桑那州和宾夕法尼亚州,并且得到了路面状况、气候、交通量、路面横断面以及养护费用的数据。Janoff 对数据做了统计分析,得出结论:①初始平整度较小的路面,10 年后比初始平整度较大的路面拥有更低的平整度;②10 年后比初始平整度较大的路面拥有更少的裂缝;③10 年后比初始平整度较大的路面需要更少的年养护费。

Janoff 从成本—效益角度作出的结论是,业主可提供一笔可观的额外资金来建造较为平整的公路,却仍可以在减少的维修成本上有巨额节省。图 8-5 显示了初始平整度与 8 年后平整度之间的关系。数据显示,初始平整度小于 35 的路面,8 年后的平整度增加 4 ~ 6 点。因此,道路完工后更平整的路面在达到预期的平整度水平前能够承受更多的交通量。然而,在一些项目中对平整度做了很高的要求,结果混合料设计规范也经过了修改以便产生出紧密、和易性能更好的混合料,有时由于空隙率过低以及最大集料尺寸过小会导致性能的折损。

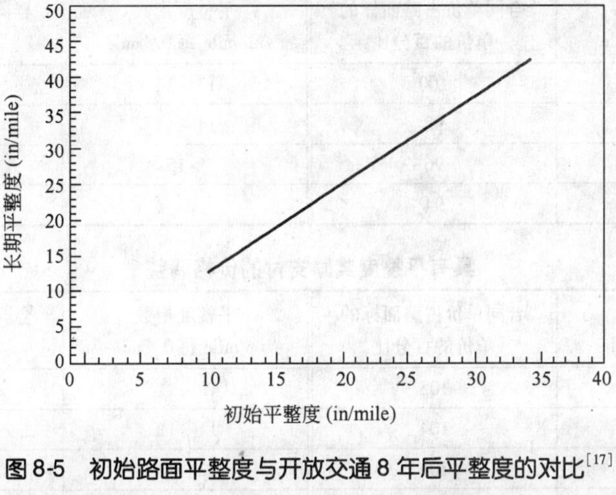

图 8-5 初始路面平整度与开放交通 8 年后平整度的对比[17]

图 8-6 显示,通过使用低(保守的)而且最好(高)的费用评估方法来评价平整度的增加对年养护费用的影响,该方法基于荷载型裂缝的维修。注意,对于初始路面平整度水平在 23in/mile(365mm/km)以下时,维修费用评价的高值和低值相同。然而,

在23in以上时，高值和低值相差很大。35in/mile时(555mm/km)，最大值是最小值的两倍。在节省费用的情况下减小了初始平整度，暗示业主应该发放平整度奖金。

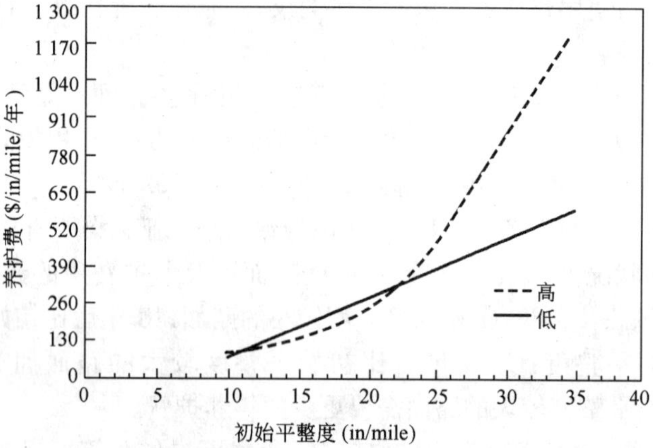

图8-6 初始路面平整度与开放交通8年后每年养护费的对比[17]

表8-3包含了AASHTO中对HMA考虑的平整度规范。表8-3a显示了对那些不使用平整度奖金激励制度的道路业主的评价。它应该用于经过加州平整度仪检测过平整度指数的路面。

AASHTO建议的平整度规范以及基于加州平整度仪检测的支付调节因素没有平整度奖励以及没有平整度修复工程的价格调整 表8-3a

平整度指数 in/mile 每0.1mile	合同单价占路面标的单价的百分比	平整度指数 in/mile 每0.1mile	合同单价占路面标的单价的百分比
<10	100	13~14	92
10~11	98	14~15	90
11~12	96	>15	需要维修
12~13	94		

具有平整度奖励支付的价格调整 表8-3b

平整度指数 in/mile 每0.1mile	合同单价占路面标的单价的百分比	平整度指数 in/mile 每0.1mile	合同单价占路面标的单价的百分比
≤3	105	10~11	98
3~4	104	11~12	96
4~5	103	12~13	94
5~6	102	13~14	92
6~7	101	14~15	90
7~10	100	>15	需要维修

表 8-3b)是为高质量路面提供奖金的一种平整度规范。给非常平整的路面提供奖金是个很好的选择,达到这个水平非常困难,需要所有施工人员都非常小心。全国沥青路面协会(NAPA)提供了指南[18]来协助承包人改进所铺路面的平整度。表 8-3 所示的 AASHTO 平整度规范还在讨论中,在本书出版时还未正式采用。在第 6 章中讨论了影响路面平整度的施工因素。

8.2 HMA 路面损坏

HMA 与所有其他的路面材料一样,都受到各种路面损坏的影响。除非损坏发生在路面寿命早期,这种损坏形成不应该用预警形式来观察。随着路面接近于它们的设计寿命,在环境和重复荷载的影响下出现损坏。认识到表面损坏有很多原因是很重要的,在采用合适的修复方案之前必须先弄清楚。例如,如果车辙发生在 HMA 表面,工程师在采用修复设计之前必须确定是路面结构中的哪一层引起的车辙。不稳定的混合料,交通荷载下的压密,HMA 中的剥落,或者比设计标准更高的轮胎荷载或轮胎压力都能产生车辙。路表面可见的问题可能相同,但是每种原因的解决方案有所不同。因此,如果是可以修补的,那么,首先要识别和确定损坏的原因。

1979 年,肯尼迪等人[19]给出了如下柔性路面破坏的定义:

1)破坏是路面结构减小了路用性能或者导致了路用性能降低。

2)破坏现象是对各种破坏机理阶段性的显示,这通常导致了路用性能的降低。

3)结构性破坏是断裂或者变形,它们可能或者不能立即降低路用性能,但能导致未来路用性能的丧失。

4)断裂指路面材料的裂开。

5)变形指路面形状或成分的改变。

6)松散指路面分解或磨耗成细小单元。

7)反射裂缝发生在路面表面层,它由下卧层裂缝的相对移动而产生,并与之同步。

8)低温裂缝是横向裂缝,当 HMA 路面由伸缩引起的拉应力超过了材料的强度时就会产生这种情况。

9)剥落是集料颗粒从表面向下移动而引起 HMA 层发生的累积松散。混合料中结合料不足,沥青硬化,集料潮湿且有灰尘,集料表面质地光滑或者压实不充分都会产生剥落。

10)车辙是在柔性路面或者复合式路面轮迹带发生的纵向沉降。在交通和环境的作用下,路面材料发生移动就产生了车辙。

11)磨光的集料是经过交通荷载疲劳磨耗的表面集料,具有光滑、圆润的表面。

12)路面层的疲劳裂缝由重复应变的增加以及抗拉强度的减小而产生。沥青层材料的破坏导致了这种抗拉强度的减小。

在使用这些定义时,威尔伯[20]选择了7种破坏模型,其中包括荷载裂缝、非荷载裂缝、反射裂缝、变形(推挤、车辙和拥包)、松散、减小的抗滑性以及平整度。很多因素都包含在由维姆在1962年[21]提出的流程图中,该图用来辅助分析HMA路面的破坏。

8.2.1 裂缝

各种原因可以引起裂缝,如轴载应力,HMA层温度的改变,或者下卧层温度和湿度的改变。为了精确地评价裂缝的原因以及随后采用合适的修补方法,准确地鉴别裂缝的种类是很重要的。以下讨论的裂缝类型包括疲劳裂缝、低温裂缝、纵向裂缝、块状断裂、反射裂缝以及滑移裂缝。

8.2.1.1 疲劳裂缝

疲劳裂缝(图8-7)通常叫做龟裂,因为这种间距小的裂缝与鳄鱼背上的花纹相似。这种破坏一般在路面超过重复荷载作用下的疲劳寿命极限时发生。疲劳裂缝通常与路面结构的交通荷载过大或者累计荷载超过设计标准有关。如果路面排水不充分,裂缝问题可能会更严重,因为这会让路面层变得透水而丧失强度。当下卧层湿度过高以及发生早期疲劳破坏而削弱了承载能力时,HMA层就会发生较大的变形。在超载货车的重复作用下以及施工质量控制不严而引起路面厚度不足时通常就会产生疲劳裂缝。

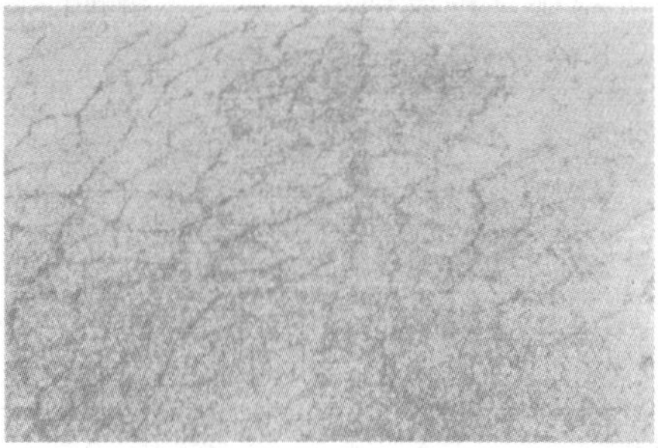

图8-7 HMA路面典型的龟裂

疲劳开裂因HMA的个别片块从临近材料分离及因交通荷载作用从路表面带走时,可导致坑洞产生。当路面由相对较薄的HMA构成时,坑洞一般出现在疲劳裂缝的前期。通常由湿度过大,土基承载力不足或一些局部问题而引起的疲劳开裂不需要大修。在这种情况下,可用优良的材料取代差的材料以及改善排水条件来处理。如果破坏的区域很多,一般的修补方法是在需要的表面加铺罩面层。疲劳裂缝是荷载型裂缝,因此罩面层的厚度必须进行结构设计让路面在设计寿命期内能够承受预期的交通量。通常采用薄层罩面技术对疲劳裂缝进行修补,很少考虑交通荷载或者路面结构层以下的条件。使得许多路面出现了疲劳裂缝而且使得薄层罩面出现早期破坏的信息,因为下卧层太弱薄层表面不能提供足够的厚度来抵抗由汽车荷载产生的高应力作用。

在修补路面疲劳裂缝之前需要先作调查。调查的目的是确定问题的原因以便于选择合适的解决方案。调查可能包括钻芯来确定所有路面层的厚度。获得的结构层芯样可以确定材料质量是否足够承受预期的荷载。调查应该确定地下水是否有问题。一旦出现这个问题，就要选择解决的办法，是替换或者加固不稳定层，或在其上铺上一定厚度的路面来保护它免于受预期交通荷载的破坏。

8.2.1.2 低温裂缝

低温裂缝是横穿路面中心线，间距大约相等的横向裂缝（图 8-8）。当表面温度下降时，通常 HMA 产生的收缩应力超过了沥青混合料的抗拉强度，就会产生这些横向裂缝。这些裂缝通常产生在 HMA 顶部并通过混合料向下传播。正如第二章所讨论的，对工程师而言，用于控制温度裂缝发生的主要因素是 77 ℉(25℃)的针入度，140 ℉(60℃)的黏度。设计者通常建议增加针入度来减少这种类型的裂缝。然而正如第二章指出的，应该避免使用高敏感性沥青，因在低温下其变得很硬。沥青在最低的预期服务温度下应该具有足够柔软以便提供柔韧性；否则，裂缝就会发生。

低温裂缝一般通过采用液态沥青或其他类型的密封材料（ASTM）来密封。封缝可以阻止水分进入基层和土基，有助于减小裂缝相邻区域的松散。如果对裂缝进行密封，HMA 横向裂缝形成后的多年内还能具有令人满意的路用性能。当裂缝的两边在不同的高度时，磨平能够减小裂缝的颠簸，从而提高行驶性能。如果裂缝很严重，HMA 层不得不铣刨并且用加铺层来替换。在第一或第二个冬季，下卧层的裂缝可能会反射到加铺层上。

8.2.1.3 纵向裂缝

如图 8-9 所示，纵向裂缝是单个的裂缝，它沿着与路面中心平行的方向发展。

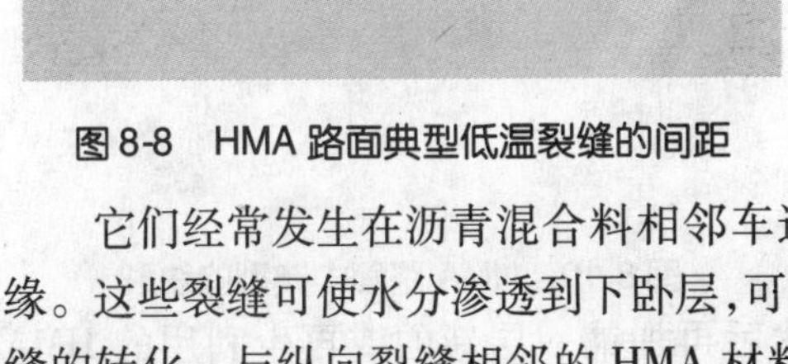

图 8-8 HMA 路面典型低温裂缝的间距

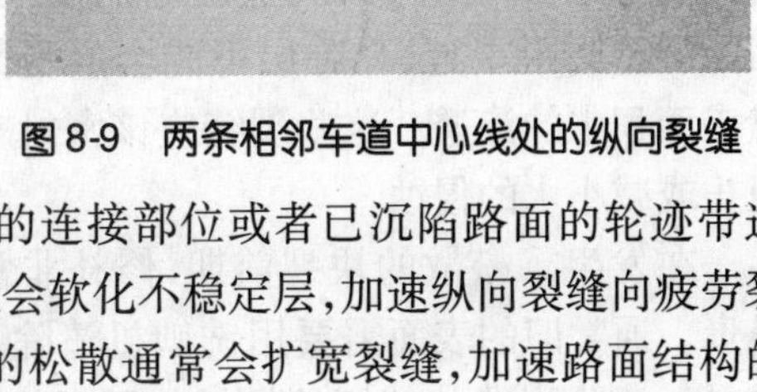

图 8-9 两条相邻车道中心线处的纵向裂缝

它们经常发生在沥青混合料相邻车道的连接部位或者已沉陷路面的轮迹带边缘。这些裂缝可使水分渗透到下卧层，可能会软化不稳定层，加速纵向裂缝向疲劳裂缝的转化。与纵向裂缝相邻的 HMA 材料的松散通常会扩宽裂缝，加速路面结构的整体性破坏。

相邻车道间的纵向裂缝可能由低温引起，因为车道间连接点的密度最小，抗拉强度低。靠近纵向裂缝的 HMA 密度一般比路面其他区域最少低 2% ~3% 。抗拉强度低以及由于相邻区域混合料空隙率高而产生的氧化变硬使材料特别容易产生裂缝和松散。沥青和集料间的黏结差会导致纵向裂缝相邻区域的恶化，从而引发更多快速的破坏。

在车辙路面轮迹带边缘的纵向裂缝通常由重载或轮迹带上轮胎的高应力而引起。当轮迹带上的 HMA 由交通荷载压密时，HMA 中的局部应力扩展到相邻车道上。当这些应力超过了 HMA 的抗拉强度，裂缝就会发生。在较冷气候下，当软弱地基上的冷沥青混合料处于重载和低温条件下时，这个问题会更严重。在这种环境下会发生相对大的变形，纵向裂缝让沥青混合料向破碎发展。

早期，这些裂缝通常用封缝方法来修复。在松散发生以后，修补更昂贵，因为与裂缝相邻的材料必须清除和替换。当 HMA 达到这种程度时，罩面通常是最好的选择。

8.2.1.4　块状开裂

当 HMA 层纵向和横向的裂缝大约成方形时，这就是所谓的块裂。图 8-10 显示了一般的块裂，裂缝边长在 10 ~12 ft(3 ~3.6m)。一般情况下，这些裂缝的低温开裂的原因相同。块裂形式经常发生在低交通量的路面上。因为交通量低，沥青材料有机会出现触变性硬化，即在温度荷载作用下，它建立并发展了一种展示脆性性状的内在结构。HMA 在低交通量下压密不充分，因此 HMA 间隙率相对较高。高空隙率会导致沥青产生更多的氧化并且变硬，产生温度裂缝。如果混合料在 HMA 滚筒式搅拌机拌和时间过长，或者搅拌温度过高，或者在仓筒中储存过久而引起沥青氧化变硬也会导致块裂。所有这些机理使得沥青对超过了沥青混合料抗拉能力的拉应变特别敏感，从而引起了块裂的发生。

块裂在大面积的路面中比道路或城市道路更加常见，例如停车场或飞机场。如果裂缝开始出现松散以及其他早期破坏，情况将非常严重，例如次生裂缝的发展。因为裂缝间距很近，下卧层可能会遭受大量表面积水的渗透。这些裂缝应该密封来阻止或减小水的侵蚀。

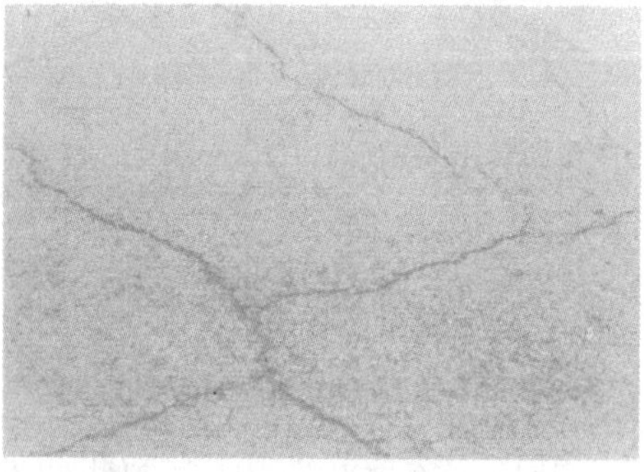

图 8-10　HMA 路面中典型的块裂

在发生了松散的块裂前期，修补非常昂贵。通常旧的表面需要用铣刨机清除，然后再加铺一层新的或再生利用的 HMA 材料。清除裂缝处破坏的材料并用新的 HMA 来取代很难令人满意，因为旧的路面材料在下一个低温周期会发生收缩和开裂。因此，通常使用费用更低的修补方法直到整个表面被替换。要么在现有表面加铺厚的罩面层,要么清除旧的路面材料用新的 HMA 表面来替换。

8.2.1.5 反射裂缝

反射裂缝是由于下卧层的不连续而产生,由于裂缝(图 8-11)的活动,反射裂缝在 HMA 表面扩展开来。反射裂缝可由下列因素引起:

1)下面水泥混凝土路面的裂缝或接缝;

2)旧 HMA 表面的低温开裂;

3)由旧 HMA 表面引起的面板开裂或者由路基稳定或未稳定的土壤收缩造成的开裂;

4)旧路表面的纵向裂缝;

5)旧路表面的疲劳裂缝。

反射裂缝这个名称就说明裂缝始于下卧层的作用,在 HMA 面层中生成应力超过材料本身强度。因此,如果用标准的黏结材料黏结新旧表面,在 1~2 年内,下卧层的裂缝几乎总能向新的表面扩展。

一些工程师认为,在旧路表面设置一层薄的应力或应变吸收层可以吸收许多下卧层的水平位移,这样在裂缝贯穿 HMA 层表面之前将裂缝完成。橡胶沥青和土工织物可用于这种夹层中。对旧 HMA 表面的另一种修补技术是对表面使用再生利用技术,对表面 2~4in(51~102mm)的材料进行再加工。对旧路表面进行再加工可以将旧路裂缝形式减小到最低程度并且阻止或者减缓反射裂缝的扩展。

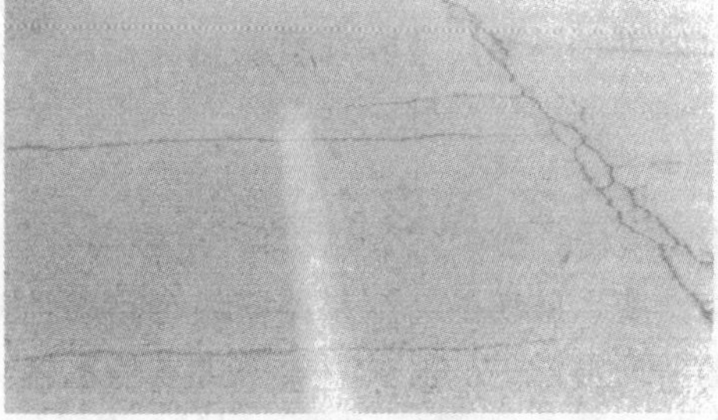

图 8-11 带接缝水泥路面上 HMA 表面的反射裂缝

如果反射裂缝由开裂水泥路面两个相邻部分的水平和竖直位移而产生,穿过 HMA 表面的反射裂缝将很难阻止。已经成功用于阻止这些裂缝出现的一种技术是将旧面板打碎,然后用重型压路机将它们固定在底基层内。在开裂和固定技术之后需要加铺厚 HMA(通常等于或大于 4in 或 102mm)。在罩面之前另一种成功用于处治水泥路面的方法是清除现有水泥路面。这种方法比破裂固定方法需要更厚的罩面层,但是不会导致反射裂缝的扩展。用于处理水泥路面反射裂缝的第三个办法是在 HMA 表面与水泥路面接缝对应的部位锯缝。这种锯缝要在路面修好后反射裂缝扩展之前完成。在 HMA 中直接产生的裂缝可用 ASTM D3405 所规定的材料来密封,来取代很难养护的随机扩展的裂缝。这种技术不能用于水泥路面的随机裂缝中。这些方法将在第九章中讨论。

8.2.1.6 滑移裂缝

滑移裂缝发生后的结果是HMA层与下卧层的黏结性变差。这些裂缝首先出现在汽车刹车、转弯或者加速的区域(图8-12)。滑移裂缝通常形成U形区域,U形通常指向施加力的方向。当这种裂缝由刹车引起时,滑移裂缝末端(U形的顶部)就是行驶方向。如果滑移裂缝由加速引起时,裂缝末端(U形顶部)就会指向汽车后部。对发生了滑移裂缝的区域,唯一的修复措施是清除并用新的材料替换,仔细保证旧表面与新HMA材料之间有合适的黏结。用铣刨机清除的现有滑移材料会导致表面质地粗糙,这在罩面时将有助于提供良好的黏结性。清除材料的厚度要比发生滑移材料的厚度稍微大一点。

黏性的缺失可能显示出对刹车或加速很敏感。黏结不好的表面没有成为路面结构的整体,并且在正常的荷载和温度改变时容易产生过大的应力。因此,各层之间没有黏结就会发生早期开裂,材料的破坏会产生坑洞,尤其是在寒冷潮湿的季节,坑洞发展很迅速。清除并替换材料是解决这个问题的唯一措施。

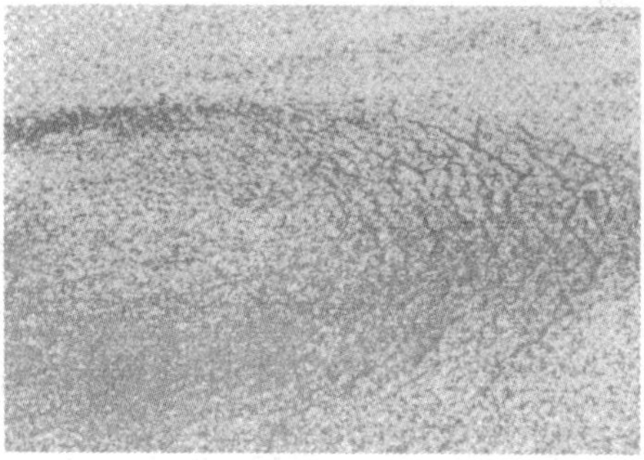

图8-12 HMA表面的滑移裂缝

8.2.2 变形

变形破坏的特征是路面或者路面结构层发生永久变形。在郊区道路上这种类型的变形最常见的形式是轮迹带上的车辙。然而,在城市道路及重车行驶缓慢或者停车频繁的交叉口,会发生车辙和推挤。在一些情况下,当不稳定的HMA混合料铺设在交叉口时,就会产生拥包或波浪。以下章节将对每种破坏形式进行介绍。

8.2.2.1 车辙

车辙是由于交通荷载的作用,发生在路面轮迹带上的破坏。建设期内由于交通流的连续压密作用,在HMA路表面会产生一些微量的车辙。实际上,由于压密作用,施工结束后HMA的空隙率下降到7%或者8%是很常见的,经过首个2年或3年的夏季交通流的作用,空隙率会下降到4%或者5%。在4in(102mm)厚的HMA路面中,这种压密会导致大约0.12in(3mm)厚的车辙。但这种数量的车辙不大。然而,如果HMA层、下卧层、土基的应力过大并且压密很大或者有剪切破坏,路面结构的车辙量会大于0.12in(3mm)。因此,当路面结构中的车辙超过了可接受的限度,在可选择的修补方案成功实施之前,工程师必须确定路面结构中哪一层或几层会产生车辙。

多大的车辙量就算大呢?为了回答这个问题,必须首先研究路用性能的问题。

路面的目的是为车辆提供安全、平整的行驶表面。因此，当车辙干扰了这一功能的时候，就变成了一个问题。一般地，如图 8-13 所示，车辙是轮迹带上均匀的破坏，不会对纵向平整度产生很大影响。实际上，如果重新提到前面给定的路面路用性能指数方程，车辙就是 $-1.38\,\overline{RD}$这个式子中用英寸表示的沉陷量。因此，0.5in 的车辙将会减小路用性能 0.35 个单位；然而，0.5in（13mm）的车辙量对安全点来说完全不能被接受。考虑到安全问题，重要的因素是表面的横向排水。只要车辙深度不足以造成轮迹带积水，通常就不会造成安全问题。然而，当轮迹带开始积水，在车辆的高速运行下可能会产生动水压力，就会对车辆的公共安全造成危害。在寒冷天气下，这些水可能结冰，产生打滑的情况。因此，路面横坡是决定车辙深度是否会产生积水的控制因素。

图 8-13　典型的车辙

正如以前谈论的，在过大的车辙能够有效地修复以致不再发生以前，必须先了解车辙发生的原因。例如，如果由于路面结构对交通荷载太弱不足以支撑荷载而使得路基土应力过大造成车辙，薄层罩面不会永久解决车辙问题。解决这个问题的唯一办法是重新设计结构层，对结构进行彻底的分析，铺设足够厚度的路面来减小土基应力和其他路面层降低到容许水平的路面。

路面结构层应力过大的问题可能会因为路面横断面排水不畅而得到恶化。许多路面结构很少考虑渗透到路面中的水分的排出问题。对这些路面而言，几乎没有什么方法能够解决路面内部的排水问题。然而，表面裂缝可以密封，靠近路肩的排水沟可以自由流动，迅速排出表面积水来阻止过多的水分进入路面结构底层。因为含水率较高时，大多数土基和许多粒料会失去强度，为了保持路面强度，良好的办法是将含水率保持得越低越好。

由于初始压实度不足，一些相同材料的压密会产生车辙。路面结构层可能压密到满足规范要求；然而规定的密度可能太低。一份由罗斯特恩等人对粒料基层所作的联合公路研究计划（NCHRP）研究[22]表明许多州在粒料基层上使用的 AASTHO T99 压实方法一直沿用到 1971 年。压实到参考密度下的基层材料对荷载作用下的额外压实非常敏感。因此，所有类型的材料在建设期内都必须压实到接近路面路用性能指数多年的水平。

也许，引起车辙最主要的原因与 HMA 层有关，特别是在重载和高胎压的情况下。这种车辙大多数可以归因为混合料设计不合理。在对重载 HMA 混合料进行设计时最容易犯的错误是：

1)选择沥青的含量过高;

2)使用了过多的填料(小于200号的材料);

3)在HMA的粗集料和细集料中使用了太多的圆形颗粒。

HMA中产生车辙最大的单个因素是沥青含量过高。以上几点可能单独发生也可能叠加造成设计的沥青含量过高[23]。下面将讨论这些因素。

导致HMA中设计沥青含量过高的一个原因是在混合料设计和质量控制检测时压实不充分。马歇尔设计方法开发出来后,选择室内压实功产生的室内密度与野外荷载作用下获得的密度差不多。如果室内压实产生的密度比最终服务密度要低,选择的沥青含量可能就太高。布朗和克罗斯的一份研究报告显示HMA的现场密度比室内密度要大[24]。

大多数结果显示,对交通量大的道路,室内压实应该至少与马歇尔人工夯锤每面击实75次的效果相等。一些野外调查显示,尽管用人工锤击实了75次,但还是不能达到野外交通荷载作用下的最终密度。结果是沥青过度地填充了现场HMA混合料的空隙,这就导致了HMA的塑性流动和车辙。

在许多项目上,另一个导致车辙的问题是通过200号筛孔(矿粉)材料的用量过高。一般地,矿粉填充了沥青混合料的空隙,减少了沥青的最佳用量。一定数量的矿粉对获得想要的稳定度是必需的,但是矿粉过多,会导致在最佳沥青用量下混合料易碎,从而产生裂缝。矿粉含量很高时,必须对沥青含量进行调整;否则会产生车辙。

矿物填料根据级配的不同,性质也各不相同。如果矿物填料颗粒尺寸小于10μm,填料可以作沥青外加剂来使用,因为大多数密级配HMA的沥青膜厚度通常都小于10μm。如果矿物填料的尺寸大于10μm,它的作用更像是集料。如果这种大尺寸的矿物填料使用过多,使得矿料空隙率增加,可能需要增加沥青用量。因此,在混合料设计和野外施工时,评价细集料是否过量不仅要考虑矿物填料的多少,还要考虑它的尺寸。这就是矿物学上的细料与沥青之间的相互作用,会改变混合料的性能。由Anderson[25~27],Craus,J.等人[28],Eick和Shook[29],以及来自几个公路管理局包括加州[30],西维吉尼亚[31],华盛顿[32]和宾夕法尼亚州[33]的许多报告中能够找到对这些因素的讨论。

天然砂砾或非破碎砂砾含量较高的混合料稳定度低并且容易产生严重的车辙。许多州要求粗集料经过充分破碎以提高最低要求以上的马歇尔稳定度。天然砂通常是圆形或接近圆形的,这会造成混合料稳定度低以及加重车辙的问题。天然砂有时含有黏土和有机材料,这会导致整体性能的减小。许多州将重载HMA混合料中天然砂的含量限制在10%~25%。工程规范应该对粗、细集料的破裂面给出具体的百分比。破碎的粗集料最少需要75%的颗粒具有两个破裂面,至少需要90%的颗粒具有一个破裂面。破碎的细集料最少需要 90% 的颗粒具有两个或多个破裂面,不包含天然砂。

8.2.2.2 推挤和波浪

推挤和波浪是由混合料的剪切流动或各层之间的滑移而引起。剪切流动可能导致混合料不稳定,也就是对稳定行为而言空隙率太低,或者施加的荷载过高使集料发生相对移动,这就产生了推挤和拥包。图 8-14 显示了城市交叉口典型的推挤现象。大多数不稳定的混合料出现的位置是交通流移动缓慢,或者发生停车的地方。因此,在都市区域,供商业车辆比从公路慢得多速度行驶的慢车道,明显低于公路设计车速的商业车辆所行驶的货车道经常首先发生推挤。如有弯道,此区域也将由于道路表面与轮胎间的摩阻力而受到推移。在城市,交叉口一般最先出现严重的车辙,推挤或者波浪是交通移动缓慢、刹车或者加速产生额外的水平摩擦力所致。汽车站通常是推挤过早出现的首个位置。在路面标线边缘容易看到推挤,这些标线向推挤附近的外侧弯曲。

拥包一般出现在停车的交叉口,但是如果加速应力很大,可能出现在加速的区域。这种不稳定的 HMA 让材料起皱,起皱与引起流动的剪应力方向垂直。图 8-15 显示的是一种典型的拥包形式。

图 8-14 交叉口典型的推挤

图 8-15 典型的拥包

当施加的力超过了 HMA 或者下卧层的剪切强度时就会发生推挤和拥包。当薄层 HMA 铺设在粒料基层和底基层上时会发生推挤。推挤和拥包主要是由 HMA 的不稳定性而产生的。大多数问题与已讨论的车辙问题相似。

8.2.3 分裂

分裂是路面结构的破坏。通常包括碎片的损失或者 HMA 成分的分离。分裂一般以松散、磨损、剥落和坑槽的形式出现。

8.2.3.1 松散

松散是 HMA 层从表面向下累积分离的结果,会导致集料的移动(图 8-16)。集料和沥青膜之间黏结力的丧失会让集料向下运动。许多因素会导致松散:

1)集料表面有足够厚度的细灰尘,这会让沥青粘住灰尘而没有与集料黏结。表面摩擦力磨耗了沥青膜,接着造成了集料的移动。

2)面层中缺少大部分细集料的离析斑点。在这些区域,粗集料彼此联系,但是沥青与集料的黏结点却很少。随着时间的流逝沥青可能变硬,剥落可能会减弱沥青与集料间的黏结。空隙中的冷冻水可能破坏黏结,或者摩擦力可能足够高,破坏了离析区外部的独立颗粒。图 8-17 显示了由离析而产生的松散现象。

3)沥青表面层的摊铺密度过低。需要较高的密度来为沥青混合料提供足够的黏结。当压实不充分时,集料很容易从混合料中分离。

图 8-16　HMA 路表面的松散

图 8-17　离析的 HMA 中发生的松散

如果材料被磨耗后在路表面留下的凹面深度足够形成积水,松散严重的路面就会成安全问题,可能产生打滑。根据松散问题累积的程度不同,不得不处理与松散碎片有关的问题。路表层上松散的集料减小了抗滑力,移动车辆的轮胎能将它带走并抛到过往或行驶车辆的车道上。

8.2.3.2　磨损

在某些情况下,磨损可以逐渐发生也可以突然发生。在沥青氧化和侵蚀后轮胎和表面之间的剪应力可能带走集料颗粒。带钉轮胎会加重这种类型的磨损并且会给表面处治带来麻烦。脆性材料对这种类型的磨损很敏感。

一般地,磨损是逐渐、连续的过程,至少对单个集料颗粒而言是如此。表面层上松散的颗粒起着磨料作用,会显著加速材料的磨损。各种矿料磨损[34]研究,包括对十种矿物试样,主要氧化物用于细磨料进行磨耗。磨损表面的微观图片显示了两种现象,刮痕和凹陷。迅速磨损的矿料显示了两种类型的破坏,而缓慢磨损的矿料没有刮痕只有一小部分的凹陷。当磨耗物比矿料硬时会发生快速磨损。当磨料硬度大于矿料时,出现快速磨损,并与荷载大小成正比,与矿料硬度成反比。比磨料软的缓慢磨损矿料与荷载无关。凹陷与能量的观点有关而划痕与硬度有关。研究发现矿料硬度是匀质矿料快速磨损的最重要参数。

从抗滑性的观点出发,希望表面层成分的磨损率有所不同。不同的磨损率提高了表面质地,因此,改善了轮胎和路面表面的摩擦。

8.2.3.3 剥落

剥落破坏的特征是集料和沥青之间丧失了黏结,一般从 HMA 层底部逐步向上发展。当剥落从表面开始并向下发展时会导致松散。剥落是一种最难识别的破坏,因为表面现象有许多形式:车辙、推挤、拥包、松散或开裂。因此,唯一可以精确确定剥落是否是可见破坏原因的办法就是切开路面结构,观察材料是否发生了横向位移。如果发生了剥落,可以明显地看见只有部分裹覆或者完全裸露。许多情况下,剥落层会失去太多的结构整体性,以致芯样不能完全从路面中取出。某些情况下,所有的沥青都从易剥落混合料上剥落下来。

美国国家沥青研究中心(NCAT)在 SHRP A-003B 项目上所做的研究显示,矿料表面物理化学的性质对水分引起的剥落而言,比沥青结合料性质更为重要。有些矿料天生对剥落非常敏感。然而,许多情况下,外在的因素或 HMA 路面现场因素引发了 HMA 路面早期剥落[35]。在确认和解决剥落问题时,对这些因素的认识是关键。有关这些因素论述详见下文:

1. 路面排水不畅

表层施工不当或者浅地表排水会造成水或湿气蒸发,这是引发剥落的主要因素。如果过多的水分或水蒸气出现在 HMA 路面系统中,就会形成早期剥落破坏。Kandhal 等人[36]的调查表明,从整个项目上看,剥落不是一个主要的问题,而是一个局部的现象,在地处水量多的项目中,由于地表排水不当而造成水分蒸发。

水分能以各种形式进入 HMA 路面层。水穿过道路表层流走,主要是通过表面裂缝。水可从边沟和高水位地方从侧面和底部渗进路面。

路面下,水运动最经常的方式是通过毛细管作用从下往上流动。在毛细管边缘之上,水以蒸汽形式流动。现有高速公路的许多底基层或土基缺乏需要的渗透性,因此,它被毛细水浸透。修建多车道(加宽)拓宽公路时,对坡度不大和弯曲适中的所有地形,会引起地下排水问题。例如,同以往一样,难以让路面宽度成倍加宽和把排水增加约四倍[37]。通常,用 HMA 对改建四车道的中间带以及路肩进行摊铺,会导致全幅摊铺宽度达 72 ~ 78 ft,这与没有增加地下排水能力的六车道的宽度相等。

由于路基或底基层水分蒸发使得 HMA 路面空隙里充满了水,即使来自水蒸气的浓缩,HMA 路面的空隙也会被水充满。这种饱和状态在温度升高后会引起混合料空隙中的水蒸发,在空隙饱和时产生很大的孔隙压力。荷载引起的孔隙压力也会影响沥青和集料的黏结。最初,荷载应力可能进一步压实混合料及空隙或者显著减小了内部排水。因此,内部水在经常运动中(循环)并且在荷载运动下会产生相当大的孔隙压力。

Kandhal 等人[35]已经指出了水破坏对 HMA 罩面(水泥路面上)的影响。他们观察到潮湿斑分散 HMA 罩面层表面中。水分在炎热的午后从这些潮湿斑渗出。大多数白色的斑点会变成隆起区域(有沥青剥落并迁移到表面而产生),这通常是坑槽形成的前兆。图 8-18 显示了所有三个阶段:白斑、隆起区域、四车道上的坑槽。图 8-19 显示坑槽中的集料严重剥落。

图 8-18 由剥落而产生的表面破坏

图8-19 靠近坑槽的地方显示集料剥落严重

通常,四车道高速公路的剥落首先出现在慢车道,因为与快车道相比,它承受了更多且更重的交通荷载。一般地,剥落出现在 HMA 底部并向上发展。

从以前的讨论可以明显看出,地下排水不充分是导致 HMA 路面产生早期剥落的主要原因。

2. 压实不充分

HMA 层压实不充分可能是导致早期剥落最常见的施工因素。研究显示,HMA 中空隙率小于 4% ~5%,空隙一般不连通,因此可以将水密封。大多数 HMA 的设计空隙率为 3% ~5%。施工时,大多数州规定最大空隙率为 8%(最大的理论相对密度至少为 92%)。假定路面经过 2 ~3 年的交通荷载作用可以达到设计空隙率。然而,施工时,一些机构未采用良好的压实控制,导致了空隙率大于 8%,这让 HMA 能够透水。如果 HMA 在一段时间内保持透水,由于水的进入以及交通荷载产生的空隙压力可能产生剥落。

3. 集料表面被灰尘沾染

集料表面有灰尘和黏土出现时说明沥青与集料间的黏结差,使得水的渗透有了渠道。灰尘包裹着沥青,却没有与集料表面接触。一些非常细的材料在有水的情况下还会让沥青乳化造成剥落。

4. 使用开级配磨耗层

美国东南部几个州在 20 世纪 70 年代晚期,开级配磨耗层(OGFC)下的 HMA 层中发生了剥落。开级配磨耗层能够保持一段时间含有水分,不像传统的密级配 HMA 表层一样雨后水分迅速蒸发。在货车轮胎作用下,开级配磨耗层中的水分进入下卧层,从而引发剥落,导致表层车辙或者推挤。在20世纪80年代早期,几个州延缓了开级配磨耗层的使用。一些研究显示开级配磨耗层层下的剥落与空隙率过高(缺乏足够的压实)有关。很明显,开级配磨耗层下具有密封的HMA层对降低剥落是有利的。如果必须使用开级配磨耗层,应该对下面的HMA层做吸水率试验。

5. 集料干燥不充分

室内研究显示,在与沥青混合之前,集料中的残留水分很高时,就会增加潜在的剥落。毫无疑问,与潮湿的表面相比,干燥集料表面将会增加与沥青的黏结。

6. 集料质量差而且易脆

如果在HMA混合料中使用了质量差而且易脆的集料,在碾压以及随后的重载作用下将会造成路面恶化。恶化或脱空会让新的未包覆的集料裸露出来,这就会让集料吸收水分并在混合料中产生剥落。如果不仔细观察,这种未包覆的集料表面可能会错误的被当成剥落的集料颗粒。很明显,应推荐使用可靠耐久的集料。

7. 在破碎的混凝土路面上罩面

许多州际的混凝土路面和主要的高速公路在达到设计寿命之前已经遭到破坏。近几年,在原有混凝土路和排水路面表面使用HMA罩面的情况有所增加。其中一些已经发生了断裂、破碎及开裂。混凝土路面下的密级配底基层材料能够阻止大量从裂缝、纵向或横向接缝中流出的水分。一旦混凝土路面用HMA进行了罩面处理,水就被封闭在下面。荷载作用下过大的空隙压力引发了剥落,随后就会产生坑槽。当混凝土路面需要进行第一次罩面时,有必要对现有的排水条件作出评价。如果有必要,项目必须设置良好的排水系统。除非采取了以上措施,否则剥落和坑槽问题将会持续。

如果现有混凝土路面破损,开裂以及由于表面排水不充分而引起的积水很严重时,在进行密级配的HMA罩面之前,在混凝土面上直接铺设一层由开级配沥青碎石排水层修建的4in排水层[39,40]。这种排水层应该与排水的边缘相连。这种沥青碎石排水层不仅能够有效排水,它还会阻止任何水分滞留在路面系统中。沥青碎石排水层已经成功用于实践中。它还有助于减小由混凝土路面散发出来的反射裂缝。如果有需要,沥青碎石排水层也可设置在混凝土路面上,这会受到裂缝位置、破坏位置以及破碎操作的制约。

8. 防水层以及封层

如果水源来自路面以下,通常都是这种情况,那么,密封道路表面可能是有害的。在路面层之间或者表面使用一些防水层(如为了减小反射裂缝的应力吸收膜)或密封层起到密封水分或者阻隔水分的作用。

密封水分或水蒸气会在防水层和密封层以下的路面层中产生剥落。因此,当使用这种结构的时,应该考虑潜在的剥落。

9. 抗剥落剂(*AS*)

基于野外调查结果以及吸水率试验,如果某种 HMA 混合料具有天然的剥落性质,那就需要添加抗剥落剂。

液态抗剥落外加剂。大多数液态的抗剥落剂是表面活性剂,当与沥青混合时,减小了表面张力,因此增加了对集料的黏性。大多数抗剥落剂商品的化学组分是个人专利。然而,当前使用的大多数抗剥落剂其化学成分里面都含有胺[41]。这些抗剥落剂必须具有“热稳定性”,就是说当改性沥青在高温下储存很长一段时间时,它们不会失效。

在沥青与集料混合之前,最简单最经济的方法是把抗剥落剂与液态沥青混合。抗剥落剂的用量很重要。太少可能没有效果,太多可能对 HMA 混合料有害。

石灰外加剂。液态抗剥落剂通常加入到沥青结合料中,而石灰与它不同,石灰在与沥青混合之前先加入到集料中。许多研究显示石灰是一种非常有效的抗剥落剂。然而,它的抗剥落机理还不为人知。已经提出了各种假定的机理:(a)石灰与沥青结合料中的酸发生反应,结果在集料表面被吸收,(b)石灰提供的钙离子能够取代氢、钠、钾以及集料表面其他的阳离子,(c)石灰与大多数硅酸盐发生反应形成了硅酸钙絮状物,它对集料具有很强的黏性并且具有足够的空隙允许沥青渗入其中,形成另一种强结合料。

氢氧化钙 $Ca(OH)_2$ 和生石灰 CaO 都是有效的,尽管前者应用得更普遍。镁石灰(S 和 N 类)也作抗剥落剂来使用。然而,碳酸钙 $CaCO_3$ 的效果不佳。一般情况下,石灰的用量为集料干质量的 1% ~1.5%。由于增加了集料的表面积,可能需要更多的细集料。

集料可以通过以下四种方法用石灰进行处理[55]:

1)干的熟石灰　使用干石灰时的主要问题是保持对集料表面的包覆,直到沥青被完全裹覆为止。这对滚筒式搅拌机设备尤为关键,因为在废气流动时会带走一些石灰。然而,加州交通厅(DOT)通过注入一些石灰到筒内来取代沥青,成功地将干石灰用于滚筒式搅拌机中。由气体带走的石灰通过飞行的改性物来将其阻止。在筒内形成了合适的屏障[56]。一些路面专家相信,尽管许多机构包括加州交通厅用干石灰取得了满意的结果,但是干石灰的使用效果还会持久。

2)熟石灰浆　这种方法需要将多余的水加入到集料中,这会增加燃料的费用以及减小 HMA 的产率。

3)干的熟石灰加入到湿集料中　在这个方法中,需要将熟石灰加入到湿集料中,水的含量通常为3% ~5%,接着在搅拌机或者翻斗拌和机中进行拌和来获得性质均匀的混合料。

4)热(生石灰)浆　使用生石灰(CaO)浆最少有两个优点:(a)它的价格与熟石

灰差不多,但是当热石灰消化时,体积会增加25%;(b)消化产生的热量会导致温度的上升,这有助于所加入水分的蒸发。处理时需要小心,因为会烧伤人员。

通过对室内和野外四种处理方法的研究对比,其相对效果还未形成统一的结论。因此,增加了燃料和设备的费用,减小了与湿法有关的HMA的产率,这种情况在目前可能得不到解决。

8.2.3.4 坑槽

坑槽是相对较小的孔洞,它能从HMA表面向下贯穿基层。坑槽大多发生在相对较薄的HMA表层,一般厚度为1~2in(25~50mm),在HMA厚度超过4in(100mm)的路面中很少发生。

坑槽与一段时期的强降水量有关,在这段时间内,雨水通过裂缝渗入HMA表层,通常是间距很短的龟裂,并且对粒料基层进行软化。在北部气候区,坑槽通常发生在春融季节。如果开裂的路面碎片失去了与周围HMA材料的黏结,当轮胎从它上面滚动时,会将碎片带走。裂缝处的细集料被带走会导致下卧层承载力不够,结果造成相邻材料在交通荷载下发生移动。一旦第一个碎片被移开,坑槽就发展得很快,因为所有其他材料都比第一个碎片更容易被带走。

坑槽能够沿着路面中的任何裂缝发展。例如,在轮子不断横穿裂缝的地方,纵向裂缝和横向裂缝都会恶化。因为所有未密封的裂缝都能够让水渗透,基层软化会导致靠近裂缝或裂缝边缘磨损开裂的地方发生松散。一旦产生了松散和磨损裂缝,就会导致坑槽的发生。

如果表面排水和地下排水良好,将会减小坑槽的发展。坑槽通常可用冷拌混合料或者HMA来修补。无论怎样,如果要保持坑槽区域路面的整体性,合适的修补技术是很有必要的。有关维修技术的内容详见第九章。

8.2.4 摩阻力丧失

摩阻力定义为轮胎在路表面滑动时产生的竖直力与水平力之间的关系。对驾驶员而言,摩阻力可以测量汽车制动时间有多快。对设计工程师而言,摩阻力是与路面安全有关的一条重要性质,为了满足这一性质,必须做到选材合理,设计无误,施工严谨。在路面管理方面,摩阻力是一种路用性能方法。摩阻力下降到可接受(安全)水平以下时,会阻碍路面的服务功能。在路面性能的寿命周期费用分析中,必须考虑保持路面寿命某个点上摩阻力所需的费用。因此,预防摩阻力恶化的方法对路面设计人员以及业主都是重要的。

许多研究已经涉及了摩阻力的检测以及检测设备的发展。根据美国实验与材料协会(ASTM)定义摩阻力(通常叫做抗滑能力)如下:

$$FN = 100F/L \tag{8-2}$$

式中：FN——摩擦系数；

F——车辆在路表面运动时的摩阻力；

L——路表面的标准荷载。

摩阻力可由许多方法来确定，分类如下：

1）锁轮拖车法　通常 ASTM E274 方法对轮胎类型、路面加水方式、车速（40m/h 或 64km/h）等做了详细的介绍。

2）偏移模式　偏移模式与锁轮模式不同之处在于它使用轮胎来确定次要的摩擦因素。例如，在偏移模式中测量摩阻力的设备是横向力系数试验车（sideway force coefficient routine investigation machine = SCRIM）和摩擦系数试验仪（Mu meter）。

3）便携式摩擦检测仪　这些方便携带的仪器可以在室内和室外使用，用来检测摩阻力。例如，英国便携式检测仪，加州滑动检测仪，以及吉斯通阻力检测仪。这些仪器一般都对微观结构很敏感。

4）汽车法　该汽车的刹车系统配有一组斜轮，可以测量从某一速度到完全停止时的行驶距离。大多数路面的现场检测用锁轮拖车法或偏移模式法，而室内检测使用便携式检测仪。

良好的路面上预期的摩阻力是[42]：

1）摩阻力大。理想条件下，潮湿路面的摩阻力应该与干燥路面差不多。

2）速度增大时摩阻力很小或没有降低。干燥路面的摩阻力几乎与速度无关，但是对潮湿路面，就不是这种情况了。

3）抗滑性不因磨光或其他因素随时间而降低。

4）抵抗由集料磨耗、结合料或胶浆磨损，或颗粒缺失能力。

5）结构耐久性。能够抵抗压实、松散、崩解等。

6）产生的轮胎噪声低。

7）费用低。不必减少初建费，但是每年摩阻力的消耗要合理。

摩阻力是表面结构的一种功能，它可以分成两个部分[43~45]，微观和宏观纹理。微观纹理提供了坚硬的表面穿透水膜并且通过轮胎与路表面的良好摩擦产生了摩阻力。宏观纹理为轮胎和路面之间的排水提供了良好的渠道，这会让路面与轮胎之间连接更紧密，提高了摩阻力，阻止了打滑的发生。微观纹理有助于所有速度下摩阻力的形成，但是速度低于 30m/h 时占主要地位。相反的，低速时宏观纹理较为不重要。但是，在潮湿条件下，高速行驶是必要的。平均构造深度为 0.5mm 时一般被认为是微观纹理，而构造深度大于 0.5mm 的被认为是宏观结构。路面微观纹理通过轮胎与路面的摩擦而产生摩阻力。路表面尖而细的颗粒穿透薄的水膜，能够在轮胎与路面之间形成连接。微观纹理在很大程度上依赖于矿料的成分以及集料纹理。粗集料或细集料表面细而硬的颗粒提供了微观纹理。

宏观纹理可以通过控制 HMA 中集料的级配[46]来获得。开级配磨耗层是一种设计宏观纹理令人满意的混合料。如果在路面的寿命期内都可维持很好的摩阻力,集料就不会被磨光。理想情况下,HMA 集料应该由坚硬、粗糙、有棱角的矿料组成,并与软的结合料相结合,使磨耗缓慢地发生。

影响摩阻力的集料性质包括类型、大小(级配)、形状、质地(微观和宏观)、硬度(对磨耗敏感以及抗磨光)、矿料组成。合适的集料可能是天然的或合成的。最常用的天然集料由岩石开采和岩石破碎而产生,例如砂岩、花岗岩和辉绿岩。它们也可能由打捞、清洗以及筛分而得到的河岸砂砾组成。这些砂砾通常经过破碎以提高其棱角性,因为形状对提供良好的摩阻力以及良好的混合料稳定性是重要的。

使用两种合成集料来改善摩阻力。第一种,通过加热黏土和页岩而产生,叫做“膨胀的轻质集料”。第二种叫做矿渣,在生产钢铁的过程中鼓风炉内留下的副产品。合成集料的结构及化学性质与那些天然集料不同,如:石灰石、砂岩、和花岗岩。因此摩阻力的性质有很大的不同。一般情况下,它们对磨光不及天然集料敏感,但是它们也可能磨耗得更快。集料抵抗交通荷载作用下磨光磨损的能力长期以来一直被认为是一项重要的性质[42]。当集料变得光滑时,摩阻力就会很差。同时,如果磨耗或磨光得太快,路面就会失去纹理,当下雨时就会变得很滑。

集料颗粒的形状也影响了摩阻力。集料形状凭借许多相同的因素来影响它的纹理。这些因素包括颗粒硬度、结合料强度、集料整体抗磨耗能力。同时,处理方法也控制着天然集料与合成集料的形状。破碎的集料成棱角状,而那些来自河床的集料成圆形状。只要集料保持棱角,它就能形成摩阻力,棱角与生产过程有关,但是棱角的张力取决于矿物成分的性质以及由荷载产生的磨光量。

磨光指细质纹理的减少,使暴露在外的集料光滑和圆润。这个过程通过颗粒极小的磨耗而产生而且很难量化。低速摩擦检测,如英国便携式检测仪(图 8-20),已经用于量化磨光的数量[47]。这种检测当然是将表面浸湿,摆式摩擦仪的橡胶垫排除了太多的水分以便实际水动力的影响很缺乏(高速时会影响摩擦,通过表面粗糙的性质来控制)。橡胶仅对细质纹理有响应。

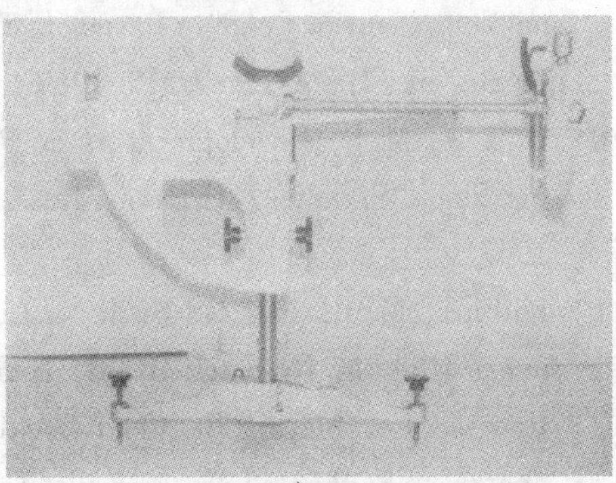
图 8-20 英国便携式摩擦仪

在路面上,大多数磨光可能出现在路面干燥时,因为大多数路面在 96% ~ 97% 的时间是干燥[48]。无论是垫子或轮胎,通过数量去制约磨光率,但是一般地,在表面磨光到它的最终状态以前还能服务2~3年的时间。摩阻力可能继续下降,因为持续的磨耗减少了粗质纹理,减少了从轮胎下清除水流的渠道。

参考文献

[1] The WASHTO Road Test, Part 2:Test Data Analyses and Findings. Highway Research Board Special Report 22,1995.

[2] Carey, W. N. and P. E. Irick. The Pavement Serviceability-Performance Concept, Highway Research Board Bulletin 250,1960.

[3] Haas, R. and W. R. Hudson. *Pavement Management Systems.* Method for Measuring Road Profile. General Motors Corporation, December 1964.

[4] Spangler, E. B. and W. J. Kelley GMR Road Profilometer: A Method for Measuring Road Profile. General Motors Corporation, December 1964.

[5] Hveem, F. N. Devices for Recording and Evaluating Pavement roughness. Highway Research Board, Bulletin 264, 1960.

[6] Hudson, W. R. , W. E. Teske, K. H. Dunn, and E. B. Spangler. State of the Art of Pavement Condition Evaluation. Highway Research Board Special Report 95, 1968.

[7] Roberts, F. L. State of the Art of Estimating Pavement Serviceability Using Roughness Measurements. *Proceedings*, American Society of Civil Engineers, Specialty Conference in Pavement Design for Practicing Engineers, Atlanta, GA, June 1975.

[8] Wambolt, J. D. State of the Art of Measurement and Analysis of Road Roughness. Transportation Research Board, Transportation Research Record 836, 1981.

[9] Hudson, W. R. , G. E. Elkins, W. Uddin, and K. T. Reilly. Improved Methods and Equipment to Conduct Pavement Distress Surveys. Federal Highway Administration Report FHWA-TS-87-213. 1987.

[10] Brokaw, M. P. Development of the PCA Road Meter: A Rapid Method for Measuring Slope Variance. Highway Research Board, Highway Research Record 189, 1967.

[11] Phillips, M. B. and G. Swift. a Comparison of Four Roughness Measuring Systems. Highway Research Board, Highway Research Record 291, 1969.

[12] Rainhart Co. Mays Ride Meter Booklet, Austin, Texas, 1972.

[13] Spangler, E. B. and W. J. Kelley. Servo-Seismic Method of Measuring the Road Profile. Highway Research Board, Bulletin 328, 1962.

[14] Automatic Road Analyzer Mobile Data Acquisition Vehicle. Product Bulletin, Highway Products International, Inc. ,1985.

[15] DeWilder, M. Proceedings, Roadway Evaluation Equipment Workshop—GERPHO and the APL. Federal Highway Administration Report FHWA-TS-85-210, May 1985.

[16] Summary Results of the 1987 AASHTO Rideability Survey. AASHTO Highway Subcommittee on Construction, AASHTO, 1988.

[17] Janoff, M. S. The Effect of Increased Initial Pavement Smoothness on Long Term Pavement Performance and Annual Pavement Maintenance Costs. Presented at NAPA Annual Pavement Maintenance Costs. Presented at NAPA Annual Meeting, Honolulu, HI, January 1990.

[18] Foster, C. R. Pavement Smoothness. National Asphalt Pavement Association, Information Series 53, 1982.

[19] Kennedy, T. W. , F. L. Roberts, and J. B. Rauhut. Distresses and Related Material Properties for Premium Pavements. Transportation Research Board, Transportation Research Record 715, 1979.

[20] Welborn, J. Y. State of the Art in Asphalt Pavement Specification. Federal Highway Administration Repoort No. FHWA/RD-84/075, July 1984.

[21] Hveem, F. , E. Zube, and J. skog. Proposed New Tests and Specifications for Paving Grade Asphalts. Proceedings, Association of Asphalt Paving Technologists, Volume 32, 1963.

[22] Rostron, J. P. , F. L. Roberts, and W. Baron. Density Standards for Field Compaction of Granular Bases and Subbases. Transportation Research Board, NCHRP Report 176. 1972.

[23] Brown. E. R. Design of Asphalt Mixures for High Tire Pressures. Proceedings, National Conference on Effect of High Tire Pressures, Austin, Texas, 1987.

[24] Brown, E. R. and Steve Cross. Comparison of Laboratory and Field Density of Asphalt Mixtures. Paper presented at Transportation Research Board, January 1991.

[25] Anderson, D. A. and J. P. Tarris. Effect of Baghouse Fines on Mixture Design Properties. National Asphalt Pavement Association, QIP 102, 1982.

[26] Anderson, D. A. Guidelines on the Use of Baghouse Fines. National Asphalt Pavement Association, Information Series 101, November 1987.

[27] Anderson, D. A. and J. P. Tarris. Adding Dust Collection Fines to Asphalt Paving Mixtures. Transportation Research Board, NCHRP Report 252, 1982.

[28] Craus, J., I. Ishai, and A. Sides. Some Physio-Chemical Aspects of the Filler Effects and the Role of the Filler in Biotuminous Paving Mixtures. Proceedings, Association of Asphalt Paving Technologists, Volume 47, 1978.

[29] Eich, J. M. and J. F. Shook. The Effects of Baghouse Fines on Asphalt Mixtures. The Asphalt Institute, Research Report 78-3(RR-78-3), November 1978.

[30] Scrimsher, T. Baghouse Dust and Its Effects on Asphaltic Mixtures. California Department of Transportation, Report CA-DOT-TL-3140-1-76-50, October 1976.

[31] Ward, R. G. and J. M. McDougal. Bituminous Concrete Plant Dust Collection System-Effects of Using Recovered Dust in Paving Mix. West Virginia Department of Highways, Research Report FHWA/WV-79-003, December 1979.

[32] . Gietz, R. H. Interim Report: Mineral Fines Effect on Asphalt Viscosity. Washington State Department of Transportation, Report No. 164, April 1980.

[33] Kandhal, P. S. Evaluation of Baghouse Fines in Bituminous Paving Mixtures. Proceedings, Association of Asphalt Paving Technologists, Volume 50, 1981.

[34] Stiffler, A. K. Relationship Between Wear and Physical Properties of Roadstones. Highway Research Board, Special Report 101, 1969.

[35] Kandhal, P. S. Field and Laboratory Investigation of Stripping in Asphalt Pavements: State-of-the-Art Report. Transportation Research Record 1454, 1994.

[36] Kandhal, P. S., C. W. Lubold, and F. L. Roberts, Water Damage to Asphalt Overlays: Case Histories. Proc. Assoc. of Asphalt Paving Technologists, Vol. 58, 1989.

[37] Cedergren, H. R. and W. R. Lovering. The Economics and Practicality of Layered Drains for Road Beds. Highway Research Record 215, 1968.

[38] Parker, F. Field Study of Stripping Potential of Asphalt Concrete Mixtures. Alabama Highway Department, Report St 2019-6, Aug. 1989.

[39] Cedergren, H. R., J. A. Arman, and K. H. O'Brien. Development of Guidelines for the Design of Subsurface Drainage Systems. FHWA, Report RD-73-14, Feb. 1973.

[40] Forsyth, R. A. Asphalt Treated Permeable Material-Its Evolution and Application. National Asphalt Pavement Association, QIP series 117, 1991.

[41] Tunnicliff, D. G. and R. E. Root. Antistripping Additives in Asphalt Concrete: State-of-the-Art Report. Proc. Assoc. of Asphalt Paving Technologists, Vol. 51, 1982.

[42] Skid Resistance. NCHRP Synthesis 14, 1972.

[43] Balmer, G. G., and R. R. Hegmon. Recent Developments in Pavement Texture. Transportation Research Board, Transportation Research Record 788, 1980.

[44] Balmer, G. G. Pavement Texture: Its Significance and Development. Transportation Research Board, Transportation Research Record 666, 1978.

[45] Leu, M. C., and J. J. Henry. Prediction of Skid Resistance as a Function of Speed From Pavement Texture Measurements. Transportation Research Board, Transportation Research Record 666, 1978.

[46] Kummer, H. W., and W. E. Meyer. Tenative Skid-Resistanc Requirements for Main Rural Highways. NCHRP Report 37, 1967.

[47] Kandhal, P. S., F. Parker, and E. A. Bishara. Evaluation of Alabama Limestone Aggregates for Asphalt Wearing Courses. Transportation Research Board, Transportation Research Record 1418, 1993.

[48] Safety Effectiveness Evaluation: Selected State Highway Skid Resistance Programs. National Transportation Safety Board, Report NTSB-SEE-80-6, Sept. 1980.

第9章

HMA路面养护、修复和改建

9.1 引言

路面性能的好坏与路面设计类型、设计寿命以及养护质量有着很大的关系。及时地进行预防性养护可以延缓交通荷载造成的路面损坏速度，推迟养护和延缓养护则会加大路面损坏数量和严重性，因此修复时费用也随之增多。持续不断的延缓路面养护或修复也会缩短罩面和改建之间的时间，从而相当大地增加了路面寿命周期成本。

1997年，一份关于延缓养护的经济分析报告[1]显示，在路面完全破坏前进行罩面修复比改建要节省路面厚度3.75in(95mm)(图9-1和图9-2)，节约的费用超过100000美元/mile(如图9-3所示)。图9-1和图9-2所示的交通量差别很小，并且通常在损坏前也只会把寿命周期加长1~2年。无论如何，成本控制是很重要的，这表明观测路面的损坏也很有必要，尤其是承载重型车辆的大交通量路面损坏情况的监测。斯蒂文[2]的研究以一种较为全面的方式表明了延缓养护的复合效应，如图9-4所示。注意到图中路面在最初的75%寿命周期里，性能曲线从很好降到了中等，即路面性能下降了40%。在接下来的17%路面寿命中，性能的损耗率明显增大且下降

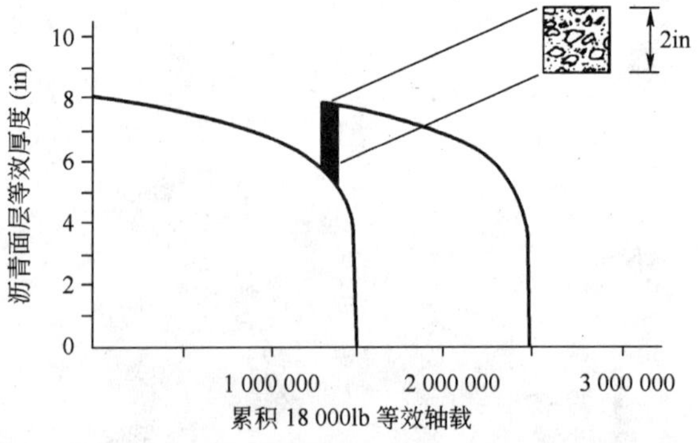

图9-1 路面损坏前加罩面的厚度要求[1]

了40%。因此,很明显,进行路面养护和修复必须谨慎方可保证路面性能保持在第一个40%范围内,因为这时投入1美元等于节省了2~3年后的4~5美元。因此,路面寿命周期中最为关键的维修是路面性能处在中等范围,即路面现时服务指数(PSI)在2~3的水平之间。这时作出的维修决策应是很有成本效应的,特别对于交通的破损率高时。

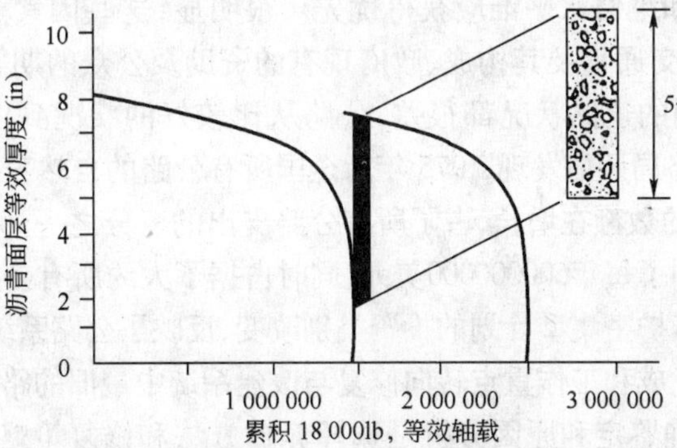

图 9-2 路面损坏后加罩面的厚度要求[1]

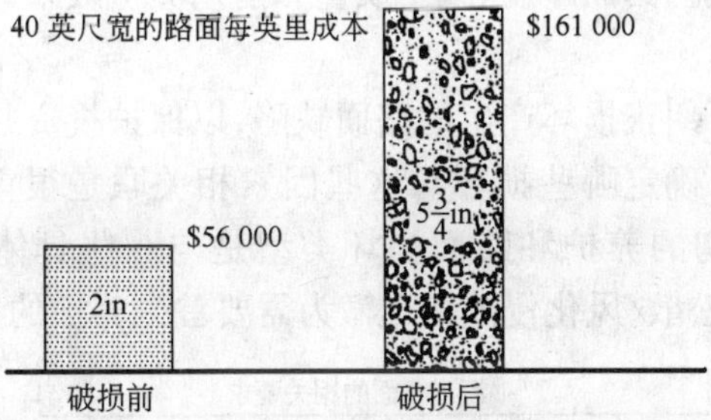

图 9-3 图 9-1 和图 9-2 的罩面层策略的成本比较[2]

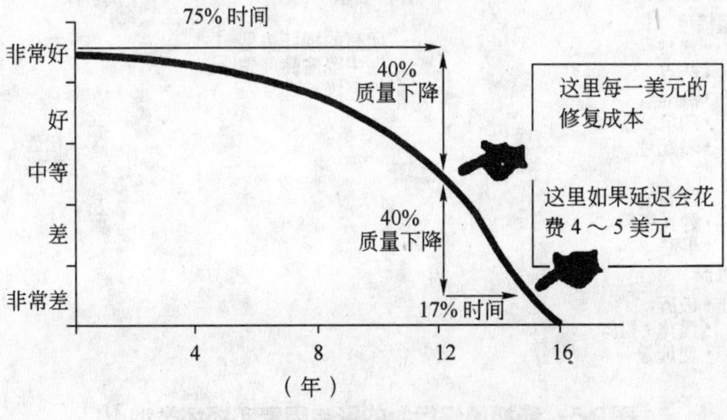

图 9-4 路面破损与修复的关系[2]

19 世纪 80 年代,各个州采用了一系列措施,其说明维修时机是最为关键的。此外,许多州尝试确定一些由于上述缺陷造成的延迟维修的后果而应优先进行修复的路面损坏类型。已经确定了延缓某种类型的养护对路用安全、设备条件、责任、维修水平、能源消耗和社会环境效应的相关影响。鉴于社会环境和法律因素,安全和责任是最优先考虑的,其次是设备条件和维修水平。设备类型、交通量和车流的组成成分又决定了设备条件和维修水平谁应获得优先。很明显,这些因素是受同类情况的影响,包括路面类型、交通量及其构成、政府现有的资助及公众的期望等。

1977 年,全美国的道路状况都很差,公路从比较好的状况到中等状况的数量不断在增加。联邦公路局评估发现,1975 年后全国所有公路的自然养护费用支出持续以每年300000000美元的数额在增长,占了所有公路支出的三分之一。到 1980 年末,养护资金的增长率增加到了每年600000000美元,同时占据了大约所有公路支出的一半。从资金集约型计划到养护密集型计划的投资类别改变,反映了公路系统的成熟,特别是在州际公路系统已经建成和工作重点转向修复与改建系统中最旧的路段的时候。

路面破损的准确鉴定和原因分析是选择养护方法和修复策略的关键。其次,不同的路面破损对于选择养护的时间也是很重要的。影响路面破损的因素主要包括交通荷载、气候、材料性能、路面厚度、施工质量和前期养护效果。损耗率一般是随着使用寿命增长而增加的。

最初,养护是为了纠正损坏产生的路面缺陷,以保护投资并为使用者提供一条舒适安全的道路。因此,确定哪些损坏与这些因素相关联是很重要的。Darter 和 Shahin[3] 他们所认为最初的养护和路面损坏类型是与一些具体的因素相关联的(图 9-5),其中龟裂、路面松散/风化侵蚀和车辙为需要首先养护的主要因素。

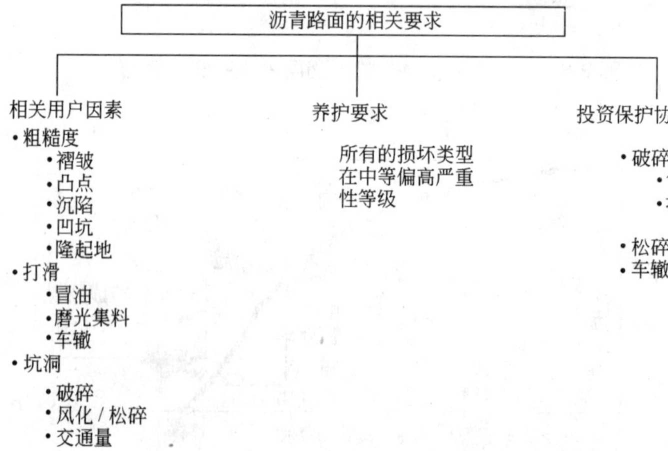

图 9-5 最初维修行为的影响因素和损坏类型[3]

美国公路及运输工作者协会(AASHTO)[14]已经确定了17种沥青路面损坏类型(表9-1)。表9-2是由Hudson等人[5]研究的路面损坏类型和养护/修复方法的关系[5]。这对于读者熟悉了解典型的养护和修复技术原理是很有帮助的。表9-3给出了17种损坏类型产生的原因及由联邦公路局推荐的可选择性的修复方法。用于公路机构的一般养护、修复和改建技术将在随后的章节来讨论。

沥青路面损坏形式的一般类型[4]　　表9-1

破碎类型	主要由交通荷载引起	主要由气候/材料导致
1. 龟裂或者磨损裂缝	X	
2. 泛油		X
3. 块裂		X
4. 波浪		X
5. 沉陷		X
6. 路面接缝反射裂缝		X
7. 车道/路肩下沉或者隆起		X
8. 车道路肩分离		X
9. 纵向和横向裂缝		X
10. 修补损块	X	
11. 集料磨光	X	
12. 凹坑	X	
13. 抽吸和渗水	X	
14. 松散和风化		X
15. 车辙	X	
16. 滑移裂缝		X
17. 膨胀		X

注:一些特殊的损害很难归结到一个原因上面。上表中一些病害类型可能有多个产生原因。

不同路面损害的养护和修复方法[5]　　表 9-2

病　害	养护/修复方法	病　害	养护/修复方法
龟裂	全厚式现场修复	凹坑	全厚式修复
	加铺层		修补
	再生		再生
泛油	铺热砂	松散和风化	石屑封层
	少量结合料和石屑加封		稀浆封层
块裂	稀浆封层		雾状封层
	石屑封层		砂粒封层
	罩面		应力吸收膜
	再生	车辙	罩面
	封闭裂缝		冷刨铣
沉陷	加铺平整		热再生
集料磨光	石屑封层	膨胀	移除或替代
	稀浆封层		
	开级配加铺		

沥青路面修复可选择的方式　　表 9-3

病害类型	可能的原因				修　复					
	结构破坏	混合料组成	温度或者湿度改变	施工	面层再生	薄层罩面	开级配面层	结构性加铺	结构性再生	改建
1. 龟裂或者磨损裂缝	X							X	X	X
2. 泛油		X		X	X		X			
3. 块裂		X	X		X			X	X	
4. 波浪	X	X		X	X	X^3		X	X	X
5. 沉陷	X			X					X	X
6. 路面接缝反射裂缝			X					X	X	
7. 车道/路肩下沉或者隆起	X		X	X						
8. 路肩车道开裂	X		X	X						
9. 纵向和横向裂缝					X			X	X	
10. 修补损坏	X	X	X	X						
11. 集料磨光		X	X		X	X	X			
12. 凹坑	X		X	X				X		

续上表

病害类型	可能的原因				修复					
	结构破坏	混合料组成	温度或者湿度改变	施工	面层再生	薄层罩面	开级配面层	结构性加铺	结构性再生	改建
13. 抽吸和渗水	X		X	X						X
14. 松散和风化		X		X	X	X				
15. 车辙	X	X		X	X	X^2		X	X	X
16. 滑移裂缝				X						
17. 膨胀			X						X	X

9.2 养护

养护一般分为两种类型,即预防性养护和纠正性养护。预防性养护是保护路面和减少路面性能损失的行为。纠正性养护则是改正路面特殊损坏或者区域损坏的行为。有一些养护方法同时具有这两种功能。下面的章节将描述最常用的养护方法、每种损坏类型的修复方法和每种养护方法的期望寿命。

9.2.1 预防性养护

本节是关于表面封层和裂缝加封的内容。表面封层包括只用沥青维护或在整个通行车道表面上用沥青和集料连续地施工养护。表面封层的作用通常有以下几种:①再生或者延迟表面沥青的氧化;②增加表面的抗滑性能;③在表面的细裂缝加封;④防止水通过裂缝下渗;⑤阻碍表面集料的松散和剥落。最常用于HMA表面的封层类型是雾状封层、再生剂的使用、石屑封层或者表面处理和稀浆封层[7]。下面将单独介绍每种类型的表面封层。

9.2.1.1 雾状封层

雾状封层是将乳化沥青应用到氧化了的路表面,目的是为了修复或者再生道路表面的沥青结合料的性能。往往老化的路表面呈浅灰而非深灰或黑色,并伴随着微裂,在许多情况下这是松散的迹象。雾状封层只适用于低交通量道路,并且乳化沥青需要封闭交通4~6h进行破乳,以提供路面和轮胎间的摩擦系数。

雾状封层是由乳化沥青和同等数量的水稀释组成。这种稀释液体以0.1~0.2gal/yd^2的量喷洒在路表面(0.3~0.6L/m^2),粗糙和干燥的表面需要喷洒较多的量。初始封层的成本较低,可把雾状封层的处理推迟1~2年的时间。然而,应用雾状封层时要确保沥青不能过多,否则,路面会失去抗滑能力。一旦发生这种情况,路面应该铺撒一些砂子用作吸油集料。

9.2.1.2　再生剂

市场上有很多不同类型的再生剂产品,它们可以再生路表面氧化的沥青。一些产品含有沥青中的轻油分。再生剂也可能是从焦油沥青中得到,这类再生剂可使路表面具有抗燃料泄漏。再生剂通常是由沥青洒布机喷洒。在一定的时间内,再生剂在 HMA 表面的渗入量必须达到要求的深度(至少 0.25in)(6.4mm)。如果 HMA 表面的孔隙率不够大,再生剂的黏度很高或使用过量,则再生剂就会在表面形成一个薄层,导致路面变滑且有危险。因此,再生剂主要用于低交通量、低速道路或停车场。建议用试验来确定再生剂的使用率。再生剂的耐久性不是很好,跟雾状封层差不多,使用沥青再生剂只能使表面处治延缓 1 ~2 年。

9.2.1.3　石屑封层或表面处治

此类处治的面层由单一的或复合的沥青和集料组成,在老化的面层或底基层上面[8,9]铺上一层或多层沥青混合料。沥青表面处治的范围很广,在现有面层上适应于很多类型的沥青与沥青混合料。这种面层的厚度不超过 1in。有些州认为如表层处治那样,HMA 加铺层是一种薄的罩面。

单层表面处治一般称为石屑加铺,这种加铺层首先是在表面层喷洒沥青材料(沥青结合料或乳化沥青),然后在上面铺上薄的集料层(同一粒径集料),并尽可能快地进行压实。过去通常使用稀释沥青进行此类型的加铺层,但是出于环保考虑现在已不常用。这种单层的表面处治由于覆盖沥青上的集料粒径的不同而有不同的名称。例如,砂封层是使用砂粒作为集料的单层表面处治。其造价很低,常用于低交通量的郊区道路或住宅区街道。单层表面处治建议使用的沥青与集料的数量见表9-4。多层表面处治是单层表面处治的二次或三次重复操作。然而,集料的最大粒径通常会随着逐次使用而下降 50%。多层表面处治的造价和薄 HMA 面层的造价相当,因此人们通常更愿意使用平滑的、行驶稳定的 HMA 薄面层,而且一个设计合理的薄 HMA 层比多层表面处治更耐用。

传统的表面处治可能不适用于高交通量和高速的公路,因为人们极有可能会抱怨路面表面疏松的集料。因为这些集料会被车轮带出,刮花车身并破坏挡风板。表面处治对路面结构来说只增加了少量的荷重。然而,只要设计与施工合理,这种处治很经济实用且施工简单。它们不只在已有路面结构上形成防水层,还能抵抗表面的交通磨损。表面处治还可用于表面修补,直接铺筑在局部损坏区域。

用于铺撒的集料应当是干净的,否则沥青将无法黏附。要求集料应是立方体的,片状或细长的粒径是不合适的。因为不合格的集料平铺在路表面通常会被大量沥青所覆盖,导致出现路面泛油状况。表面处治所用的集料最好是同一粒径的,但是成本较高。

单层表面处治与封层使用的沥青与集料的数量[10]　　表9-4

标称集料粒径范围(in)	AASHTO集料编号	数　量	
		集料(lb/sy)	沥青(gal/sy)
3/4~3/8	6	40~50	0.4~0.50
1/2~NO.4	7	25~30	0.30~0.45
3/8~NO.8	8	20~25	0.20~0.35
NO.4~NO.8	9	15~20	0.15~0.25
砂	M-6	10~15	0~0.20.15

注:①规定偏细集料用较低沥青用量,偏粗集料用较高用量。

②质量是依据相对密度为2.65的集料,如果相对密度大于2.77或小于2.5,则乘以表格中集料的相对密度值再除以2.65。

③沥青是可接受的等级和类型的合格乳化沥青。参照规范或参考文献[9]。

沥青结合料可以是沥青、稀释沥青或乳化沥青。大多数州都愿意使用乳化沥青(快凝系列),因为他们能和潮湿的集料一起使用,并比稀释沥青结合得更快,并且也不像稀释沥青那样易引起火灾。沥青在热气候区使用,然而,集料必须是干燥和非常干净的,并且必须在沥青冷却到环境温度前使用。所以由于环境、造价和安全(火灾)等因素的影响,稀释沥青不宜使用。

虽然表9-4中给出了沥青用量和集料的粒径范围,但是最佳用量还是要通过设计方法计算得出。大多数公路局仍依靠经验或以前的工程数据来确定结合料与集料的用量。这将会使表面处治的路面性能较差,但是如果使用的是特殊集料与沥青,就必须依靠施工经验来确保路面的最佳性能。

Herrin等人在1968年前就提出了一些关于表面处治设计过程的很好的观点。这些设计方法包括:①Hanson法;②加利福尼亚法;③Nevitt法;④Kearby改进法;⑤Lovering扩散模型;⑥欧洲设计法;⑦McLeod法;⑧Mackintosh法;⑨美国Bitumel法;⑩美国沥青协会设计法。

参考文献[9]给出了同粒径和等级的集料单层表面处治的设计公式。参考文献[10]详细介绍了Mcleod的设计方法,该设计方法是一种改进的方法,由澳大利亚的维多利亚公路部门发展而成。这种方法是基于下列原则形成的:

1)压实后,同粒径集料颗粒的空隙率降为30%。

2)交通荷载会使集料找到适合自己密度的最大的位置,从而使空隙率降到20%。

3)表面处治的平均厚度与所有集料颗粒的最小尺寸相等,被称为集料的"平均最小尺寸"(ALD)。

4)如果交通量为中等,则沥青结合料用量应当把20%空隙的约70%填满,以达到良好的路面性能。

许多设计方法,包括Mcleod设计法,通常比较耗时,同时还有复杂的测试程序和计算。这对于低交通量、低造价公路来说使用就很受限。然而,美国宾夕法尼亚州公路局使用的简单的诺模图就比较实用,而且对于低交通量道路的设计合理而精确。表面处治的设计超出了本书的范围,很多设计信息能从参考文献资料上获得。

单层表面处治的施工步骤如下:

1)设置交通管制。最好是绕道而行。

2)清洗表面层,去除灰尘和其他松散材料。这是非常重要的一步,因为沥青将和它表面的任何物质黏结。如果要使石屑罩面的使用期限较长,则沥青与道路表面的黏结也应该很强,因此表面将不能有杂物。

3)使用校准了的沥青洒布机,在一定温度和流量下铺沥青结合料。

4)在铺洒完沥青结合料后,要立刻把额定数量的集料均匀地摊铺在表面。集料摊铺机应当在启动工作前校准。由于交通的过度碾压,会使得集料渗入到沥青层并与之发生嵌挤,因此要避免过多地摊铺集料。处治的道路在刚通行的前几个小时对这种问题特别明显。

5)立即碾压集料,使集料和沥青与下面层坚固地黏结。集料最好是使用轮胎压路机碾压,因为轮胎压路机比钢轮压路机更适合使集料与下面层黏结。特别是被修补的路表面有凸起时,钢轮压路机会跨过低处,就不能压实两凸起处之间的平面。同时,钢轮压路机也可能破碎集料颗粒。如果使用乳化沥青,则应在乳化沥青破乳前完成集料的铺洒与碾压,这样就能确保集料与沥青足够的黏结。

虽然施工问题时常发生,但通过使用好的维修设备和有经验的施工队伍,大多数的问题都能够解决。典型的施工问题及其解决方法有以下几种:

1)沥青条痕　出现沥青条痕有以下几种情况:(a)洒布机喷油管压力不一致;(b)喷嘴没有调整至最合适角度(图9-6);(c)喷油管没有设置在规范要求的双重或三重重叠高度(图9-7)。

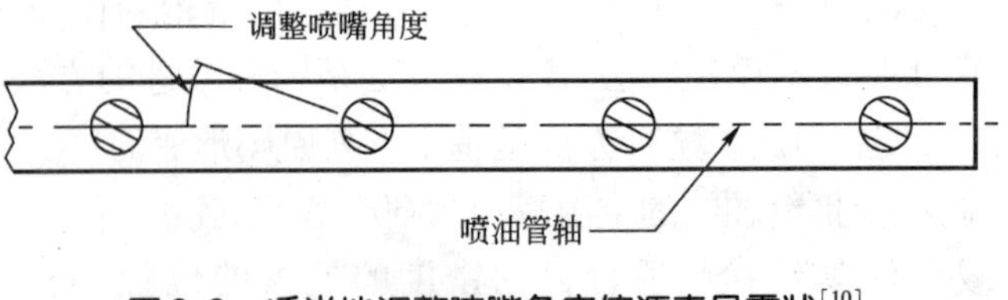

图9-6　适当地调整喷嘴角度使沥青呈雾状[10]

2)沥青用量过低　结合料不足可能是由于洒布车调节不适当,或是对现有路面干燥性评估与调整不准确引起的,也有可能是使用的吸水性集料高于预期的设计量。

3)集料损失过多　集料损坏可由下列原因引起:(a)使用集料过量;(b)延误集料铺洒;(c)使用了有灰而且脏的集料;(d)使用了潮湿的或湿润的集料;(e)沥青结合料的数量不够,因此不能与集料黏结;(f)延误压实;(g)过早通车。

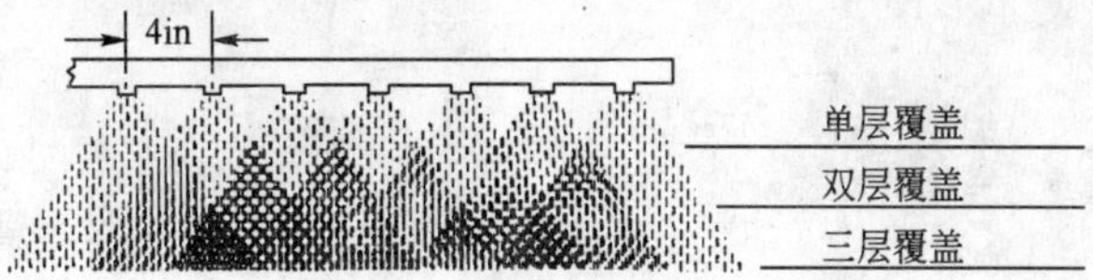

图9-7　调整喷油管高度获得均匀覆盖面[10]

为使损失最小并增加碎石黏结力,一般要求进行集料预拌,或在沥青结合料中使用一些聚合物掺合剂以增加其黏性。集料用HMA混合料拌和的路用膏体沥青预拌。一般沥青用量为集料的0.6%~1.2%。预拌集料应当保持自由流动,使其能与集料洒布机一起使用。

9.2.1.4　稀浆封层

由于稀浆封层所使用的原料、方法和施工设备都跟其他处治方法不同,所以它的效果跟其他处治方法也有明显的区别。稀浆封层是由乳化沥青、水、高等级的细集料与矿物填料组成的均匀混合物,当这些成分以适当的比例混合时,稀浆封层呈乳脂状,并具有流动性。一般地,这些成分会在一个车载的拌和室内进行混合(图9-8),拌和室将拌和稀浆带入紧连着的洒布机内(图9-9),然后把稀浆铺洒成一个光滑的薄面层。洒布机的后部安装了一系列柔软的橡胶刮板,刮平板能将稀浆保持在洒布机内,而后置刮板控制稀浆封层的厚度(图9-10)。封层厚度与集料最大尺寸近似相等。

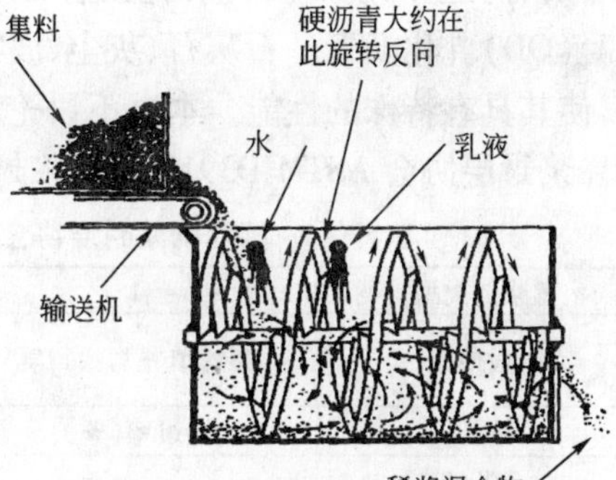

图9-8　连续式稀浆搅拌机[10]

稀浆封层一般有三种级配。级配的选择依据稀浆封层所起的作用而定。例如,表9-5中的Ⅰ类稀浆是用来填充表面裂缝并在路表面形成一个很薄的覆面[通常比1/8in(3.2mm)粒径的集料稍厚一点]。Ⅰ类稀浆的最细级配大部分由小于8号筛(2.3mm)粒径的集料形成。Ⅰ类稀浆有时也用作HMA罩面或石屑封层的准备。这种类型的稀浆用于交通量较少的区域,例如停车场、铺砌(的)路肩与那些主要用来密封水分、防护附加氧化作用、防止表面材料损失的封层。

图 9-9　连续混合式稀封层机与洒布机（摘自陆军工兵部队）

图 9-10　洒布机橡胶刮板（摘自陆军工兵部队）

II 类封层（表 9-5）比 I 类封层稍微粗糙，其最大集料尺寸为 1/4in（6.4mm），因此，它的一般厚度稍微大于 1/4in（6.4mm）。II 类稀浆是应用最为广泛的封层料。建议在沥青氧化造成的中等和严重松散和恢复/改善路面抗滑性的道路上使用 II 类稀浆。当需要改善抗滑性能时，集料应当是多棱角的和防滑的，因此不应使用天然砂，因为大多数天然砂都为圆形或次浑圆形状，并且微观结构较差。

III 类封层一般应用于表面严重不平整且需要含较大集料（表 9-5）的较厚路面。III 类封层建议用在多层结构中的第一层，因其具有较好的抗滑性能，并由于此类封层较厚，故能够填充小沉陷以减少水滑现象出现。

所有类型的慢凝（SS）乳化沥青都能用于稀浆封层，当道路急需通车时，就使用快凝（QD）乳化沥青。石灰石、灰尘、波特兰水泥与粉煤灰等掺和剂有时也加入稀浆中，使其具有特殊的性能。本书不讨论稀浆封层的设计问题，读者可以参考[13~15]国际稀浆封层协会 ASTM D3910 中稀浆封层设计、试验与施工标准。

国际稀浆封层协会建议使用的稀浆集料级配　　表 9-5

稀浆的类型	I	II	III
一般使用	裂缝填充与细封层	中等纹理面层的一般封层	第一次或第二次使用高构造面层的 2 层稀浆
筛孔	通过率（%）	通过率（%）	通过率（%）
3/8in	—	100	100
4 号	100	90 ~ 100	70 ~ 90
8 号	90 ~ 100	65 ~ 90	45 ~ 70
16 号	65 ~ 90	45 ~ 70	28 ~ 50
30 号	40 ~ 60	30 ~ 50	19 ~ 34
50 号	25 ~ 42	18 ~ 30	12 ~ 25
100 号	15 ~ 30	10 ~ 21	7 ~ 18
200 号	10 ~ 20	5 ~ 15	5 ~ 15
残余沥青含量（%）以集料质量计算	10 ~ 16	7.5 ~ 13.5	6.5 ~ 12
用量（lb/yd^2）	6 ~ 10	10 ~ 15	15 或更多

9.2.1.5 裂缝密封

封缝是一个日常性的维修工作。封缝首先是清理较宽的裂缝,然后防止水与不可压缩的物质进入路面结构,用填缝料填充清理过的裂缝。最常见的需填充的裂缝包括:纵缝、横缝、反射裂缝、边缘缝与块状裂缝等。磨损裂缝(龟裂)很少单独处理或封缝,因为裂缝类型的强度通常可以作为一个区域裂缝处治的根据,而不以单个裂缝的情况来确定。这种处治包括移除、重铺、罩面或对严重的磨损裂缝实施加铺。

通常裂缝裂口大于1/4~1/2in(6.4~12.7mm)时,可选择封缝。封缝一般包括以下步骤:

1)在工作区设置适当的交通管制工具。

2)清除裂缝中的碎片和任何使裂缝恶化的封缝材料。

3)使用压缩空气或特制扫帚来清洗裂缝。如果使用的是压缩空气,则在端口连接处不能使用自动润滑,因为在裂缝边缘的润滑油阻碍了填封料与裂缝边缘的黏结。

4)在浇灌热裂缝填充材料(最常用的)时,材料应注入到距表面1/4in(6.4/mm)深的裂缝中,这样才能消除填封料的痕迹,并且无需吸砂,有些施工单位操作时对裂缝进行完全填充,刷除表面的多余材料并吸砂。这样的工序使表面看起来更混乱,并且会留下明显的痕迹。因此不建议在行人交通繁重的区域使用这种方法。

5)等到填封料冷却后,刷去多余的砂,移走交通管制,开放交通。

如今使用的裂缝填封料多种多样。其中橡胶沥青填封料是最有效的。ASTM D5078中有此类填封料的相关规范[16]。预先包装的材料应使用特殊设备对其加热和分配材料。大多数生产商使用的加热和分配材料的特殊设备是加热和采用预先包装好的材料。由于加热锅大多用火加热,所以应做好安全工作,包括让封层人员使用护目镜与穿防护衣。需做专门的预防措施以防止水进入热沥青中,因为当热沥青与水接触时,会产生大量的泡沫(大约为其体积的5倍),在忽略管理与安全工作时可能会引起严重的灼烧与火患。

9.2.2 养护

养护一般包括修补、石屑罩面和薄HMA罩面。石屑罩面在以上章节中已经介绍过了,这一章我们主要介绍修补和薄罩面。

9.2.2.1 修补

不管裂缝是否与荷载有关(龟裂)或与环境或施工有关(横缝或纵缝),修补都是修理集中裂缝局部区域的一种最常见的方法。如果裂缝已经恶化到了极点,即在裂缝周围出现路面材料分裂现象,则必须被清除替换。

修补可以是部分深度修补，也可以是全厚式的，部分深度修补通常包括清除表面层并用 HMA 代替。全厚式修补包括完全清除路面甚至路基，或至无损坏的中间基层。柔性路面裂缝区域的典型的修补方法包括全厚式修补。部分深度修补通常使用于下面层黏结不良而出现滑动裂纹或发生搓板的区域。

全厚式修补是局部龟裂与坑槽修补的最常见的方法。利用 HMA 进行修补，被认为是能保持多年的永久性修补。频繁的坑槽紧急修补包括在恶劣环境下使用冷混合料，直到实施永久性修补之前，这种修补是在保持交通通行而采取的临时性的修补措施。

对 HMA 表面进行永久修补的工序步骤如下[2]：

1）设置与公路等级相符的交通管制。

2）用涂料、粉笔、龙骨线脚标记需清除的区域。最好是矩形区域，也可以是有直边的多边形。必须使线条与需清除的损坏区域周围的完全路面材料相隔 1 步远（300mm）。

3）用手钻或锯子从路面四周切割开多边形损坏处，切割面要保持垂直，它能确保修补材料与完好的邻近路面充分黏结。

4）清除坚实基层以上的松散材料。清除掉所有的松散物质，包括水分与浸透基层、底基层或地基材料。如果清除完了地基材料，用碎石或其他合适的基层材料回填至地基顶部。对于较小的修补通常更容易且最好是使用 HMA 全厚式修补法。压实下面层顶部与修补底部所有的回填料。

5）当用 HMA 修补时，在坑洞的边缘及在底部使用黏结层。同时，不能让黏结层与坑洞的底部混在一起。

6）铺筑 4in（100mm）HMA 面层并压实完每个面层。适当的压实是修补工作中的一个最重要步骤。事实上，如果没有适当压实，HMA 修补区的使用寿命将明显地降低，而且还可能没有冷混合料修补区的使用寿命长。填充料应该在修补处四周延伸，以确保压实修补区足够密实且和原来路面的高度相同或稍微高一点。平板夯具或压路机是 HMA 修补材料获得足够压实度的必需工具，而手工夯实不能让面层得到足够的压实作用。

7）使用直尺，检验修补区周围路面以确保修补区大约与周围路面水平，如果边缘不水平，则行驶质量将受到影响，特别是在严重的坑槽近距离修补时。

8）此步骤供选择实施，但如果要求修补区使用寿命较长的话，则必须实施。使用砂或石屑罩面密封修补区边缘，包括使用液态沥青吸去砂粒或集料碎片。这个密封带宽为 6 ~ 8in（50 ~ 200mm），可作为修补区边缘的防水层。

9）扫除路面表面的所有松散材料，并移至合适地点，然后移走交通管制工具并开放交通。

上述的修补工序在温暖、干燥气候中能够获得最好的效果。但是,不是所有的修补工作都能推迟到恶劣天气结束后。因此有些修补必须在寒冷、潮湿天气中进行。在这种情况下,可以使用冷沥青混合料修补材料进行紧急临时修补。在这种情况下,通常要遵循下列修补工序:

1)设置交通管制。

2)清除坑槽中所有大型、松散材料并尽可能多地扫除积水。这个时候不要企图重新修整坑槽。

3)用冷混合料修补材料填充坑槽并用手工夯实,最好用压路机压实。

4)扫除路表面的所有松散材料,移走交通管制设备,开放交通。

坑槽的修补相对来说比较特别,这并不是因为它的研究方法不同,而是因为存在比较高的可见度。事实上,坑槽修补是许多路段中最常见的,因为它是一个经常性的工作,特别是在春天。因此下一节将进一步讨论坑槽修补。

参考文献[17]中介绍了坑槽的永久修补工序,而且正好紧接上面讨论的永久修补的步骤。图 9-11 中描述了这个工序,并在每个图的右边作出了描述。

正如一般修补工序,坑槽修补有时必须在较差的施工环境中完成。在这种情况下,就可以使用紧急坑槽修补——上面描述的临时修补工序。然而,临时修补工序过于频繁会使坑槽修补造价过大。参考文献[17]给出了一个有效的管理研究结果,这个研究对比坑槽修补造价,使用了很多修补方法,随着修补坑槽的平均预计期限铺筑的每吨混合料的对比造价产生的数据列于表 9-6 中。

表 9-6 描述了坑槽修补工序可分为三个不同的组,这些组如下所示:

1)第一组——表 9-6 的方法 1、方法 2;

2)第二组——表 9-6 的方法 3、方法 4;

3)第三组——表 9-6 的方法 5。

第一组,包括冷拌材料的使用,不施加作用力清除洞里松散碎片和施加少量作用力压实放置在洞内的冷混合料。方法 1,通过用铲子背面将松散材料简单拍击两次来压实;方法 2 是采用卡车轮子来压实。这些修补方式寿命很短,只能维持 1 到 2 个月,且费用非常高。方法 1、方法 2 的费用分别为 300 美元/t、200 美元/t。

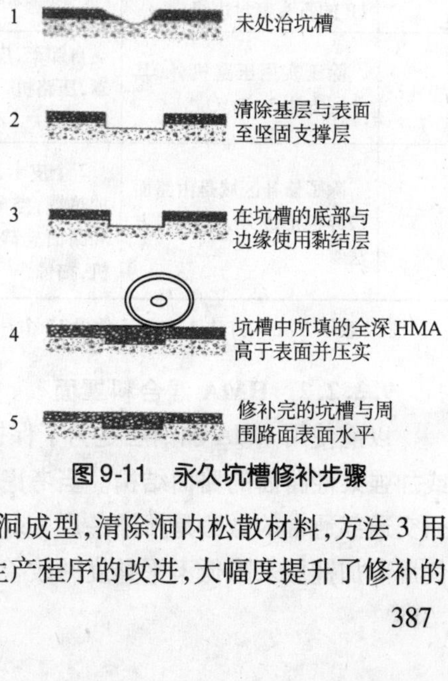

图 9-11 永久坑槽修补步骤

表 9-6 的第二组和第三组包括 HMA 混合料的使用,在洞的侧面用沥青黏结,并用动力设备压实。方法 3 和方法 4 包括用手动设备使洞成型,清除洞内松散材料,方法 3 用击实夯具压实,方法 4 用小压路机压实。这些生产程序的改进,大幅度提升了修补的

寿命,从1或2个月(方法1和方法2)增加到12个月,相当于每吨材料每年的成本减少了2/3。第三组(方法5)类似于第二组,只是修补区域由动力设备成型,这使材料每吨费用稍微增加,但延长了修补的平均寿命。

方法1一般是在最极端的环境下才使用,因为每吨材料的费用过高。在方法3、方法4、方法5所描述的过程中,所有维修人员都应接受培训,并告知其使用方法1和方法2的费用差异。

不同路面坑槽修补方法费用对比 表9-6

方法编号	方法描述	设备要求	每台班放置吨数(t)(7.5h)	放置每吨材料的费用($)	修补寿命(月)	每吨的年成本($)
1	用冷混合物将洞填满,同时用铲的背面两次拍击补丁以压实,尽量清理洞并使之成型,同时使其与面层齐平	自卸车铲子	18.0	25.64	1	307.68
2	除了压实使用自卸车的轮胎外,其余同方法1	自卸车铲子	12.0	31.8	2	190.8
3	用大锤和斧子凿出修补形状,用鹤嘴锄清除松散的沥青,清扫修补区,将修补区域的表面压紧,用小压路机压实,铲入填充材料封死,同时用黏层油和#1B的石头密封边缘	自卸车,皮卡,加热罐,斧子,爬犁,鹤嘴锄,扫帚	6.0	63.29	7*	63.29
4	除压实用压路机外,其余同方法3	自卸车,皮卡,加热罐,压路机,斧,爬犁,鹤嘴锄	7.0	61.41	7*	61.41
5	除了修补区域是由路面破碎机形成外,其余同方法4	2个皮卡,自卸车,加热罐,空气压缩机和路面轧碎机,压路机,扫帚	7.0	65.22	7*	65.22

注:*表示方法3、方法4、方法5假设12个月后出现破坏,尽管各种可能的修补寿命会超过1年。

9.2.2.2 HMA混合料罩面

以前使用HMA加铺层是为了保护日益恶化的路面、降低粗糙度、恢复抗滑性能或加强柔性路面的路面结构。当考虑恢复抗滑的必要性和保护损坏路面时,大多数州交通部通常的做法是摊铺一层1in(25mm)的薄HMA加铺层。有些交通部门甚至使用薄加铺层来降低不平整度并改善行驶质量。在有些环境下,使用薄加铺层效果是很好的。然而,不是所有的问题都能够使用薄加铺层来解决。加铺层的厚度还需适应道路断面上存在的不平整度的种类变化。美国许多州的交通部门试图采用整平层来整平严重扭曲变形的横断面或纵断面。在很多情况下,使用铣刨机将旧路面铣刨成一个平面比使用整平层经济可靠。

为了加强路面结构而使用加铺层,即使有些加铺层能够使用一段时间,但薄的加铺层一般很少符合成本效益,这主要是因为薄加铺层冷却过快,不易将其压实至最佳强度和耐久性所要求的空隙率。此外,薄的HMA加铺层通常易从现有表面剥落。因此,当务之急,当路面需要加强时,工程师需对稳定现有路面状态进行充分分析,确定原材料的强度性能;确定服务的期望寿命,估计交通量,并使用参考文献[4,19,20]的某一种加铺层设计方法或采用业主方法确定所需加铺层厚度。只有使用适当的工程设计程序和正确的周期经济成本分析,才能确定加铺层厚度设计的最佳成本效益组合并保证今后的维修活动。

如果必须使用薄HMA加铺层,应保证以下几点:①HMA混合料最大骨料粒径对于加铺层厚度是合适的;②正确使用黏结层;③在温暖的天气开展工作,以获得预期的压实强度;④保持良好的HMA施工质量控制。

9.3 修复

如前所述,路面在使用过程中(交通荷载)和老化作用下(风化)其磨耗率会增加。虽然预防和纠正性的维修有助于延长其使用寿命,但路面迟早是要进行全面的修缮。很多时候,交通量的增加比估计的要高,而修复也比预期的要早。表9-3给出了公路局所使用的不同修复技术。这些技术包括:表面热再生、薄加铺层、开级配磨耗层、铣刨、结构再生、结构罩面、减缝层处治,混凝土路面的开裂和封层是一些可选择的修复。薄加铺层在前节已经讨论过。

9.3.1 表面热再生

HMA路面沥青的氧化或老化在路表面处发生得快,因为这部分是暴露在空气中的。这种氧化和老化能导致路面剥落和表面裂缝等损坏。表面热再生对于恢复和修复化来说是一种有效创新的技术,此类HMA路面一般铺筑1in(25mm)厚。这种技术也被用来纠正一些路面缺陷,如轻微波纹、磨光集料、泛油表面。如果路表面是由不好的路基引起的龟裂和坑洞,那么表面热再生则不是有效的方法。

表面热再生通常与作为新的行车路面的HMA加铺层相结合。应用加热和翻松现有表面混合料,能够抑制新HMA加铺层上反射裂缝的发生。同时,表面热再生为新老HMA层提供了强有力的黏结。

热加铺层过程可通过铺路列车或系列化(一次通过)法完成。主要有以下几个步骤:

1)加热　安装高强度加热器的一个或多个机器低速驶过路面,将现有HMA路面预期深度加热。热量应恰能软化HMA,并使集料颗粒无须破裂便能将其翻松。过多的热量会造成HMA路面老化,损坏黏稠沥青黏结剂,并产生不必要的烟雾。

2)翻松　翻松单元使现有表面在预期深度内变松,并将集料颗粒重新分布至一定程度。这个过程打破了现有路面裂缝格局,并有利于防止反射裂缝。

3)再生　如果翻松的混合料中沥青很硬且脆,就必须将再生剂加入松散混合料中。再生剂的选择是在经过沥青老化试验后进行的。

4)新HMA加铺　新的HMA摊铺是在松散的(如果必要,需要添加再生剂)混合料上进行的。如果表面热再生是在结构满足的路面上进行表面损坏修复,那么摊铺一个薄的HMA即可。另一方面,为了加强路面结构,则必须精心设计使用厚的HMA层。

5)压实　正常压实是用来压实翻松的新的HMA加铺层的。压路机必须紧跟着铺路机械队伍,并保证在新的混合料热的时候压实。

现在有很多类型的设备能完成加热—加铺过程。一些整体单元能将翻松的HMA与新的HMA混合料在搅拌机内一起拌和。这种拌和过程对于改善现有混合料组成(级配和沥青含量)是很有益的。举例来说,如果现有的HMA路面由于过量沥青含量而泛油或车辙,可以与干净的新混合料一同拌和使其达到预期的沥青含量。同样,级配也可通过此方法获得改善。

表面热再生的指南与规范及其再生过程可从沥青回收和再生协会获得。

9.3.2　开级配磨耗层

第七章已经对开级配磨耗层(OGFC)进行了详细的讨论。开级配磨耗层是一个高空隙率磨耗层,能用于由于集料磨光或泛油引起失去抗滑能力的HMA路面的修复。开级配磨耗层包含了大量的同一粒径的粗集料,以确保高空隙率并使其高透水。这对于减少水滑现象,减少湿路面交通事故非常有效。在欧洲,它被广泛用于城市地区,以减少道路噪声。但重要的是要改正所有结构性缺陷,并在开级配磨耗层建设前期密封所有裂缝。

9.3.3　冷铣刨

冷铣刨的过程是由带有硬质合金钻头转筒的铣刨机翻松HMA表面到一定的深度。铣刨机是20世纪80年代发展起来的,现在主要用于旧路面的回收和加铺。铣刨机具有自动坡度控制,可为罩面施工改建纵横坡。事实上,大部分路面变形可用现代铣刨机来处理，只有路基土壤膨胀变形过于严重这种情况不能用刨铣机修复。因此，铣刨机可用于消除大小车辙、隆起和路面材料损坏，并使得有剪切流变性能或剥落的铺层变得完善起来。铣刨机能够在不损害下面层材料的情况下清除材料。粗糙的抗滑性能较好的表面，使得其与罩面间有较好地黏结。刨铣后，在平坦的表层施加罩面，因此，罩面的厚度是相同的，均匀地压实和摊铺，可符合极为严格的平整度要求。

使用铣刨机有如下优点：

1）无须使用楔形整平层，不必为建立平整断面估算所用材料量和压实材料的宽度和厚度（图9-12）；

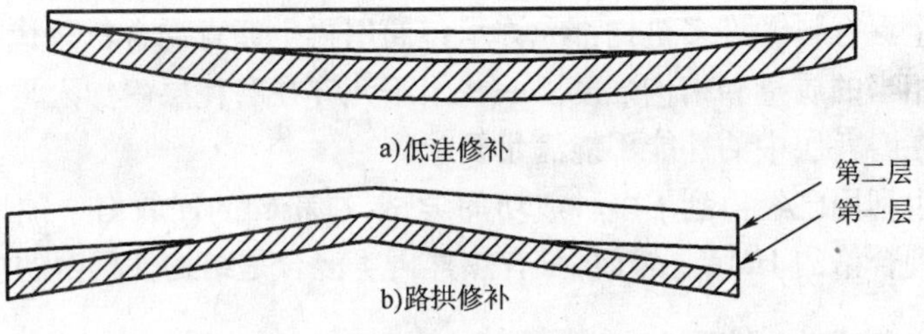

图9-12 用铣刨机建立横坡和路拱消除整平问题（沥青协会）

2）为再生操作提供回收料（RAP）；

3）能够高效去除不适合路面铺筑的出现严重剪切流变和剥落的已损坏的HMA材料；

4）能够提供一个高抗滑表面以适合交通临时使用，也可用于发生泛油或集料磨光的滑溜路面恢复抗滑；

5）在加铺HMA层前，可以保持或改建路缘线和排水沟；

6）能够为桥梁结构、交通通信和高架设施提供跨线净空。

近年来铣刨机的效能得到很大的提升，生产商加强了机器动力，简化了用于控制的液压系统，并改进了齿轮设计，包括齿轮形状和材料，让每个齿轮能清除更多的吨位。这些改进措施表现在铣刨机费用和切削深度两个方面如下所示：

切削深度(in)	费用(美元/t)
1	1.86 ~ 1.88
2	1.39 ~ 1.40
3	1.04 ~ 1.13
4	0.93 ~ 0.90

注：1. 单独切削；

2. 费用包括折旧、维修、机器运营以及2名员工的劳务费。

9.3.4 结构性再生利用

结构性再生利用不像表面热再生那样只限于 HMA 路面上层 1in 的厚度，这种方式可以实现任何预期的厚度，而且可以再生一个或多个柔性路面的承重结构层。在很多情况下都可以使用此类修复方式。例如，一些未处理的路面层需要提升质量和强度，或者去除并更新发生剥落的 HMA 层。在过去以新材料取代旧材料是一种普遍的做法，但是近年来节约能源和材料的需要已促使许多机构采用路面再生策略。

结构性再生利用第一步是去除预期的结构层，即完成了前面所说的冷铣。回收料或刨除料可从现有路面上获得，然后通过 HMA 设备进行再生。第七章详细地讨论了热拌再生混合料。许多机构都允许承包商用再生沥青混合料替代新的 HMA，因为两者具有相当的质量和结构强度。一些州不允许在磨耗层内加入再生的 HMA，主要是因为它在磨耗层中的性能不能满足要求。

路面再生利用已经得到了多种成功的尝试，在粉碎的回收料中加入集料和沥青拌和可以得到合格的 HMA。然而，只有热拌再生混合是结构性再生的主要方法。

9.3.5 结构性罩面

当交通荷载超过初始结构设计分析的设计荷载时，路面会出现结构缺陷。这些缺陷需要结构加铺层提供额外的强度去承受更多的荷载。在大多数情况下，结构罩面组成了 HMA 表面层。结构罩面能够降低维修费用，延长路面使用寿命，提高路面舒适性，改善路面防滑性能。不像混凝土路面，HMA 罩面可以将交通的干扰降至最低。

HMA 罩面的结构设计是基于现有路面结构评价的，通常有三种设计方法：弯沉分析法、组成分析法和力学分析法。

弯沉分析法包括测量路面弯沉和分析不同交通的影响。现有路面结构的荷载承受能力现场测试可用于预测未来需求。组成分析过程是根据实验室数据和以往路面试验（如 AASHTO 道路试验等），将每个面层厚度转化成相对的 HMA 层厚度。然后利用路基强度、路面结构和交通量的关系来确定总厚度。力学分析包括结构中材料的黏弹性现场评价和路面病害如车辙和磨损开裂等损坏标准的使用。如前所述，参考文献[4,19,20]给出了罩面的设计方法，参考文献[22]提供了一个很实用的沥青罩面的设计程序。

9.3.6 开裂缓解层

降低和减少反射裂缝的发生是延长混凝土或 HMA 罩面寿命的关键所在。文献[23]中总结了关于把反射裂缝减少到最低限度的资料。当水泥混凝土路面加铺

HMA时,出现的大部分问题是由于反射裂缝。由于温度引起的应力,混凝土路面上几乎所有的接缝处在HMA罩面出现强应力。接缝处运动可能与温度和荷载有关,温度引起横向运动、卷曲和翘曲,荷载引起接缝处变形、裂缝和边缘损坏。

图9-13显示了旧路表面裂缝HMA罩面后荷载移动引起的荷载诱导应力。这里有三处应力达到了HMA罩面的最大值。

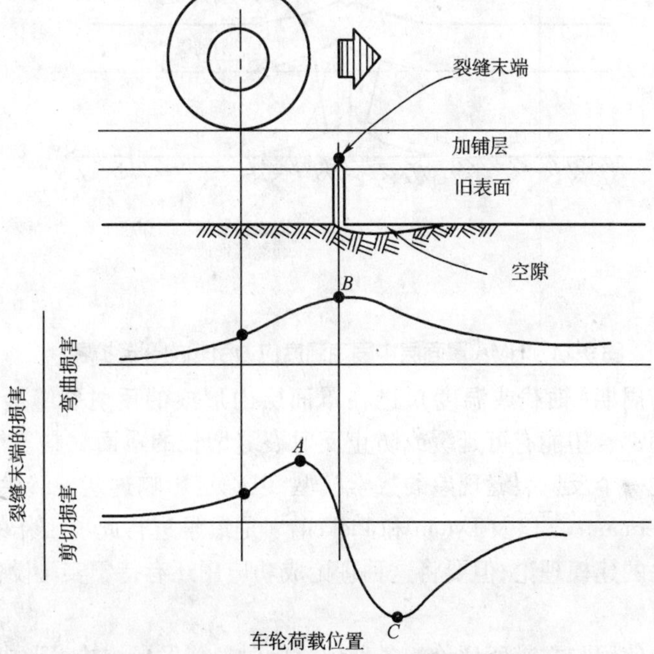

图9-13 荷载产生应力导致HMA罩面层裂缝扩展

1)弯曲应力随荷载接近裂缝而增加,并在荷载直接作用于裂缝上时达到一个峰值点B,然后随着荷载移开而减小。

2)当荷载接近裂缝时,HMA罩面内形成剪应力。

①剪切力恰在荷载到达裂缝前,即A点,达到一个最大值,然后随荷载越过裂缝立即减小为0;

②在相反方向,荷载接近点C时,剪切力迅速形成,然后当荷载接近混凝土板中心时,剪切力逐步减小趋于0。

这个加载过程发生的时间相当短,高速驾驶时只接近0.05s,处于这个加载率时,水泥板和HMA材料的刚度是非常高的。

也许最重要的荷载不是由车轮荷载引起的,而是温度循环引起的。图9-14简要描述了温度对水泥板热收缩和翘曲的作用,以及HMA罩面层在翘曲处的运动情况。

相对于来自荷载轴重压力的负荷率来说,温度变化引起的负荷率非常缓慢。它们的发生长达数个小时甚至是一天大部分的时间。在这些非常缓慢的负荷率下,HMA 的刚度是相当低的,相同的材料相对于交通荷载负荷率来说,其模量要低 1 000 ~ 10 000 倍。

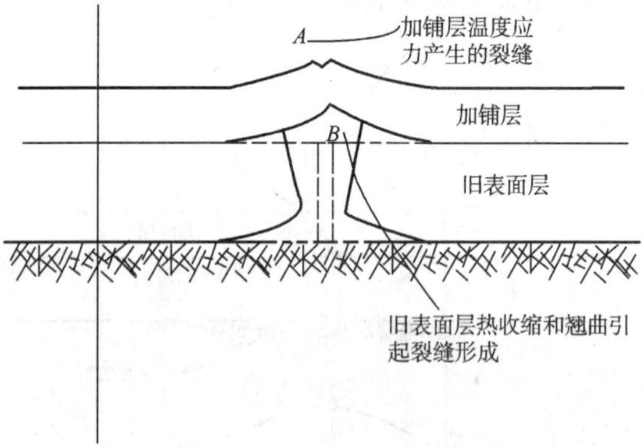

图 9-14　HMA 罩面层中固定温度应力引起的裂缝扩展

在每个负荷周期(轴载或温度),已在罩面层内形成的反射裂缝会变得更长一点。公路工程师都希望能有可延缓或防止反射裂缝增长的罩面材料。然而,没有什么理论能够建立一个反射裂缝现象的数学模型,以确定影响这些裂缝生长的材料性能。Lytton 和 Germann[24] 以及 Lytton 和 Pickett[25] 是最早进行此项工作的,他们发展了反射裂缝现象的建模理论,但要将这种理论成功应用还有待于实验设备的发展,以找到所需要的材料。

里顿理论的使用与文献所评价的各种延缓反射裂缝发展的技术形成了鲜明的对比。延缓反射裂缝的现场试验技术已经通过各种程序和方法进行了实际尝试,形成的开裂图形对于现场控制来说是有效的。不同技术的成功尝试其效率被报道的也各不相同,主要可以分为以下四组观点:①增加 HMA 罩面厚度;②对现有路面进行特别处理;③只对裂缝或现有路面接缝作特别处理;④加强 HMA 罩面的设计。

9.3.6.1　厚罩面

为了加强现有路面的结构强度,有时候会用到 HMA 罩面。然而,罩面主要是用于修复表面缺陷,改善抗滑性能,或防止在现有路表不连续处发生渗水现象。在这些情况下,罩面经常不会超过 2 ~ 3in。通过增加罩面厚度来延缓反射裂缝的生长被认为是不完全成功的。增加的厚度只有对路面结构起到重要作用时才会对反射裂缝起到抑制作用。

厚罩面对于延缓裂缝的增长主要反映在以下几个方面:①裂缝处应该补充填缝料;②路面增加的强度可以减少由荷载在裂缝处引起的应变;③罩面后下面层受老化

的材料可以不再受到光和氧气的影响[26]。由此可以看出,①和②是延缓反射裂缝发展的主要因素。

9.3.6.2 现有路面处治

现有路面处治包括两个方面,一是打破现有路面的开裂模式,二是在整个路面上加铺 HMA 层,盖住裂缝并防止其进一步发展。打破现有路面的开裂模式主要有以下几种方式:①将一块混凝土板分成数小块,单个小块比整个板要小很多;②将现有路面弄碎,添加再生剂并压实面层;③将严重开裂的 HMA 表面用加热器翻松至不同深度,一般是 0.75 ~ 1in(20 ~ 25mm),然后添加乳化剂或再生剂,最后压实。

混凝土板块破碎后,通过重型压路机稳定碎块来使反射裂缝降到最低已经成为很流行的处理方法,这种方法将在后面的章节中详细讨论。

一些部门尝试在严重受损的混凝土面层和 HMA 罩面间设置一个厚的沥青碎石稳定层。沥青碎石稳定层一般设置厚度为 4 ~ 6in(100 ~ 150mm),并通过压路机压实。阿肯色州运输部在罩面层上试行使用的沥青稳定层厚度达到 6in(150mm),集料单一粒径为 2 ~ 3in(50 ~ 15mm)。这种混合料被称为阿肯色混合料,试用的结果是不明确的,因为它延缓反射裂缝,但不能阻止反射裂缝的发展。

用于延缓反射裂缝的另一种技术是在现有面层上加铺一层薄沥青或橡胶沥青或沥青纤维层,或是沥青和集料的封层。这种面层经常被称为薄应力吸收夹层(SAMI),当下面层水平运动产生应力时,这种方法传递给 HMA 罩面层的应力将会减小。由于这种软的应力吸收层吸收了很高的应变但并不开裂,所以阻止了旧面层上的裂缝发展到 HMA 罩面层。这种夹层在不同实验路段的实地测试有不同的结果,这种技术有许多问题,其中最基本的一个是实验室没有可测试的材料能够与理论模式相对应。所以,很难设计或者选择一个有特殊性能的材料来阻止反射裂缝的传播。

9.3.6.3 现有裂缝和接缝处治

从 1960 年开始,许多部门就尝试对现有路面的裂缝或接缝周边进行处理来减少反射裂缝。一般的,清除大的裂缝或接缝中的杂质,填充可压缩的材料,然后在裂缝和接缝中覆盖黏结材料。这种操作可以让 HMA 层保持与旧表面附近的裂缝黏结,从而可以增加预计长度而超过覆盖层吸收下面层运动产生的应力。用于现场的黏结材料包括薄板材料、沥青防水材料、蜡纸、细石屑、农用石灰、铝箔和添加纤维的沥青或橡胶沥青[25,26]。施工的难点,是要关注轮胎刹车时的横向位移和频繁发生的多处裂缝代替单一的反射裂缝,应力夹层的开发和应用限制了这些方法的使用。

9.3.6.4 特殊罩面设计

当下面层板的运动变形不能控制时,我们可以直接引入抗变形能力较强的 HMA 设计方法。典型的改良设计方法包括向 HMA 中添加软化沥青或橡胶和聚合物改良后的沥青。当加入的软化沥青过量时有一定的影响,即在沥青流动过程中稳定性有可能降低,从而降低路面行驶车辆的安全系数。这种方法已被证实不适用于较大交通量的道路路面。

工程师们对 HMA 罩面中添加外加剂和强化剂的影响效能进行了调查研究。掺加到原材料中的外加剂,通常会增加混合料的柔软性、弹性和韧性。添加外加剂所产生的这些属性可以改变橡胶材料和一系列聚合物原料的性质。许多州立运输部的规范都采用这种属性来评价实验室和现场摊铺时原材料的性质。大多数试验都没有用于交通领域,直到 1990 年才确定了哪些材料在什么环境下具有最好的和易性。

多年来向 HMA 罩面层中添加强化剂,能够大幅度的提高沥青的抗拉性能和降低沥青对裂缝的敏感程度。前期工作包括在焊接金属纤维或者金属网格和石棉纤维之前进行钢材增强,但这些都没有成功。由于环境的因素,石棉纤维的使用量较少。后来人们在搅拌过程中向混合料加入少量的人造纤维或者伸缩呢绒。虽然实验室使用纤维强化剂相对较新以及所得到的试验结果也没有决定性,但是它所具备的潜在优越性被观察和记录下来[23~25]。

人造纤维的使用具有十分重大的意义,即它能够抑制材料出现裂缝。这些纤维不管是编织过的还是未编织过的聚合物,聚酯的或者尼龙的,都用于罩面施工中以增加罩面层的抗拉性,改善罩面层防水性,从而降低其出现裂缝的可能。如前面所述,这些纤维开始被用于现有公路的直接修补,另外还被设置于负荷较重的层面部位,用于增加层面的抗拉性能。联邦公路管理局鼓励试验中使用这些材料,并且建立了试验基地去评价这些材料的性能[23]。许多学术报道对试验基地的建设问题和实验室与路面条件有细微差别时的质量问题,以及影响试验基地建设的一些可变性因素进行了分析讨论。试验基地的许多成果也展现了成效。现在所需要的是一种关于路面性能及路面性能对作为裂缝缓解和加筋材料的纤维夹层材料性能的影响的评价方法。Lytton[24,25]研究出来的 TTI 罩面实验机正好能够服务于这种目的,见图 9-15。

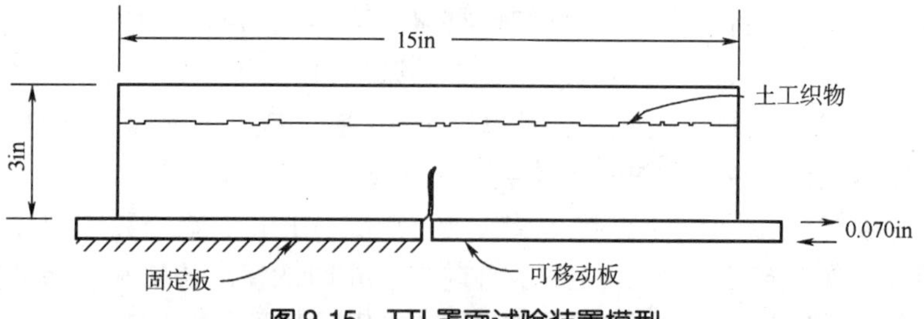

图 9-15 TTI 罩面试验装置模型

TTI 罩面实验机是一种对罩面影响设备模拟公路基层水平运动的检测装置。实验室配制 3in × 3in(76.2mm × 76.2mm)的 HMA 试件,在试件成型后,当设备的可移动板靠近固定板时被胶结在检测器的金属板上。测量出产生裂缝所需的压力和裂缝在每个循环中所达到的宽度,可移动板在压力作用下所运动的长度将等于所预计的裂缝水平移动的长度。检测器在模拟接缝的运动时将会循环作用,直到裂缝波及路表面和路面损坏发生为止。根据上述运动所测量得到的数据,HMA 破碎性质将可以确定下来。

可以把标准的罩面试件与利用多种纤维进行处理过的试件进行对比,Lytton 已经研究了不同纤维物所产生的效果、所加入纤维的数量以及纤维所填入的深度[25]。里顿的研究证实,把纤维当成一种路面基层的增强剂具有较大的经济效应。然而,这一结果在生产服务中所能达到的效应还不能做出一个明确的评估。

9.3.7 处治混凝土板反射裂缝的方法

本章节首先将讨论通过 HMA 罩面防止现有混凝土路面反射裂缝以达到罩面预期寿命的举措,然后介绍早期延缓反射裂缝增加方法。30 多年来,工程人员一直尝试将水泥板分成数块分别进行处理的方法来阻止反射裂缝的生长。直到 1970 年中旬,美国各州的运输局通过大量的现场工作,确定了最好的延缓和控制反射裂缝的方法,这些方法主要有以下几类(表 9-7):

1)开裂与固定;

2)破碎与稳定;

3)碎化;

4)锯缝及密封。

水泥混凝土路面罩面前的几种处治方法 表 9-7

混凝土路面条件	混凝土路面类型		
	JCP①	JCRP②	CRCP③
结构稳定,但不平整度高,需要补强		锯缝与封层	
结构稳定,但不平整度高,出现较大碎石剥落现象	开裂与固定	破碎与稳定	
路面结构恶化以至于无法保持混凝土板的完整和结构稳定性	碎化与压实	碎化与压实	碎化与压实

注:①接缝式混凝土路面;
②接缝式钢筋混凝土路面;
③连续配筋混凝土路面。

Witczak 总结了联邦公路局混凝土路面相关修复技术的一些定义,其内容如下:

1)开裂(cracking) 荷载通过较小结构损失的、集料衔接的裂缝处形成轻小的裂缝。通常适用于非加强的接缝混凝土路面(JCP)。

2)破碎(breaking) 导致强度破坏或混凝土横向黏结材料的损失,通常适用于接缝式钢筋混凝土路面(JRCP)。

3)碎化(rubblizing) 水泥混凝土板完全破坏,适用于所有的混凝土路面。

4)稳定(seating)　在事先要开裂或者要破碎的路面上用35～50t的橡胶轮胎压路机压两到三次。用10t振动轴压机进行两次夯实碎化路面。

5)锯缝与封缝法(saw and sealing)　HMA罩面前,对现有混凝土路面的接缝和工作缝进行直接锯缝与密封。这种方法一般适合在好的条件下有较长接缝空间的接缝式钢筋混凝土路面。

使用这些定义和描述便于我们在罩面施工前对原有路面处治方法进行选择。开裂稳定工法只适合接缝混凝土路面,而破碎稳定工法则只适合接缝加筋混凝土路面。锯缝与密封工法能够用于接缝混凝土路面和接缝加筋混凝土路面中,但是针对大多数接缝混凝土路面来说,接缝间隔太短会使锯缝与密封工法的实施造价过高。碎化稳定法适合于任何损坏严重的水泥混凝土路面。

9.3.7.1　开裂、破碎和碎化混凝土路面设备

这个设备能够分成以下五个基本类型:

1)破碎起重机;

2)路面辗压机(落锤、截断机和液压或者气压锤);

3)打夯锤;

4)滑轮吊车锤;

5)共振试的路面破碎机。

参考文献[21]和[28]详细介绍了这几种类型的设备,表9-8也对各类设备的特征和生产效率作了一些归纳。

各种设备的特征和生产效率　　表9-8

设备类型	应用	功率 (ft. lb)	工作效率 (lane-mile/d)	优点	不足
破碎起重机	不适合其他设备处理的小区域		0.25～0.75	实用性能广	需要熟练的操作手
滑轮吊车锤	JCP		1.00	覆盖全幅的高效率	不适合JRCP
落锤	JCP和带铁丝网格加固的JRCP	4 800～15 000	0.15～0.75	对JCP高效	不适合带铁丝网格加固的JRCP
截断机	JCP、JRCP	12 000～120 000	0.75～4.0	具有以上的全部优点	
撞击锤		2 000			只能部分碎化
打桩锤	JRCP	8 000～115 000	0.27	覆盖全幅	低效率
路面共振破碎机	JCP、JRCP、CRCP	<2 000	0.50	高效碎化	对于横向裂缝无效

破碎起重机的使用全部取决于操作手的操作技巧。主要是控制下落高度、摆度、破碎球的旋转以及下落的方向。不同的操作手效率差不多,但是结果可能大相径庭。这种设备必须认真估计相邻车道何处的交通能被维护。用这种设备产生可接受的开裂形态的机率最小。

几种型号的路面破碎机已经成功地用于混凝土板的开裂,落锤的组成都是自身驱动的机组,这些锤头升高几米后释放,锤头落下来并重重地撞在板面上。与混凝板接触的锤头几何尺寸是非常重要的,如果太薄的话,这个混凝土将会被震碎而产生石块。但是太宽的话,能量就会分散,同时没有裂缝的形成或是裂缝没有穿透板。因此有必要选择一个适合的锤头进行作业。这样才能产生理想的开裂形态。图9-16展示了一种重力式落锤。

图9-16 用于普通混凝土路面的重力式落锤

轧刀落锤是另一种常用设备。这种落锤一般重7t,能够自动升到一个预设的高度,然后再释放下来(图9-17)。这个装置是自行推动的,并且能使它的速度调节到能够产生理想冲击,完成开裂形态。重锤在能效范围内通过调节高度,可以产生理想的开裂形态。

第三种路面破碎机是利用撞击锤,撞击锤一般来讲是通过液压或空气作用来驱动的。它安装在反铲机或挖掘机的尾部(图9-18)。作用于路面的能量是由一个形状像黑桃形或锤形的锥提供的。这种设备对混凝土路面的破坏效率很大。另一方面,可以通过提高锥头的设计型号以及操作方法来改进工作效率。

打桩锤(图9-19)同样广泛地应用于水泥混凝土路面,驱动装置的冲击能量通过控制油量来决定。增加燃油流量可以增加冲击能量,反之亦然。这种破碎机一般每分钟撞击50次,撞击面积由牵引机的速度决定。

图 9-17　轧刀重力式落锤

图 9-18　液压冲击锤

滑轮吊锤是由一系列长度不等的钢板弹簧组成,并附有一块连接到冲击末端的平板(图 9-20)。这个装置被悬挂在牵引车尾部,牵引车可以提供驱动力和液压来升高吊锤到一定的冲击位置。在这个冲击位置上,钢板弹簧是弯曲的,一旦释放锤子就会飞下来冲击路面。吊锤的型号有钻石形、方形和长方形三种。

图 9-19　打桩锤

图 9-20　滑轮吊锤

共振破碎机的原理是通过改变振动力来确定机器的共振频率。就振动频率来说,通过振动能量供给的作用力大大提高,由于振幅反应的速率对振幅的输入没有束缚,共振频率通过振动提供的能量可以很快地提高。共振破碎机提供给水泥板的能量是通过安装在 12.5ft 高的钢臂上的锥形盘来实现的。水泥板的自然频率大概为 44cps,输入的振幅以 2 000lb 的力在 1.25 ~ 1.5in 之间变化。这种撞击系统能够将水泥板分开,破坏混凝土与钢筋的黏结,并加快消除加固钢筋与钢丝网的黏结力。

9.3.7.2 开裂形态和破碎尺寸。

Crawford[29]、Kilareski 和 Stoffels[28]研究报道了美国许多州要求的破碎板块的尺寸为1.5~2in(460~610mm)。然而各个州不同的情况也不尽相同。这个差别是由实验结果决定的,哪一种是最好的尺寸阻止反射裂缝的出现。例如肯塔基州所做的破碎板块尺寸小的为3~6in(75~150mm)不等,大的是2.5~3ft(760~910mm)不等,而加利福尼亚州、爱荷华州、堪萨斯州、明尼苏达和宾夕法尼亚等州规定碎块大小为3ft×3ft(910mm×910mm)。

水泥板破裂后,必须确定开裂形态是否满足规范要求,是否沿着不同方向扩展到整个混凝土板块。正确的开裂技术是全厚板出现一系列的细裂缝。有些州报道说监理员可以通过注水让细裂缝呈现出来。还有一个问题就是如何知道开裂是否沿着不同方向延伸到整个水泥板。因此,有些州通过水泥板开裂前后的可视裂缝调查加上偏差分析,利用偏差率间接确定开裂是否沿着不同方向延伸到整个板。偏差率是开裂稳定工法实施后的偏差除以之前的偏差得到的数值,代表了水泥板破碎程度。

参考文献[27]的研究结果提供了一些有用的数据。研究中包括了在34个州487个实地项目收集的部分完整数据和鉴定。其中有118个项目为现场调查,这118个项目包括了以下混凝土路面处治方法:破碎稳定工法、开裂稳定工法、碎化和锯缝与密封后的HMA罩面。

现场调查包括可视破坏调查,这种调查和路面状况指数(PCI)应该与使用落锤式弯沉仪(FWD)测验的无损弯沉一致。落锤式弯沉仪的数据用于反算每个测验板块混凝土层的有效模量,其他相关的数据将被公路部门保存下来,为每个测验板块形成一组完整的数据。

9.3.7.3 开裂板块稳定

完成开裂后,混凝土路面板块一定要实施坚固的稳定。如果没有得到适当的稳固,单个的板块可能在荷载作用下松动并引起反射裂缝。因此,破碎的混凝土板能够阻止因水平移动导致的反射裂缝。板块必须在固定的位置才能达到阻止因荷载垂直位移作用而产生的反射裂缝。一般来说,轮胎式重载压路机在稳固混凝土路面板块的应用较好,而钢轮压路机不能达到预期的效果。最好的稳固结果可以通过35t或50t的轮胎式压路机来实现(图9-21)。50t压路机碾压2次和35t的压路机碾压7~8次将得到同样好的效果。通常,50t的压路机应该用于有更大裂缝空隙和大面积破碎块的板,而35t压路机用于小裂缝和小破碎块的板块。

9.3.7.4 开裂—稳定工法其他事宜

在对旧混凝土路面板块进行开裂/破碎与稳定工法之前,应该进行一些细节状况调查,检查接缝和工作缝的状况。如果有很多接缝损坏严重,需要大面积填充填缝料时,对混凝土板进行碎化作业可能更经济合理。选择厚度设计时,应该依据寿命—成

图 9-21 轮胎式重载压路机

本分析，对开裂与稳定工法、破碎与稳定工法和碎化加罩面进行比较选择。

美国许多州进行破碎稳定工法和打破稳定工法的同时也建好了边沟。好的排水系统能够提高路面的性能，为边侧的开裂提供高效操作。一个有效的开裂处理过程，应该能够提供清晰可见的板块开裂依据(图 9-22)。

图 9-22 开裂稳定工法产生的开裂形态断面

一般来说，开裂/破碎与稳定工法和碎化混凝土路面的厚度设计都是基于经验和工程实践判断的。参考文献[29]和[30]介绍了评价开裂/破碎与稳定工法、破碎与稳定工法适合结构层系数的方法。当混凝土路面已经破碎化，那么基本上就变成了集料基层了。在路面设计过程中应该确定 HMA 的用量。在混凝土路面或碎化的混凝土路面上实施罩面时，其厚度设计可参考文献 1986 年 AASHTO 指南[4]、沥青协会的 MS-17[19]或公路设计准则[20]。

9.3.7.5 锯缝与密封

锯缝与密封工法认为，当反射裂缝发生在水泥板 HMA 罩面层上时，将窄小弯曲的裂缝切割成笔直凹槽进行填充和维护，比直接填充和维护要更容易和有效。Kilareski 和 Bionda 的研究发现，锯缝与密封工法在 1954 年就被提出来了，但是一直没有被应用于实践。这种方法从第一次使用直到今天，其操作过程变化不大

(图9-23)。Kilareski 和 Bionda 对锯缝与密封工法的研究得出了如下结论:

1)在美国东北部有很多关于锯缝与密封工法的现场经验,然而,近年来美国其他州也使用这种方法,绝大部分州的使用效果比较好,只有个别州的使用效果不明显。

2)锯缝与密封工法在切割裂缝之前应准确的定位,这一点非常关键。如果偏差1in,那么就会产生反射裂缝,并引起严重的路面不平整和养护问题。

3)厚罩面(大于或等于5in)比薄罩面(小于或等于2.5in)有更好的使用性能和效果。

4)根据对控制路段的对比,正确的实施锯缝与密封工法可使路面不平整度减少20%,横向反射裂缝减少64%。但是,锯缝与密封技术不能应用于所有混凝土路面的裂缝。

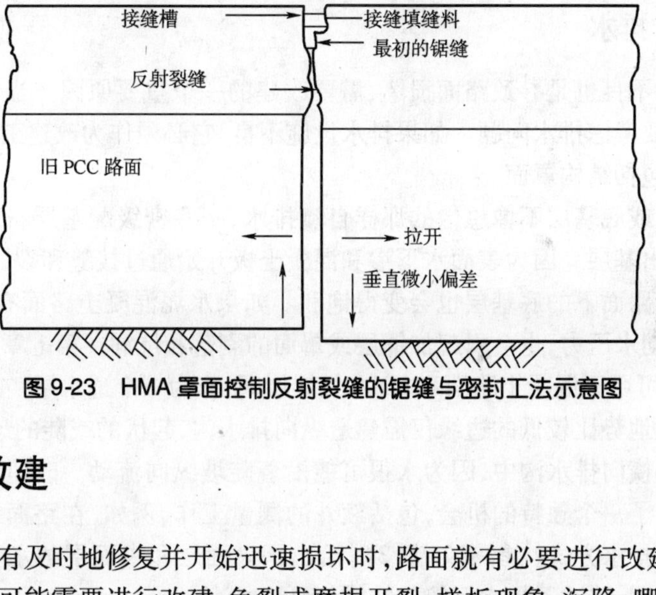

图9-23 HMA罩面控制反射裂缝的锯缝与密封工法示意图

9.4 改建

当路面没有及时地修复并开始迅速损坏时,路面就有必要进行改建。有以下损坏类型的路面可能需要进行改建:龟裂或磨损开裂、搓板现象、沉降、唧泥和车辙等,大多数路面损坏的原因是由于路基承载力不足。因此,路面的改建必须从基层开始,另外,路表面排水不良也是损坏的主要原因之一。

以前,路面的改建都是全部使用新集料和沥青,然而,现在材料的回收利用越来越受到重视,利用新的和再生的HMA加铺层材料形成的再生结构层可以达到改建路面厚度的总要求。

9.4.1 罩面用冷再生混合料

冷再生混合料是由沥青路面回收料(RAP)或回收粒料(RAM)或者两者一起与

沥青(一般为乳化沥青)或再生剂,在现场或拌和厂冷处理拌和生产得到的混合料。由于冷再生混合料在结构上不像 HMA 有强度,所以这个过程只适合于低交通量的道路[32]。

由于冷再生磨耗性能和抗水损性能较差,一般要加铺一层 HMA 或单层或双层的表面处治。现场冷再生适合于多年的表面处治和冷拌层的路面,在这样的情形下,冷拌再生能提供一个合理的、好的、统一的基层。这个过程能够为 HMA 加铺层提供一个耐久性的路面。

9.4.2 罩面用热再生沥青混合料

当改建路面应用于重交通时,我们推荐使用回收料(RAP)的热拌再生路面。再生面层上可加铺一层 HMA。有关热拌再生利用详见第七章。

9.4.3 排水

路表排水不良也是导致路面损坏、需要改建的一个重要原因。当调查路面损坏状况时,一定要考虑排水问题。如果排水设施不良,它必须作为改建工程整体的一部分加以重视,包括结构罩面。

粒料基层或底基层不像想像的那样自流排水,一些密级配基层材料变得浸水饱和,而不能排出基层。因为表面水下渗和混凝土板开始通过接缝和裂缝吸取水,一些旧水泥混凝土路面下的底基层也会变得饱和。如果水泥混凝土路面有 HMA 加铺层或罩面,由于动水压力,也会引起加铺层或罩面的剥落和坑洞。第七章的沥青碎石排水层(ATPM)可用于混凝土路面和 HMA 加铺层间,作为一个透水层。

沿着平坦地势比较低的边缘仅需建造纵向排水沟,起伏的或陡的地形,横向排水用来截取水到横向排水沟中,因为水很可能沿着陡坡纵向流动。改建为改进现有的排水系统提供了一个独特的机会,包括额外的测量工作,例如,在路面结构中设置横向排水和改变排水方式。参考文献[34]给出了表面层和中面层的水文学和水力学的一些细节说明,陈述了排水系统的结构与设计方法。

参考文献

[1] Consequences of Deferred Maintenance. NCHRP Synthesis of Highway Pracrice 58, National Cooperaive Highway Research Program, National Rescarch Council, May 1979.

[2] Srevens, L. B. Road Surface Management for Local Governments—Resource Noteh-book Federal Highway Administration, Report No. DOT—I—85—37, May 1985.

[3] Darter, M. I. and M. Y. Shahin. Pavement Rehabilitation: Identifying the Need. Transportation Enigeering Journal, ASCE106(1), 1980.
[4] AASHTO Guide for Design of Pavement Structures 1986. American Association of State Highway and Transportation Officials, 1986.
[5] Hudson, S. W. B. F. McCullough, and R. F. Caimichael, III. Surface Design and Rehabilitation Guidelined for Low-Volume Roads. Federal Highway Administration, Report No. FHWA/SR-87-225, June 1987.
[6] FHWA Pavement Rehabilitation Manual. Federal Highway Adminisstration, Report No. FHWA-ED-88-025, Maich 1988.
[7] Brown, E. R. Preventive Maintenance of Psphalt Concrete Pavements. Transportation Research Board, Transportation Research Record 1205, 1989.
[8] Herrin, M. C. R. Marek, and K. Majidzadeh. Surface Treatments: State-of-the-Art. Highway Research Board, Special Report 96, 1968.
[9] Asphalt Surface Treatments and Asphalt Penetration Macadam. Asphalt Institute, Manual Series MS-13, Nivember 1969.
[10] A Basic Asphalt Emulsion Manual-Volume 1-Understanding and Usig Emulsions. Federal Highway Administration, Report No. FHWA-IP-79-1, January 1979.
[11] Kandhal, P. S. Simplified Design Approach to Surface Treatments for Low-Volume Roads. Transportation Research Board, Transportation Research Record 898, 1983.
[12] Kandhal, P. S. and J. B. Motter. Criteria for Accepting Precoated Aggregate for Seal Coats and Surface Treatments. Paper Presented at the 1991 Annual Meeting of the Transportation Reserch Board, January 1991.
[13] Report on Slurry Seal Appilcations. International Slurry Seal Association. Information Series No. 1, Revised Edition.
[14] Benedict, C. R. Slurry Seal Systems for Pavement Conservation. Paper Presented to Toledo Section, ASCE/University of Toledo Seminar, April 12, 1982, Paper available from: International Slurry Seal Associaton, Washington, D. D.
[15] Design Technical Bulletin. Internationa Surry Seal Association, 1978.
[16] Peterson, D. E. Resealing Joints and Cracks in Rigid and Flexible Pavements. Transportation Research Board, NCHRP Syntheses 98, December 1982.
[17] Pothole Primer—A Public Administrators Guide to Understanding and Managing the Pothole Problem. U. S. Army Corps of Engineers, Cold Renions Research and Engineering Laboratory, Special Report 81-21, Seprember 1981.
[18] Asphalt in Pavement Maintenance. the Asphalt Institute. Manual Series No. 16(MS-

16). March 1983.

[19] Asphalt Overlays for Hinghway and Street Rehabilitation. The Asphalt Institute. Manual Series No. 17(MS-17)Second Edition,1983.

[20] Yoder,E. J. and M. W. Witczak. Principles of Pavement Design,Second Edition, John Wiley and Sons,Inc. New York,NY,1975.

[21] Guideline Specifications for Hot Surface Recycling. Asphalt Recycling and Reclaiming Association,July 1986.

[22] Finn,F. N. and C. L. Monismith. Asphalt Overlay Design Procedures. Transportation Research Board,HCHRP Synthesis 116,December 1984.

[23] Sherman, G. Minimizing Reflection Cracking of Pavement Overlays. Transportation Research Board,NCHRP Synthesis 92,Septmber 1982.

[24] Germann,F. P. and R. L. Lytton. Methodology for Predicting the Reflection Cracking Life of Asphalt Concrete Overlays. Texas Transportation Institute,Report No. 205-5, Texas A&M University,January 1977.

[25] Picket,D. L. and R. L Lytton. Laboratory Evaluation of Selected Fabrics for Reinforcement of Asphaltic Concrete Overlays. Texas Transportation Institute, Report 261-1,Texas A&xas University,August 1983.

[26] McLaughlin, A. L. Reflection Cracking of Bituminous Overlays for Airport Pavements,A State of the Art. U. S. Federal Aviation Administration, Report No. FAA-RD-79-57,May 1979.

[27] Guidelines and Methodologies for the Rehabilitation of Rigid Pavements using HMA Overlays. Pavement Consulting Services,Draft Report to National Asphalt Pavement Association,December 1989.

[28] Kilareski,W. P. and S. M. Stoffels. Structural Overlay Strategies for Jointed Concrete Pavements-Voklume 11 Cracking and Seating of Concrete Slads Prior to AC Overlay. Federal Highway Administration, Draft Report No. FHWA-RD-89-143, April 1990.

[29] Crawford,C. Cracking and Seatinmg of PCC Pavements Prior to Overlaying with Hot Mix Asphalt-State of the Art. National Asphalt Pavement Association, Information series 98/87,1987.

[30] Lukanen,E. O. Structural Evaluation of Cracked and Seated PCC Pavements for Overlaying with Hot Mix Asphalt. National Asphalt Pavement Association,Information Seried 100/87,September 1987.

[31] Kilareski,W. P. and R. A. Bionda. Structural Overlay Strategies for Jointed Concrete

Paements-Volume I-Sawing and Sealing of Joints in AC Overlavs of Concrete Pavements. Federal Highway Administration, Draft Redort No. FHWA-RD-98-142, April 1990.

[32] Kandhal, P. S. and W. C. Koehler Cold Redcyling of Asphalt Pavements on Low Vlume Roads. Transportation Reserch Board, Transportation Research Record 1106, Vol. 2, 1987.

[33] Kandhal, P. S. C. W. Lubold, and F. L. Roberts. Water Damage to Asphalt Overlays: Case Histories. Proceedings, Association of Asphalt Paving Technologist, Vol. 58, 1989.

[34] Drainage of Asphalt Pavement Structures. The Asphalt Institute, Manual Series No. MS-15, September, 1984.

图书在版编目(CIP)数据

热拌沥青材料、混合料设计与施工/美国国家沥青研究中心，美国阿拉巴马州奥本大学著；王嫵等译．—北京：人民交通出版社，2009．1

ISBN 978-7-114-07394-6

Ⅰ．热…　Ⅱ．①美…②美…③王…　Ⅲ．①沥青—建筑材料—设计②沥青—建筑材料—工程施工③沥青拌和料—设计④沥青拌和料—工程施工　Ⅳ．U414．7

中国版本图书馆 CIP 数据核字(2008)第 143273 号

书　　名：热拌沥青材料、混合料设计与施工
译　　者：王　嫵
责任编辑：王　霞(wx@ccpress.com.cn)
出版发行：人民交通出版社
地　　址：(100011)北京市朝阳区安定门外外馆斜街 3 号
网　　址：http://www.ccpress.com.cn
销售电话：(010)59757969，59757973
总 经 销：北京中交盛世书刊有限公司
经　　销：各地新华书店
印　　刷：北京鑫正大印刷有限公司
开　　本：787 × 960　1/16
印　　张：27
字　　数：518 千
版　　次：2009 年 1 月第 1 版
印　　次：2009 年 1 月第 1 次印刷
书　　号：ISBN 978-7-114-07394-6
定　　价：78.00 元
(如有印刷、装订质量问题的图书由本社负责调换)